授信操作风险防范

——近年600案例解析

孙建林　编著

企业管理出版社

图书在版编目(CIP)数据

授信操作风险防范：近年600案例解析／孙建林编著.
—北京：企业管理出版社，2017.8

ISBN 978－7－5164－1578－8

Ⅰ.①授… Ⅱ.①孙… Ⅲ.①银行业务－贷款管理－风险管理－案例 Ⅳ.①F830.51

中国版本图书馆CIP数据核字(2017)第207302号

书　　名：授信操作风险防范——近年600案例解析
作　　者：孙建林
责任编辑：张　平　田　天
书　　号：ISBN 978－7－5164－1578－8
出版发行：企业管理出版社
地　　址：北京市海淀区紫竹院南路17号　　邮编：100048
网　　址：http://www.emph.cn
电　　话：编辑部(010)68701638　发行部(010)68701816
电子信箱：qyglcbs@emph.cn
印　　刷：北京大运河印刷有限责任公司
经　　销：新华书店
规　　格：185毫米×260毫米　　16开本　　31印张　　553千字
版　　次：2017年8月第1版　　2017年8月第1次印刷
定　　价：168.00元

前言

本书完稿之际，见到媒体报道了两起骗贷案消息。

第一起

2016 年 12 月 4 日媒体报道：昆明市某法院开庭审理骗贷案。根据检方指控，被告人云南某公司买通某银行春城支行一名副经理做“内应”，在一年半时间里以假合同、假房产证等虚假材料，先后骗取贷款 2.7 亿元、银行承兑汇票 9.9 亿元。通过梳理贷款流程可以发现，该行的“双人办理”“审贷分离”“授权管理”等风控机制已经失控。

在授信调查环节，大多是由该副经理一人办理的，在 28 笔承兑汇票的调查报告中，有 25 份都没有调查经办人和负责人的签字。

在授信审查环节，有关人员在证言中承认，因为人手不够就把密码等信息交给了该名副经理，由其去完成审查。

在授信放款环节，多位证人证言表明，支行曾派出几名员工去外省土地局领取抵押土地的他项权证。到当地已是下班时间，他们就直接从借款人公司拿走了他项权证，第二天也没有再去土地局核实他项权证的真伪。

在授后管理环节，检方的指控显示，当借款人公司的贷款和开票超银行授信额度时，该副经理利用信贷管理系统中“手工登记”功能的管理漏洞，把借款人公司只交 20%~30% 的保证金，直接改成 100%，从而虚增出授信额度，用于签发新的银行承兑汇票。而上级行在两次信贷检查中，虽发现借款人公司严重超额度授信，但未深究和整改，最后形成重大损失。

第二起

2016 年 12 月 12 日媒体报道：某大银行湖南省分行曝出骗贷案。除了借款经办人是真的，提交给银行的公章、证件、文件等资料都是伪造的，却突破了银行层层“防线”，获得 1.3 亿元开发贷授信额度。该起引发多方关注的骗贷案被湖南省高院终审裁定涉嫌经济犯罪，移送给长沙市公安局立案侦查。

令人不解的是，在贷款调查阶段，银行方面曾多次接到知情人和律师实名举报材料，却毫不理会执意放贷，最终使已提款的 3000 万元全部损失。

以上及本书中的大量案例再次说明，风险就在我们身边，损失随时可能发生，防范风险是银行各级领导和每位员工的重要职责。

防范风险，人人有责

近年来，受国内经济下行影响，部分企业经营困难，银行授信风险增加，不良贷款增多，资产损失严重。不良资产是银行家心中的痛。如何堵截和化解风险损失，再次成为银行业的重要课题。

银行经营的不仅是货币，更是风险。风险就是一种损失的可能性，经营得好就能获利，经营不好就会损失。而最易使银行遭受重大损失的，就是以贷款为主的各类授信业务。

多年来，我国银行业对于贷款管理要求做到“三查”，即贷前调查、贷时审查、贷后检查。而现在随着银行的业务发展、规模扩大、品种增多、管理细化，我们进一步将授信风险管理细分为六个阶段，即：授信调查、授信审查、授信审批、授信放款、授后管理、授信回收。

银行是经营风险的企业，每位员工都是这部机器中的一颗螺丝钉。授信风险管理的六个阶段，就如同生产流水线上的六个环节、六道工序、六道防线。每个岗位上的员工都做到人人负责、个个把关，遵章办事、按规操作，确保业务在自己手上没有问题，不把风险隐患传给下道工序，才能最终生产出保质保量的产品，才能安全收回贷款本息。

在分类整理本书的案例时，我体会到，每道环节防控风险的工作重点有所不同：授信调查人员要搞清客户情况的真实性，授信审查审批人员要研判授信的安全性，授信放款人员要严把材料的合规性，授后管理人员要注重风险苗头的预警，授信回收人员要掌握化解风险的能动性。各尽所能，各尽其职。

银行授信风险主要有信用风险、市场风险、操作风险。本书的重点，是提示银行员工，在授信业务全程操作过程中应注意和防范哪些风险。

学习案例，引以为鉴

前事不忘，后事之师。前车之辙，后车可鉴。做授信、防风险，类似于打仗。打了胜仗要总结经验，加以推广，用以扩大战果。打了败仗要总结教训，找出问题所在，加以改进，避免再次遭受同样的损失。

本书中所有的案例都是真实的，希望读者通过学习，在头脑中能够记住这些风险。在授信调查、授信审查、授信审批、授信放款、授后管理、授信回收等多项工作中，当遇到某种情况时，希望能联想到本书提到的案例，引起警惕，加以防范。

有些案例在某一家银行发生了，可能是孤立的、偶然的、个别的现象，但是如果从多家银行汇总起来看，如果都有发生，那可能就是银行业的常见风险。比如申报材料造假问题、应收账款重复质押问题、大宗物资虚假质押问题，等等。这些都需要业务人员在操作中加以注意，主管部门在制度中加强管理。

银行对于合作多年的老客户也不能施以轻信。虽然老话说“有借有还、再借不难”，但我们要注意的是，企业也和人一样是有生命期限的，有生就有死。以前经营好的企业，不一定意味着永久经营好。本书中许多案例说明，那些合作多年且正常还本付息的企业，经过几年以后，也还可能会出现新的问题。正所谓“人无千日好、花无百日红”。因此，银行面对老客户的新借款，仍必须认真严格调查和审查，看看有没有新的潜在风险。

结合实际，学以致用

本书的目的，是把大量案例收集起来，简单地汇编成册给大家看吗？显然不是。本书的目的，是使银行员工做到“两个提高”，一是增强风险意识，知晓风险无处不在，无时不有，操作不当，损失惨重；二是提高防范技能，知晓授信业务各阶段都有哪些风险，如何识别和防范这些风险。

笔者收集了600多个案例，这些发生在不同行业、不同地区、不同企业、不同产品、不同借款用途、不同担保方式的个案，表面上没有共同点，相互间缺乏关联度，如何从中揭示出共性的问题和经验，供大家交流借鉴呢？

笔者根据授信操作流程，按不同阶段的风险进行分类，找出共同的风险特征，警示银行人员在办理业务时注意防范。本书中，大部分是银行员工发现问题而堵截风险的成功事例，少部分是失职渎职发生损失的失败案例。

如果你是信贷客户经理，应该在学习案例的同时，联系自己的工作，看看自己的授信客户是否存在同样的风险问题。

如果你是风险管理人员，可以根据本书中揭示的风险问题，有针对性地健全本行的管理制度，完善《授信调查》《授信审查》《授后检查》各个模板的内容。通过学习他行的经验，吸取他行的教训，避免发生同样的风险事件。

当然，本书汇编归纳的风险远不能涵盖现实业务中出现的所有情况。因此，希望本书能够成为读者学习的一个平台，提升业内人士对各类风险的预判及规避能力，强化风险管控，增强全面风险管理能力和可持续发展能力。

关于本书内容的几点说明

本书中在“防范”风险的总称之下，把放款前叫作“堵截”风险，放款后叫作“化解”风险。在授信业务过程中，风险防控在放款之前和之后是一个重要的分水岭。放款前资金在银行手上，银行说了算，发现风险可以主动停止放款加以堵截。而放款后资金在客户手上，客户说了算，银行发现风险只能被动采取措施加以化解。

本书每个案例都有一个揭示关键点的小标题。因为每一笔贷款出了问题，都能分析找出许多原因，但其中必有一个最主要的原因。笔者把它们作为小标题列出来，可以使读者能抓住重点。在实际工作中，具体情况是复杂的，大家对于企业都有哪些风险，应从各方面加以研究判断。

本书根据大量案例和日常积累资料，归纳编制了《授信操作风险明细表》作为附件，以使大家能够快速、简捷地掌握风险点，注意在业务操作中加以防范。当然，该表只是抛砖引玉。各家银行的风险主管领导和管理部门，可根据本行实际情况，对该表中内容进行补充完善，形成各自的规范模板，设置到授信业务管理的信息系统中。而对于这些风险的识别与防范，则是银行各级领导和管理部门需要花更多时间、精力，下更大功夫去研究解决的问题。

本书每章主要由三部分内容组成：第一部分是操作规范，银行员工要做到有章可循；第二部分是注意事项，要防止日常业务操作失误；第三部分是实际案例，供大家学习借鉴。有些章节的案例较少，只是由于收集到的资料数量较少而已，并不表明该阶段业务的风险就小，大家切不可掉以轻心。

由于本人资料来源和研究水平有限，书中难免存在不当之处，敬请读者指正。

孙建林

2017年6月6日于北京

目　录

第一章 授信调查堵截风险

银行授信风险管理要做到“三全管理”——全员管理、全面管理、全程管理。

全员管理是指银行全体人员都要有风险意识并参与风险管理。业务人员要第一只眼睛看业务，第二只眼睛看风险。管理人员要第一只眼睛看风险，第二只眼睛看业务。

全面管理是指对银行表内外授信资产进行全面管理，即：公司授信资产、个人信贷资产、贸易融资资产、同业授信资产。

全程管理是指对每笔授信的六个阶段进行全过程管理，即：授信调查、授信审查、授信审批、授信发放、授后管理、授信回收。简单说，就是要念好“六字真经”，即：调、审、批、放、管、收。

本书重点是讲全程管理，即银行人员在授信业务操作过程中如何堵截和化解风险。

第一节 授信调查理念

一、授信调查是堵截风险的首要关口

授信就是银行向客户授予信用，即银行向客户有偿出借资金或信誉，包括表内业务（各类贷款、贴现等）和表外业务（承兑汇票、信用证、银行保函等）。

每笔授信资金从银行放出去到收回来，管理要经过六个阶段，就是授信调查、授信审查、授信审批、授信放款、授后管理和授信回收。显而易见，授信调查是防范风险、确保银行资金安全的第一道重要关口，调查的重要性不言而喻。

每笔授信业务调查的质量，将直接影响到该笔授信能否发放的决策以及授信质量的好坏。一笔安全性好、收益性高的授信，能为银行创造良好的经济效益。而因调查失误发放的授信，则可能形成呆账、坏账，给银行造成重大损失。因

此，对于授信调查工作，每家银行都是慎之又慎。

客户经理去现场调查时，作为银行派出去的“眼睛”和“耳朵”，作为授信安全第一责任人，责任最为重大，要通过认真调查了解，发现潜在的风险因素，并加以堵截和排除。

二、授信调查要深入细致

一般来讲，客户经理在调查时要做好三件事：一是尽可能多地了解情况并抓住主要问题；二是核实这些情况的真实性；三是做出能否授信的判断。

银行业有句老话，叫作“贷前是冤家、贷后是亲家。”说的是银行在调查阶段，对企业的情况要像冤家一样，不留情面地严格审查，以防被企业蒙骗。但银行在贷款放出去之后，就要像亲家一样，千方百计地帮助企业搞好生产经营，解决困难，以保证贷款资金的安全收回。

一位在商业银行工作了二十多年的资深信贷客户经理感言，我多年在这个行业摸索，有一个体会是，信贷员就是要当好“信用侦探”。信贷员在贷款前所做的工作就是要弄清借款人的真实情况。而要弄清真实情况，不能凭借款人的一面之词，而要像“侦探”一样去取证，核实借款人提供的信息。

对借款人所讲的“故事”，要进行质疑并尽可能地寻找缺陷或破绽。除非自己亲眼所见或有人证实，其余都不可信。

虽然80%的客户是诚实的，但20%不诚实的客户却可能造成银行80%的不良贷款。信用良好的客户能经得住调查，而那些骗子、信用风险大的客户根本经受不住深入细致的调查。

当然，认真细致的调查必然比走马观花的调查要辛苦得多。

对待同一种现象，可以得出两种完全相反的调查意见。例如，某企业向银行申请贷款，说其生产的大型设备销路很好。银行派人调查，第一个客户经理去调查后认为，该企业向设备买家派驻工程技术人员，为买家长期提供现场服务，企业售后服务好，结论是银行可以发放贷款。银行再派人调查，第二个客户经理调查的结论却是，由于企业生产销售的设备质量不过关，经常出毛病，客户投诉不断，只好长期派人在现场维护，否则设备无法正常运转，结论是银行不可以贷款。两次调查，结论完全相反。

客户经理进行调查就是“量身定做”的过程。就像服装设计师在为顾客定制衣服，要仔细地“度量”顾客的需求。一方面要确保贷款能满足客户的合理需要，另一方面要确保贷款不出风险。这个方法从古至今没有发生实质性变化。

——专家经验

三、客户经理要认识到“三个没有”

客户经理在调查贷款业务时，应该认识到“三个没有”。

没有不变的企业。社会发展变化快，市场竞争很激烈，企业优胜劣汰是常态。任何企业的现状都只是过程。“人无千日好，花无百日红”。再好的企业情况也会发生变化的。因此，客户经理要随时掌握企业的变化情况，把握贷款的增减和进退，不能把银行和企业绑在一起共存亡。

没有不变的风险。当银行发现一种贷款风险并采取防范措施截堵后，切不可高枕无忧，认为天下太平了，因为还会出现新的风险。要认识到银行经营的风险无处不在、无时不有，风险只是表现不同、大小不同而已。要做到“魔高一尺，道高一丈”，不断认识和防范新出现的风险。

没有不变的贷款。企业的生产经营在不断发展，规模在扩大，方式在改变，风险在变化，银行的授信模式也要随之变化，防范风险的措施也要跟进。不能不思进取、一成不变。

案例

银行调查人员警惕性高，在门口发现不对劲的地方

2006 年 5 月初，福州一家装修公司的几个工人卷着铺盖，在总资产达 70 亿元的 A 集团福州总部的大门口打起了地铺讨要工程款，声称这么大一家公司连 300 万元的装修费都不付，已经好几个月拿不到工资了。

当时，A 集团已经在福州的一家银行联系好了贷款，“只差最后一道手续了”。赶巧的是，这家银行信贷客户经理上门调查时，遇到了打地铺的装修工人。该行马上停止了放款。

银行贷款黄了，A 集团许多高管随即人间蒸发，或失踪或外逃，或被警方限

制出境。2006年年末，证监会、银监会等数部门对其联合调查。

这家集团先后向3家银行提交了虚假财务报告，银行贷款（或续贷）达6.5亿元之多。虽经法院判决并执行，至2007年12月21日，仅执行102万元。

这家银行由于信贷客户经理警惕性高，避免了巨大风险。

第二节　授信调查规范

深入细致的授信调查，是确保银行信贷资产安全、防范诈骗风险的第一道重要关口。认真做好授信尽职调查、防范授信业务风险，是客户经理的重要职责。

为加强银行授信调查工作，提高授信调查报告规范性，减少补充调查材料的次数，提高授信审批效率，银行要制定《授信调查工作规范》（以下简称《规范》），以使客户经理按《规范》中所列要点，逐项展开有关调查和核实工作。

授信调查的工作分为三个阶段，即调查前工作、调查中工作、调查后工作。

一、调查前工作

（一）授信调查的基本原则

（1）全面性原则。对于申请人，银行必须通过实地查看和材料审核进行全面调查，包括合规性、真实性、风险性、效益性等。对于保证人的调查，也需按照与借款人同等的调查要求进行。

（2）真实性原则。客户经理必须如实记载和反映调查情况，其接触客户后提供的调查材料的真实性，是后续审查和审批的依据，因此要对调查材料的合法、真实、有效和一致性负责。

对于项目贷款（含房地产开发贷款、土地储备贷款）和按揭项目，必须进行项目实地考察，拍摄现场照片，并对照片内容进行详细说明。

（3）专业性原则。对于项目融资、银团贷款、房地产贷款（开发贷款、土地储备贷款）、集团客户授信、关联方授信、贸易融资、结构性融资等专业性较强的业务，还需执行各专项业务的授信调查管理办法。

（4）双人实地当面原则。实地授信调查时，要由主办和协办客户经理双人参加会谈和实地调查。重要情况和重要资料必须亲眼所见和亲手所取，不得由他人代办。

（5）第一责任人原则。依据“谁经手、谁负责”的原则，客户经理是受理和经办贷款的第一责任人，故应该认真、细致、全面地调查项目风险所在，对所经办贷款的管理、资产质量和安全承担第一责任。

（6）领导见面原则。对于新客户或大金额的授信，各分行和支行的负责人至少应参与一次实地调查，包括会见借款企业及担保企业主要负责人、进行实地考察等，以确定授信的真实性和明确主要授信条件。负责人应对授信调查质量把好关，并承担领导责任。

（二）贷前调查要有计划性

客户经理要搞好贷前调查工作，必须做好计划。工作有了明确方向，再掌握一定的调查技能，就能事半功倍，得出正确的调查结论。授信调查需要收集的书面材料，应按照银行规定的《授信调查收集材料清单》执行。

授信调查计划应包括调查的目的、调查的内容、调查的对象、调查的时间等。在实地调查前，应事先准备好要询问的问题，拟好《授信业务走访客户问题提纲》。询问尽可能做到全面、细致，有助于更多地发现问题，准确判断客户是否有潜在的风险。

二、调查中工作

（一）实地调查技能

实地调查是贷前调查中最重要、最直接的调查方式。客户经理要“眼观六路、耳听八方”，凭着敏锐的观察力和判断力，对于实地看到和听到的情况加以记录、分析和判断。客户经理要做到“三看、三注意”。

一看厂区环境是否整洁。到了企业，要看厂容厂貌是否整洁，办公楼的走廊过道是否干净。到了公司，要看办公室是否井然有序，洗手间是否干净卫生。到了建筑工地，要看施工场所是否有序，物料码放是否整齐。这些虽是表面现象，但可以反映出企业内部管理水平的高低。

二看人员精神面貌。通过员工的衣着和言谈举止，可以看出企业的士气和精神状态。如果大家埋头做事，工作有条不紊，这就说明生产饱和，管理有章法。如果办公室里聊天的人多，车间里闲散的人多，说明企业管理不严。

三看生产运行是否正常。可按照企业的生产流程，顺序查看原料仓库、生产车间、检验车间、产品仓库等。通过观察生产线的运行情况，有助于判断工厂生产是否正常、管理是否规范。

在实地调查中，一要注意从不同层面了解情况。客户经理应通过接触企业不同层次的人员了解情况。对于高层管理人员，要重点了解企业经营、管理、决策方面的问题。对于基层干部，他们对所掌管的业务最为清楚，言语较为真实可信，可从他们那里了解到生产和销售情况，再向高管人员去求证。对于普通员工，最好提出和他们有切身利益关系的问题，如薪酬变化、福利待遇、加班情况、休假制度等，从而验证企业的真实情况。

调查谈话时要有技巧。包括控制谈话主题，居于交谈的主动立场，引导对方谈及你想要了解的内容。平时多积累社会知识，可以使谈话内容丰富和轻松。要善于察言观色，旁敲侧击，避免单刀直入引起对方的怀疑和警觉。要注意疑点，对于对方顾左右而言他、不愿正面回答的问题，应另行专门深入调查。

二要注意收集资料。对于能证实客户资信能力、贷款用途、还款能力的各种资料，都应该加以收集。对于企业高管人员及家人财产的变化动向，也应留意。

三要注意核实情况。可以通过工厂用水量、用电量的变化，核实企业的开工量。通过租用运输车辆的记录，看销售发货的情况。通过检查仓库，看出产品有否积压的现象。通过银行对账单，看销售回款情况。

> 我看过一份调查报告，说某地方某企业开业时政府很重视，省委书记、省长都去剪彩，客户经理认为风险可控，建议批准贷款。我看了调查意见，反而觉得不踏实。越是名流企业，越要小心。
>
> 到企业去看，如果他的办公室漂漂亮亮的，而厂房破破烂烂的，就要很小心了。我去南方看了一家台资企业，厂房已经修得很好，而办公室才开始修，这才是真做企业的。现在第一桶金的时代已经结束了，好企业已经完全靠本事吃饭。
>
> ——专家经验

（二）调查大中型企业注意事项

（1）借款人情况——资信是否可靠。

（2）授信用途——用途是否正当。

（3）还款来源——来源是否可靠。

（4）授信条件——条件是否恰当。

（5）担保条件——担保可否接受。

（6）与各行合作情况——资信是否良好。

（7）与本行合作情况——合作是否顺利。

（8）授信风险——风险能否控制。

最后给出调查结论和建议等。

（三）调查小微企业注意事项

1. 看三品（人品、押品、产品）

（1）一看人品。

①考察选项：

a. 道德品质是否良好：包括行为规范、做事风格、个人在社会的形象和口碑、有无不良嗜好等。

b. 为人是否诚实守信、个人和单位信用记录如何等。

c. 管理能力是否到位，包括企业发展思路、市场拓展规模、内部管理机制、员工队伍稳定、信息资源运用等。

d. 社会资源是否足够，包括人脉关系多少、解决问题能力等。

②考察方法：

a. 到企业调查了解，包括与管理层和相关员工交流，了解上述情况；

b. 通过企业的主管部门、行业协会了解；

c. 通过企业的上下游客户了解；

d. 向老板的同学、老乡、朋友、街坊了解，等等。

（2）二看押品。

①考察选项：

看押品的合法有效性，购买价值、评估价值、可变现价值，押品变现能力，价格变动趋势，是否易保管等。

②考察方法：

a. 押品需合法。即押品属于抵押人合法拥有，不存在法律瑕疵。要审核权证人名称、位置、面积等要素，并与实物现场核实确认。实行双人办押登记制度。

b. 押品应足值。即押品的价值要通过其实际买价或建造成本、同地段资产价值进行评估判断。

c. 押品易变现。即押品按照评估价值降价 30% 就可马上变现，而不是按照抵押评估的价值变现。

（3）三看产品。

①看产能：就是通过调查，了解企业现有设备最高产量。

一是看企业的可研报告；

二是看单台设备设计产量，计算最高产量；

三是与企业交谈了解，同时应与生产同类产品的其他企业了解设备产能；

四是看企业近两年的实际产品产量，分析评价企业满负荷生产程度。

②看产量：

一是看企业近三年每年实际产量以及当年前几个月实际产量，分析其产量是增加还是减少，判断其发展趋势；

二是分析企业的产品产销存是否平衡，特别是当年产销是否平衡，应列表说明。

③看竞争力：

一是产品质量、技术含量、先进程度；

二是下游客户对该企业产品的依赖程度，产品可替换性；

三是产品的销价、成本、利润，价格优势和利润贡献度；

四是产品处于五个周期的哪个阶段，在同行业竞争中所处的地位。

④看上游：需要知道企业现有库存原材料够企业使用多少天，来判断原材料储备的合理性。

⑤看下游：看企业产品的主要销售对象，包括对方单位名称、销售量、销售价格、运输方式、结算方式、稳定性等。

⑥看发展前景：通过对企业供产销、产销存、市场供求状况、市场份额和竞争地位、产品核心竞争力和发展趋势，对企业和生产的产品的发展前景有个基本判断。

> 我做小企业贷款通常不看报表，因为报表大部分是不准的。我就看老板两条，一是有没有赌博，二是有没有借高利贷。如果有，就不借钱给他。
>
> **——专家经验**

2. 看三表（水表、电表、税表/海关报表）

（1）一看水表和电表。

一是看企业水表和电表实际消耗量；二是看企业实际交纳的水费和电费金额；三是了解企业生产1吨产品实际用水和用电数量；四是以企业实际消耗的水

量或电量，除以生产 1 吨产品需要的水量或电量，就得出企业实际产品产量；五是进而判断企业销售收入、现金流量、资金需求量和未来的偿债能力。

（2）二看税表和海关报表。

看税表的目的是通过企业实际交纳的增值税和所得税除以税率，反推算出企业的实际销售收入、实际利润；看海关报表的目的是了解企业实际产量和出口量。

一是判断企业损益表中的销售收入和利润的真实程度；二是判断企业所有者权益中未分配利润的真实程度，进而推算企业的资产负债率；三是分析评估企业的合理资金需求，如果企业没有需求而贷款，贷款肯定被直接或间接挪用，贷款被挪用，到期可能难以及时收回，甚至部分无法收回；四是判断企业未来销售收入、现金流入和偿债能力。

3. 看三流（人流、物流、现金流）

（1）一看人流：看企业的经营状况。

①工业企业：看企业经营管理人员、生产人员、销售人员情况。

②贸易企业：看企业经营管理人员、仓库人员和贸易人员情况。

③商业企业：包括全程通企业，看企业的经营管理人员，看购买商品人员数量、购买率等情况。

（2）二看物流：看企业购销是否畅通。

①到企业的原料仓库：考察原料采购渠道、运输方式、进出数量、库存原料、盘亏报废、储备量等情况。

②到企业的成品仓库：考察库存数量、购销时间、入库和出库数量、销售渠道和运输方式。

③分析合理性：评估原料和成品库存量的合理性。

④判断企业资金需求：根据原料库存和消耗、产量和销量、采购和销售合同，判断企业资金需求和偿债能力。

（3）三看现金流：看企业资金流入流出量。

①看企业现金流量表：看企业经营活动现金流出量、现金流入量，融资能力和投资情况，判断企业贷款合理性、还款能力。

②看企业的销售明细账和银行存款账，看企业销售资金回笼情况以及回款，看资金来源和支持情况，分析企业资金营运的合理性，判断企业偿还贷款的能力。

③看企业银行存款对账单，进而准确判断资金流入、流出情况，判断企业财务报表销售收入的准确程度和现金流量表的准确程度，由此判断企业贷款用途和

金额的合理性、偿还银行贷款的能力。

客户经理调查要掌握五性，即：企业情况的全面性、贷款用途的真实性、贷款需求的合理性、还款来源的可靠性、担保条件的落实性。你真的都搞清楚了吗？

——专家经验

（四）从外部核实客户信息

信贷客户经理对企业内部实地调查后，对所看、所问、所得材料的真实性和可靠性，应该到以下地方实地核实。

1. 从客户同业核实行业地位

“不怕不识货，就怕货比货”。信贷客户经理不是万能的，不可能对各行各业都精通，但可以通过同业协会或同类厂商，了解客户的基本情况，包括行业地位、市场份额、经营规模、设备性能、技术水平、产品质量、购销渠道、往来客户等，从而核实客户生产经营状况的真实性。

2. 从其他厂商核实合同真伪

客户的经营活动不可能孤立地进行，必然有着上游和下游的合作厂商。有些客户为了获得银行授信，可能会夸大其年度营业额和财务数据，甚至编造财务报表、伪造经济合同。信贷客户经理可以走访客户的合作厂商，核实销售数据的真伪，核实经济合同的真伪。

3. 从客户近邻核实情况真假

许多诈骗案件表明，有些不法企业为了骗取贷款，常常会使出障眼法蒙骗银行的调查人员，包括在假的场地、以假的人员、展示假的生产场面等。客户经理至少应该走访客户的三家近邻，如工业园区附近的企业、写字楼里同层的公司、街道相邻的店铺等，从而核实客户的真假。走访时间应该是随机的，走访对象可包括门卫、保安、物业等。

4. 从银行核实客户的金融状况

通过查询其他商业银行，可以了解客户的账户情况、结算情况、信贷情况等，从而可以核实客户的现金流量、授信规模及信用状况等。

5. 从媒体核实客户的社会信誉

大众传媒主要有报纸、杂志、广播、电视等，对企业的负面消息报道都比较迅速。客户经理平时应当养成关注传媒新闻和收集资料的习惯，并在第一时间去深入核实被报道企业（借款人）的有关情况。

6. 从网站核实客户信息

信贷客户经理无论是在办理授信调查、授信审查、授信审批，或者是在办理授信放款、授后管理、授信清收，都应该通过有关网站随时搜集和查询客户的风险信息。一方面可从银监会和人民银行等监管部门的内部系统查询，另一方面可从各政府主管部门的网站查询，还有就是从各互联网媒体查询。

> 当我们不知道这个客户真正是在干什么的时候，最好离他远一点。
>
> ——专家经验

（五）调查材料应达到的要求

调查材料的完整性。对于不完整、零散、相互无关系的材料，是无法进行分析研究的。在企业提供的文件中，如果没有借款申请书，没有董事会决议，或者有决议但未达到有效人数，或缺少有权签字人的签章等，都是日后发生诉讼风险的因素。因此，客户经理必须按照银行所列的调查表清单收集和提供材料。如未能提供的，须说明原因。在要求提供的材料中，哪些必须是原件、哪些可以是复印件，应按规定办理。

调查材料的真实性。虽然材料很齐全，但其中可能有假的营业执照、假的财务报表、假的企业签章等，仍可使银行授信存在致命的风险。因此对材料的真实性必须加以审查。证实材料真实性的方式有：要求企业对材料加盖公章确认；本行人员实地调查记录；律师事务所、会计师事务所、评估事务所、公证处等第三方的证实文件等。

三、调查后工作

（一）写好调查报告

授信调查报告是客户经理尽职调查后形成的报告。调查报告要求内容真实、详尽，应揭示授信存在的风险因素，并提出防范风险的有效措施，有助于审批部门对风险的分析判断，决定是否给予授信。

撰写调查报告时，客户经理应遵循的基本原则是：先搞调查、后写报告；自己调查、自己分析；实事求是、真实反映。具体要求如下：

（1）授信调查报告的顺序结构以银行规范文本为准，但内容可以增加。

（2）授信调查报告中的事实和数字必须通过调查取得，不得虚构。

（3）授信调查报告中引用的各类数据信息应注明出处和引用文章的题目。

（4）授信调查报告中未尽事宜需要说明原因。

一份好的调查报告，应该是内容全面、重点突出、数据准确、分析到位、文字精练。

内容全面。凡是有关授信的所有信息都应该涉及，如经济形势、行业情况、国家政策、申请人情况、借款用途、还款来源、贷款条件、担保条件、银行往来、风险要点等。为了避免缺漏，银行应该根据不同类型的借款人，设计出不同的调查报告格式，由客户经理依条调查并填写。

重点突出。要围绕借款人的还款能力和风险防范重点写作，主要是借款用途、还款来源、贷款条件、担保条件等。

数据准确。调查报告中有许多数据，包括年份日期、财务数字、贷款金额、结算金额等，切不可因粗心大意而错漏，导致损失。

分析到位。调查报告一般都是讲企业正面情况的多，但也不要担心写了不利的情况。只有把风险以及防范措施分析到位，才是一篇好的调查报告。

文字精练。调查报告的文字应当简洁，只要把问题说清楚即可。即使需要重点写的部分也不代表篇幅就得长，文字长并不代表质量就好。对有些大段的材料，可用附件的形式放在后面，以使主报告显得精炼。

在实地调查后，对走访调查的时间、地点、双方参与人员、主要内容等事项，按银行规定的要求形成《会谈纪要》或《现场调查报告》，于2个工作日内提交支行负责人（业务部门领导）审阅处理。

支行负责人（业务部门领导）如认为内容重要，可经分行有关业务或管理部门转报分行主管领导，在得到反馈意见后，方可开展下一步调查工作。

对于项目贷款、房地产开发贷款、土地储备贷款、以动产或不动产为抵押担保的贷款、私人购房按揭贷款额度等授信业务，还必须提供现场彩色照片。

对于最近两年内五级分类为正常类的客户，续做短期授信业务或低风险业务时，可对上述资料做适当简化，但不得影响授信业务的合法合规性。

对于符合银行授信评级条件的客户，各授信单位在报送授信材料之前，应按总行有关规定完成该客户的预评级，并通过评级系统提交风险管理部。

如果收到风险管理部信审人员发出书面补充调查通知书后，客户经理应认真准备，以书面方式反馈意见并签字确认。不得将补充调查直接交由借款申请人代为完成。

（二）定好授信条件

授信条件是授信调查报告中最主要的部分，是最终要实施的方案。拟定授信条件前应与客户充分沟通，在掌握客户实际需求的基础上设计授信方案。授信方案要有预见性和灵活性，避免事后反复复议、变更条件。

（1）授信金额的核定：根据申请人自身项目情况或授信项目情况、对申请授信金额进行测算，判断申请的授信额度是否合理。

（2）授信期限的确定：根据申请人的生产经营周期、资金供给能力、还款能力等几个方面，确定授信期限是否合理。

（3）利率、费率的确定：在与客户协商贷款利率或其他业务费率的条件时，要根据客户情况实行差别定价政策，兼顾效益性和竞争力，在考虑风险、资产综合收益和市场竞争的基础上，进行有差别的授信定价。

（三）形成意见并告知客户

对于借款申请，调查后形成意见无非是以下三种：

第一种是同意，即对于不违反国家法律法规、符合银行信贷政策、资信良好、具备偿还能力和意愿的基本客户，特别是在本行有许多存款或结算业务的老客户，或有业务发展潜力的新客户，经审批同意后可贷款。

第二种是有条件同意，即在客户同意并落实银行提出的条件后可贷款，如减少金额、缩短期限、提高利率、提供强担保等。

第三种是否决，这是银行拒绝风险最直接了当的方式。否决的原因可有多种，总的来讲，风险因素远大于有利因素。否决的态度要明确、方式要适当，时间宜早不宜迟。否决的原因，有时可以明告，有时可用暗示或双方都可接受的理由加以婉拒。

第三节　授信调查注意事项

一、调查中常见的认识误区

客户经理在做贷款调查时，有时候会存在一些认识上的误区，想当然地认为某些贷款没问题，常见的有：

（1）政府背景：认为这些企业或项目的贷款有地方政府的支持，不会有风险，可以放心贷款。须知，有地方政府的支持，当然是有利于贷款项目建设，但是风险还是很多的。需要调查清楚的有：项目是否符合国家政策，批准手续是否完备；政府决策领导人是否会变换，原先政策能否有延续性，政府部门的承诺是否继续有效；还款来源是否落实。

（2）大牌效应：认为借款人是名牌企业、上市公司、百强集团，这些企业历史长、规模大，不会出问题，可以放心贷款。殊不知，中外大企业轰然倒下的案例，也不在少数。

（3）相互攀比：认为这个贷款项目，有哪些银行都已给了多少贷款，我们也可以给。殊不知，银行对于许多贷款项目，就是由于轻易跟着其他银行一起做，最终出了问题。这种想法，常发生在参加银团的情况下。

（4）领导意图：有时上级领导会介绍一些项目，或打招呼。客户经理自身无主见，认为领导已有倾向性意见，就顺水推舟，做出可以贷款的调查意见，最后贷款可能出现问题。殊不知，领导的意见可能包含着多种因素：贷款成功了是他的业绩，贷款失败了与他无关。有些领导的想法是：能批准最好，不能批拉倒。还有的领导是碍于情面对外不好拒绝，希望通过下面人员予以否决。客户经理如果盲从，最终会出问题。

（5）到时再说：事前对情况不做深入了解，不做认真分析，满足于一知半解，凭感觉判断。脑子里想得是，先做出决策，等真发生问题再说。决策拍脑袋，表态拍胸脯，出了问题拍屁股。

二、要防止因调查不细而未发现的潜在风险

有些重大问题未被调查出来，对银行来说会是致命的。例如贷款修高速路，按今后过路收费的现金流计算是足够还本付息的，于是同意放款。但没想到几年后邻区又新建一条高速路，原路上的车辆被分流而使收费大为减少，银行贷款来源顿成问题。又如，企业申请短期流动资金贷款，目的却是用于去归还其他银行的贷款，由此埋下今后贷款回收难的风险点。这样的事例还可有很多。

对企业的调查要从细节上发现问题。有个做珠宝的企业要贷款，我不放心，就去看企业。企业的厂房在开发区，灯火辉煌，工人服装整齐。但仔细看实际是在磨洋工，还把镀铜的东西说成时镀金的，包装箱也很破。

后来我去了一趟后面的厕所，里头脏、乱、差，起码三月没人用过。说明企业开工是假的，是在摆样子给银行看的。我对客户经理说，你们到现场仔细看了吗？这样的企业你敢贷款给他吗？

——专家经验

三、要避免因经验不足而对条件提出不当的建议

客户经理除对授信的安全性调查外，还应对贷款条件予以确认，包括金额大小、期限长短、利率高低、还款方式、担保条件等。实际中，由于事前对这些贷款条件确定不当，事后致使贷款出现逾期的事例也不少。因此，客户经理在调研报告中就贷款条件向上级提出正确的建议十分重要。

另外，对于客户的授信需求条件，客户经理在调查时要了解清楚，谈深谈透，确认无误。不可在报批过程或刚经上级批准不久，就反复变化和重新修改。

四、对复杂贷款的有关条件应衔接好

有的综合授信项目条件比较复杂，分单项看时可能都没问题，但如果不注意相互间的衔接也会出问题。起码的常识是，担保金额必须大于借款金额、担保期限必须长于借款期、主合同生效日必须先于从合同生效日、总协议与子协议之间应有挂钩条款等。对这些客户经理都必须加以注意。

五、调查时应遵守的原则

（1）严防违法犯罪。银行工作人员如果串通客户、内外勾结、骗取贷款，是严重的犯罪行为，必然受到严厉的刑事处罚。各级领导和部门人员必须注意“外防诈骗、内防案件”。

（2）以银行利益为重。客户经理要了解熟悉客户，提供好金融服务，满足客户的需求。但是当银行利益和客户利益发生矛盾和冲突时，必须站在银行的角度考虑问题和处理事务。

（3）坚持原则、“六亲不认”。客户经理也是生活在现实中，从小到大都会

有许多社会关系。不免会有亲朋好友、同事战友推荐或托办的项目。对此不可无原则地满口答应，必须按银行的授信政策予以解释，好的项目予以促成，差的项目予以婉拒。对于不符合条件的贷款，客户经理必须坚持做到“六亲不认”，否则到头来吃苦的是自己。

有时对于朋友托办的事，办不成反而可能是件好事。因为如果那笔贷款经营或投资失败，朋友之间的关系就会断了。而如果不做那笔贷款，朋友关系能一直保持下去。前面靠朋友义气帮忙，后面因钱断情，甚至反目成仇的事情，在现实生活中不少。

如果是上级介绍的项目，仍要按照银行规定和原则办事，应该做到眼里“只有风险，没有领导”。在认真对待、妥善处理后，向上级报告结果。

（4）说话要留有余地。有时客户经理急于求成，或显示自己的能耐，常常用“没问题”“肯定可以”这类的话满口答应客户，结果事情的发展使自己处于两头被动、进退两难的局面。须知，对于客户的申请，在没有得到银行最终书面批准前，即使你自己认为已经有较大的放款把握，也不能满口答应客户，把话说死。应该是这样说：“你这件事我觉得基本能成，我尽量争取，但还是要以银行最终批准为准。”这样说话留有余地，避免发生特殊情况。

六、调查时要保持清醒头脑

对于好的贷款客户和项目，各家银行都争相贷款，客户经理要对借款人做营销工作，才能把款放出去。但在大多数情况下，尤其是在社会资金紧张的情况下，客户经理往往成为借款人公关的对象。有些客户奉行“先交朋友，再谈生意”的信条，采用多种方式拉近客户经理的关系。在礼仪之邦的中国，应酬似乎也是人之常情。但是常言道：“吃人家嘴软，拿人家手短。”为此，客户经理必须保持清醒的头脑，基本要求是：不得接受客户超标招待和贵重礼品，要拒绝接受钱物或上缴；对于看不准的东西要放一放、再想一想，不能满口答应急于办理；“人在事中迷，就怕没人提”，要多听听其他人的看法，特别是对于审查人员的意见，要认真对待。

七、要防止风险观念在任务指标的压力下变形

客户经理平时也有风险观念，也知道要防范风险，但有时为完成经营任务指标，特别是临近月末、季末、半年、年末考核期时，迫于存款等经营指标压力也可能会放松条件，受理风险较大的贷款申请。在银行行长和审批人员中，也会发

生类似的情况。要知道，发展业务是成长线，防范风险是生命线。如果这笔贷款风险存有不可控制的硬伤，就一定不能批准。要做到，宁可完不成指标挨批评，也不能出现损失丢位子。

> 对于看不准的项目，要学会放弃。要勇于放弃和善于放弃。
>
> ——专家经验

第四节　授信调查堵截风险实例

调查人员是银行派出去的眼睛、耳朵和嘴巴，要通过对企业的实地查看，包括厂区状况、车间开工、仓库存货等，以及与各级人员的交谈，包括实际控制人、财务主管、基层工人等，了解企业的真实情况，捕捉企业的异常信息，发现经营管理中的风险苗头，做到预先堵截风险。

> 防范风险要从选择客户开始。
>
> ——专家经验

一、发现企业管理混乱

案例 1

融资担保公司已被监管部门列入黑名单

湖南省某融资担保有限公司申请融资性担保额度 10 亿元。银行派出客户经理进行调查，经多方了解，发现该公司虽系国有企业背景，但法定代表人存在大额个人民间借款行为，且信誉度较差，公司内部管理较为混乱。

银行监管部门通报称：该担保公司存在违规吸收民间资金、违规发放高利息贷款、利用融资性担保身份与客户联合套取银行资金后违规放贷、侵占借款人保证金等行为。监管当局点名通报并列入全省银行业授信客户黑名单。其所担保的企业贷款多数成为不良贷款。

客户经理贷前调查掌握情况准确，先后两次拒绝了该公司的授信申请，直接将授信风险堵截于门外。

点评：

在调查过程中，凡是被司法、工商、税务、环保、海关等政府主管部门列入黑名单的企业，都必须加以注意。

案例2

粮食生产加工企业内部管理混乱

2014年10月，多家媒体陆续报道陕西某农业科技集团资金链断裂，董事长失联，公安局以骗取贷款立案侦查等消息。当地政府部门组织债权登记、查封资产及相关调查工作，企业已经停产进入清算阶段。而当地一家股份制银行事前坚守风险底线，成功规避了授信风险。

该公司实收资本1.5亿元，是一家集粮食收购、加工、储存、销售和生态养殖于一体的民营企业。2014年3月，企业申请向当地一家股份制银行申请2亿元综合授信额度，以其拥有的库存粮食质押担保。这家银行在贷前调查中发现问题：

（1）资产虚报。经对集团公司实际资产内部核对评估，认为该公司已经是资不抵债。对其财务报表核对，疑有虚增注册资本的现象。

（2）产能过剩。对第一还款来源分析后认为，借款人主营业务持续下滑，企业资金主要被其新开发的淀粉、酒精项目占用，而新项目计划投资近4亿元，存在行业产能过剩风险和完工风险。

（3）存货重复质押。该公司对存货监管混乱，无法划分各银行机构的质押物。在现场调查时，工作人员回答问题闪烁其词，含混不清，存在重复质押嫌疑。

（4）频繁更换审计事务所。鉴于该项目存在以上内部管理混乱等问题，该家银行最终未同意授信。从后来公安部门通报的情况看，该公司已经资不抵债，总资产约13亿元，总负债约22亿元，包括银行债务11.2亿元、当地及周边各类担保公司债务4.3亿元。

点评：

这家银行能够在该起轰动全省的“董事长跑路事件”中避免损失，主要得益于“坚守风险底线”和“客观独立、有疑必究、多方求证”的调查原则。

案例 3

建安工程公司领导上班搓麻将

S 建设工程有限公司申请借款 3000 万元。当客户经理到企业现场做贷前调查时，发现企业法定代表人、财务经理等主要领导人正在办公室搓麻将。客户经理表示诧异，而企业接待人员却轻描淡写地表示领导经常上班无事可做，借此聊以娱乐。

客户经理认为企业经营机制混乱，管理不规范，工作状况极为散漫，故向领导做了汇报。根据进一步调查，S 建设工程有限公司为房地产建筑安装企业，业绩不佳，盈利能力一般，于是婉拒贷款。

点评：

工作状态散漫、员工纪律松弛的企业，都存在问题。

> 调查贷款时，要做到“耳听为虚，眼见为实”。
>
> ——专家经验

二、发现生产开工不足

案例 1

观察发现薄板公司厂区冷清、人员稀少

常熟市 J 薄板有限公司向银行申请 1000 万元贷款，由浙江 C 船业有限公司担保。客户经理做贷前调查时，观察发现公司厂区及办公区域人员稀少，工作气氛不浓，而且门卫处和办公室有 2 条游荡的狗，不合常理。回银行后立即将此情况反馈给领导和信审部门。经复查，发现该企业确实开工不足，生产经营存在不确定性。为避免发生风险，分行经研究决定不予贷款。

案例2

经三次实地调查确认钢结构企业开工率不足30%

青岛某钢结构有限公司申请流贷800万元。客户经理到公司车间查看生产情况，发现：全厂工人已不足30人，八个大车间仅有几台设备前有工人操作。财务人员解释因当地夏季限电，企业开工减少。两周后，分行再次派人到公司查看生产情况，发现企业开工率仍不足30%。事后，分行第三次派人到公司继续落实开工情况，发现与前两次到现场观看情况一样。为进一步落实公司经营能力，客户经理查看该企业4~6月份销货发票，金额为400万元至500万元之间。而企业提供的6月份财务报表中显示，当月销售收入为1694万元，上半年销售收入1亿元，远远超过销货发票金额，且企业不能解释巨大差额的原因。

根据三次派人到公司调查的情况，银行拒绝发放该笔贷款。

点评：

对于在调查中发现的问题，不能光听企业解释，应该通过多次突击调查以及核对发票等方式，查明企业真实情况。

案例3

发现罐头企业在桃子收购季节原料存货不多

大连某食品有限公司为民营企业，注册资金1100万元，主营罐头加工和饮料生产，主要销往韩国和国内韩国食品商店。申请1000万元贷款，由当地一家民营担保公司提供连带责任担保。

客户经理实地走访时，发现八九月份正是桃子成熟和收购的季节，而企业库房原料存货不足，生产线闲置较多，开工率严重不足。按照企业描述的销售渠道，不足以支撑其所说的全年1.2亿元销售收入。为此，客户经理婉拒客户贷款申请。随后在银监局通报中，该客户在他行贷款出现不良。

点评：

对于季节性生产的企业，库存原料不能满足正常生产，说明企业订单不足，今后的还款能力就有问题。

案例 4

通过观察同业判断出印刷企业不景气

湖南某印务公司主要从事包装、印刷等业务，在银行贷款 3000 万元，由省农信担保有限公司提供担保。该授信到期结清后，客户申请续贷业务。

银行受理申请后两次安排客户经理进行实地调查及暗访。发现该公司存在开工不足、人员显著减少的现象，仍在进行的作业是为完成已签合同但未交货的订单。

客户经理同时注意到工业园中的印刷类企业大部分呈现不景气状态，附近的某印务公司已将厂房和仓库出租，某美术印刷有限公司的厂房已改做钢材堆积仓库。鉴于上述不利因素，银行认为开展续贷业务存在风险，故果断否决了客户的续贷申请。

点评：

不仅要对借款人进行调查，还要对同类的企业进行调查，从而得出该行业是否有风险的结论。

有问题的企业不会把他最内部的情况告诉你。

——专家经验

案例 5

通过侧面了解发现木地板公司存在放假停产情况

济宁 A 木业有限公司主营复合木地板的生产及销售，申请综合授信额度 800 万元，由济宁 B 装饰材料有限公司提供连带责任保证担保。

银行客户经理在调查中发现，企业资产规模较小，土地及厂房均为租赁方式取得，抗风险能力较低，存在一定的经营风险。

当客户经理为核算企业真实的销售收入，要求提供水电费单据时，企业负责人称该厂有自用水井不必缴纳水费，当地政府为支持其发展予以减免电费的优惠政策，故可提供的水电费单据较少。对此客户经理不是轻易相信，而是通过侧面向同业及当地居民了解到，该企业生产并未满负荷，生产期间曾存在放假停产情况。基于上述情况，银行不同意给予其授信。

半年后，企业因投资纠纷出现资金断裂而彻底停产。

点评：

对于企业的解释不能轻易相信，应通过侧面了解加以核实。

案例6

通过产供销多方调查发现铜加工企业生产困难

江西某铜业有限公司位于鹰潭地区，依托地区产业聚群优势，主要从事专业的铜加工制造等。公司总资产2.5亿元，刚性负债1.1亿元，全年主营业务收入5.8亿元，净利润约1500万元。申请授信5000万元，由担保人位于鹰潭地区某酒店提供抵押担保。

客户经理进行贷前调查，实地查看过程中发现了以下问题：生产方面，该公司有四个车间，仅有一个车间在正常生产，迹象表明其重要的废铜提炼车间处于停产状态。采购方面，废铜等原材料采购当时受行业大势影响也相对较少，公司融资真实用途不明晰。销售方面，与下游需求其产品的企业的业务已处于停滞状态。资金方面，其他银行对其的融资额度已经减少。担保方面，抵押物为第三方酒店的一部分，面积较大，评估价格较高，今后存在难以变现的风险。抵押物实际控制人又涉及房地产业务，存在资金挪用可能。银行最终婉拒该客户的授信申请。

不到一年时间，该铜业公司资金链最终断裂，其实际控制人全家逃往海外。当地有关贷款银行损失较大，相关责任人受到处罚。而这家银行调查认真，拒绝贷款，避免了损失。

点评：

不可因借款人资产规模大、有房地产抵押而放松警惕，而应通过对其生产、采购、销售、资金、担保等各方面的仔细调查，发现问题。

案例7

实地调查发现铸业公司实际产能不足30%

贵州黔南某铸业有限公司于2009年8月注册成立，是一家以生铁冶炼、生铁件铸造为主业的制造类企业。2014 年 4 月，向某银行申请两年期 8000 万元固定资产贷款。贷款申报材料显示，该公司年营业收入 4.38 亿元，净利润 3660 万元，年末资产负债率 39%，贷款条件较好。

在授信调查过程中，客户经理对企业进行了实地走访，并对现场工人单独访谈。发现企业收入以生铁销售为主，实际产能不足 30%，测算销售收入与报表收入差异过大。而生铁销售利润较低，企业实际盈利能力较差，不具备还款来源。鉴于上述原因，否决了该项目。

经后续跟踪了解，企业已经停产，在他行 2500 万元贷款下调为关注，2900 万元贷款下调为不良。

三、发现库存问题

案例 1

通过紧闭大门等迹象判断建材贸易公司虚假库存

贵州某贸易有限公司，主要从事建筑材料、装饰材料的销售，向银行申请一年期 3000 万元流动资金贷款，以自有商业用房抵押担保。该公司提供的书面材料显示公司总资产达 9851 万元，资产负债率 36%，无刚性负债，主营业务收入为 1.9 亿元，且净利润 1737.7 万元。如果单从申请材料看，该公司融资条件应该是不错的。

客户经理实地走访客户要求查看存货时，公司负责人带到附近小区并声称存货已大部分发往武汉工地，仅小部分存于小区库房内，但因管库人员有事外出无法打开库房查看。

客户经理细心观察，该库房实际为小区一楼单独车库，大门紧闭且门锁锈迹斑斑，门前地面积灰严重，无脚印和车轮等频繁使用迹象。由此判断该公司存在严重的信息造假行为，若对该公司发放贷款，相关风险较难控制。鉴于以上原因，银行否决了该笔申请。

后经调查了解，该企业所在同一家族控制的某酒店，在他行 2000 万元的贷款逾期金额已达 401 万元。

点评：

客户经理实地调查时，应该眼观六路、耳听八方，通过细心观察判断出真实情况。

案例2

发现石油压裂支撑剂公司产品严重滞销

某石油压裂支撑剂有限公司，成立于2009年5月，是一家生产、销售石油压裂支撑剂，并经营铝矾土加工销售、进出口业务的企业。2012年度、2013年营业收入分别8000万元、4500万元。

公司向银行申请一年期2000万元的流动资金贷款，担保方式为第三方土地抵押。客户经理实地走访客户并查阅该公司相关资料后，发现公司以往主要以产品代工加工为主。除此之外，公司没有稳定的下游销售合作对象。

现场调查发现，该公司存货积压严重，产品严重滞销。另一方面，抵押物位于贵州省偏远县份，当地房地产市场不活跃，抵押物变现存在较大困难。鉴于上述原因，银行否决了该项目。

之后不久，该公司在另一家银行1000万元贷款发生逾期并下调至不良。

四、发现虚假合同

案例1

通过查询工商局信息发现贸易公司合同造假

重庆市某贸易发展有限公司向银行申请900万元授信。

客户经理发现资料中的贸易合同存在造假嫌疑。于是查询工商局企业信息系统，发现多数合同中的交易对手无注册信息，存在虚构交易对手、伪造贸易背景的可能性极大。

客户经理要求客户给出合理解释，客户方面承认大部分合同系伪造。因客户存在欺诈行为，经报银行领导后，果断否决该笔授信申请。

点评：

现在政府许多主管部门都有开设信息查询网站，银行风险管理部门应该把这些网址链接到本银行的网页中，以方便客户经理随时查询。

案例2

从金额、名称、日期多疑点发现虚假购销合同

广州某公司向银行申请流动资金贷款500万元。

客户经理在调查贸易背景材料时，发现三个问题：一是购销合同金额及发票金额，均小于企业向银行申报材料中的实际支付金额。二是实际交易方名称与购销合同中名称不一致。三是其中一份购销合同日期已经超出了有效期。发现上述问题后，客户经理认为购销合同有重大虚假嫌疑，于是停止受理该笔贷款申请。

案例3

专程赴外地调查贸易公司合同方，发现部分虚假合同

某贸易投资有限公司注册资金5000万元，由两个自然人股东出资成立，经营范围：实业投资、钢材及矿产品的销售。实际经营萤石湿粉、电解铜和高铁猛泥等商品贸易。该公司向长沙一家银行申请1000万元综合授信额度，以外地商业地产为抵押。

银行初步了解认为，该公司在上海地区从事电解铜贸易，行业风险较大，且内部关联交易繁多，经营的真实性存在诸多疑点。

为此银行安排专人赴外地，找到借款人的两家生意伙伴公司，核实购销合同以及价格确认书，结果发现借款人提供的部分购销合同为虚假合同。

另外，银行还委托抵押物所在的外地兄弟分行协助调查。通过咨询抵押物周边中介，并考察抵押物实际情况，抵押物地段有大量待租、待售的物业，合理价位在3万~4万元/平方米，但是评估公司提供的预估价为6万~7万元/平方米，抵押物价格明显高估。

通过以上调查取证，银行认为企业提供的申请材料有许多虚假成分，存在欺诈风险，最后予以否决。

点评：

现在有些借款人蒙骗银行的办法，就是在真合同中混入假合同，以达到虚增贸易金额和借款金额的目的。银行在调查时，应该对全部合同进行检查，或者按

合同份数比例对大金额的合同进行抽查，避免上当受骗。

不怕乱如麻，只怕不调查。

——专家经验

五、发现虚假销售

案例1

从造船钢板出库次数发现商贸公司虚假销售数据

某商贸有限公司专营各类钢材销售，申请综合授信额度8000万元，提供钢材存货质押。客户经理现场调查时发现，由于近年来造船行业不景气，该公司存货中的造船钢板在长达9个月的时间内仅有2次少量出库。而该公司提供的财务报表却显示，该期间造船钢板销售收入达6亿元左右，大大高于银行监管到的货物出库数字，存在明显造假行为。客户经理报告行领导后，停止调查工作。

过后不久，公司资金链出现问题，部分存货被外地法院查封，其他银行一笔8000万元贷款形成不良。

点评：

在调查中注意“账实相符”，是发现企业是否在说假话的重要方法。

提供虚假财会报告罪

（刑法第一百六十一条）

公司向股东和社会公众提供虚假的或者隐瞒重要事实的财务会计报告，严重损害股东或者其他人利益的，对其直接负责的主管人员和其他直接责任人员，处三年以下有期徒刑或者拘役，并处或者单处二万元以上二十万元以下罚金。

案例 2

从管件公司无法提供出口结算单据发现虚假销售收入

某管件有限公司向唐山一家银行申请 4000 万元授信额度。客户经理在实地调查时，发现企业的主营产品管件出口大幅下降，但其提供的财务报表依然显示主营业务收入呈增长趋势。客户经理感觉有问题，要求企业提供出口业务结算流水单据，企业多次找理由推托并不予提供。银行立即做出决策，停止受理贷款申请。

2013 年 7 月，该企业因经营陷入困境，台湾籍老板跑路，唐山一家银行的 4000 万元贷款形成不良。

点评：

有些企业为了向银行借到钱，不惜造假夸大销售收入数据。客户经理发现苗头时，应坚持要求企业提供原始凭证，核实数据的真实性，谨防上当受骗。

六、发现抵押物有问题

> 越是好企业，能提供的押品越好；越是差企业，能提供的押品越差。
>
> ——专家经验

案例 1

发现餐饮公司拟抵押房产已被查封

长沙某餐饮公司有 8 家门店，2011 年 3 月向当地一家银行申请 2000 万元贷款，授信期限 3 年，以公司法人代表自购的房产抵押担保 1500 万元，以关联百货有限公司保证担保 500 万元，贷款资金专项用于经营场地的装修改造。

客户经理现场调查，发现拟抵押的房产涉及官司，门前有查封条。考虑到涉及房产纠纷，抵押物存在法律风险，担保企业实力较弱，客户经理报行领导后予以婉拒。

两个月后客户再次提出申请。鉴于企业所提供财务报表中，“投资活动现金流净流量”和“筹资活动现金流”均为负数，且这两项指标相对企业规模占比较大。由此可判断企业扩充速度较快，投入过大，经营活动现金流无法正常覆盖企业扩充速度，故银行再次予以否决。

2013年4月，湖南银监部门下发了对该公司及其关联人、关联企业授信担保情况进行排查的通知。通知称根据舆情监测发现，网易财经报道该公司门店已全部停业，公司老板母子跑路，留下3亿元债务，且在银行有大笔贷款，请各行立即进行排查。

餐饮公司负责楼面管理的王先生说：老板丢下餐厅不管，应该是资金链断裂了，老板高息贷款，据说总共贷了3个亿左右，从地下钱庄和私人那里贷的。最近陆续有债主上门要账，主要是供货商、银行和物业。

而这家银行在调查时严把授信准入关，发现问题及时停贷，避免了风险的发生。

点评：

一个只有8家门店的餐饮公司，从社会高息借款高达几个亿，这是很重要的风险信息。对于有类似高额负债情况的借款申请人，客户经理在调查时务必高度重视。

案例2

发现拟抵押土地有被政府征用的可能

福建省晋江市某化工有限公司申请800万元综合授信额度，以该公司土地房产及第三方的土地抵押。

客户经理现场调查时，发现第三方的土地上有施工设备、土堆等。客户解释该抵押土地因遇城市道路拓宽改造有可能被政府征用，因此将原土地上简易搭盖的建筑物拆除，且道路拓宽工程已完工。客户经理返回后及时向分行领导反馈。在抵押物使用前景不明的情况下，银行决定暂缓该客户的借款申请。

案例3

发现部分抵押物已用作机关幼儿园

重庆市某工程建设拆迁公司申请贷款3000万元，以其自有的5436.5平方米的房产及某置业有限公司的1.3万平方米土地使用权抵押。

客户经理到现场查看抵押物情况，发现部分房屋已用作机关幼儿园，涉及面积3301.4平方，对应评估价值1403万元。这部分房产在未来处置变现中存在较大法律障碍，不宜设置抵押，银行于是婉拒这笔贷款。

七、发现高管有问题

案例1

访谈中发现企业法定代表人其实只是个司机

北京A商贸有限公司法人代表郑某申请流动资金贷款1000万元，期限1年，由B担保有限公司提供连带责任保证，并提供10%存单质押。

客户经理在调查时，与企业相关人员访谈发现，企业法定代表人郑某并不是实际出资人和实际控制人，他只是该企业实际控制人的一名司机而已。于是银行婉拒该笔贷款。

点评：

现在许多民营企业工商执照上的企业法定代表人，并不是企业的实际出资人和实际控制人，而是由一些不具备资金实力和不具经营管理能力的人员挂名。这样当企业经营和资金出现问题的时候，企业的真正老板就能够“金蝉脱壳”，躲避债务，逃之夭夭。对此，银行人员必须加以注意，确认企业实际控制人是谁。

案例2

了解到贸易公司老板与某区领导案件有牵连

浙江某贸易有限公司系一家主要经营纺织品贸易的商贸型企业，全年销售达3.1亿元，净利润达1100万元。公司成立以来，一直为轻纺城经营较好的企业之一。申请敞口授信额度2000万元，以关联企业名下的2400平方米公寓和13亩商用地抵押担保，并由企业经营者夫妇提供连带责任保证担保。

银行客户经理在贷前调查时，注重从企业外围了解企业情况，通过一定的渠道了解到经营者丈夫与区某领导的案件有较大牵连，而且该领导已被调查，很有可能波及经营者，并最终影响企业经营。为此暂停调查进程。

不久后案件曝光，银行正式通知客户，因其涉及案件存在较大风险，银行不再放款。

点评：

近年来国家不断加大反腐力度，银行在调查时必须关注企业主与落马官员关系的信息。避免企业因牵涉政府官员案件，生产经营和资金周转受到影响，银行资金受到损失。

案例3

发现借款人硅业公司实际是在为关联企业融资

安阳市某硅业公司申请授信额度3000万元，其中1500万元由担保公司信用担保，另1500万元由企业自有房地产抵押担保，同时追加公司全部股东及实际控制人保证担保。用途为公司自用流动资金。

银行派客户经理进行贷前调查。经过现场查看相关资料及与企业相关负责人沟通，发现该企业法人代表仅是对公司的部分财务有控制权，企业还存在另一个实际控制人，其名下还另有两个钢贸企业。

发现该情况后，客户经理立即追踪前往两家钢贸企业现场调查，发现一家钢贸企业已经不是安钢的一级经销商，税控销售收入大幅下滑，而企业负债仍在增加，报表收入虚高。另一家钢贸企业，也是经营惨淡。

客户经理初步判断此次借款，有可能是那两家钢贸企业现金流出现问题，想借硅业公司之壳融资。由此存在较多风险点：①硅业公司为新建企业，前期投入资金较多，但实际控制人前期资金积累无法达到如此大的规模，还款资金来源存疑；②实际控制人关联企业为钢贸企业，属本行信贷政策压退行业，且在他行有联保贷款，负债较多，近年收入下降较多，现金流存在较大问题，关联风险较大；③企业存在两班人马相互制约，持股基本对半，但相互不信任，管理经营有一定的风险。

基于以上问题，经营机构认为贷款用途不明，有挪用资金风险，经上报风险主管和分行长后，给予退卷处理。不到一年时间，该硅业有限公司经营出现较大问题，该银行成功规避了一笔授信风险。

点评：

现在有些企业集团，差的子公司经营不善，从银行借不到资金，老板就让好的子公司出面借款，借到钱后再转给差的子公司使用。客户经理要提高风险敏感度，坚持“有疑必查、有疑必究”，全面、深入地了解借款人的关联企业情况，防止企业桃僵李代、借壳融资，套取银行资金。

签订、履行合同失职被骗罪

（刑法第一百六十七条）

国有公司、企业、事业单位直接负责的主管人员，在签订、履行合同过程中，因严重不负责任被诈骗，涉嫌下列情形之一的，应予立案追诉：

（一）造成国家直接经济损失数额在五十万元以上的；

（二）造成有关单位破产，停业、停产六个月以上，或者被吊销许可证和营业执照、责令关闭、撤销、解散的；

（三）其他致使国家利益遭受重大损失的情形。

金融机构、从事对外贸易经营活动的公司、企业的工作人员严重不负责任，造成一百万美元以上外汇被骗购或者逃汇一千万美元以上的，应予立案追诉。

第二章 授信审查审批堵截风险

第一节 授信审查概述

在授信风险管理的六个阶段中，“审查”和“审批”是两道环节。一般中小银行是合二为一，即审查和审批为同一人。而大银行是分开的，即由审查部门人员提出审查意见后，再送有权审批人审批。有权审批人可以是个人，也可以是审批委员会。

一、审查部门的作用

信用审查部门是银行授信业务的风险控制中心，是保障银行资产安全的重要关口。信审人员通过认真仔细的分析和严格全面的审查，寻找蛛丝马迹，发现真实情况，为各级有权审批人员提供决策依据。

信审人员主要发挥三项作用：①把好关口。应将每笔授信业务存在的风险都分析出来，并判断发生可能性的大小；②当好参谋。银行对客户的授信申请无非是三种结果，一是同意做，二是不同意做，三是达到条件后才可以做。因此，信审人员应当好参谋，提出可选择方案和倾向性意见，供审批人参考；③提供信息。信审人员不能仅凭业务部门提供的申请材料做判断，应从行内外多种渠道收集相关信息，作为审批贷款的决策依据。

> 预防风险是上策，化解风险是中策，补救风险是下策。
>
> ——专家经验

二、审查制度的“三性”

经营银行就像开一部汽车，要又快又稳地到达目的地。业务部门犹如车上的油门系统，是让车子跑得快速；而风险部门犹如刹车系统，是让车子跑得安全，两个系统缺一不可。而什么时候要踩油门、什么时候该踩刹车，这就是要靠开车人掌握的权衡技术了。

风险审查制度犹如刹车系统，为车辆的安全负责，应该具有垂直性、专业性、独立性。

（1）**垂直性**。每家银行应该建立由总行垂直管理的审查机制，包括部门设置、人员配备、风险理念、制度建设、审查权限、审查标准、审查流程、信息管理、奖惩考评、业务培训等。由此保证全行风险控制体系的有效性。

（2）**专业性**。每位信审人员都应该有专业的审查能力。因为只有专业，你才能识别和发现风险所在，把风险拒之于门外；只有专业，你才能提出具有权威性的审查意见，才能使业务人员做到心服口服；只有专业，你才能指导业务部门如何更好地开展授信业务；只有专业，你才能有较高的工作效率，而不是因举棋不定、犹豫不决而导致拖延时间。

（3）**独立性**。每位信审人员都应该以银行授信政策为准绳，以审查事实数据为依据，不受外部干扰地独立开展审查工作；独立发表自己的审查意见；独立地投表决票。按“审贷分离”原则明确信审部门和人员的独立性，就是防止危害性很大的人情贷款、关系贷款。

三、审查工作的原则

授信审查工作应遵循“依法合规、客观公正、风险负责”的原则。

依法合规是指信审人员应依法合规地对申请人、担保人的主体资格、意思表示及有关资料进行认真审查，确保授信业务合法合规。

客观准确是指信审人员应本着对银行利益负责的态度，按照既有利于控制风险，又有利于业务稳健发展的要求，客观、准确地审查授信申请资料并揭示业务风险。

风险负责是指信审人员既要充分准确地揭示业务风险，提出降低风险的对策，又要避免有意夸大风险，要对出具审查意见的准确性负责任。

第二节 授信审查工作规范

一、审查重点内容

（一）对业务受理及调查行为的审查

（1）授信申请人是否为本行授信政策支持客户。

（2）授信申请人是否符合本行规定的准入条件。

（二）对申报材料完整性、真实性、合规性的审查

（1）申报材料各项内容是否齐全。

（2）授信风险管理系统中录入的信息是否齐全、完整、准确。

（3）申报材料之间有无明显冲突，有无不合理或不符合本行规定。

（4）材料中的签字盖章是否清晰、完整。

（三）对授信风险的审查

（1）审查借款人风险。主要从借款人的行业地位、成立时间长短、股东关系结构、经营规模大小、财务状况好坏、信用评级高低等方面，识别和堵截法律法规和银行政策不可接受的借款人。

（2）审查借款用途风险。有时候借款人资信没问题，但贷款用途会有问题。用途必须合法合规、真实可信，防止虚假用途。

（3）审查还款来源风险。借款人所说的第一还款来源和第二还款来源是否属实可靠。

（4）审查贷款条件风险。最主要包括金额大小、期限长短、利率高低等，这些都应通过计算来加以确定。如果判断金额太多、期限太长、利率过低等，应予纠正。

（5）审查担保条件风险。担保行为是否有效，担保品权属是否合法，价值是否充足，变现能力如何。

（6）审查信用状况。借款人历年的还款记录，是判断其资信好坏的重要依据。还款记录应包括偿还他行记录和本行记录两个方面。对其他银行贷款的偿还记录，可从中国人民银行的企业征信系统中查到；对本行贷款的偿还记录，则应通过本行的信贷管理信息系统中查到。

（四）对综合效益的审查

银行不仅要发放安全性较高的贷款，还应优先发放给能为本行带来综合效益的贷款。在安全的前提下，能给银行带来相当数量的存款、资金结算、国际业务的，都应是好客户，应优先予以资金支持。

信审员最后要给出审查结论，在授信条件和操作风险等方面提出防范措施，供审批人决定。

信审人员所掌握的信息应多于业务人员所提供的信息。

——专家经验

二、审查工作要求

（1）信审员审查时应当独立、客观、公正，认真履行银行审查的各项职责，对审查的合规性和审查意见承担责任。

（2）信审员主要依据银行授信政策、审查要求和风险管理系统信息，对业务部门提交的资料进行审查。工作职责包括对授信项目研究分析，揭示授信风险，完善授信方案，按规定格式形成授信审查报告。

（3）信审员必须出具明确的审查意见。

①审查意见应做到：用语规范、内容完整、要素准确、层次分明、重点突出、合理可行。

②最终意见只能出具“同意”“有条件同意”“否决”三者之一，不可含糊不清。

③对于审查意见为“同意”“有条件同意”的，信审员应明确授信的基本要素，包括：授信品种、授信金额、利率（费率）、授信期限、担保条件、放款条件、授后管理等内容。

④对于审查意见为“否决”的，信审员应归纳陈述有理有据的理由。

（4）信审员应与业务部门充分沟通。

在审查意见与申请方案出现较大差异时，信审员必须与业务部门充分沟通，听取情况反映和解释说明。信审员应反观自身的评价结论是否做到“有理、有据、有节”，提高审查意见的可执行性，避免项目出现多次复议的情况。

审查人员不仅要满足对表面材料合规的审查，更要注重对实际情况的了解。

——专家经验

（5）信审员及时提出补充调查要求。

如果申报材料不符合审查要求，信审员应在评审后1个工作日内，以规定方式通知客户经理补充材料。

(6) 信审员可退卷的情况。

经领导同意，信审员可不予审查以下不合格的申报材料，直接退回业务部门：

①授信资料要件缺失或严重失实；

②调查报告格式或风险评价报告格式错误或内容过于简单；

③授信风险管理系统中客户数据严重缺失或失实；

④档案资料扫描模糊难以辨认；

⑤未在规定时间内补充上报资料且未说明理由等。

(7) 信审员在受理项目后，即应负责跟踪该项目授信审查和审批进程，直至有了最终结果。

三、审查工作风险

这种风险主要是指审查工作不认真、不负责任，给银行带来资金损失的可能性。风险至少有以下几个方面：

(1) 因审查不细未发现不真实的材料。一切授信决策都必须是在真实的材料基础上做出的。实际中，仍会有不实的材料经过业务部门被送上来。如：虚假用途的购销合同、虚假的签字盖章、勾稽关系不清的财务报表等。这些都是批准授信的隐患所在。

(2) 因审查不严未发现项目的风险点。信审部门应审查的重点，都是项目风险点所在，如果轻易放过都属工作失职，有些重大问题未被审查出更会是致命的。例如贷款修高速公路，按今后过路收费的现金流计算是足够还本付息的，于是同意放款。但没想到几年后邻区又新建一条高速路，原路上的车辆被分流，偿还贷款的资金来源顿成问题。又如，企业申请短期流动资金贷款，却是准备用于归还其他银行不良贷款或社会高息融资，由此埋下今后贷款回收难的风险点。这样审查不严的事例还有很多。

(3) 因经验不足而提出不当的建议。信审部门除对授信的安全性审查外，还应对贷款的金额大小、期限长短、利率高低、还款方式等予以审查。实际中，由于事前对这些条件确定不当，事后致使贷款出现逾期的事例也不少。因此，信审部门在审查结论中向审批人提出适当的建议十分重要。另外，有些申报机构的不良率已经很高，或信贷结构不合理等，仍批准发放贷款，也属于建议不当的风险。

对不同企业贷款的风控措施不能千篇一律，要根据各个客户的情况量体裁衣，实行差异化风控管理，并在借款合同中用补充条款的方式加以落实。

——专家经验

四、如何发现虚假材料

根据多年经历，笔者总结的一句话是："凡骗必假、凡假必骗"。就是说骗子要骗人，必然要造假；而造假的背后，必然有骗局。银行授信审查岗位的审查人员，又没去企业现场实地调查，那如何才能发现造假的材料，从而揭示背后的骗局呢？以下是几种有效的审查方法。

（1）认真审阅书面材料，从中发现造假的蛛丝马迹。

在客户提交的贷款申请报告中，虚假的材料并不少见，审查人员只要对贷款申请材料仔细审阅，总会发现造假的蛛丝马迹，例如：

在董事会的借款决议中，几位董事的签字笔迹相同，明显是一人代签；

在购销合同中，经不起推敲的签字日期、购货金额、有效日期等；

在财务报表中，勾稽关系不清、数字对不上；

在企业材料中，尺寸大小不合规的公章；

复印颜色深浅不同、前后纸张不一、拼凑而成的文件；

虽然是不同年份的两份装修工程合同，但公章所盖位置完全一致；

难以自圆其说的借款用途，等等。

这些都需要银行审查人员仔细地阅读材料才能发觉。如果轻易放过，都是批准贷款的隐患所在。

（2）仔细分析财务报表，从中找出虚假疑点。

不良企业为了从银行骗到贷款，常常会对报表造假，例如：

虚增销售收入，生产单位把产品转给销售单位就算成实现销售了；

虚增资产，高估土地、设备等固定资产后入账；

虚增利润，调增销售收入和营业外收入，调减销售成本和营业外支出等；

虚造变现能力，调增现金、有价证券、应收账款，调减存货和待摊费用；

其他应收账款不实，特别对于金额大、期限长的应注意；

存货不实，记账的采购价、进出库价不实，变更库存品用途和时间；

折旧不实，不按规定计提折旧。

（3）要善于通过计算发现问题，从中找出真相。

客户递交的申请材料，有时贷款理由在逻辑上说得通，但仔细计算数字就能发现不能自圆其说问题所在。因此，审查人员对于客户申请贷款的用款数额、营业数额、还款来源的收入金额等，应该通过计算加以核对，从中可以发现问题，从而证实申请人是否在说假话。

（4）专业地查看银行对账单，从中核对真实情况。

银行审查人员对于企业所提供的的经营状况和销售收入等财务数字，不能光听他说或看财务报表，最直接、有效的方式是看他的银行对账单，把流水数字加总看是否真实，很多谎言会不攻自破。

当然，现在有些骗子也知道银行要看对账单，已开始在这方面造假。对以下两种造假手段，银行识别的措施如下：

（1）骗子伪造或变造假对账单（包括复印件）。对此，贷款银行人员应坚持要求客户提供对账单原件，并到出单银行核实，当面见证对方银行盖章确认。

（2）骗子以一笔资金在其掌控的几家关联公司之间的账户不停转账，从而营造出巨额经营收入的假象。对此，贷款银行人员首先应搞清楚有几家关联公司，再将这几家公司的月末存款余额加总，就能搞清楚到底有多少资金了。

案例1

识破虚假购销合同

北京某投资公司申请流贷4000万元，6个月期，用途是购货后销售。

银行审查认为存在问题：①销售方是贷款申请人的母公司，关联交易和融资性质明显。②《供销合同》《供货协议书》造假明显，表现为：材料前后纸质和填写笔迹不同；无签约日期；未收到货物就要先付全款与商业惯例不符；发票是服务业、娱乐业的发票等。③申请人前年销售总收入220万元，去年全年总收入7200万元，而今年1月份就销售4000万元，不可信。

最后银行否决了这笔虚假贸易背景的贷款申请。

案例 2

识破无贸易背景银票贴现

河北某建筑装饰工程公司申请贴现两张银行承兑汇票合计 4000 万元，并提供建筑施工合同和发票等。

银行审查认为存在问题：

（1）该汇票出票人是北京某承包商，拟在北京某区盖汽车交易大楼，总价 1.8 亿元。后续还将开出 6000 万元的银行承兑汇票。贴现资金将用于项目建设，“短款长用”明显，且还款来源不确定。

（2）两张汇票承兑人为某行北京分行某支行某分理处，票面金额各 2000 万元，分别于 10 月 28 日和 10 月 29 日紧临两天先后开出，明显是分理处为避免越权而化整为零开票。该分理处是否有那么大的开票权限以及到期是否有付款能力不确定。贴现行派员到其上级行去核实，上级行不愿在确认函和连带付款责任书上确认盖章。

（3）建设汽车交易大楼的协议书是 7 月份所签，而企业提供发票的日期都是在该月之前，有的甚至是一年以前的。故而贸易背景不真实。

最后，银行否决了这笔虚假贸易背景的贴现申请。

案例 3

识破虚假贷款用途

某保龄球健身娱乐公司，总资产 1767 万元，申请一年期流动资金贷款 1280 万元，以某外资银行 170 万美元备证担保。

经计算发现：其经营流水月收入仅为 50 万元，年收入 600 万元，如果再扣去经营成本和税费，一年后根本不足还款。再调查发现：该公司前几年在其他银行借有固定资产贷款用于建保龄球场，现到期无法归还，本笔贷款的实际用途是去归还其他银行贷款。如果银行发放该笔贷款，由于公司一年后肯定无法归还，必然造成本行贷款逾期。虽然可凭备证向开证行追索，但也不一定容易追回。

因此，银行否决了这笔虚假材料的贷款申请。

案例4

识破虚假贷款用途

某生意红火的海鲜酒楼（年营业收入4800万元），申请一年期流动资金贷款2200万元，称用途是为在营业淡季低价一次性采购燕窝、鲍鱼、鱼翅和高档烟酒，作为库存所需。

经计算发现：该酒楼前三年最高的存货量价值不曾超过400万元；按酒楼正常客人日均消费量计，如果用2200万元进货，增加的库存至少需要500天才能消耗完，这不符该行业的常规。再调查发现：借款的实际用途，是酒楼准备扩建与其餐饮相关的娱乐和洗浴中心。由于企业担心贷款用途不符合“银行不得向娱乐业贷款”的授信政策，故上报了采购库存的虚假用途。对此，银行否决了这笔虚假材料的贷款申请。

案例5

识破虚假贷款用途

某出租车公司申请一年期5000万元流贷，称用途是更换一批新车型。

经计算发现：其一年营业收入根本不足以还款。再调查发现：实际用途是拟并购其他出租车公司。对此，银行否决了这笔虚假材料的贷款申请。

案例6

识破假按揭套贷嫌疑

有两个客户同时申请高档别墅按揭，每套面积623.80平方米，单价12023元/平方米。开发商称毛坯房8023元/平方米，精装加价2500元/平方米，购买家电1500元/平方米。每套房总价750万元，按七成比例，两套房共需借款1050万元。

银行审查认为存在问题：精装修款占到购房价的31%、买家电款占到19%，与常理不符。再调查发现：该楼盘在远郊，销售进度不理想，而两位借款申请人均为开发商公司的投资人，因此有高报房价以套取银行贷款嫌疑。

最后银行否决了这笔假按揭的贷款申请。

社会上不法分子如何欺骗银行，有哪些伎俩，银行人员应该如何防范，有许许多多的案例，读者可阅读《怎样识破骗贷迷局》一书（孙建林编著，企业管理出版社，2014 年）。

骗取贷款、票据承兑、金融票证罪

（刑法第一百七十五条之一）

以欺骗手段取得银行或者其他金融机构贷款、票据承兑、信用证、保函等，涉嫌下列情形之一的，应予立案追诉：

（一）以欺骗手段取得贷款、票据承兑、信用证、保函等，数额在一百万元以上的；

（二）以欺骗手段取得贷款、票据承兑、信用证、保函等，给银行或者其他金融机构造成直接经济损失数额在二十万元以上的；

（三）虽未达到上述数额标准，但多次以欺骗手段取得贷款、票据承兑、信用证、保函等的；

（四）其他给银行或者其他金融机构造成重大损失或者有其他严重情节的情形。

第三节　授信审批规范

一、授信审批模式

授信审批模式可分为集体审批制和个人审批制两类。

集体审批制通常采用会议形式，连审带批同时进行。通常是对大金额授信采取这种方式。其特点是可以集思广益，从而做出相对正确的决策，缺点是耗时费力、效率较低、不易分清个人责任。

个人审批制是以个人审批意见为准。按照“四只眼原则”，一笔贷款至少需要两个人一致同意的签字才行。通常对小金额贷款采取这种方式。其优点是责任清晰、效率高，但需要审批人员具有很强的专业能力、丰富的经验以及优良的职业道德。因此在实行个人审批制的银行，从事授信审批的人员，尤其是高级审批员都具有长期的信贷工作经验，并有在不同地区的工作经历，都是经过长期考察和严格选拔的。

> 审批委员会不应是一个“老好人俱乐部”。要提高审批质量和效率，并让审批人承担相应的责任，就必须对参会成员数进行削减。如果审批会议有5~7个成员，就可能相互推诿责任；如果审批会议有9~11个成员，每个人就没有什么责任可言了。如果参加审批会有13个委员，有2人反对就要坚决否决这笔贷款。
>
> ——专家经验

二、好模式的特征

不同银行会根据自己的情况，采取不同的审批模式。好的审批模式具有的特征是能够有效地控制风险，包括：

（1）能够识别和发现授信材料中虚假的成分，堵截贷款诈骗风险。

（2）能够分析和发现授信材料中潜在的风险，或者直接否决授信申请，或者要求改进授信和担保条件，以降低直至排除授信风险。

（3）有较高的审批效率，在合理的时间内给出审批意见，并及时反馈给业务部门和客户。

（4）有纠错功能，即发现审批条件与实际情况不符合时，能够及时纠正。

（5）有效防止以权谋私，杜绝“长官意志”和“人情贷款”“关系贷款”。

（6）与业务条线形成既相互制约又紧密结合关系。

（7）与风险度相匹配，对高风险业务的审批权集中上收，低风险业务的审批权下放。

三、审批工作风险

授信审批存在哪些风险呢？或者说在哪种工作状态下批出的授信项目容易出问题呢？

（1）盲目审批。对项目情况没有基本了解，对各方面所提出的意见，没有仔细地考虑，对一些关键性环节没有充分注意，而是想当然地加以批准。

（2）轻率审批。有时虽然想了解、考虑、注意到上述问题，但由于手头要处理的事情较多，或要赶着外出、开会等，没有更多时间研究就批准了。这种情况也容易发生在下班后和放假前。

（3）情绪化审批。有时审批人心情很好，或碰到不愉快的事情，之后再批项目时就容易失去客观立场，从而简单地做出决策。当同类授信业务的实施比较顺利，或者突然出现问题时，也可能导致“一刀切”式决策的出现。

（4）苛刻审批。有时审批人虽基本同意了项目，但由于不放心，或抱着“多提要求总比少要求好”的想法，于是要求增加额外条件，在金额期限或担保等方面提出限制，结果客户没法做到，使项目批而不准，无法实施。

（5）拖延审批。有时客户要求银行信贷支持是有时限要求的，超过限定的日期或时刻就会失去商机，用贷款再做该笔业务就会得不偿失。因此，对于这类项目，审批人应抓紧加以处理。有关部门应在文件卷上加注“急件”“特急”字样，以提示急事急办。如果审批人预计要外出、开会、出差或遇节假日，应提前甚至加班将急件处理完毕，避免拖延而影响客户时间。如果多种原因而不能在客户所希望的时间内批复，应预先向客户解释说明，以使其有时间调整决策。

（6）越权审批。银行对不同级别的人员，规定有不同的审批权限以控制风险。审批人超越自己权限而批准项目的情况也会有所发生，银行对此如不加以管理，制度形同虚设也将形成风险。

超越权限批贷的情况常发生于：审批人制度观念淡薄；自认为对项目风险的把握；上级人员外出时未临时授权；因时间紧迫试图先批后报。俗话说“有制度就有例外”，但是对于擅自越权批准的行为，上级主管部门应视情形轻重予以处罚，否则无规则将不成方圆。同时，可通过办公系统加以制约，越权限审批的合同上盖不出公章，文件寄发不出去。对于“边批边报”“先批后报”以求得时间效率的特殊情况，应事先在制度中加以规定，出现不同情况时按各自对应的规定办理。

（7）反复审批。对于多次被否决的项目，改进条件后反复上报，直到审批通过。实践证明，在审查审批时勉强或犹豫同意的贷款，多数后来都会出问题。

违法发放贷款罪

（刑法第一百八十六条）

银行或者其他金融机构及其工作人员违反国家规定发放贷款，涉嫌下列情形之一的，应予立案追诉：

（一）违法发放贷款，数额在一百万元以上的；

（二）违法发放贷款，造成直接经济损失数额在二十万元以上的。

（最高可判五年以上有期徒刑）

第四节 授信审查审批堵截风险实例

一、堵截产能过剩行业风险

《周易》上说，“安不忘危，存不忘亡。”当银行在“大好形势”下面临着大发展时机时，更要冷静地分析和思考。冲动往往做出错误的决策。很多历史经验证明，表面的大发展往往潜伏着大风险。

——专家经验

“月盈则亏，物极必反。”从世界各国的银行看，似乎都难逃这样的规律，在经济高涨时放出去的大量贷款，会在经济衰退时形成大量不良资产。

——专家经验

案例1

全省最大造船企业破产重组

某造船有限公司是某省最大的造船企业，具备2万载重吨级及以下的各种船舶的设计制造能力，年生产能力达到30万载重吨，是长江中游一家重要的造船企业，近年来的造船总量占全省的80%以上，船舶出口占全省总量的90%。该公司于2013年5月向某银行申请6000万元贷款，用于两艘在建船舶资金周转。该客户授信申报最终被该行婉拒，主要是风险部门在信审过程中发现了以下重要问题：

(1) 行业趋势下行：自2008年金融危机爆发，全球经济下滑，严重影响了航运市场，船东弃船事件屡见不鲜，该公司的六艘16500吨的化学品船就遭遇船东弃船。

(2) 总行授信政策限制：鉴于船舶行业形势恶化，总行授信政策导向不支持造船行业客户。

(3) 技术含量不高：虽然借款人在省内造船业排名前列，但该省并非造船大省，造船技术含量不高，所造船舶规格属于即将淘汰行列，市场前景不看好。

2014年年中，借款人因行业持续下行，自身又无市场认可的畅销产品，加上船东弃船，最终导致资金链出现断裂，进入破产重组。

点评：

行业变化趋势对企业经营状况影响极大，分行审查时应谨遵总行授信政策。分析一家大企业时不应仅看其在本地区的实力和市场排名，更需纳入全国同行业的变化情况进行分析，才不会一叶障目，做出错误决策。

案例2

造纸企业转向风电行业投资失败

山东Q纸业有限公司成立于1999年6月，占地面积1000多亩，拥有地上建筑15万平方米，注册资本13亿元。经营范围包括：造纸、纸业加工；新能源开发和投资，组织风电场建设和经营等。其关联子公司Q纸业控股有限公司在香港挂牌上市交易。

2013年7月，企业向银行申请2亿元综合授信额度，期限1年，用途为补充流动资金，由山东C集团有限公司提供连带责任保证。

银行审查意见认为：

（1）该企业在造纸主业之外，又投资风电设备制造及风电场，企业经营资金中有约10亿元挪用至风电项目。但企业不提供风电项目的相关资料，无法对其风电情况深入了解，且目前风电行业全面亏损，发展前景不乐观。

（2）Q纸业控股有限公司因财务报表问题于2011年3月股票一直停牌，无法确定复牌时间，银行难以掌握企业情况。

据此，银行否决了企业申请。时隔3个月后，网络媒体报道“山东富豪60亿债务还不起 政府紧急成立处置小组”。山东Q纸业有限公司债务危机爆发，最终走向破产重组。

点评：

一是过剩行业风险不容忽视。借款申请人除投资造纸业外，还涉足风电设备制造、风电场等，其所投资的主要产业造纸及风电均属于典型的产能过剩并全面亏损。

二是企业“短借长用”值得关注。2009年受国家4万亿投资项目的拉动，银行贷款条件过于宽松，引发民营企业的投资冲动，“短借长用”现象较为普遍，资金链断裂的隐患很大。这个历史教训应该牢记。

三是异地授信风险较高。异地企业为何不从本地银行借钱，这本身就是个问题。异地企业，贷前调查真实情况难以了解，贷后管理不易及时到位，风险度一般高于本地企业。因此，如果没有更强的担保条件和更好的综合效益，银行一般不应受理。

> 不熟的不做，控制不住的不做。
>
> ——专家经验

案例3

晶体硅太阳能产品公司生产经营不景气

山东S新能源有限公司成立于2008年5月，自然人股东，注册资本1亿元。公司经营范围为晶体硅太阳能电池、组件，光伏材料，电子元器件，应用系统工程等。2011年7月，企业向银行申请5000万元贸易融资额度，由当地另外一家纺织加工企业担保。

分行风险管理部领导8月携主办支行、分行国际部对企业实地调查。调查发现，企业为新建企业，主营光伏产品，前期厂房、设备投资较大，但受光伏行业不景气影响，企业开工率不足，偿债能力较弱。考虑到光伏企业普遍亏损，分行风险管理部最终建议该项目暂缓受理，未给予该客户授信。

之后，通过全国法院被执行人信息系统查询，自2011年11月起，山东S新能源有限公司共被起诉13起，被执行金额共计约116万元。查询企业贷款卡显示，企业表内累计欠息90万元，表外欠息1039万元。

案例4

缺乏核心技术的汽车装配企业没有发展后劲

2011年起，中国Q汽车集团有限公司拖欠员工工资，生产停摆的新闻陆续出现在国内知名门户网站头条。至2014年5月起，Q集团在浙江的几个生产基地全面停产，山东生产基地也陆续宣布“放假”，杭州总部办公楼也关停，相关物业均已变卖，实际控制人已经失联。

当初Q集团在金华当地拥有较高的知名度，作为汽车的民族品牌，历来获得政府较大力度的支持，因此也是各家银行争相合作的对象。早在2007年，某银行的一家支行即有意图与Q集团建立授信合作关系。分行授信审批部接到机构申请后，高度重视，派员赴Q集团生产基地进行了实地调研。

在调研过程中，发现Q集团拥有客车、轿车及重卡三大业务板块，其中能够实现盈利的仅有客车，年均盈利大约在6亿元左右，但该板块缺乏核心技术。所谓的生产基地，实际仅能进行汽车部件的装配工作，行业竞争力不强，发展缺乏可持续性。因此审批部门不建议介入合作。

之后几年，又有多家支行上报授信申请，表现出较为强烈的合作意愿。对此，审批部在原有调查基础上，对当时Q集团的发展情况进行了持续性的跟踪分析。发现企业主业投资较为激进，规划在全国建设十大生产基地，计划总投资超过400亿元，建成后总产能达到40多万辆。但在2012年及2013年，该企业轿车的年销量一直徘徊在5万~6万辆，2009—2011年亏损总额已达到5亿元；客车板块一年6亿元左右的盈利根本无法支撑企业对外投资。因此，审批部门坚持判断，认为企业未来发展前景不乐观，不建议介入，多次否决了授信申请。

点评：

审批部门在对客户审查过程中，应始终坚持对客户风险的独立分析判断，坚持“双优、双主”（优质行业、优质企业；主流市场、主流客户）的客户定位，不因受到业务发展的巨大压力而放弃风险底线。

案例5

国家政策变化影响的餐饮行业风险

广东某食品有限公司创建于2000年3月，是一家生产传统糕点、饼干、中秋月饼等食品和经营60多家蛋糕连锁店的民营企业，拥有2万多平方米的生产基地。近年企业引进糕点自动生产线及月饼生产线，主打粽子系列及婚嫁喜饼系列。客户拟申请1.1亿元授信额度，担保措施包括部分房产抵押以及糕点博物馆收费权质押等。

银行风险部初审认为，该客户所处食品行业近年在国家倡导“节俭风”

因素的影响下，销售增长动力不足，且提供的有效风险缓释措施不足，因此提出不予授信支持的意见。2013年11月末，该公司控制人被当地镇政府确认失联。

点评：

政府力量对于市场的干预能力是很强的。比如，楼市的发展就受国家房地产政策变化的强大影响。国家出台环保汽车、家电下乡等扶持政策，立刻会促进这些行业的生产。而“廉政建设八项规定”的出台，又导致高档酒店、餐饮、奢侈品等行业的衰退。对此，银行在审查行业风险时，务必关注国家有关政策变化的影响。

二、堵截违纪违约风险

案例1

对申请人有银行违约记录的应查明原因

南昌某门业有限公司是支行2014年向分行上报的授信客户，申请授信2600万元，以当地自有7.2万平方米工业土地及地上2.9万多平方米建筑物抵押。

该公司主要生产经营防盗门及工程非标门两大类产品，实际控制人20世纪90年代中期即开始门业生产经营，行业经验较为丰富。上年末公司总资产1.6亿元，刚性负债1700万元，营业收入1.3亿元，净利润约1200万元。

分行经过审查，最终劝退支行的授信申报，主要是发现了以下问题：

（1）该公司2013年3月有40笔银行承兑汇票发生垫款（后均结清），客户解释主要是原法人代表经营不善导致资金紧张。但信审员发现更换法人代表后，公司2013年报表较上年仍未发生明显变化，以此判断经营未明显好转。

（2）该公司在他行1800万元银承到期未再续做，疑为他行对其不再续贷。

（3）通过人行征信查询及同业了解，抵押物已在他行抵押贷款900万元。

2014年年中，该门业公司资金链断裂，老板外逃，一直下落不明，给当地银行业造成上千万元贷款损失。

点评：

信审发现客户有银行逾期记录的应认真查明原因，如无合理解释且经营未明显好转的，有可能再次发生资金违约风险，应谨慎介入。

案例 2

查明客户在其他银行贷款降级的真正原因

新疆某国际物流有限公司申请 4000 万元综合授信。信审员在征信报告中发现，该公司在另一家银行已结清的 3000 万元贷款分类为关注类，同时在该行另一笔将到期的 2000 万元贷款也分类为关注类。客户解释说前一笔 3000 万元降级是因为恰逢周末延迟几天还款所致。后一笔 2000 万元关注类，是因为贷款银行将煤炭贸易企业均分类为关注类所致。

信审员不轻易采信，而是通过多方渠道进行查证，了解到该公司表面经营正常，关联关系无异常，但公司幕后实际控制人为德隆系人员，非常擅长资本运作并熟悉银行信贷审批流程。

该国际物流有限公司实为德隆系融资平台，银行贷款均流入其典当行，3000 万元贷款系从典当行抽回归还。经分行信审会审议，否决了该企业授信项目。其后不久，该国际物流有限公司在贷款银行的 2000 万元贷款列入不良贷款，降为次级类。

点评：

企业在其他银行的贷款出现降级，是重要的风险信号，审查人员务必关注并查明原因。

案例 3

对于有恶意逃废债不良记录的老板坚决拒贷

业务部门向分行审批部门上报 A 纸业有限公司 2.5 亿元 2 年期综合授信额度申请，用于流贷、银承、贸易融资，由控制人夫妇提供担保。该公司与多家大型造纸企业保持长期合作关系，木浆及纸品年贸易量达到 30 万吨，年收入超过 10 亿元，其系列产品获得省名优产品称号。控制人还在当地发起成立浆纸交易所，拟打造成中国的浆纸交易平台。

虽然 A 公司是广东地区纸品贸易行业的龙头企业之一，而且从企业提供材料、人行征信系统及业务部门的调查中，均未发现实际控制人郝某有负面信息。但信审员丝毫没有放松对控制人信用记录的审查和核实，不放过任何蛛丝马迹。

通过搜索到网上一则多年前的新闻报道，发现郝某多年前曾担山东某纸业有限公司总经理。信审员顺藤摸瓜，进一步发现郝某十年前在山东收购过两家造纸厂，并在当地银行进行融资，由其个人提供担保。但之后这两家企业经营不善均告破产，并拖欠银行近8000万元贷款本息。而据网上查询到的当年法院判决文书，显示郝某“下落不明”，可见其没有履行相关担保责任，有恶意逃废债不良行为的历史记录。由此引起信审员的高度警觉。

之后，信审员认真审核A公司连续三年的财务数据，发现该公司在收入没有大幅增长的情况下，应收账款及融资增速较快，特别是应收账款每年增幅近40%。信审员判断存在两种可能性，一种是A公司通过有意延长下游贸易商的付款期，实际上在为其关联贸易商垫款融资；另一种是虚构应收款科目，掩饰其挪用资金的行为。

这两种可能性均将为企业带来较高的资金风险。加上企业隐藏的关联企业较多，控制人诚信不佳，信审员对该项目卷予以劝退。不到一个月，业务部门将金额压减到1.5亿元后再次申报，信审员顶住压力，坚持意见，报请领导同意后再一次劝退。

两年后的8月份，A公司资金链断裂，控制人郝某跑路。A公司及多家事后发现有关联关系的企业，在近20家银行贷款余额近8亿元，在P2P平台融资超过1亿元，还有大量民间借贷，都陆续出现逾期及欠息，由于实际控制人郝某失联，一直无法解决。而这家银行的审批部人员，通过高度的责任心、细致的审查分析、准确的判断、坚持的原则，成功避免了1.5亿元的风险贷款。

点评：

银行对于有恶意逃废债历史记录的老板要小心。他有过第一次的不良行为，就有可能故伎重施再来第二次。银行不想被骗，就不要和骗子打交道。

案例4

注意政府下海经商人员曾有的违法违纪风险

某工贸有限公司由2名自然人出资构成，主营生产销售高岭土。申请综合授信额度1000万元，品种包括流动资金贷款、银行承兑汇票，由市中小企业信用担保中心提供连带责任保证担保。

银行信审员在审查中发现，公司实际控制人曾在省地质勘查局任职，后下海组建本企业。信审员跟踪查询省地质勘查局官网得知，该局原局长不久前已被

“双开”，原因是涉及收受贿赂造成国有资产流失。结合实际控制人的就职经历，银行暂缓对该笔申请的审批。不久，该公司实际控制人也被纪检委带走协助调查。银行由此避免一起风险事件。

点评：

对于从政府部门下海到企业任职的高管人员，银行应审查其是否符合国家管理规定，避免潜在的违法违纪风险。

案例5

关注企业集团实际控制人涉嫌违纪风险

2014年4月底，据中央纪委监察部网站消息，河南某集团公司董事长、党委书记涉嫌严重违纪违法，接受组织调查。而某银行不久前刚刚否决了该集团公司1亿元授信申请，成功规避了一起大额授信风险。

2014年4月初，支行向分行上报了该集团公司1亿元综合授信申请，认为该公司较为优质，能够提供足值土地抵押担保，且存在他行对本业务的竞争，希望分行授信审批部能够快速审查、早日放款。

受理申请后，授信审批部当天即指派信审员进行审查。初步审查结果表明，该公司成立多年，主要业务为自有物业（商铺和写字楼）出租，该物业位于郑州市核心商圈，租金收入较高且较为稳定，每年租金及物业收入近亿元，虽然在他行有一定的借款，但借款金额在合理范围内。实际控制人从业经验较为丰富，同时还是某国有企业的高管，为人较为低调。同时，抵押土地为关联企业名下的一块商住用地，位置优越，价值充足，评估价值超过1.6亿元。综合以上因素，信审员认为基本可行，将授信额度降至8000万元，提交分行信审会审议。

而信审会经过审议讨论，认为该笔授信主要问题是：①申请人为本行新营销客户，实际控制人为国企高管，本行对其资本原始积累过程了解有限，信息不对称风险突出；②授信申请人的关联企业涉及房地产开发，不符合本行授信政策。经信审会充分讨论，未同意该笔授信，由此成功规避了一起授信风险。

点评：

随着国家反腐力度的加大，国有企业高管人员违法违纪的风险日益突出。如果在审查时得知此类消息，应暂缓审批进度，待观其变，防止企业高层人员变动导致的人事、政策等风险。

案例6

关于国有企业逃废银行债务的风险提示

近年来，受宏观经济下行和经济结构调整影响，企业因经营困难逃废银行债务的现象不断出现，甚至一些经营不善的地方国企和央企也在利用《破产法》中破产重整程序的有关规定，“合法”但不合理地悬空、逃废银行债务，给债权银行造成了巨大损失。

（1）央企某岛锌业公司破产重整案例。

某股份制银行自1996年始就与某岛锌业公司有业务合作，至2012年给予4.5亿元综合授信额度，由其母公司中冶某岛有色集团提供连带责任保证。

由于该锌业公司经营规模大，利润水平较差，经营过度依赖锌产品且自身无锌矿资源，存在历史包袱沉重、负债率高、财务费用高等原因，加上2012年以来销售市场持续低迷，造成企业亏损、资金匮乏、企业停产，处于濒临破产边缘。

2013年12月，当地法院在普通债权组两次表决未通过的情况下，强行裁定通过了企业重整计划草案。按重整计划，银行受偿率不足10%，约4亿元信贷资金全部损失。

（2）央企A纸业公司破产重整案例。

A纸业公司为某银行客户，基于其国资背景，银行采取了无担保的2亿元信用授信。2013年一季度A纸业的母公司B纸业集团由国资委通过行政划拨方式，将股权整体转让给C集团有限公司。

C集团为对B纸业集团项下资产负债等情况进行排摸，将B集团各个子公司业务强行停滞，使A纸业公司资金链断裂、停止经营，导致银行2亿元资金发生重大风险。

点评：

从近几年发生的类似案例中可发现，一般试图且有能力通过破产重整程序逃废银行债务的国有企业，往往具有以下特点：

（1）企业多为地方大型国企或央企下属企业，经营规模很大，但资产负债率也很高。

（2）在财政税收或就业方面对当地有较大贡献，一般对当地政府、法院具有较大影响力。

（3）受经济增速放缓、经济结构调整不断深化的影响，企业经营不善，连续多年陷入亏损。

（4）企业负债主要集中在银行，且涉及多家债权银行，往往存在过度授信的情况。

这些案例表明，银行关于大型国企或央企抗风险能力强、授信风险低、最终损失小的传统观念已不可靠。尤其不能想当然地认为，集团母公司一定会为陷入债务危机的子公司承担债务。由于各自独立的法人地位，母公司不仅无法律上必然的偿债义务，甚至还可能为甩掉包袱而积极促成其子公司通过重整剥离债务。

在发生债务危机后，一旦债务人走上破产重整之路，银行作为债权人的话语权十分有限，基本上处于“人为刀俎，我为鱼肉”的局面，只能听凭宰割。因为根据现行破产法，重整计划草案能否通过，几乎完全可以不取决于债权人的态度。只要在重整计划草案被提请批准时，估算出的清算受偿率小于重整受偿率，法院就可以轻而易举地裁定通过重整方案。

这样就为债务人逃废银行债务提供了一条有空可钻的途径。债务人企业可以通过各种手段，比如向中介机构施加影响等，即可轻松达到降低清算受偿率的目的，或者人为调高重整受偿率，从而通过法院判决甩掉巨额银行债务。

对此，银行不可掉以轻心。首先要转变“国企是金刚不坏之身”“瘦死骆驼比马大”等积极营销和盲目授信的理念，严格控制对经营效益较差且多年没有转机的地方大国企、央企的授信总量，努力争取有效抵（质）押担保条件。同时还要避免成为该企业的单一最大授信银行。

对符合上述风险特点的国有企业，要进一步加大贷后风险排查力度，重点检查企业财务状况、可持续经营能力。对存在较大风险隐患的，应尽快制定追加有效抵（质）押担保，或逐步压缩退出的风险化解预案。一旦出现风险苗头或迹象，应果断退出，必要时应毫不犹豫地采取资产保全措施，最大限度地掌握化解风险的主动权。

三、堵截违规经营风险

案例 1

税务材料异常的企业作假可能性大

上海某银行风险管理部收到支行同时上报 2 笔小企业流贷申请，A 企业申请

500万元，B企业申请800万元；均以上海某烟草糖酒集团配销中心的应收账款质押。风险管理部信审员仔细审查时发现如下问题：

(1) 上报的材料有假，疑似伪造了企业纳税申报表和税收电子缴款凭证，提供的发票没附相应的送货单等必要材料。

(2) 两个企业借款人的注册地点虽在不同的乡镇，并由完全不相关的股东出资，但是通过网上查询，却发现这二家公司在同一地址办公。

(3) 企业材料显示，该中心的上游采购客户非常分散，且一般客户的年采购量不超过1000万元。而支行的调查材料称，两家小企业借款人对该中心的年销售额均在5000万元以上。两份材料的数字难以自圆其说。

信审员要求支行补充授信资料，并对相关问题做出合理解释，但支行迟迟未能补充，只是多次强调，该业务非常急，资料可以后补，且客户可以帮助支行完成存款多项业务指标等。风险管理部不为所动，最终对该授信项目做了退卷处理，并向主线部门（分行小企业金融部）反映了业务处理信息。事后通过贷款卡跟踪调查，没有一家金融机构对上述两家客户进行授信业务。

点评：

该项目警示我们，经营机构和审批部门都应增强风险意识，除实地调查外，还需从与税务部门联网的税控机上查询税务材料的真实性，并从多渠道揭示借款人的造假情况。

案例2

靠人脉关系权钱交易的垄断企业难以持久

分行风险管理部收到支行上报某铁路物流集团有限公司申请2.3亿元经营性物业流动资金贷款的报告。

经初步审查，该项目存在以下问题：①抵押物业为企业以收购股权的形式取得，原股东在各家银行有大量的不良贷款；②物业租金收益存在诉讼纠纷，法律关系较为复杂，可能对第一还款来源造成影响。

应支行要求，信审员陪同支行赴集团总部所在地进行实地调查。经与企业负责人访谈，信审员发现该集团主业存在一定的垄断性质，询问垄断原因，企业又语焉不详。根据企业所述推测，应为通过铁路内部关系取得货场和铁路专用线的运营资格。另一方面，从企业表述发现，该企业为典型的民营集团家族企业，内部管理人员基本为亲属关系，企业治理水平一般，且存在一定偷逃税费的行为。基于以上原因，信审员建议该笔授信做退卷处理。

2014 年 8 月，《财经国家周刊》发表文章，披露了该物流集团有限公司涉嫌的违法违规行为，包括使用集装箱运煤、利用“套箱”等方法偷逃铁路运费等。根据后续报道，中国铁路总公司已对该物流集团有限公司进行调查，企业多个货场已停运。

点评：

在国家反腐力度不断加强的背景下，对于一些不是依靠正常商业竞争力，而是靠人脉关系、权钱交易行为建立起竞争优势，甚至有偷逃国家税费等违法违规的企业，更应加强警惕、审慎介入。防范由于人脉关系断裂导致企业经营和银行贷款资金受到严重影响的风险。

案例 3

污染环境的生产企业存在被停产整顿的风险

永州某有色金属有限公司成立于 2009 年 12 月，注册资本 1.6 亿元，主要产品有电铅、硫酸、白银、次氧化锌，是县里规模最大的民营企业。向银行申请综合授信 6000 万元，期限 1 年，以第三方商用房抵押。

信审员经网络查询发现：申请人曾有排放污染物的负面报道，如：附近许多村庄地下水被污染、儿童患重病需要换血治疗等。另外问题还有，抵押物曾涉及法律诉讼纠纷，评估总价偏高，处置变现较难。申请人主要行业市场前景一般，据当地人反馈该企业生产萧条，股东涉及房地产等业务，信贷资金极可能被挪用到房地产等高风险领域。

银行认为该企业存在污染环境被停产整顿的潜在风险，故予以婉拒。

点评：

在国家加大环境保护力度的大背景下，污染环境的企业必会受到处罚整顿，银行的贷款资金很容易就打水漂了。

四、堵截经营风险

案例1

从严审查异地企业发现疑点，重新调查坚持拒贷避免风险

案例摘要： 在一起抵押贷款中，经办支行忽视对借款人第一还款来源的深度分析，过于依赖抵押物，而分行信审人员坚持对民营企业审慎审批的原则，严格对实际控制人和贷款合理性审查，发现了可疑之处，坚持否决意见，最终成功规避授信风险。

近日，福州某支行陈行长专程来到分行风险管理部，见到余总就紧紧地握住他的手说："感谢风险部，感谢余总，为我们支行把住风险关，避免了损失，也保住了我这当支行长几年来从未出现不良贷款的名声啊。"

一、案例背景

该支行曾上报申请材料，建议给予外地某特艺环保科技有限公司综合授信额度2700万元，品种为银票、国内信用证、流动资金贷款、出口押汇、信保融资和法人账户透支。以借款人位于开发区的自有厂房和土地抵押担保，抵押物评估净值人民币4514万元；同时追加借款人实际控制人及股东个人的连带保证责任。

特艺环保科技有限公司16年前成立，注册资本3000万元，原本生产工艺简单的竹炭制品和竹制品，主要用于空气净化和室内装饰。去年公司投入资金3000多万元引进两条生产线，改行生产纳米改性竹炭纤维、纳米改性竹炭制品和竹制品等。原料为竹炭、涤纶短纤维和纳米改性纤维添加剂。产品主要销往全国各地的小商品市场及汽车内饰品市场或超市，下游销售客户较为分散。生产线已投入试运行，正式开工后缺少流动资金，因此向银行申请贷款。

支行认为贷款风险可控的理由有三：一是借款人生产经营长达16年，已完成原始投入和积累，有稳定的上、下游客户群体，具备第一还款来源；二是两条新生产线已完成投资，可以开工生产，且投资完全依靠企业自身投入，并无银行贷款，抵押物产权清晰，抵押率约60%，还款来源有保障；三是借款人实际控制人为外省人，早年只身来本地创业，多年奋斗才有如今的规模和业绩。经调查，其个人在当地口碑良好，无不良信用记录。重要的一点是，本笔授信是来自某政府部门官员的介绍，如果批准还可吸收到与贷款同等金额的财政存款，且已在支行开立了账户，就等贷款批准后即可转来存款。

二、审查过程

由于贷款条件和相关效益均不错，风险部立即安排进入了审查程序。但很快，审查人员在审查中发现了几处疑点，并在风险部内部分析会上提出质疑。

首先，借款申请人所在县级市，人口50多万，有五大国有银行和农信社及村镇银行，金融机构众多，为何要舍近求远跑到220多公里外的省城来申请贷款呢？而且本行在当地还没设立网点，管理半径较大，不利于贷后管理。

其次，审查人员发现，借款人原来生产的竹炭和竹制品工艺简单，原料为当地丰富的毛竹资源，具备竞争优势。而新生产线的产品为纳米改性竹炭纤维，系纺织品，其生产所需的原料涤纶短纤维和添加剂，距离借款人公司有好几百公里路程。因此，新产品根本不能发挥当地的毛竹资源优势，反而因地处山区生产成本和运输成本都大大增加了。

再次，改变生产品种之后，借款人多年建立的上下游客户群已不复存在，只能重新建立客户群，这对资金短缺的借款人无疑雪上加霜，因此第一还款来源存在严重的不确定性。

最后，抵押品虽评估足值，但偌大的工业厂房和土地一旦需要进行拍卖偿还债务，当地是否有足够的市场或购买力，即抵押物的变现能力如何尚不清晰，第二还款来源也存在不确定性。

鉴于授信审查存在着疑义，风险部领导为慎重起见，决定派信审员进行实地调查，并通过当地人脉关系对同业进行走访，了解实际情况。信审员对企业进行详细的实地调查，并走访了当地银监局、有关银行及人保财险公司，摸清了基本情况并发现了新问题。

其一，企业生产所在地的市政府为开发当地丰富的毛竹资源而设立了省级开发区，为尽快吸引工业企业入驻，给予优惠的土地政策和税收政策，土地价格相当低廉，且承诺投资达到一定规模后，前几年税收可以返还抵土地购买价格直至零地价，因此抵押物的评估值明显偏高，实际价值只有2000万元左右。况且开发区的企业进驻率尚不足50%，土地还很多，今后要处置抵押物的难度较大，不容易变现。

其二，企业生产线建成后由于缺少资金，无法正常运转，只有一条生产线在断断续续生产，生产的产品质量并不稳定，也无固定下游销售公司，只是在阿里巴巴网站上开立了网上销售，陆续销售了部分产品，但始终不成规模，加上无成本优势，因此处于亏损状态，入不敷出，经营风险较大。

其三，因为上述原因，当地银行均不敢介入，甚至当地某大行已审批同意给予4000万元贷款，在放款前，分管信贷的副行长去企业现场走了一圈，回头就停止了放款。

至此，分行风险部将调查情况如实通报给支行，否决了该笔贷款申请。基于大额存款的吸引力和对介绍人信任，支行陈行长还多次向风险部陈述理由以争取该项目，认为只要给予授信，应该可以很快将企业带上正轨，且抵押物确实具备一定的风险缓释作用。但风险部坚持不同意该笔授信。后企业转向另一家银行获得了贷款，为此陈行长非常不理解，有一阵子甚至不搭理余总了。

后来，该企业果然因经营不善，在他行的贷款出现逾期并欠息，降为不良。

三、案例启示

天上不会掉馅饼。在当前银行授信业务竞争如此激烈的情况下，企业跑到几百公里以外的异地银行申请授信，本身就是疑点。从看似好的贷款条件中，用逻辑推理的方式，往往可以发现不合理的地方。同时，分行审批人员在实地审查过程中，充分了解企业生产过程和原材料采购渠道，得出其产品不具竞争优势，存在经营风险的结论。在风险不可控的情况下，不为存款所动，坚持否决业务申请，从而避免了贷款出现不良甚至损失的风险。

案例2

对入场率不高的钢材城不予授信

某钢材城经营管理有限公司是一家集租赁、仓储服务、钢材贸易于一体的民营企业，由福建周宁的3位股东出资于2009年成立。钢材城总占地300亩，地上建成1.1万平方米的办公楼和4.8万平方米的商铺，共分有370间铺位，所处位置交通也较便利，临沿江高速路以及在建中的城际轻轨，可快速抵达珠三角其他城市，且拥有码头，为钢材水路运输提供便利。

钢材城被列为东莞市重点项目，某分行辖内多个经营单位均营销了该客户并征求风险管理部意见。风险管理部在授信预报阶段认为钢贸客户资产较弱、融资杠杆率较高、行业景气度低，给出了“审慎对待、不予授信支持”的建议。

但基于想做出业绩的强大动力，某支行最终上报了该项目1.5亿元的授信额度申请，用途为置换他行借款以及补充流动资金需求，担保措施为该钢材城物业抵押，评估价值约2.4亿元。

根据客户经理对项目的前期深入调查，信审员审查认为该项目虽然担保措施较强，企业名下有钢材城所属固定资产，但存在以下几个重大风险点：

(1) 钢材城的商铺出租已过半，但实际入场率不高，未来能否成功运营前景不明朗，这直接关系到借款人租赁、仓储等服务的营业收入规模，间接影响到其还款能力。

(2) 股东为福建周宁人，早年在上海靠钢贸起家，近年业务拓展至华南地区，但其主要资产不在东莞本地，银行无渠道了解其上海钢贸业务状况，企业极易通过关联资金运作挪用资金。

(3) 为吸引更多商户入驻钢材城，并解决入驻商户融资难的问题，股东成立了担保公司为商户提供担保服务，已与三家银行开展了担保业务合作，在保余额8500余万元。一方面钢材城商户的或有负债在未来将大幅增长，经营状况间接影响钢材城及股东的偿债能力；另一方面钢材城也很容易通过为商户担保的方式共同套取银行资金，授信安全存在隐患。

基于以上的风险因素，信审员与上报项目的支行积极沟通，反馈以上审查发现的风险点，最终支行同意该项目予以撤卷。不久之后，钢材城股东因上海钢贸风险事件导致资金链断裂破产，由此引发钢材城关联企业在他行贷款形成不良，据不完全统计已超过2亿元。

案例3

突然猛增的外贸业务量没有海关数据佐证不可信

厦门某贸易有限公司向一家银行申请授信额度7000万元，用于进口开证、出口押汇、远期结售汇，由某房地产公司提供商业用地使用权抵押。

银行在审查中发现存在诸多疑点：第一，该公司2004年成立以后业务量很少，而到2009年国际结算量突然猛增到2.5亿元，2010年后更是突飞猛进，但均不能提供海关数据佐证。第二，该客户经营地在厦门，但当地各银行给予的额度均较小，而企业给予本行的担保条件和效益过于优惠，缺乏合理性。第三，该公司资产总额少，净资产仅2300余万元，申请额度偏大。第四，抵押物为第三方提供的商业地块，评估价10078万元，银行对无偿提供抵押的合理性存疑。

基于以上疑点，分行最终否决了该笔授信申请。半年后，该公司终因虚构贸易背景套取银行信用东窗事发，各家银行涉案款总额达数亿元。

点评：

对于经营收入短期内大幅度增长的企业要小心，可能是财务报表造假的结果，必须加以核实。

案例4

对于股权变更中的企业应暂缓授信

某房地产公司是由3名自然人出资建立，注册资金5000万元，开发资质四级。一期已经建成入住，二期项目已封顶。公司已获得了当地商业银行1.1亿元开发贷款，在当地多家银行已有按揭业务，现向某银行申请按揭额度。

虽然该公司仅申请按揭贷款额度，承担阶段性担保，并且所开发项目封顶，完工风险已经较小，但分行信审会注意到了一个细节问题：即开发商的股东近期发生过变更，实际控制人不清晰。从客户提供的高管人员简历看，其法定代表人曾供职于一家小贷公司的关联企业。经分行多方打听得到的消息是，开发商正准备将项目转让给小贷公司的实际控制人。

虽然支行又会同分行风险管理部对该项目再次进行了实地调查，了解了项目的建设以及销售进展，认为项目地理位置较好，市场及完工风险可控。但鉴于原股东与小贷公司的股权转让问题前景不明朗，信审会仍认为开发商项目资金安全可能存在问题，有完工风险，因此最终否决了该笔按揭贷款项目。

不久后，报纸和媒体网络以《我买的房子房主咋成了别人》《近50万元买来“空中楼阁”》为题，连续报道了该公司违规预售、一房二卖的问题，且部分房产被市中级人民法院查封。同时由于开发商资金周转出现问题，政府有关部门已经介入调查。公司老板闫某某因资金链断裂而跑路，楼盘项目因拖欠工程款已经停工。据调查，闫某某所控制的企业拖欠银行贷款及民间融资总额高达10亿元。而这家银行由于严守风险底线，成功规避了楼盘烂尾和按揭项目风险。

案例5

要防范关联企业“彼退此进”“交叉融资”风险

A支行开发了两个客户山东甲外贸公司、济南乙帽业公司，各有500万元授信额度，按统一监控模式管理，由山东帮越担保公司及两公司实际控制人担保。A支行在贷后检查过程中发现企业存在经营规模萎缩、刚性负债偏高、对外投资偏大等风险隐患。而且两公司的还款资金来源不完全是公司的销售收入，而是从小额贷款公司或民间借贷机构拆借的过桥资金。因此A支行在以有效手段督促两公司正常结清贷款后，未再予以办理续贷。

不久，B支行为其两个客户丙陶瓷礼品公司及丁医疗器械公司分别申请1000万元、700万元授信额度。

分行信审经理在审查中发现，丙、丁两户企业实际为甲外贸公司和乙帽业公司的关联企业，四家企业的老板为同一个实际控制人。为此，通过向A支行深入了解停止对甲公司和乙公司续贷的原因，认为丙和丁客户资质不佳，关联关系复杂，同时结合A支行对客户的风险判断，该业务明显属于民营关联客户在不同银行机构之间“彼退此进”“交叉融资”的典型做法，授信风险隐患较大，分行最终对B支行的丙陶瓷公司和丁医疗公司两户企业的申请予以退卷处理。

点评：

民营企业隐蔽关联公司较多，民间借贷随意性较强，对内部问题往往刻意隐瞒，对优势方面则着力夸大。银行经办人员必须通过多种渠道摸清关联企业的真实状况。

自2012年人行新版征信系统升级后，极大地方便了银行对各种关联公司信息的获取，多头授信的被动局面得到有效解决。银行经办机构可通过贷款卡信息、个人征信报告工作记录显示等途径，对于关联企业信息逐条落实，尽力做到对借款人关联企业情况的整体把握，防止对企业多头授信、交叉授信、过度授信的风险。

五、堵截多元化风险

案例1

不仅要审查企业还要审查企业所在集团多元化的风险

J重型机械公司成立于2010年11月，注册资本2亿元，隶属江苏J集团。集团拥有10家分公司，多年获得地方政府“纳税规模企业”“50强工业企业”“省民营科技企业”等荣誉称号。2014年4月，J重型机械公司向银行申请综合授信额度1亿元。

银行不仅审查了借款申请人的情况，也审查了企业所在集团的状况。发现如下问题。

（1）集团多元化投资较多，涉及造纸、房地产、重机、建材销售、物流、物资回收等多个领域。其中造纸、房地产、重机是目前整个集团主要经营项目，均属于资金密集型行业。虽然集团实际控制人造纸行业经验丰富，但无从事房地产开发、重机制造的经验。

（2）集团主营业务利润较低，集团产业中除造纸处于成熟期，微利经营外，房地产销售前景具有较大不确定性，重机制造仍处于起步阶段，且市场竞争力不足。

（3）集团大部分资金被房地产、重机占用，且房地产未实现销售，重机产能未能释放，后期均仍需大量资金投入，集团资金链极为紧张且随时都有断裂的可能。从侧面了解，有政府提供过渡资金帮其周转贷款的情况，也不能排除有涉及民间借贷的可能性，客户违约风险较大。

（4）实地走访时发现，工作时间企业人员不在岗，反映出企业管理不规范，存在管理漏洞。

银行审查部门与业务部门一起实地调查后，形成一致意见，中止与该企业的授信业务合作。之后，该公司在一家银行的贷款出现逾期，另一家国有银行也停止与该公司合作，当地政府召集各贷款行商讨解决方案。

点评：

近年来，随着全球经济形势长期低迷、我国经济增速持续下降、经济增长结构转型，企业生产经营以及融资环境日益艰难，民营企业特别是具有一定规模的民营集团公司治理结构不健全、投资扩张过度等问题逐步暴露。银行在民营企业授信准入方面应提高准入标准。

（1）应注重民营企业实际控制人的从业经历、人品、企业的发展历程、经营管理状况。实际控制人是否具有丰富的行业从业经验和管理经验，将直接决定着公司的决策是否能够适应市场、公司是否能够持续经营。

（2）应关注企业所有投融资情况。民营集团多元化投资往往会占用集团的大部分资金，易使集团出现资金链紧张的情况。一个项目的亏损会影响整个集团的现金流，甚至会导致整个集团的崩塌。

（3）应高度关注担保圈风险以及民营企业涉及民间借贷情况。发现借款人对外担保过多或涉及民间借贷的，应严格禁止介入。

（4）应多方位了解银行同业授信情况，包括了解他行的授信担保条件，了解他行近两年有否压缩对借款人的授信情况。

（5）应从整个企业集团来分析资金链状况，避免子公司贷款资金被集团挪用的风险。

案例2

即使是当地龙头企业，也可能因多元化投资而失败

南京A纺织有限公司成立于2001年1月，注册资金9800万元，实际控制人及法人代表王某某占股99%。公司是南京市规模最大棉纺织企业，占地9.5万平方米，有1200名员工，连续5年被评为市A级纳税企业。年产棉纱1.4万多吨，年销售额2.9亿元，实现利润总额1737万元。公司拥有国内一流的进口纺纱设备，具有差异化竞争优势。

2012年5月A纺织公司申请综合授信额度7000万元，以第三方提供的114亩住宅用地抵押，土地评估价3亿元，抵押率不到24%，并承诺予以贷款等额的日均存款资金。

分行信审会第一次评审后否决了该授信申请，经办机构多次申请复议，信审会第二次评审后同意压缩金额为3000万元。因抵押率低，A纺织公司不愿提款。经办机构申请将土地抵押担保变更为A纺织公司的关联企业南京B纺织印染有限公司担保，信审会第三次评审后予以否决。最终企业放弃提款。

2013年8月媒体网络报道：南京A纺织公司实际经营者跑路，工厂被查封，1000多名工人失业，出事原因是企业资金链断裂。对外负债预计高达5亿元，其中亲戚朋友提供的贷款近1亿元，公司高层管理者提供的贷款近1亿元，银行贷款超3亿元。除此之外对外担保金额高达3亿元。

而这家银行坚持不予授信，避免了贷款损失。是在审查发现以下问题：

(1) 投资过于多元化。实际控制人王某某除棉纱制造业外，还投资运动器材、担保公司，并在南京有两个房地产项目。

(2) 授信用途不可信。申请时称授信资金是用于采购棉纱，但其时公司库存原材料已近1亿元。另走访得知，公司需要资金用于倒卖收储棉，赚取价差。

(3) 公司刚性负债增速远高于销售增幅，此时银行负债已高达1.5亿元，对外担保1.3亿元，存在与房地产公司互保现象。

(4) 提供的抵押物非自有，抵押物所有权人提供担保的动机未能解释清楚。通过调查核实，该抵押物为在建五星级酒店，因缺乏后续资金已基本处于烂尾楼状态，贷款资金存在被挪用可能。

(5) 银行对于实际控制人王某某对外投资和真实负债情况难以掌握。

点评：

当前经济环境日趋复杂，对民营企业的审查，除了关注申请授信的主体外，对其多元化投资和负债的审核尤为重要。多元化投资、对外担保，特别是投资房地产，担保公司很容易引发资金链断裂。隐藏的投资及债务风险，有可能成为摧垮企业的定时炸弹，最终导致工厂被查封，大批工人失业。

有疑不贷，有疑必究。正是信审人员通过实地走访，才获知企业控制人投资房地产，以及与其他房地产公司、担保公司存在关联关系。通过对抵押物所有者的深入调查，了解到真实的担保意愿和授信资金的实际用途，发现风险所在，从而坚决否决申请。

案例3

防止关联企业资金出现多米诺骨牌式的崩塌

A轮胎有限公司成立于2009年12月，是山东东营地区集全钢子午胎、半钢子午胎的研发、生产、销售和国际贸易于一体的大型现代化轮胎民营企业，注册资本2.1亿元。也是济南一家银行多年授信业务客户，累计办理流动资金贷款3000万元，银行承兑汇票3000万元。

2014年7月，支行向分行上报6000万元额度续做申请。在审查过程中，分行信审人员发现A轮胎公司与关联企业B纺织公司的资金往来密切，财务运作不独立，遂要求进一步调查落实。

经办机构经过进一步调查，发现A轮胎公司关联企业较多，包括纺织、橡胶、淀粉食品、化工等。由于产业较多，且各产业市场行情均不佳，因此企业整体资金面较为紧张。

经办机构同意对该户压缩额度并逐步退出，同时将上述情况一并提报分行信审会审议。经审议，将该客户授信额度由6000万元压缩至4000万元，并明确要求对该户择机压退。在后续业务开展时，支行与客户进行了多轮策略性的沟通，成功于2014年9月将最后一笔业务结清。

贷款业务结清后，企业及当地政府均对银行经办机构施加压力，要求重新对企业办理提款，但经办机构贯彻分行信审会要求，坚持将风险防控置于首位，顶住了各方压力，坚决不再向该客户放款。

企业自2015年2月7日提出破产申请后，已被山东省广饶县法院查封，资产清算小组也进驻该公司。据公开报道，截至破产时，该公司已负债达47亿元，其中银行负债超过20亿元。

有了解A轮胎公司的业内专家向轮胎世界网表示，盲目投资和产能过剩是其经营陷入困境的主要原因。“扩张太快了，起步晚，摊子铺得又太大，加上之前是做纺织起家，没有经验，在轮胎行业遭受困境时，难免最先受到冲击。”还有报道称，因为管理不善无法保证产品质量，导致产品严重滞销，一直处于高库存状态，加上负债累累，导致公司财务状况极度恶化，出现多米诺骨牌式的崩塌。

然而这家银行贷款余额已全部结清，成功规避了陷入不良及重组的被动局面。

案例4

防止借款人将资金挪用给集团使用的风险

江西某公司向银行申请贷款9000万元，抵押物为第三方位于省外的商业物业。该公司实际控制人名下有家粮油集团，是江西省内某地市的龙头粮油企业，具有一定的实力。

经信审员认真审查后，决定否决该笔授信申请，理由如下：

（1）存在过度授信风险。企业财务报表显示，该公司2013年营业收入约1.6亿元，在他行已有授信5000万元，而作为一家贸易型企业，再申请贷款9000万元，资金需求量明显大于实际经营所需资金量。

（2）实际控制人名下集团涉足的产业多，包括农业、冶金、矿产、房地产投资、酒店及文化传媒等，且人行征信系统显示，整个集团的融资规模较大。

（3）实际控制人资金链紧张。经向当地银行同业了解，实际控制人在当地开发了一个房地产项目，但销售情况不理想，导致在其他银行的开发贷款差点进入不良，后来该笔开发贷款被某资产管理公司收购。由此可以知实际控制人资金链较为紧张。

在劝退该笔授信材料之后不久，新浪网报道××公司实际控制人失联，其涉及债务达数亿元，债权人包括银行、小贷公司、民间融资等。当地政府正在牵头进行重组。

点评：

银行对民企集团实际控制人情况一般难以掌握。审查时，如果计算发现借款人申请的金额远大于企业实际需求时，就有资金可能被集团挪用的风险。

六、堵截大宗物资价格大幅变动风险

风险提示：大宗物资价格的大幅变动，对于企业经营的风险是巨大的。银行审查时，对于生产企业，要防止原材料价格上涨和销售价格下跌的风险。对于贸易企业，要防止进口价格上涨和出口价格下跌的风险。

案例1

化工产品进口价格大幅下跌引下游公司毁约

南京某银行于2007年开始与江苏A纺织进出口公司开展授信业务合作，从当初的7500万元授信额度发展到2014年的2.37亿元。授信均由江苏省B纺织集团提供担保。

2015年A纺织进出口公司申请续做授信时，银行审查发现问题如下：

（1）进口原油价格不断下跌。受原油价格持续下跌影响，公司进口的化工产品（如苯乙烯、丙二醇产品）价格巨幅下跌，跌幅超过30%。国内下游客户毁约，导致未能及时收回货款，不能偿还银行债务。

（2）经营品种单一。由于近年来出口业务出现萎缩，企业将业务重心转移到进口业务，已占主营业务近50%。但企业进口的货物品种相对单一，主要为苯乙烯和丙二醇等产品，且下游渠道比较单一，只有一两家客户，因此下游客户经营情况的变化对其影响较大。

（3）企业管理不善。企业经营团队负责人风险偏好大，曾经出现过重大经营失误。在原油价格下跌过程中，有对赌行为。化工产品价格下跌后，管理层对后期价格走势判断失误，对苯乙烯等产品进行囤货，且未建立相应的价格对冲避险机制，也未及时进行止损。货物进口报关后，在下游企业货款尚未支付的情况下，管理人员违反内部授权进行放货，造成部分货款无法收回。

为此，银行婉拒了客户新的授信申请。

案例2

大宗期铜贸易价格反向波动投机风险大

某贸易企业主要从事铜的贸易，年均有10多亿元的贸易额，90%以上为铜贸易。该企业的贸易模式，是在购进铜的同时向下游卖铜，以伦敦铜未来一段时间的期货价格为交易价格，赚取交易价差。客户的资产构成主要以存货、应收账款和其他应收款为主，但其他应收款都是关联公司，有投资公司、娱乐公司等，存在将资金通过往来款用于其他领域的嫌疑。

该客户向银行申请1亿元国际信用证额度，用于进口铜，保证金比例10%，提供了异地房产抵押，抵押率60%，信用证期限+议付期限为180天。

经分行信审会审议，认为存在主要风险点如下：

(1) 该贸易企业的贸易模式是赚取铜的价格波动产生的价差，表面上有实物贸易，但风险极高，一旦价格向相反方向大幅波动，则客户会出现大幅亏损。

(2) 客户实质上是以贸易的名义进行铜的投资，利用银行低成本的资金和杠杆进行铜的套利交易，属于高风险业务。

(3) 客户存在利用账款回收和信用证到期时间差进行资金套利的情况。

(4) 抵押物在异地，不利于本银行监督管理。

该行最终否决了融资申请。之后，该客户在他行信用证出现垫款。

点评：

银行的贸易融资应支持真实的贸易业务。对于以贸易为由，从事大宗商品投机和资金套利的高风险业务，违背银行经营原则，不属于银行支持范围。虽然客户提供了足值的抵押物，但银行不是当铺，不可认为有抵押的业务都能做。

案例3

矿产品等大宗商品价格波动剧烈

近年来，大宗商品特别是矿产品价格波动剧烈，部分高杠杆大宗商品进出口企业风险加大。西安某银行在审查审批该类企业时严格把关，主动退出有风险隐患的授信客户。

陕西某有色资源有限公司主要经营有色金属、焦炭、化工原料、黑色金属、光伏材料的销售。是西安某行存量授信客户，获批4亿元综合授信额度，其中流贷及银承额度1亿元，商票保贴额度3亿元。

原授信到期，银行在审查续做申请时发现以下问题：

(1) 该公司资产负债规模、刚性负债及收入较几年前翻倍增长，资产负债率高达82%，但净利润并未随之增长。

(2) 该企业开始大量开展以转口贸易为背景的业务，实际以套取利差为主要目的。

(3) 该企业上下游发生重大变化，下游由实际生产企业变为了贸易企业。

(4) 拟质押的应收账款账期较长，真实性存疑。

(5) 铜贸易及铅锌矿粉贸易风险增加。

经分行信审会审议，为了保证本行存量授信余额能够按时结清，在新的批复中要求“原有业务结清后，经银行风险管理部门同意后方可使用新授信额度”。之后该企业结清该行业务，该行考虑到风险不可控故未再同意启用该额度，实现了主动退出风险企业。

案例4

钢丝绳企业购买原材料价格升幅较大

2014年2月7日，新浪财经登出“宁夏A钢丝绳有限公司突发公告称，公司实际控制人肖某的相关资产被查封”（股价当日跌幅8.13%）。随着事件的发酵，A公司的经营存在较大的不确定性，而西安某银行事前审查严格，成功规避了其B子公司的授信申请风险。经过如下。

2013年6月借款人陕西B钢丝绳有限责任公司申请1500万元综合授信，由其股东上市公司宁夏A钢丝绳有限公司提供保证。保证人实际控制人为上海“钢贸大王”肖某。肖某拥有上海、苏州等多家钢材市场，同时还涉及福建和苏州两家担保公司以及多地房地产开发项目。

西安某银行信审环节审查认为，该项目虽由上市公司提供担保，但存在以下几个重大风险点：

(1) 首先从行业整体分析认为，该行业产能过剩、整体竞争激烈并处于下滑阶段。原材料价格近年来上升幅度较大，对成本及利润有较大影响。

(2) 对第一还款来源分析后认为借款人存在规模较小、主营业务持续下滑，资金主要被其母公司占用，母公司完成增资后销售收入没有得到提升，反而有所下降，并通过预付款项现金回流，以及审计事务所频繁更换等风险因素。

(3) 保证人的利润来源已经脱离主营业务，仅靠投资收益与营业外收入，并且借款人及保证人的实际控制人以经营钢材起家，并且涉及房地产、小贷公司等多元化经营，同时关联交易频繁、涉嫌套取上市公司资产以及金额庞大的钢贸保证合同官司。

鉴于上述原因，信审会否决了该笔授信申请。

点评：

银行在审批中应坚持把第一还款来源作为贷款发放的第一审查要务。不能因为担保人是上市公司而轻易同意。上市公司出现风险后，必传导至其子公司。

七、堵截产品销售困难风险

案例 1

不要介入不具竞争力的小品牌企业

青岛某啤酒有限公司由自然人股东持有100%股份，2007年2月新建啤酒厂全面投产。公司注册资本699万元，占地51亩，建筑面积15000多平方米。公司引进两条年生产能力为5万吨的啤酒生产线，一条生产线主要生产塑包啤酒、瓶装啤酒、原浆、散啤；另一条主要生产易拉罐系列产品。企业向银行申请1500万元综合授信额度，由青岛市担保中心有限公司及企业实际控制人夫妇担保。

分行风险管理部派驻小企业金融中心的信审员审查认为，与当地知名大企业青岛啤酒相比，申请人为地区小型啤酒加工企业，虽然有市政府控股的担保公司担保，但申请人规模太小，小品牌竞争能力差，产品销售市场有限，未来成长性较低，抗风险及偿债能力偏弱。最终未同意该授信申请。

银行否决该项目2个月后，企业老板因涉及刑事案件被抓，人大代表资格被免除，企业涉及制造假冒青岛啤酒被当地工商部门勒令关停整顿，银行债务约2000万元形成不良。后经当地政府协调，该啤酒有限公司被当地另外一家企业托管。

点评：

小品牌企业所在地如果有全国性的大品牌生产企业，则那些没有独特技术、不具竞争能力的小企业，虽能活得了一时，但活不了一世。银行最好不要介入这些企业。

案例2

对于高新技术企业也要考察其产品是否为市场所接受

某化工企业2012年与一家银行建立信贷关系。该行首次授信时，主要考虑该公司是高新技术企业，生产的某不溶性硫磺单一产品技术指标在同行业中处于领先地位，得到了省市各级政府的大力支持，为所在地市的上市首推企业，尽管存在新老生产线更替这一不确定性风险因素，但在足值抵押的前提下，仍给予其2000万元授信。

2013年续做授信时，发现该客户新生产线投产后，经营明显未达预期，产品被市场接受的程度明显出现问题，无法取得下游不溶性硫磺重要需求客户——各知名大型轮胎企业的批量订单。

因此，分行信审会否决该项目，理由及主要风险点如下：

（1）该企业第一条生产线完成改造，第二条生产线投产，但到年底时产销反较上年明显下降，收入下降超过50%，经营出现亏损。显示公司产品未被市场接受，直销客户市场的拓展进度缓慢。

（2）近三年该企业固定资产和在建工程不断新增，在新增第二条生产线后，固定资产与在建工程又较上年新增1.27倍，反映该公司在原产能未完全释放、总产能利用率仅约30%的情况下，盲目乐观，又在进行进一步的扩张产能。

（3）从企业报表反映，公司存货、预付账款、应收账款金额较大，均超过了公司年销售收入。

（4）近年来公司多次变更授信合作银行，除当地农信社外，多数银行均与之合作一期后便不再授信；同时前期风投也退出该公司，且公司上市进程停滞，一直未股改更名。

由于该企业是政府重点支持企业，公司为维护信用，按期归还了这家银行授信，但生产经营已明显停滞，在他行授信申请也均以失败告终，之后企业主要精力放在了由政府牵头、引入新的战略投资者上。

点评：

对于高新技术生产企业，即使其技术先进，也要考察其产品能否得到市场认可，必须经过市场检验才能接受。此类企业更适合风险投资者介入，而银行对其授信支持应持谨慎态度。

案例 3

即使合作 8 年的客户，如果亏损严重该撤还得撤

Z 味精有限公司主业为食用味精的生产及销售，2007 年以来已是济宁一家银行授信合作 8 年的客户。2013 年 2 月有 4000 万元授信额度，其中流贷 2000 万元、银承 2000 万元。

2014 年 4 月，支行为其上报续做授信申请 4000 万元，在审查过程中分行信审人员认为存在较多问题：一是行业产能严重过剩，企业亏损严重，如果行业整合对企业经营影响较大。二是企业无规模优势，产能处于淘汰边缘。三是企业无环评手续，存在政策风险。四是企业关联单位众多，关联交易频繁。五是企业及提供担保的关联企业资金链紧张。

为此，信审人员要求支行深入了解企业资金及经营情况，确定企业风险情况后再予上报。支行在充分调查落实后，未再坚持为该客户上报授信申请。由此，合作 8 年之久的客户在这家银行结束了授信业务。

在这家银行否决新授信后一个月，因对外投资金额较大，同时涉及民间借贷行为，2014 年 5 月，Z 味精及关联企业山东某实业有限公司资金链断裂，涉及众多金融机构，并将风险蔓延至担保圈内共计数十亿元债权债务。在政府协调下，当地多家银行只能维持存量额度逐步压退。而这家银行成为为数不多的成功提前退出风险企业的银行。

点评：

银行与企业是借贷合同关系，只有长久的利益，没有永恒的客户。因此，即使合作时间再长的企业，如果出现风险问题，银行该撤还是得撤，不可犹豫。

案例 4

预判铜杆线企业销售前景堪忧而提前退出

江苏 C 科技公司，为华东地区铜杆线生产和销售领先企业之一，客户群稳定。2011 年分行给予其 5000 万元综合授信额度。2012 年公司申请还后再贷，并提出再新增 5000 万元授信请求。经分行信审会审议，否定了新增方案，主要理由是：

(1) 销售前景堪忧。下游电缆行业产能过度膨胀、竞争白热化。营收规模增长迅速却难掩盈利微薄窘况，经营绩效实为低效粗放，未来大势行情不利企业经营。

(2) 资金运转缓滞。营运资金遭遇流动资产挤占，货币资金虽高但剔除保证金后可支配数额有限；销售扩张牵动应收账款迅速增加；囤货待售引致资金周转趋缓，倒逼银行刚性负债增长。

(3) 新增担保缓释形式大于实效，且蕴藏区域互保隐患，深度介入必将积重难返。

(4) 企业股东T集团虽“光环”颇多，实力雄厚，却涉足房地产等投资“老路”，银行授信资金已深度介入。外部形势一旦逆转，必将波及集团内部子公司。

基于上述判断，分行信审会设定了维持原5000万元存量、逐步压退的总体方案。2013年贷款到期后，收回并不再发放新贷款。

2014年以来，T集团由于近几年对外投资房地产、矿山等远期回报项目速度过快，加上各家银行对铜贸企业贷款政策收紧，集团遭遇银行集中收贷5亿~6亿元的状况，资金链陷入困境。C科技公司在一家银行开立的3000万元银票到期，在获知续贷未批准的情况下，企业直接拒绝还款，引发各家银行贷款连锁式逾期。

而本文所述银行由于在企业风险暴露之前判断准确，及早“跳出”，从而避免了其他银行对企业同步压收贷款的危险处境。

八、堵截资金紧张风险

案例1

不可介入债务沉重且情况难以核实的企业

某集团有限公司连续多年位列中国汽车经销商集团百强，是江西省五大汽车销售集团之一。根据中国汽车经销商集团百强排行榜公布的数据，2010年至2013年，该集团收入从近24亿元增长至约47亿元。集团合作银行较多，省内多家银行对其均有授信支持。

有一家银行的业务部门与其合作的愿望较为迫切，但历次授信申报均被该行风险管理部门劝退或被信审会议否决。主要是在信审过程中发现了以下重要问题核实不清：

（1）该集团实际控制人涉及多元化投资，而具体投资情况难以调查清楚。

（2）根据调查及人行征信，该集团首次申报授信时，即有贷款近6亿元，银承金额超16亿元，对外担保总额近20亿元，而集团上年主营业务收入仅为24亿元，融资总额与经营情况明显不符，融资用途不明，且总融资额仍持续增长。

（3）该集团资金链出现过明显偏紧，首次申报时，审查即了解到该集团内企业曾向某小贷公司借款2000万元，集团是否还有其他民间融资的情况无法核实。

2014年年中，该集团因民间融资债务发酵，最终导致资金链出现断裂，欠下各银行贷款超过20亿元，最终要靠地方政府出面推动集团引入其他投资者进行重组，但无明显进展。

点评：

民营企业多元化经营较为普遍，授信时不能仅限于审查融资主体，还应对关联企业进行把握了解。对于实际控制人及其旗下企业民间融资传闻，应高度重视，防止产生连锁反应而拖累集团内各经营主体。对于重要关键问题无法核实的，即使企业名气再大，对其授信也应持谨慎态度，做到“看不清的不做、把握不住的不做”。

案例2

油品贸易企业普遍采取高财务杠杆运营，风险难控

广东某能源有限公司（借款人）成立于2002年，大股东是国资委所属的国家特大型企业。公司借助大股东的平台，形成了以进口油品为龙头，有色金属、煤炭、化工品等为主业的多元化经营体系，其中航空煤油进口代理量居全国前列，是华南区域重要的油品经营企业。一家全国股份制银行2009年、2010年均给予借款人3亿元授信额度。2013年借款人申请继续授信。

该行风险管理部在审查过程中，发现企业出现以下新的情况：

（1）企业财务风险。油品贸易企业普遍存在高财务杠杆运营的情况，净资产少，财务风险偏高，而这家企业情况更为突出。

（2）转口贸易风险。虽然银行可以对贸易融资设计严格的风控操作方案，

以图封闭控制现金流。但由于环节太多，以下两项风险都是需要企业主动配合以及银行事后的跟踪，几乎是被动地依赖于企业的诚信。

① 贸易背景不真实风险。目前国内银行开展这种业务，基本是以LOI（Letter Of Intent 意向书）作为信用证项下单据，而不是正本提单、仓单。而LOI是由借款人关联企业开出的，基本不能起到佐证真实贸易背景的作用。

② 回款监控难落实。虽然银行可在开证前要求借款人提供销售合同，并约定要通过贷款行账户回款。但由于借款人与下游企业是商业伙伴关系，不能杜绝借款人临时通知对方变更收款账号的风险，银行只能依赖于借款人的诚信。

（3）业务萎缩风险。油品转口贸易企业是靠价差和套利赚钱的，但大量转口贸易融资的异常增长，扭曲了贸易数据以及外汇收支规模，已引发了国家监管部门的严控。因此，若油品价差缩小和境内外融资利差缩小，或者国家监管力度加强，企业业务量及现金流必然萎缩。

（4）对企业控制人难以把握。企业控制人虽然提供了信用担保，但其资产多数在海外，且部分控制人已取得他国居留权，银行难以把握。

因此风险管理部在报请行领导同意后，决定退出该客户，原有3亿元授信到期结清后不再续做。

2014年借款人因经营陷入困境，某国有银行作为债权牵头行对其100多亿元巨额债务进行重组。

> 不熟的不做、看不清的不做、控制不住的不做。
>
> ——专家经验

案例3

提早发现台资公司财务风险，采取措施全身而退

D客户主要从事中小尺寸触控面板的研发和销售，母公司为台湾上市公司，在大陆有两个生产基地，2013年进出口总值达到21亿美元，为某市排名前六名的进出口企业，是当地各家银行主动争取的授信对象，其中的一家银行于2013年4月开始介入，以信用方式提供1亿元一年期贸易融资额度。

2014年额度到期后，D公司向该行申请以信用方式新增2亿元的贸易融资额度。银行根据前期调查得知，该客户集团共获得10家银行累计45亿元授信额

度，其中在本行的1亿元额度为最少。但在审查过程中，风险审批部门发现以下问题：

(1) 从台湾母公司对大陆两个子公司的定位可以看出，两个子公司财务均不能独立，客观上存在母公司转移利润、操纵财务指标的可能。且该集团公司对银行谈判地位较高，财务的真实性较难核实，信息不透明的问题难以解决。

(2) 集团亏损持续扩大，财务情况恶化，且因为技术原因不符合苹果公司的要求而与苹果公司的合作在减少。总投资近5亿元，建筑面积近34万平方米的产业园，因为苹果公司订单的减少而导致产能闲置。

(3) 从母公司的情况来看，其正处于经营调整及扩大投资规模的关键时期，希望通过不断的技术更新以获得更多的订单，但整体的营收仍未有根本改善。

(4) 当前中大尺寸面板制造商，纷纷跨入手机面板与触控面板领域，使产业竞争激烈程度增加，产品价格压力大。产品生命周期短，面临需求量变化大等风险。

基于上述理由，风险审批部门认为在未能提供相应风险缓释措施的情况下，只能维持原1亿元额度续做，不予新增。

2014年9月，银行在贷后检查中发现D客户经营出现异常，母公司亏损情况加剧。为防范风险，分行将D客户额度从1亿元压缩至1000万元，提前规避9000万元的潜在损失。之后在客户风险显现时，根据授信协议中"交叉违约"和"加速到期"条款，宣布贷款提前到期，划转D客户在银行的存款结清贷款。

2014年12月，该市政府正式对外通报称，受母公司台湾××集团结构调整影响，该集团大陆两家子公司将正式停工停产，并积极寻求整合重组。而这家银行通过认真调查分析，提前采取得当措施，全身而退，避免了重大损失。

点评：

对于大企业集团，不能认为"瘦死的骆驼比马大"，从而放松对其风险管理。特别是一些生产经营规模比较大、原材料和销售"两头在外"的外资企业、台资企业，由于见主动上门营销的银行较多，经常自以为是，不愿向银行提供经营和财务资料。为此，银行就必须从生产、销售、经营、财务等多方面加以分析判断，并在发现风险时，提前采取退出措施。

九、堵截高息融资风险

案例1

不要介入在社会上高息融资的企业

湖南J服饰集团有限公司成立于2005年，系湖南冷水江最大的民营企业之一，是集服饰、家纺、电器、地产、矿产等多产业经营于一体的大型集团公司，曾进入“湖南省民营企业100强”“中国服装行业百强企业”等榜单。

该集团自2010年起，连续多年通过其三家经营单位，以更换借款主体、变更抵押物、调整授信额度等多种方式，通过公司条线和零售条线两个渠道，多次向一家股份制银行申报授信，累计金额1.89亿元（包括实际控制人申请6900万元个人经营贷款，以异地抵押物担保）。

该家银行风险管理部严把授信准入关，多次将该集团的授信申请婉拒门外。主要是审查时发现两个问题：一是该公司成立了创业投资有限公司，几年时间内在当地高息吸收存款数以亿元计。二是在未获金融监管部门审批及未经注册的情况下，违规设立内部银行，鼓励员工及亲属将资金存在“内部银行”卡上，且承诺可以获得“高息”收入。由此判断，企业不仅在经营上有违法违规风险，而且资金链也十分紧张。

2013年年底传出该集团公司资金链断裂，上千投资人开始向公司追讨本息，但集团已无力兑付。多家银行贷款都成为不良，一家国有银行2.5亿元贷款，仅收回2500万元。而本文所述这家银行从源头起就拒绝贷款，避免了风险的发生。

点评：

目前企业融资的渠道有许多，如果发现企业是用高息方式融资的，银行就要小心了。因为说明企业内部资金已经很紧张，而且从银行难以正常借到钱了。银行还是不要沾这样的企业为好。

案例2

企业实际控制人涉及高利借贷跑路，3家银行不良贷款近1个亿

前段时间，南平地区曝出D实业公司实际控制人黄某涉及民间借贷跑路，3家银行牵连其中，不良贷款近1亿元。而有家银行信审环节严格把关，及时发现风险苗头，未介入得以幸免。

该公司早前向福州的一家股份制银行申请综合授信，用于办理保险后出口押汇，以及免保证金远期结售汇业务。

该行审查认为该公司申请的授信品种风险系数较低，正常情况下在南平当地银行应容易获得授信，舍近求远到几百公里外的福州来申请贷款十分可疑。对此，分行风险管理部先向支行询问贷前调查的详细情况，然后通过咨询南平当地同业及其他知情人士，了解到的情况是，公司实际控制人黄某在当地涉及民间大额资金借贷，通过向多人募集资金然后高息借出，因此不愿意在当地银行申请授信。

摸清情况后，虽然该客户申请的授信品种为相对较低风险的业务，但涉及民间借贷，该行仍坚决予以否决。果然，1个月后实际控制人黄某跑路，尚有3家银行来不及退出，不良贷款近1亿元。

案例3

如何判断企业是否存在民间借贷行为

虽然识别企业是否存在民间借贷比较难，但仔细从以下几个方面分析判断，仍然可以发现一些端倪。

一、观察企业行为

（1）经营行为。

如企业基本脱离主业，转而经营小贷公司、担保公司或投资公司，热衷于挣快钱，就有可能将银行贷款资金直接转手用于民间借贷等。

（2）投资行为。

若企业投资行为激进，热衷于跨行业搞房地产开发以及股票、贵金属、艺术品等高风险投资，或存在炒原材料、大宗商品等投机行为，则该企业将生产经营的资金挪用于民间借贷的可能性就比较大。

如果投资涉及行业众多、投资分散且其自有资金不能满足时，在通过正常融资渠道得不到银行信贷资金的情况下，势必会进行民间融资甚至是“高利贷”借款。

(3) 管理行为。

公司治理结构混乱，法人代表经常更换，经常停产或半停产，不能提供证明贸易背景的支付凭证，申请贷款金额明显超出实际需求，账户往来异常，财务信息失真。实际控制人和法人代表非同一人，公司大小事务由实际控制人决定，其他高管人员对公司财务、管理状况不了解的，很容易产生“老板说了算”的民间借贷行为。

(4) 失范行为。

企业主经常以各种名义诱导员工办理个人贷款或集资，与小贷公司、担保公司、典当行、财务公司等过从甚密；嗜好赌博，出入境记录显示频繁往返澳门，个人账户或信用卡在晚上12点以后或者在境外有频繁发生额；大量嗜好奢侈品消费，尤其是部分年轻企业主消费水平远超收入水平，那么民间融资的可能性非常大，所谓“花别人的钱不心疼”。那些靠自已一分一厘辛苦积累起财富的企业家，行事往往比较低调，也不铺张奢华。

二、注重企业访谈

无论是贷前调查还是贷后检查，客户经理在与企业主、财务人员、负责融资人员、公司员工、公司股东等接触过程中，通过一些有针对性的提问方式，获取企业资金往来信息，是了解企业有无民间借贷最简单的方式。询问的时候要注意方法：

(1) 访谈重点因人而异。如向企业主重点了解投资理念、从业经历、人际关系；向财务人员重点了解多元化投资及资金紧缺情况；向管理人员重点了解企业主习惯爱好、异常动向等。这些对分析是否参与民间借贷有很大作用。

(2) 访谈人员要背靠背。问企业负责人时避开其财务人员，问财务负责人时避开其会计人员，然后根据不同询问的情况进行对比分析，从中发现出问题。

(3) 访谈方式要讲策略。可在交谈中突然单刀直入地提出问题，在其猝不及防的回答中发现蛛丝马迹。

(4) 访谈过程注意异常。在与企业财务人员，特别是负责资金调度的人员访谈过程中，注意其是否与资金中介频繁电话联系，话语中经常出现“金额”“期限”“价格”等字眼；是否曾经侧面向银行客户经理咨询过社会融资渠道；是否对民间融资利率十分熟悉。这往往预示着企业已经介入民间借贷。

三、开展外围调查

开展外围调查是深度了解企业有无民间借贷的重要方式。企业民间借贷的资金来源主要是企业控制人或股东的亲朋好友、业务往来单位和不规范的担保公司、小贷公司、典当行等机构。

对于企业控制人或股东的亲朋好友，客户经理可以个人的名义进行非正式的调查，调查中应注意拜访的礼节，争取得到其配合。

对于企业的业务往来单位和民间借贷机构，可以通过上门走访、函件等正规的方式开展调查。

此外，要利用人民银行的征信系统、应收账款质押登记系统，以及税务、工商等部门或媒体信息，了解企业和企业控制人、主要股东的债务情况。例如某工业企业，财务报表反映的借款余额为4000万元，而通过人民银行征信系统查询显示为3300万元，经调查核实其差额700万元为民间借入款。

四、分析财务报表

财务报表是企业经营成果的静态反映，企业提供给金融机构未经审计的财务报表与企业的实际情况可能会存在一定差距，但通过企业财务报表的深入分析，并借助征信系统、税务系统等查询平台，也能从中发现企业是否参与民间借贷的蛛丝马迹。

（1）应付款项是否异常。

企业的应付账款和预收账款产生于经营活动，一般是与生产规模相当，与生产周期的变动一致，并在短期内就要支付。对于下面无业务关联的应付款项应引起注意：

一是企业的应付账款或预收账款长期固定不变；二是应付账款科目余额较大或者突然增加，与企业规模和生产经营实际不相匹配；三是应付账款表面挂股东或关联公司。可以通过年度财务审计报告附注中应付款债权人明细进行对比，若应付账款对象是与企业生产经营毫无关联的企业或个人，则很有可能成为民间借贷款项。

（2）财务费用是否异常。

正常情况下，若企业没有银行贷款，财务费用应为负值（表示企业取得银行存款利息），如为正值且金额较大，则极有可能是为民间借贷所支付的利息。若企业有银行贷款，应根据贷款规模和贷款成本（包括利息和费用）匡算出企业的财务费用，并与列支的财务费用进行比较。若后者明显高于前者，则企业很有可能是支付了民间借贷利息。如果企业经营没有显著变化，销售稳定，但管理费用、销售费用、财务费用增长明显，或者呈规律性的变动（如季度性地增加一个相对固定的金额），则可能是企业将民间融资利息支出分期摊入其中。

（3）资本公积金是否异常。

资本公积主要来源于资本溢价、接受捐赠等，一般应与企业财富积累经历保持一致。如果企业实收资本较小，而资本公积金迅速增加，则可能有民间借贷资金进入。如某纺织企业注册资本1000万元，而资本公积金一年时间由原来的565万元一下子增加到了2165万元，经调查核实，该企业通过职工以及其他社会集资方式借入了民间借贷资金。

五、分析账户情况

(1) 从往来对象看。

如果企业账户的资金往来对象是私募基金、合会抬会、资金中介机构、地下钱庄、私人贷款公司、典当行、担保公司等机构，应及时跟踪调查是否为民间借贷。对与企业经营范围明显不符的交易对象，也应逐一核实。

(2) 从转账金额看。

如果企业账户是整笔划款但不是划给上下游企业或用于归还银行贷款，或者是对外有规律地划款（如在特定日期向特定对象支付特定金额资金），可以判断企业是在偿还民间借贷本息。如为大额提现，则可能是借款给其他企业、个人，或者归还民间融资。

(3) 从特定日期看。

如果企业账户在银行贷款到期日前后资金进出有规律，如在银行贷款到期前几日有资金划入，在还旧借新后几天原来划入的资金又等量划出，可以判断企业对银行的还贷资金是来源于民间借贷。

(4) 从个人账户看。

如果企业法定代表人、实际控制人、主要经营者（包括股东、财务及销售人员等）的个人账户有异状资金流转和大额现金存取等行为，可判断可能存在借还高利贷行为。

六、分析融资情况

(1) 负债程度是否合适。

通常，企业过度负债、过度扩张或重大投资失误都会直接导致企业流动性困难，使企业陷入财务困境，如无法取得正规金融机构的新增授信，往往会迫使企业走上大额民间借贷的不归路。

如果企业主业不突出，经营规模和行业前景一般，但银行负债高，该类企业往往已将银行信贷资金挪用于民间高息放贷，甚至已将此作为主业。

如果企业融资渠道多、融资饱和度高，但企业的资产规模与负债规模不匹配，企业可能存在抽取资金用于归还民间借款的情况。

如果企业对外投资大，且资金来源不明，在企业投资项目的资金大于银行贷款的情况下，资金来源可能来自于民间融资。

（2）时间要求是否紧迫。

如果企业在向银行申请授信时，多次强调时间点的要求，如“最好在×月×日前完成审批”，或者要求银行在某一天完成借款合同的签署，或者要求在某营业日提取贷款资金，这些都可能暗示企业急迫需要在该时间段归还高利贷。

（3）表外融资是否真实。

部分涉及民间融资高利贷的企业，在从银行表内融资饱和的情况下，往往会利用虚假的贸易背景从银行获取表外融资，如通过关联企业交易开立国内证等进行“假贸易真融资”。

十、堵截应收账款风险

案例

察觉客户应收账款金额大回收慢，抓住先机成功退出

A客户为主营电解铜、煤炭、石油沥青等大宗商品贸易的民营企业，年贸易规模在10亿元以上。该客户2009年起与东莞当地一家银行开展合作，授信金额5000万元，担保方式除评估价值1200万元抵押物外，主要为应收账款质押。

经过两年时间合作，该银行在2012年续做审查，核实该公司应收款操作记录时，了解到客户应收账款金额较大，多达1.3亿元，且应收款回笼速度较慢，未能严格按照业务周期回笼资金。其主要下游客户为江苏某再生资源有限公司，但查看银行流水对账单，并无该家公司的资金流入，而是江苏另一家公司，存在作假嫌疑。

基于上述应收款回收操作信用记录差，且申请人整体融资规模较大，偿债压力大等情况，银行审查人员认为企业虽暂时还能逐步还本，但资金流将会日趋紧张，后续风险将会持续扩大，宜采取逐步压缩退出策略。因此在2012年度压缩该客户1000万元额度，在2013年年初又逐步回收了2000万元，当年度仅剩全额质押低风险业务，并在到期后结清。

2013年年底，该客户在一家国有银行因抵押物被法院查封而未得到新授信，且随着国内外大宗商品市场价格波动巨大，下游客户回款周期加长等风险因素叠加，企业的资金链出现断裂，随之在他行的贷款也转为不良。而这家银行因提前

从企业应收款中察觉问题，判断风险，抓住先机，逐步退出风险客户，有效保障了自身资金安全。

十一、堵截关联方虚假交易风险

案例1

审查合同发现是与关联方的虚假钢材交易

深圳Y贸易公司是一家从事钢材贸易的建材批发企业。有家银行给予3600万元一年期授信额度，单笔开票保证金比例不低于35%，用于对外采购钢材。授信敞口以四套房产抵押担保，并加上实际控制人的个人连带责任担保。

银行在审查中发现：客户声称办理银承业务是购买钢材，但供应商名称为深圳A科技有限公司（关联企业），而非原始钢材生产厂家。进一步审查发现，该客户向A公司申请签发的7张合计金额4000万元的银行承兑汇票，贸易背景资料存在问题，表现为购与销的两份合同之间没有价差，且交易合同的供货方（收款人）与银承的收款人不符。当要求客户补交相关增值税发票后，发现不能证实是客户采购钢材的贸易背景。

银行发现客户虚假贸易背景风险后，立即决定否决。

点评：

如果企业与关联方签订虚假合同套取资金，银行将面临无法控制资金去向的风险，因此必须加强对票据业务贸易背景真实性的审查。

案例2

加强本行系统内沟通，规避关联授信风险

A管材（集团）有限公司是西安一家自然人控制的民营企业，注册资金4000万元，主要从事钢管销售。总资产2亿元，总负债8155万元。2012年、2013年经营收入分别为3.7亿元、5.1亿元。征信系统显示，银行融资余额为银承1.46亿元，信用记录良好。

2014 年两次向某股份制商业银行西安分行申请5000 万元授信额度，以存货质押。西安分行在审查中发现问题如下：

（1）A 管材公司的主要供货商是山西一家 B 管业公司，而 A 和 B 这两家公司的法定代表人和总经理是父子关系，经营关联度高。

（2）通过银行内部信贷管理系统，调阅同系统太原分行对山西 B 公司的贷后检查报告，发现山西 B 公司已处于半停产状态，应收账款多、回款周期长，银行抽贷且民间融资多，还款困难。在太原分行8000 万元逾期贷款拟进行重组。

（3）A 公司报表显示其经营收入规模较大，2014 年前三季度达 4.6 亿元，但其前三季度纳税申报表收入仅6800 万元，两者数据差距巨大，收入和利润的真实性难以核实。

经分行审议会审议后，否决了该企业授信申请。

点评：

审查部门在审查审批过程中，不能只关注申请人的信用状况，还要多条渠道积极调查其关联公司及实际控制人的信用状况。本案例中就是通过与兄弟分行沟通了解到了关联交易的风险隐患，成功规避了风险。

银行应规定制度，对于有异地关联交易的企业，受理申请行应主动与异地兄弟分行取得联系，了解借款人关联交易方的有关情况。

案例 3

发现三家企业高风险关联担保后全身而退

C 国际贸易有限公司位于大连，主要经营销售铁矿粉、铁矿石、带钢、板坯、硅锰合金等产品。自 2009 年开始与某股份制银行大连分行建立授信合作，金额从最初的5000 万元增长到 2011 年的7000 万元。由沈阳 B 钢铁有限公司、鸡西 A 制钢有限公司共同提供连带责任担保。

2012 年授信到期后，经办支行上报新的授信申请，担保方式不变。而分行风险部门在审查中发现业务存有以下问题：

（1）A、B、C 三家公司的实际控制人分别是父、子、女一家三人，业务上高度关联。C 向 B 销售铁矿石的同时，还由 B 代为进口铁矿石，体现出非正常的关联交易。且单笔大额银票进出，融资票迹象明显。

（2）前期刚性负债增幅较大，但销售收入未体现同步的增长幅度，举债与经营的对应关系不明显。

(3) C的两家关联企业A和B，在东北地区的钢铁企业排名中等偏下，整体规模和产能一般，基本处于产能控制的边缘，未来存在较大的不确定性。而申请人C公司作为其贸易窗口单位，经营状况必然与其同步下降。

(4) 当年铁矿石市场的交易量和价格已出现较大的波动，对钢铁行业及C公司的影响已初步显现。

为此，分行信审会经与支行沟通后认为，当年一次性全部退出较难实现，且容易带来不良后果，决定压缩2000万元，给予5000万元的续做，并明确要求"加强贷后管理，避免关联交易挪用贷款。同时鉴于C公司主要依赖于两家关联(担保)企业的经营支撑，要求支行将两家担保企业视同实际借款人一并监控，密切关注其生产经营变化情况"。

之后，A公司资金紧张消息在民间已有所传闻。分行与支行商洽，将"到期贷款先还，增强抵押担保条件后再予以续做"的意见传达给客户。业务结清后未予续批。

2013年5月，生产经营了20年的沈阳B公司停产，50亿元债务使老板跑路，工人失业，七家银行起诉。而在这起风险事件爆发前，该家银行已全身而退，直接避免不良资产额7000万元。

十二、堵截贷款用途风险

案例1

短期流动资金不可用于长期固定资产项目

H印务公司经营范围为出版物、包装装潢印刷品、其他印刷品印刷；主营教材、辅导教材、期刊印刷，日成书能力高达40万册，年印刷能力达到240万令纸。2014年向淄博一家银行申请2000万元一年期流动资金贷款，由其他公司信用担保。

银行信审人员发现：

(1) 该公司自成立后，为扩大产能，固定资产投资较大，但无配套长期项目贷款支持，资金"短款长用"固化明显，负债水平上升较快。

(2) 核实该公司销售收入匹配情况时，企业以多种托词，始终不予配合。

通过其纳税情况倒推，估算其销售收入不能满足偿还融资及各项费用支出。

（3）对外担保数额偏大，担保客户集中，或有负债风险大。

鉴于存在上述较多风险点，该行未接受其申请。后来公司整体资金出现周转困难，当地政府协调处置其自有部分土地以缓解流动性问题。随着市场需求持续萎缩，公司多笔银行贷款出现关注、逾期及垫款。

点评：

银行人员要关注客户申请贷款期限的长短问题。短期的流动资金贷款，不可以用于长期的固定资产项目和技术改造项目建设。如果“短款长用”，很容易出现贷款逾期问题。

案例 2

对于可能被挪用于房地产的风险贷款不做

青岛 A 商贸有限公司成立于 2008 年 6 月，注册资金 500 万元。批发经营金属材料、橡胶制品、五金交电、建筑材料、装饰装潢材料等。2014 年 2 月，向某商业银行申请 5000 万元综合授信额度，担保条件为 8 处商业房产抵押（面积 1400 平方米，评估价 5200 万元），加上青岛 B 矿业公司提供最高额担保，A 商贸公司夫妇连带责任担保。

单从担保条件情况看还不错，但银行审查意见认为，商贸公司实际控制人同时还控制青岛 C 房地产有限公司，属于青岛地区中小房地产开发商。申请的信贷资金相对于 A 商贸公司而言，金额过大，用途可疑，间接流入 C 房地产公司的可能性大。而该房地产公司前期投资大，部分在建项目销售较差。于是分行否决了该笔用途不可控的授信申请。

2014 年 5 月，当地媒体报道了“青岛地产女老板跑路”的消息，多家银行 10 多亿元贷款形成不良。而这家银行成功规避了风险。

案例 3

发现复合肥公司挪用贷款融资后提前从资金断裂事件中全身而退

某复合肥有限公司是当地重点招商引资企业。公司 2011 年完成销售收入超过15亿元，净利润也超过1亿元，是各家银行竞争的焦点。公司实际控制人为鲍某某，在无锡市还经营酒店、旅游、房地产、商超等众多行业。

郑州一家商业银行2010年7月起与该公司进行合作，综合授信达到1.3亿元，由公司自有存货质押担保，加上商业房产抵押担保。

2012年公司授信续做项目上报郑州分行风险管理部后，信审员从材料中发现问题如下：

(1) 该公司向银行借款短期内大幅增加，由1.1亿元猛增到5.7亿元（包括7000万元信托资金），但是其固定资产和在建工程却增加很小。

(2) 应该是全年化肥销售旺季的二季度销售收入增长缓慢。这对于一家近两年连续增加产能且正准备上市的企业来说，情况比较反常。

对于以上疑问，银行立即要求南阳分行风险管理部对该公司进行飞行检查，在检查中发现公司二期项目进展缓慢，厂房建设基本处于停滞状态。初步判断其贷款资金有挪用嫌疑。

2012年6月，网传鲍某某“跑路”，其所经营的购物广场也出现购物卡挤兑事件。银行领导非常重视，立即安排人员到无锡暗访，也面见了鲍某某本人了解情况。掌握到的情况是，鲍某某在无锡经营的多个地产项目和酒店项目，大部分工地都处于停工状态，现金流入较少，资金链较紧张。复合肥公司的大规模融资存在重大挪用嫌疑。

但由于当时复合肥公司经营情况仍属正常，且该行贷款2012年8月份才到期，所以该行并没有立即采取强收措施。而是对该公司进行重点监控，并开始有步骤地采取退出措施，直到2012年8月份授信全部收回。而在该行授信逐步退出期间，有些商业银行仍在积极介入。

2013年4月份，华夏时报、新浪财经、腾讯网纷纷报道“陕国投深陷××门兜底6亿元债务或致暂时巨亏”，该公司资金链断裂风险全面爆发，涉及多家银行借款及银承敞口超过10亿元。

点评：

(1) 信审工作要重视第一还款来源，对于发现的问题要坚持“疑点从严”原则，深入调查清楚。

(2) 不要被借款人本地经营良好的现象所迷惑，还要跟踪了解其在外地关联企业是否有风险隐患，防止被拖累进去。

(3) 发现问题时，要组织人员对公司进行飞行检查和暗中访问，全面了解了实际控制人所控制企业的经营情况，印证公司资金挪用以及断裂风险，为后续决策提供重要依据。

(4) 在经济下行周期中，对已察觉到风险的企业，要有勇于退出和敢于退出的决心。

案例4

酒店名为装修实为收购，银行发现用途有假而拒贷

某酒店向重庆某银行申请综合授信额度1.8亿元，期限3年，用于抵押的房地产建筑面积2万平方米，评估价3亿元，抵押率60%。

银行信审前期审查认为，该笔授信存在以下问题：

(1) 关联企业复杂。申请人的关联企业涉足地产、建筑、酒店等领域。地产板块的开发项目遍及四川自贡、成都、海南、武汉等地，在建面积较大，资金需求紧张。

(2) 资金往来难控。企业涉及的金融机构包括担保公司、小额贷款公司、典当行等，通过借贷、互保的方式形成了一条完整的借贷链条，银行对资金用途难以有效管控。

(3) 资金用途存疑。申请人上报授信用途是用于酒店装修，但实地考察发现，该酒店新装修不久，内部保养较好，申请人提供不出相应的装修合同，贷款资金存在挪为他用的可能性。（后调查，实际资金用途为收购另一酒店并重新装修。）

(4) 风险缓释措施较弱。本次授信抵押物虽然价值能覆盖，但位于四川境内一偏僻县城，后续管理难度大，处置成本高，变现能力有限。

鉴于上述理由，银行信审会给予该项目否决意见。支行因考虑综合收益高，申请复议，并增加酒店经营权质押等多项风险缓释措施，但分行最终仍予以婉拒。

2014年8月，据媒体公开报道，该申请人及其关联企业因主营业务收入下滑，地产项目持续投入需求增大导致资金链紧张，实际控制人铤而走险，向P2P平台大举借入民间资金，因到期500万元无法按期归还而出现群体性事件，当地金融监管部门及司法部门已介入调查。

点评：

有些民营企业集团为了融资，会以较好的子公司项目作为借款人出面，借到

贷款后再挪用于其他地方，导致银行资金失控。

本案例中申请贷款用途是酒店装修，银行人员通过索取装修合同和实地观察，发现有假，拒绝贷款从而规避了风险。

案例5

车饰公司资金可能挪用于房地产，提早察觉拒绝贷款

B车饰有限公司系某银行福建莆田分行客户，原授信2000万元，后到期申请续做。银行审查认为，车饰行业准入门槛低、产品替代性强，在经济增速下滑、行业竞争激烈的背景下，经营风险加大，而申请人仍计划扩张规模。

从申请人实际经营规模来看，资金缺口应不大，存在过度负债及挪用资金的可能。经过进一步调查发现，借款人参与了房地产投资，想利用车饰公司作为融资主体套取银行信贷资金。对此银行予以坚决否决。不久，即传出实际控制人房地产投资失败，资金链断裂，他行垫款金额合计上亿元的消息。该案例也被银监会列入2012年督办不良案例。

案例6

查明真相避免本行贷款被用于偿还他行逾期贷款

Y制衣有限公司是一家民营企业，主营针织成衣的生产。总资产规模约1.4亿元，负债率55%，年销售规模稳定在3亿元以上。近年来产品以出口美国为主，且增幅良好。企业历年仅与当地一家国有银行有融资合作业务，产品为出口信保项下贸易融资，信用方式，余额约6000万元人民币。2013年6月向另一家股份制银行申报出口信用保险项下专项授信额度8000万元，由公司法人代表王某某提供个人保证担保。申请理由为原贷款银行的授信政策有所变化，对信保项下贸易融资业务提高担保要求，所以想重找一家银行建立合作关系。

这家银行的信审会经认真分析，觉得存在下疑点：

一、企业方面问题

（1）公司现有生产车间和仓库均为租赁，厂区内生产规模较小，与其报表显示的销售收入3亿多元不相匹配。企业对此解释是大部分工序外包。

(2) 实际控制人王某某表态没有价值高的个人房产可供抵押，也不愿意提供任何个人资产信息。显示其配合意愿差和躲避责任的心态。

(3) 该公司除王某某参与实际经营外，其两个女儿分别主管国内和国外业务，其中一女持商务签证长驻美国负责出口，并处在绿卡办理前期阶段。

二、银行方面问题

向原贷款行国际部了解该客户退出的原因，有关人员未提及潜在风险，其解释退出理由正常，和客户所说口径一致。通过人行征信系统查询，该客户授信五级分类均为正常类。

但逐笔浏览原贷款行未结清授信时，发现其中 1 笔约 500 万美元业务已到期 2 个多月未结清。客户对此解释是对应的出口收汇未按期到账。但是按照贸易融资业务操作惯例，是可以在原授信行正常办理展期的，待收到进口商货款即可归还。为什么该行不对其办展期呢？客户解释的理由明显站不住脚。

信审会由此判断，本行授信资金被用于归还他行逾期授信的可能性较大，用途存在问题，风险度较高。因此否决了该笔申请。

2014 年年初，某公安局经侦支队在一次法制讲座时通报，Y 公司存在虚开增值税发票、伪造单据、骗取国家退税和银行贷款的违法行为，其出口业务大部分为虚假贸易，真实出口量仅是报表的 10% 左右。在案发前一段时间内王某某通过地下钱庄陆续向境外转移了巨额资金，部分钱款又从境外作为货款转回国内，伪装成正常贸易现金流的假象。

案发后，该公司在原贷款银行 950 万美元出口信保项下融资全部变成不良。企业法定代表人王某某已被批捕移送检察院起诉。

点评：

(1) 该公司为所在区的出口创汇大户，实际控制人王某某的人脉关系也较广，在银行授信审查阶段及项目被否决之后，多次通过当地政府部门联系分行行长和风险总监，施加一定压力要求给予授信。但分行领导能够顶住压力，坚守风险底线，最终成功规避了一起大额不良授信的发生。

(2) 风险评价不能简单地建立在表面数据以及客户反映的基础上，不能因产品有出口信用保险融资而降低对客户准入的评判标准，要通过实地走访等方式多渠道获取真实信息，避免本行贷款被用于偿还他行的不良贷款，成为击鼓传花的最后一棒。

案例7

对置换他行贷款的申请要小心，避免成为击鼓传花的最后一棒

Y米业有限公司向银行申报5000万元贷款，用于置换他行贷款。风险部信审员从审慎原则出发，结合公司所处的区域和行业、经营现状、授信用途、担保措施、综合收益，初审时予以否决。应经办支行强烈要求，为慎重起见，风险部总经理亲自前往企业所在县进行实地考察。鉴于公司实力不强、抵押物瑕疵等因素，特别是以本行贷款归还他行贷款，有可能是击鼓传花的最后一棒，因此再次予以否决。

2014年5月当地银监局通报，Y米业有限公司受市场因素影响，在银行信贷有限的情况下，利用民间融资渠道获取高成本资金，盲目扩大规模，最终陷入债务危机，被民间融资债务拖垮后无法偿还银行贷款，形成不良。

而这家银行通过严把审批关，避免了风险的发生。

点评：

以新的银行贷款归还到期银行贷款，即“借新还旧”，这是企业安排资金周转的方式之一。但作为新贷款行要注意分清，本行的贷款是“主动性”借新还旧，还是“被动性”借新还旧。如果借款人是好客户，应争取前者。如果是风险客户，则要避免后者，以防本行资金成为其他银行不良贷款击鼓传花的最后一棒。

十三、堵截还款来源风险

> 我经历过银行业的起起落落，我还是认为在调查时，没有什么能替代下面三个最主要的问题：你要这笔贷款干什么用？你准备用什么还？你说的还款方法不行时，还准备怎么还？
>
> ——专家经验

案例1

无法控制企业还款现金流账户的不做为好

某电子商旅服务有限公司成立于2004年，是华南地区仅次于XC的大型机票

代理商。上游采购机票主要面向国际航协及各航空公司，下游销售机票客户主要为二级机票代理商和机构客户。主要利润来源于机票销售的佣金返点，主要融资需求是用于上游采购机票预付款和下游客户购买机票回笼款的时间差发生的垫款。

与该企业合作的授信银行多达9家，担保条件包括关联企业担保和应收账款转让。经贷款卡查询，该企业及其关联企业可查实的总融资敞口约8.8亿元。2014年4月企业向广州某银行申请2亿元流贷，期限一年，以三家关联企业提供保证担保，以及实际控制人个人保证担保。

这家银行风管部在审查过程中，主要发现以下资金方面的问题：

（1）该企业经营性净现金流波动很大，净现金流较弱。同时约有2亿元的其他应收款无法提供具体说明，很有可能已将资金挪作他用。

（2）企业对银行授信来者不拒，授信总量超出企业自身实际营运资金需求，已呈现明显过度融资现象。

（3）企业实际控制人控制的关联企业很多，涉及行业广、摊子大，银行无法有效控制其挪用资金。

（4）企业2008年时曾谋求境外上市，以可转债方式引入风投。后因上市失败，风投于2013年全部退出。

（5）保证人均为申请人关联轻资产企业，实际偿债能力弱，担保作用不足。

（6）最重要的是，企业最核心业务的现金流被一家股份制银行完全控制，其余主要大客户现金流被另一家股份制银行控制，剩余结算通过一家国有银行进行。新的贷款行已很难有实质性手段控制申请人的还款现金流。

后经银行信审委讨论，认为授信方案的风险缓释作用严重不足，需要追加抵押物或本行认可的应收账款作为质押担保。银行经办机构与企业多次商谈无果，最终撤回项目申请卷。

该企业2014年9月对外宣布，企业实际控制人病故（外部另一说法为自杀）。随后，企业财务危机彻底爆发，发生资金链断裂。经债权人大会粗略统计，该企业及关联企业的总债务达到几十亿元，涉及11家银行、多家小贷公司、国内100多家机票加盟商和经销商。同时，一家关联企业还涉及勾结基金公司借发行理财产品进行诈骗的恶性经济案件。

点评：

有些企业的规模很大，但内部资金运作复杂，银行难以看清。即使现金流很强，但是银行如果控制不住还款来源账户，也不要介入为好。

案例2

无法控制企业销售回款就应提高其他风控条件

A煤炭开发有限公司主要从事煤炭批发业务，据调查报告称有储煤场8个，储煤能力70万吨，2010年公司收入3.7亿元，实现净利润2633万元。该公司向重庆一家银行申请1亿元综合授信额度，授信模式为全流程使用，即向上游客户四川B煤炭供销总公司采用“先票后货”方式开票，煤到仓库后进行存货质押，销售后以下游客户湖北C煤炭投资公司应收款质押，最后以销售回款归还票款。

该公司经营规模不大，但已有较多合作银行，有的银行是针对下游客户授信，有的银行是针对上游授信，有的银行是存货授信，也就是说上、中、下各环节资金流已被各家银行分别把控住了。

新的这家银行的授信，无法直接控制企业销售收入回款以偿还银票敞口，只能是间接等其他银行转账来还款。此外，还款模式过于复杂，实际操作风险较大。

银行信审会经过慎重考虑，只同意采用存货质押模式给予3000万元额度，并限制两点：一是银票收票人只限于贵州省一大型煤矿企业；二是第一轮先签票半年（一个循环），结清后看效果才能重新签票。

由于两个限制条件使企业感到使用不便，且银行对存货监管较严，于是在第一轮银票结清后就不再在这家银行签发银票了。

2012年4月该公司因资金链断裂，在另一家银行用虚假发票进行应收款质押骗贷6亿元爆发大量不良，其他参与授信的银行亦未能幸免。

点评：

“控制不住的不做”，这是银行管控授信风险的经验之谈。这家银行对还款来源的账户控制不住，选择放弃是对的。

“提高条件使其知难而退。”对于一些有风险又较难拒绝的客户，银行可采取提高授信条件的方式，使客户知难而退，主动离去。

十四、堵截担保风险

案例

提前退出与民营担保公司合作，避免重大风险损失

2014年7月间，许多媒体曝光四川省最大的民营担保公司——汇通信用融资担保有限公司实际控制人、董事兼常务副总裁集体失联，公安部门发出“红色通缉令”。

据报道，汇通公司以2分左右的月息从民间融资，投入高风险的房地产和借贷平台。由于遭遇房地产不景气，再加上银行对担保模式的质疑和暂停合作，导致资金链周转不灵而断裂。投资人聚众讨资，由其担保的多家银行40亿元贷款出现不良。

而成都一家银行由于已确立“重点支持国有担保公司，坚决退出民营担保公司”的信贷政策，坚守风险底线，顶住压力，多次劝退支行上报的民营担保公司的合作申请，甚至采取暂停审批民营担保公司等措施，成功规避汇通等多家民营担保公司的风险。

这家银行2011年年初曾给汇通公司担保额度1亿元，期限1年，保证金比例不低于20%，对债务本金承担100%担保责任，单户担保金额不超过2000万元。2012年额度到期后支行再次上报续做申请，认为该担保公司注册资本7亿元，有很强的代偿资金实力，对中小企业授信可起到很好的风险缓释作用，因此执意想与其合作。而经银行风险管理部审卷，建议支行不宜介入。审查中，重点关注汇通公司以下问题：

（1）汇通公司股权分散，法人和自然人股东共计30人，出资方式既有货币又有股权，实际资金实力一般。

（2）民营性担保公司经营模式灵活，出于同业竞争压力，常会放松风险管理以换取规模效益的扩大，从而埋下风险隐患。国有商业银行和全国性股份制商业银行无论在授信额度，还是在实际业务的发生额上，均对其持谨慎态度，认可度有限。

（3）公司实际控制人不仅涉足担保公司、小贷公司，还另有其他经营实体、投资类公司，但支行欠缺对实际控制人的背景、人品、投资领域及各类投资资金来源的全面、深入了解，且无有效的控制手段。

（4）在汇通公司的担保余额明细中，发现对股东或股东关联企业的担保较多，经营规范性和风险管控能力较差。且其中不乏对小贷公司、民营中小型房地

产企业的高风险担保，存在较大风险隐患。

(5) 侧面向银行同业、担保同业、省金融办了解汇通公司情况，均认为实际经营或风险管控能力一般，对实际控制人的确切情况了解甚少。

这家银行最终否决对该公司的续做业务，从而规避重大风险。

点评：

(1) 民营担保公司很容易出现虚假注资、抽逃资金的行为，以空手套白狼的方式经营业务。当许多贷款出现逾期时，担保公司根本无力赔付。

(2) 民营担保公司信息透明度低、经营管理不规范，很容易就演变成了高息融资，并投放于高风险、高收益的项目。银行在不能完全把控风险，缺乏有效控制手段的情况下，应选择放弃合作。

(3) 银行对于民营担保公司的客户结构、客户背景、资金用途等应详细了解，防止其联手以虚假贸易背景变相套取资金。

(4) 银行对于担保公司担保的贷款绝不应视为强担保，仍必须重视借款人的第一还款来源。

十五、堵截抵押风险

案例 1

发现汽车销售公司存在权属纠纷的抵押物而拒贷

2014 年 6 月，长春 A 汽车销售服务有限公司向一家银行申请 5100 万元综合授信额度。该行风险管理部在审查该过程中发现抵押物隐患，客户存在蓄意骗取银行贷款意图，由此否决贷款，直接拒风险于门外。情况如下：

A 公司成立于 2003 年，注册资本 500 万元，实际控制人为自然人张某，主营业务为一汽大众、奥迪品牌汽车的销售。A 公司向长春分行申请 5100 万元综合授信，期限一年，用于购车。担保方式为房地产抵押，房产证及土地证齐全。

分行信审员觉得抵押物曾似相识，回忆起不久前信审会审查过 B 集团汽车授信项目，该集团的经营场地为长春市，与本次 A 公司抵押物地址相同。信审员不敢大意，立即依据此疑点进行追查。结果发现 A 公司拟抵押房产已于四年前转让给 B 集团，但尚未办理过户手续。对于抵押物存在权属纠纷的情况，A 公司刻意向银行隐瞒。

核实上述信息后，分行风险部拒绝了此笔业务。

点评：

有些企业为了获得银行贷款，不择手段。银行人员必须按“有疑必究、有疑不贷”的原则，发现问题就要追查到底，不留隐患。

案例2

以降低贸易公司抵押率的方式化解风险

不久前，福建Z贸易公司、C矿业公司同一实际控制人由于涉嫌造假票据案被内蒙古警方拘捕，有关银行得知后纷纷收贷，企业资金链断裂，银行授信敞口1亿多元变为不良，而有家银行因坚持审慎审批，成功规避风险。

Z贸易公司在该行A支行原有综合授信1600万元，到期申请续做，而C矿业公司则通过B支行申请新授信5000万元。由于两家公司为同一人实际控制，该行风险管理部门将其纳入集团客户授信管理进行审查，并启动“民营企业实际控制人面谈程序”和“主办客户经理面谈程序”。

通过A支行约Z公司面谈时，审查人员发现实际控制人谈吐浮夸，企业经营面庞杂，贷款资金用途难以监控。作为轻资产贸易型企业，提供的抵押物无法覆盖授信敞口，提供补充担保的融资性担保公司实力一般，难以起到风险缓释的作用，因此对该公司的授信不再续做。

审查人员与B支行主办客户经理面谈，发现其对C公司的情况了解不清晰，仅根据抵押物就认为授信风险可控。而实际上抵押物价值虽能覆盖授信敞口，但达不到该行的抵押率条件。银行最后审批将授信额度压减为3200万元。

由于该家银行将抵押率控制较低，该客户觉得要求太严，未提用该行额度内的贷款资金，而是转向他行申请并获得授信额度5000万元。不久即传出企业实际控制人涉案事发。

点评：

银行面对许多贷款申请项目都是处于“可做可不做”的选择。对于把握不准的，可采取提高担保条件、降低抵押率等方法，使客户知难而退，从而规避贷款风险。

案例3

发现商业综合体抵押物明显高估而拒贷

某实业有限公司主营稻米加工业务，拥有日处理稻谷400吨的生产线，主要销售对象为广东、福建等地的流通市场。2013年9月，该公司向一家股份制银行申请综合授信额度6000万元，以位于鹰潭市的某商业综合体抵押，抵押物面积2.6万平方米，评估价值1.69亿元，抵押率为35.3%。

最终，该客户授信申报被该行信审会否决，主要是在信审过程中发现了以下重要问题：

（1）贷款实际用途不明。从该公司经营情况分析，申请金额超过实际需求。

（2）抵押物权属存在问题。抵押物房屋所有权人为廊坊市某公司，而土地使用权人则为鹰潭市某公司，两项权利人不一致，权属不清，存在明显问题。

（3）抵押物明显高估。经查询抵押物周边房价，大致在4500元/平方米左右，而该抵押物评估单价6500元/平方米，评估总价1.69亿元。经了解其真实成本应在6000万元以下，且考虑到该建筑刚竣工不久，工程款还未付清，总价值立即由6000万元一下上升到1.69亿元，翻了近三倍，价值明显高估。

（4）实际控制人存在较大金额的民间融资行为。

2014年年底，该公司因民间融资债务发酵，最终导致资金链出现断裂，生产经营已全部停止，实际控制人失联。而这家银行因之前对风险的研判准确，未予授信，从而避免了风险。

点评：

“贷前银行说了算，贷后企业说了算。”说的是资金的主动权在放款之后，已经从银行手上转到了企业手上。而银行想要在贷后仍能掌握主动权，必须在贷前落实好抵押物。因此，对存在问题很大，今后难以处置的抵押物，不应接受。

> 判断房产抵押物的价值，可有三个参考价：一是房产的购买价，二是二手房的成交价，三是法院的拍卖价。
>
> ——专家经验

案例 4

关于慎重受理有长期租约房产为抵押物的风险提示

一家银行给予 K 粮油贸易公司综合授信额度 2000 万元，期限 1 年，由法人代表妻子名下 20 间商铺提供最高额抵押。后法人代表陈某因涉及刑事犯罪而外逃，公司停产，银行贷款风险显现。

银行在对该项目的清收保全过程中，发现用于抵押的 20 间商铺上附有长达 20 年的租赁权（承租人为国美电器、华联超市等）。究其原因，主办客户经理未能按照银行要求，在放款前对抵押物状态进行查询，盲目相信抵押物的评估价值，丝毫没有意识到长租期、低租金对抵押物变现产生的影响。

虽然该抵押物地理位置优越、商业氛围浓郁，成为抬高评估价格的有利因素，但抵押物上所附的长期限、低租金的租赁权成为巨大的执行障碍，购房者无法自主使用该房产，最终导致抵押物有价无市，难以处置。

点评：

（1）银行作为抵押权人，所追求的是抵押物的变现价值。因此抵押财产能否成交，将直接影响作为抵押权人的银行的债权能否变现。然而，《合同法》和《物权法》中存在"买卖不破租赁"的规定，即法院在对抵押房产进行拍卖、变卖时，并不能除去抵押之前已存在的租赁关系，这将增加买受人购买的顾虑，降低其购买意愿，导致意向购买人的范围相对缩小，成交价格相对较低。

并且，无论承租人是否出于恶意，如果其已将租赁期间的租金一次性付给银行债务人，那么买受人即便购得抵押房产，一方面由于房屋已出租而丧失使用权，另一方面由于租金已提前付清而丧失收益权，这更在很大程度上妨碍了银行抵押权的实现。

（2）如果抵押人恶意隐瞒租赁情况，银行作为抵押权人也难以核查：一是由于租赁并不一定登记，在登记部门进行查询并不一定准确；二是现场核查也不一定准确。

（3）抵押人也可能与承租人恶意串通，在"抵押在前、租赁在后"的情况下，采用倒签租赁合同日期的方式；或在"租赁在前、抵押在后"的情况下，变更租赁合同条款的方式，危害银行债权。银行对此应该咨询专业律师加以防范。

案例5

关于慎重受理难处置非通用专业设备为抵押物的风险提示

某节能水煤浆公司获得一家银行2500万元银行承兑汇票额度，用于向上游采购煤炭、添加剂等。授信条件为：由借款人提供机器设备（35万吨×2）作抵押；同时由企业实际控制人、关联企业提供连带责任保证；并承诺将一宗位于某工业区内面积为1.6万平方米的工业用地及地上建筑物在完善相关手续后抵押给分行。

后借款人因所在行业产能过剩、经营状况下滑、项目投资过大、民间融资较多等原因引起企业资金链断裂，对到期银行承兑汇票无力支付，导致银行垫款2500万元。借款人关联企业也已停止生产经营，无担保还款来源。出现垫款后，银行及时办理了查封手续，并在法院立案。法院出具判决后，银行迅速推动案件进入执行程序。

此时银行发现新的清收难题，即借款人抵押的机器设备，不属于通用设备，较难变现。银行多方寻找购买人，包括联系出卖人进行回收，均未能成功。根据现场查看情况，整个抵押机器设备与整个厂区相连，抵押物单独变现的可能性不大。另外借款人承诺抵押给银行的厂房为租地建房，需要当地政府的配合才能处理，亦同时承诺抵押给予多家债权人。

鉴于上述情形，法院认为单独处置机器设备的可能性不大，最终出具了执行终结裁定书，银行只能核销这笔不良资产。

点评：

类似于本案中的水煤浆生产线机器设备，虽然评估价值较高，但并非通用设备，企业大多为自身量身定做，专业性强、使用面窄。银行接受专业设备抵押多数是出于一种心理安慰，真正在变现时往往面临有价无市的境地。特别是一些冷门产业，受国家宏观调控政策影响较大，其配套设备的市场价值也随之波动下跌的风险也很大。

因此，银行应审慎选择机器设备抵押物，最好选择通用性强、易于变现的设备，并提前确定可接受处置该设备的买家。

案例6

关于慎重受理不具最优先受偿权船舶为抵押物的风险提示

2013年，航运市场运力严重过剩，市场持续低迷，运价低位徘徊，致使许多航运公司经营举步维艰，船舶抵押贷款的风险随之显现。

H海运公司已成立12年，注册资本1亿元，主要从事国内沿海、长江中下游的集装箱、散货运输业务。2013年上半年，南京一家银行在接受“海运1”轮、“海运2”轮抵押，并追加法定代表人林某个人连带责任保证的担保条件下，向该海运公司发放了两笔金额分别为1000万元和1500万元的一年期流动资金贷款。

8月初的一天下午，在得知因海运公司涉及近亿元的民间借贷，公司无法偿还高额本息，法人代表林某长期承受逼债压力携全家跑路，致使公司财务陷入瘫痪后，银行研究决定立即开展诉讼清收工作。随后，银行申请首轮查封抵押船舶，并及时通过海事法院扣押船舶至法院指定码头。

船舶抵押贷款纠纷与普通财产的抵押贷款纠纷不同，表现于船舶优先权、留置权均优先于银行抵押权。在借款公司人去楼空的情况下，各相关权利人都寄希望于通过抵押船舶变现受偿。

若船员不及时下船，案件不能迅速进入拍卖程序，这些优先权的费用就会越来越多，银行获偿的金额就会越来越少。本项目中，船员工资、船员生活费、船舶补给费、靠泊费等每天都在发生，仅靠泊费一项每天每艘船就是3000元。为了最大限度维护银行权益，推进诉讼进程，这家银行先期垫付了船员工资、港口费用以及其他各项费用共计300多万元。

案件进入执行程序后，抵押物的处置遇到困难。两抵押船舶当初的评估价格分别为“海运1”2000万元，“海运2”4000万元，并均以低于50%抵押率抵押给银行。但最终拍卖成交价与当初的评估价格相差甚远（“海运1”以640万元成交；“海运2”以1400万元成交）。

造成船舶价值缩水的原因，除了船舶本身折旧以及船舶市场的不景气外，还说明当初的评估价格大大高于船舶真实价值。而“海运1”在验船过程中，又被检验出存在多处设计瑕疵，因此价格又被大打折扣。

同时，在处理抵押船舶的过程中，相比一般贷款诉讼纠纷的执行程序，增加了债权登记和受偿程序。银行虽然享有船舶抵押权，但即使在所有船舶优先权均得以满足的前提下，也需在法院审理并确认申报债权，并经债权人会议协商或法院裁定分配方案，才能真正获偿抵押船舶变现余款。而这些都将大大拖延银行获得拍卖受偿款项的时间，使得不良处置遥遥无期。

点评：

（1）不具优先权。船舶抵押具有较强的特殊性，该抵押权并不具备最优先受偿的权利。根据《海商法》相关规定，在船舶抵押权之前还有船舶优先权、留置权，即船员工资、海难救助费用、船舶维修费用等。有时还会出现抵押物只够偿付这些费用，而银行的抵押权却得不到清偿的情况。

（2）跌价风险大。船舶作为抵押物处置时通常会遭遇变现难。除了自然折旧外，船舶价值还受航运业的影响。当经济下行，航运市场不景气时，运价低、成本高，市场对船的需求小，这种情况下船舶就会大幅跌价，变现所得价款有限。

（3）拖延时间长。处理抵押船舶时间成本高。在处理抵押船舶的过程中，相比一般贷款诉讼纠纷的执行程序，增加了债权登记和受偿程序，非常烦琐。

针对船舶抵押的特殊性，银行应谨慎选择船舶作为抵押物，在造船业整体不景气的背景下不得接受。如果在万不得已的情况下选择船舶作为抵押物，应将其评估价压到最低，并进行严格的贷后检查，及时关注船舶的相关情况，一旦出现风险苗头，要及时果断采取保全措施化解风险。

十六、堵截质押风险

案例1

对质押物资应按“购买价和市场价孰低原则”计价以避免跌价风险

N贸易公司原在福州一家商业银行有综合授信额度2500万元，用于开立进口信用证及进口押汇，采用“先证后货”的模式，以进口木材质押，由中国外运福建有限公司监管。2014年额度到期后，该公司申请额度增至4900万元，仍然采用“先证后货”模式。

银行审查人员到现场走访了解到，该公司在监管场地存放的木材已在他行办理质押授信，而且质物木材康巴斯（产地东南亚，适用做枕木、地板、构造用材）及非洲紫檀木（产地非洲加蓬，适用做家具）价格较高，市场价格波动较大。

这家银行为防范质物价格下跌风险，虽同意给予4900万元额度，但要求对质物的估价，要以海关进口关单标明的价格为准，而不是当时很高的市场价格。

还要求企业将海关单据（货权凭证）随木材一起交中外运公司监管，同时追加借款人部分房产抵押。

由于当时另有银行对该公司授信条件宽松，质押物价值是按市场较高价格确认，高出这家银行确认的关单价格数倍，因此该公司未提用这家银行的4900万元额度。

不久即传出该公司因过度依赖银行融资，木材价格下跌导致资金链断裂的消息。实际控制人跑路，他行授信不良接近5000万元。

点评：

银行如果是接受大宗物资作为质押的，除了要防范虚假仓单、监管失控等风险外，还必须注意价格大幅下跌的风险。要调查价格的历史数据，事先采取好防范跌价风险的措施，按“购买价和市场价孰低原则”确定质押价格就是其中之一。

案例2

发现1.4亿元钢材存货存在重复质押的重大嫌疑

福建某钢贸商托盘交易亏损1亿多元，加上重复质押过度举债导致资金链断裂，各家银行有3.6亿元授信敞口列为不良，而泉州一家银行因提早发现风险未介入得以幸免。

该钢贸企业向该家银行申请授信额度1.5亿元，其中1.2亿元采用“厂商银”标准物流融资模式，另外3000万元为保证担保的综合授信。

银行审查发现，该公司在各行的融资金额已超过其年销售额的一半，主要采用存货质押模式，敞口合计达3.6亿元。但企业财务报表体现其近期存货仅1.4亿元，根本无法支撑3.6亿元的质押授信，存在重复质押的重大嫌疑。

信审部门经过沟通，业务机构自觉做了撤卷处理。不久，该企业因做托盘交易亏损1亿多元，过度负债雪上加霜导致资金链断裂，各行3.6亿元敞口列为不良。

点评：

一货多押、多头质押、重复质押以大量套取资金，是不法企业蒙骗银行的手段。银行在审查时，可用总量计算的方法发现问题，就是将企业的总授信金额除以总质押物金额，从而发现企业到底真正有多少质押物。

案例3

关于总量控制模式下存货质押应有实际控制凭证的风险提示

存货质押授信业务属于供应链金融中的物流融资类产品，借款人向银行提供存货（包括原材料、半成品和产成品）质押以获得各种短期融资。银行与借款人以及物流监管企业签订三方合作协议，物流监管企业接受银行委托对货物进行有效看管，从而实现银行对质押存货的转移占有。

存货质押授信业务对银行贷后管理能力尤其是对存货的监管要求较高，此处希望通过以下案例，提示银行注意存货重复质押及质押不被法院承认的风险。

A钢铁贸易有限公司为无锡一家银行授信客户，开立了一份1250万元国内六个月远期信用证。担保方式包括：钢贸公司的钢材3250吨采取总量控制模式动产质押，加实际控制人的最高额保证。

信用证到期后，A公司未能如期支付款项，银行被迫对该笔信用证进行了垫付，并对借款人、保证人提起诉讼和申请诉讼保全。当地法院对此案做出判决，确认银行对担保人担保责任的主张，但不确认对钢材的质权主张。

法院认为，虽然从文字资料中钢贸公司与监管公司均已经明确完成交付，但法律上认定的完成交付，是以质押物完全处于质押权人（即银行或监管公司）的控制中为前提的。而法院认为银行的质押操作并未能做到这点。

首先，根据银行与监管公司签订的《动产质押监管协议》约定，当质押钢材总量处于最低总量控制线之上时，质押人钢贸公司如需提货或者换货，应当向监管公司提出申请方可办理。但法院从钢材市场调取的所有钢贸公司的出库、入库记录上来看，均没有该公司的申请，以及监管公司同意的痕迹。银行方面也无相关证据能证明钢贸公司的提货、换货均是在监管公司同意下完成的。

其次，按照合同约定，如质押物低于总量控制线以下的，不足部分应当由钢贸公司追加或者补充保证金。但法院经调查发现，当货物低于总量控制线以下时，钢贸公司非但没有追加保证金，监管公司甚至都不知情。

基于以上理由，法院认为，该批钢材始终是处于钢贸公司自己的实际控制之下，对钢材始终享有占有、使用、收益和处分的权利，并未由银行或监管公司实际控制。因此银行签订《质押合同》《动产质押监管协议》所指的钢材实际质权未生效。

点评：

有些银行采用的《动产质押监管协议（总量控制模式）》约定，质押人（借款人）如果超出监管总量的提货或者换货，无须追加或补充保证金，可直接向监管方申请办理提货或换货。此约定实际上是总量控制模式的优势所在，但在司法实践中，法院常常据此认定质物并没有完全处于银行控制之下，从而导致质押无效。

因此，银行如果采取动产质押总量控制模式，应规定质押人向监管公司申请办理提货或换货时，应使用固定格式的文本并留存作为证据，并要求当事方严格操作。

另外在这类业务模式下，由于质押并不必须办理登记而缺乏公示，且质物也一般存放于第三方监管的仓库中，并未形成实际的交付占有。这导致押品被重复质押现象极为普遍。一旦借款人风险暴露，会出现多个质权人同时主张权利，贷款银行实现债权面临较大威胁，必须加以注意。

案例4

关于供应链金融“先票后货”操作管理漏洞的风险提示

“先票后货、存货质押”授信业务，是供应链金融产品的重要组成部分。此类业务流程长、风险点多、操作环节多、落实难度大，贸易背景和资金流向、质押货物较难监控，极易出现操作风险、道德风险和法律风险，对贷后管理能力要求很高。尤其在经济下行周期，企业销售下滑、资金紧张的情况下，银行更易发生失控风险。

（1）经销商擅自变更了收货单位和到货地点。

2012年1月，某银行与柳州A钢铁集团、B经销商合作开展“先票后货、存货质押”授信业务，三方协商签订《银、企、商合作协议书》，约定以A钢铁集团与B经销商签订的产品销售合同项下的钢材为质押，由银行给予B经销商钢铁金融授信额度1亿元，期限一年，开立银行承兑汇票（银票）初始保证金比例30%，开票对象限定为A钢铁集团。

A钢铁集团承诺在收到银后票40个工作日内，发清与银票总金额等值的货物。同时三方约定，收货单上的单位名称为“××银行代B经销商”，到货及仓储地点为银行指定的中外运公司监管仓库。如需变更或注销收货单位、到货地点，必须由经销商提供变更合同原件通知银行。之后，根据B经销商申请，银行分批开出银行承兑汇票，交付A钢铁集团签收。

2012年年末，随着钢贸行业整体亏损、存货大幅跌价、钢厂减产发货不及时以及在他行授信未及时接续等原因，B经销商出现严重经营困难，公司资金链断裂，公司法定代表人也突然失去联系。这家银行被迫垫付票款8000多万元。

授信形成不良后，经银行与中外运公司对账发现，自2012年2月以来中外运公司累计收货11批次，总价值4000万元，剩余库存圆钢2000吨，尚有11500万元货物未收到。但银行对A钢铁集团的实地调查发现，B经销商已累计提货41600万元，B经销商资金账户未发货钢材价值仅剩余70万元。

根据检查分析发现，之所以A钢铁集团已发货数量和中外运公司监管方已收货数量存在巨大差异，是因为B经销商通知A钢铁集团在银行不知情的情况下，擅自变更了收货单位和到货地点。

由于B经销商已无任何有效资产，基本丧失偿债能力；而银票项下对应的钢材等质押物早被B经销商挪用，银行也无从主张质权。而A钢铁集团则以已足额发货为由，拒绝承担相应责任。由此，银行此笔开票业务面临重大损失。

（2）仓库监管员擅自放货后失踪。

2012年5月，某银行给予广西X钢贸公司3000万元授信敞口额度，业务模式为“先票后货钢材质押+控股股东保证”的钢铁网络金融业务。然而至2013年年末，该企业在银行的银票业务均已发生垫款，金额为2035万元。

该钢贸公司为柳州钢铁股份公司（核心厂商）的一级经销商，与银行开展业务以来，履约记录一直良好，开票频率正常，一般能提前10个工作日左右回笼货款覆盖敞口，且几乎每天在银行的账户都有资金出入。

直至2013年3月25日到期的一笔500万元银行承兑汇票迟迟未见回款，从而引起了银行人员的高度警觉。经多次向企业催收回款未果，于是到钢贸公司仓库现场对其存货进行盘查，未发现抛售钢材行为，且质押给银行的钢材足值并挂有相关铭牌。银行还与质押钢材监管方——广州某物流公司派驻企业仓库的两名监管员进行了核库。监管方记录显示：质押给银行的钢材7700吨，质物价值约2849万元，可覆盖银行授信敞口。

两天后，在企业仍然无法筹集资金的情况下，银行拟采取措施处置企业部分质物，用以填补企业在银行的信用敞口。当银行人员到企业仓库现场时，监管员称企业的库存钢材只有5055吨，且其中属于银行的质物仅3500吨，即监管员之前在未获银行同意的情况下已擅放货物。随后，监管员态度急剧转变，提出9个月以来就未收到过银行方面的出质通知书，银行在其监管名下的质物余额为零。银行立即就此事与监管方的广州总部进行核实，得到其推诿答复。过后不久，监管方派驻仓库的两名监管人员失踪。

银行在无法联系上钢贸公司法定代表人的情况下，派出由多个部门人员组成的工作组到企业现场，对其名下货物进行实时监管，防止损失进一步扩大。同时联系买家通过处置企业部分钢材，填补了到期的500万元银行承兑汇票敞口。并积极与其上游企业柳钢进行沟通，取得其配合，将钢贸公司预付款项120万元以银票方式退回银行。

针对目前多家客户对银行监管货物权属存在争议以及金融同业拟对货物主张权利的状况，该行向管辖法院申请诉前保全，查封了钢贸公司留存市场的4000多吨钢材，随后向法院提起民事诉讼。

点评：

银行必须把好各个环节的风险管控。

首先是在发货环节。核心厂商仅仅承担在规定时间内的发货责任，但具体什么时间发货、发多少、发给谁、发到哪，核心厂商并没有通知银行的义务，而银行也没有采用联网信息方式及时主动地跟踪了解。这样一来，银行从发货开始，第一时间就丧失了对货物流转信息的掌握，更谈不上有效监控。

其次是按照《银、企、商合作协议书》三方约定，本来收货地点必须为银行指定仓库，收货单位名称也必须为“XX银行代YY公司”。但由于三方协议同时规定，如需变更收货单位、到货地点，由经销商提供变更合同原件通知银行。而经销商在擅自变更后并不通知银行，这个制度上的漏洞就为经销商转移货物、逃避银行监管提供了可乘之机。

最后是银行在贷后管理上存在不足，比如没有设立联网信息系统以确保和核心厂商、监管方随时对账，也没有加强对监管仓库的巡、核库管理，使银行不能及时发现债务人的重大预警信号，丧失了在第一时间采取措施、化解风险的有利时机。

伪造、变造金融票证罪

（刑法第一百七十七条）

伪造、变造金融票证，涉嫌下列情形之一的，应予立案追诉：

（一）伪造、变造汇票、本票、支票，或者伪造、变造委托收款凭证、汇款凭证、银行存单等其他银行结算凭证，或者伪造、变造信用证或者附随的单据、文件，总面额在一万元以上或者数量在十张以上的；

（二）伪造信用卡一张以上，或者伪造空白信用卡十张以上的。

（最高可判十年以上有期徒刑或者无期徒刑）

第三章 授信放款堵截风险

第一节 授信放款概述

一、主动权转换的分水岭

银行以往强调的是贷前调查、贷时审查、贷后检查，而对于放款环节的风险却未加注意。其实银行从审批同意贷款，到客户拿到资金之间这段时间，很容易因操作不当而埋下风险隐患。因此加强对放款环节风险的管理，成为许多银行的共识。

授信经过调查、审查、审批三个阶段之后，放款就是贷款资金离开银行的最后一道关口了。提款环节是资金在银行手上还是在客户手上的分水岭。通常的情况是，资金出去前，是客户求银行；资金出去后，是银行求客户。正如老话所说："不借由你，借了由我。"一日之差，双方的主动权地位就会发生变化。因此，放款环节是把住风险的关键阶段。

二、把好资金离行的最后一道关口

今天不落实条件的冲动性放款，都是今后难保债权的风险隐患。通常发生在手续不全而客户又急于用款的情况下，放款中心人员的压力最大，这时一定要冷静对待，切不可图一时侥幸，留后患无穷。一定要坚持制度，要求达到条件才办理，或者请示领导研究解决。

三、加强放款管理的措施

银行要设立放款中心。对于放款业务量大的公司授信业务，应实施同城集中放款管理。凡同一城市市区分支机构经办的授信业务，集中到当地管理行的放款中心办理放款。但异地分支机构及其辖属的异地机构，考虑到路程遥远等问题，可单设放款中心。

放款中心管理职能十集中：①集中放款操作；②集中核保管理；③集中审核放款资料的完备性、合规性；④集中对授信额度的管控；⑤集中授信合同管理；

⑥集中授信档案管理；⑦集中押品管理；⑧集中审批权限管理；⑨集中对评估公司管理；⑩集中培训与考评管理。

> 放款中心就是银行贷款的质检岗。很多重大隐患，都是在最后关口被放款员在审核材料时发现的，立即停止放款，从而堵截了风险。这样的成功事例每年都很多。
>
> ——专家经验

第二节　授信放款规范

放款是一项认真细致的工作，规章制度显得复杂而又枯燥，但这些操作要求却是必须认真遵照执行的。

一、落实放款条件

放款中心收到授信审批部门授信批准文件后，通知项目经办机构人员和放款中心人员共同落实授信条件。有关工作要求如下：

（1）准备授信合同等法律文书。按要求准备法律文书，包括填写借款合同、保证或抵（质）押合同及借款凭证等。原则上法律文书应使用总行统一制订的格式合同文件。

（2）落实担保条件。按照银行规定落实担保条件及其他授信条件，包括办理抵（质）押物登记、保险、公证、保证金冻结、重要权利凭证入库等手续。

（3）实施授信核保。按“双人、实地、当面”等原则完成授信核保。

（4）提交放款文件。落实放款条件和签订法律文书后，项目经办人员填写《公司授信业务放款审核审批表》，将全套放款资料提交放款中心。项目经办人员对放款材料的真实性、完整性、有效性负责。

> 放款既是贷前风险防范的最后一道关卡，同时也是贷后风险管理的起点。放款中心应该认真核实审批的各项条件是否落实到位，为贷后管理工作的顺利开展“打好前站”。
>
> ——专家经验

二、审核放款条件

放款审核岗人员负责审核全套放款资料。审核分为两方面，即对放款资料基本审核和对放款手续齐备性审核：

（一）审核放款资料注意事项

（1）放款资料文件书写应使用钢笔（碳素或蓝黑墨水）、签字笔或直接打印。

（2）文件书写必须严谨、周密，文件中涉及修改部分必须加盖合同签约当事人公章或合同专用章确认。

（3）法律文书中当事人名称不得使用简称、缩写、代称、不规范的简化字。

（4）借款人和担保人向银行提供的放款资料的复印件须经过该项目主办、协办人员核验原件并在复印件上签名确认。其中核保过程中取得的放款资料，由核保人员在复印件上签名确认。

（5）全套放款资料的相关内容一致，借款人或担保人在合同及有关资料的签章、签字须与其预留的签章、签字样本一致。

（6）法律文书的订立日期须在法人的营业期限以及授权文件的有效期以内；合同签订日期不能早于业务申请书日期。

（二）审核放款手续齐备性注意事项

（1）借款人、借款期限、保证人、抵（质）押品、抵（质）押价值、抵（质）押率等与授信批复一致；借款金额在授信批复的额度内，授信批复要求落实的放款条件已经落实。

（2）法律文书齐全，选用正确。非标准格式或对格式文本条款变更的法律文书经过总行或分行的法律部门审核；散页印制文本加盖合同签约人骑缝章。

（3）法律文书填写完整规范。法律文书上的签章为法定代表人/负责人或其授权的有权签字人的签章；法律文书须加盖合同签约人公章或合同专用章；放款中心须对公章和合同专用章的真实有效性进行审核。

（4）所有担保文书都办理了双人核保，抵（质）押担保的业务已按规定办妥了抵（质）押品登记、公证和保险手续。

（5）抵（质）押品或其权利证书已经按规定入库管理。

（6）票据业务有查询查复书、会计部门审票意见、会计部门人员签署原票收妥等字样的承兑汇票复印件。

（7）需要收取保证金的业务，有《保证金存款入账、冻结通知书》作为保证金收妥凭证。

（8）放款资料符合银行信贷规章制度的其他规定，相关手续已经办妥。

审核过程中发现放款资料有问题的，放款中心应要求落实授信条件的经办人员和放款中心指定人员解决。借款人的授信额度被冻结的，放款中心可不受理该借款人的放款资料。

放款审核岗审核全套资料无误后，提交放款复核岗复核，复核无误后提交放款中心主任（有权审批人）签批放款。

三、办理放款手续

（1）放款用印。放款中心对用印手续审核完毕后，交印章管理部门办理用印手续。办理担保登记手续时，可以先由借贷双方签章，再办理担保手续及重要凭证入库手续。有权审批人可同意先在法律合同文本上盖章，待担保登记手续办妥后再签批放款。

（2）放款指令。放款审核岗与放款中心主任双人，通过电子或书面方式下达放款指令，将放款审核审批表、借款凭证或合同送会计部门或营业部。

（3）会计操作。会计结算人员按照相关规定复核无误后，办理转账、签开银行票证或登记表外账等手续，复核有问题时退放款中心。

（4）综合管理。项目经办人员将借款合同及有关凭证提交客户。放款中心在全套放款资料完整无误后，按银行档案管理规定归档。放款中心对放款业务须建立台账登记，做好统计分析和核对工作。

第三节　放款工作注意事项

一、必须落实条件才能放款

（1）借款人、借款期限、保证人、抵（质）押品、抵（质）押价值、抵（质）押率等必须与授信批复一致；借款金额在授信批复的额度内，授信批复要求落实的放款条件已经落实。

（2）法律文书齐全，选用正确。非标准格式或对格式文本条款变更的法律文书经过总行或分行的法律部门审核；散页印制文本加盖合同签约人骑缝章。

（3）法律文书填写完整规范。法律文书上的签章为法定代表人/负责人或其授权的有权签字人的签章；法律文书须加盖合同签约人公章或合同专用章；放款中心须对公章和合同专用章的真实有效性进行审核。

（4）所有担保文书都办理了双人核保，抵（质）押担保的业务已按规定办妥了抵（质）押品登记、公证和保险手续。

（5）抵（质）押品或其权利证书已经按规定入库管理。

（6）票据业务有查询查复书、会计部门审票意见、会计部门人员签署原票收妥等字样的承兑汇票复印件。

（7）需要收取保证金的业务，有《保证金存款入账、冻结通知书》作为保证金收妥凭证。

（8）放款资料符合银行信贷规章制度的其他规定，相关手续已经办妥。

二、核保环节防诈骗

核保是指银行在签署授信合同前，或是在客户提款前，对借款人和担保人的合法资格、担保意愿、签字盖章、担保关系设立、抵（质）押物真实性等担保情况进行核实认定的工作。

核保是银行核实借款人和担保人签字盖章真实性的重要环节。而不法分子常常在这个环节，采取移花接木、瞒天过海等方式欺骗银行人员。

早期的伎俩是，提交虚假签章的担保文件。当银行人员上门核保时，骗子通常会谎称担保单位的负责人不在（外出开会、出差或出国等），想方设法不让银行核保人员与担保单位的负责人见面。骗子会让银行人员将有关文件留下，假冒担保人的签字盖章后，再将该虚假的担保文件提交给贷款银行。

现在的伎俩是，假冒担保人与银行人员见面。骗子会设法在担保单位的会议室等办公场所，假冒担保单位负责人出来与银行核保人员见面，谎称同意担保，并当面签字盖章等。

银行人员如果不按制度办事，不坚持实地当面核实，很容易被骗，埋下贷款的隐患。

（一）核保原则

（1）双人核保原则。核保工作必须由核保主办人员和协办人员双人办理，起到互相配合、相互监督、共同负责的作用。

（2）实地核保原则。核保工作必须在担保单位办公地点实地进行，不得外出到宾馆酒店等不相关场所办理。

（3）当面核保原则。核保人员必须当面见证企业法定代表人签署担保合同、核保书等相关文件，并当面见证加盖公章。不得交由他人代办签字盖章。

（4）非关系人核保原则。核保人员不得是客户的利益关系人。

（5）尽职核保原则。核保人员应尽职尽责，严格按规程办理，并对核保的真实性负责。

（二）核保要求

（1）核保任务。核保人员应事先认真研读授信批复内容，了解授信业务种类、授信金额、担保方式等基本情况，明确核保任务。

（2）核保文本。核保人员应提前选择好银行规定的法律文本，并将文本内容填写完整。

（3）核保时间。核保时间应选择在法定工作日。不得在节假日期间和对方单位不工作时间上门核保。

（4）核保地点。核保须在被核实企业办公所在地实地完成。原则上应以营业执照注册地为准。与实际不一致的，应以实际经营或主要办公场所为核保地址。

（5）核保对象。需要对方当面签字的事项，应当场核对签字人身份（查看有效身份证件）后，核保人员亲眼看见其签字。

（6）核保印章。需要对方在核保文本上盖章的，盖章地点应在企业印章管理部门内。核保人员应该亲眼看见盖章。不得将文本交由第三方，离开银行核保人员视线到别处盖章。

（7）核保确认。担保单位提供的资料或复印件，均应加盖印章，并注明提供日期。属于自然人担保的，须亲笔签署姓名与日期。核保人员须在材料上注明“与原件核对一致”的字样，并签字确认。

> 核保人员，你们是银行派出去的眼睛和耳朵，必须严格按照银行的制度要求操作，确保借款人和担保人签字盖章的真实性，严防诈骗案件的发生。
>
> ——专家经验

（三）核保环节的风险防范

（1）防范欺诈风险。

核保人员对于客户下列有可能是欺诈风险的苗头应加以注意。在没查清楚问题之前，不得在核保书上签署“核保无误”的意见：

①不接受银行在其单位正常工作时间内上门核保的。

②仅在其单位会议室接待银行核保人员，阻止去领导办公室的。

③担保人营业场所与营业执照标注地点不符。

④核保书上印章与授信材料不符。

⑤合同签署未在签署人办公室，盖公章未在印章管理部门的。

⑥抵（质）押权利登记证书，不是通过登记机关的正常业务办理窗口取得的。

⑦签字盖章人员提供不出授权书或转授权书的。

贷款诈骗罪

（刑法第一百九十三条）

以非法占有为目的，诈骗银行或者其他金融机构的贷款，数额在二万元以上的，应予立案追诉。

（最高可判十年以上有期徒刑或者无期徒刑）

票据诈骗罪

（刑法第一百九十四条第一款）

进行金融票据诈骗活动，涉嫌下列情形之一的，应予立案追诉：

（一）个人进行金融票据诈骗，数额在一万元以上的；

（二）单位进行金融票据诈骗，数额在十万元以上的。

（最高可判十年以上有期徒刑或者无期徒刑）

金融凭证诈骗罪

（刑法第一百九十四条第二款）

使用伪造、变造的委托收款凭证、汇款凭证、银行存单等其他银行结算凭证进行诈骗活动，涉嫌下列情形之一的，应予立案追诉：

（一）个人进行金融凭证诈骗，数额在一万元以上的；

（二）单位进行金融凭证诈骗，数额在十万元以上的。

（最高可判十年以上有期徒刑或者无期徒刑）

信用证诈骗罪

（刑法第一百九十五条）

进行信用证诈骗活动，涉嫌下列情形之一的，应予立案追诉：

（一）使用伪造、变造的信用证或者附随的单据、文件的；
（二）使用作废的信用证的；
（三）骗取信用证的；
（四）以其他方法进行信用证诈骗活动的。
（最高可判十年以上有期徒刑或者无期徒刑）

（2）防范资信下降风险。

核保人员在对担保企业核保过程中，原则上应现场检查企业的经营生产情况，表面核实该企业是否存在停产、半停产、部分厂区或生产线关停、工作人员数量稀少、原材料和成品库存不合理等异常情况，或不利于银行债权的其他情况。

（3）防范批准条件不落实风险。

核保人员对于银行批准贷款的条件难于落实的情况，如：因客户方面情况发生变化或登记机关的原因，造成抵（质）押担保条件与批复条件不一致，且无法继续落实或弥补，应将相关情况及时反馈给银行主管部门，暂停放款直至落实条件为止。

第四节　放款堵截风险实例

本章节的大量案例说明，授信风险虽然经过了前面的调查、审查、审批三道关口，但仍可能存在未被发现的风险隐患。在当前监管要求日趋严格的情况下，合规性操作尤显重要。放款审核人员要加强合规意识，严格按章办事。对不符合放款条件的借款人，要发现问题，坚持原则，拒绝放款，堵截风险。

需要指出的是，放款人员堵截的许多风险点，其实在前面的调查、审查、审批三道环节就应该发现。说明前面的调查人员和审查人员，或者是责任心不够，或者是业务不熟。

——专家经验

一、堵截借款人风险而停止放款

风险提示：从借款人申请贷款到银行同意放款之前，这段时间里借款人的情况仍会发生变化，如果发现风险苗头，应立即停止放款。

案例1

放款前核保发现企业股权结构发生重大变化，堵截6000万元风险

银行批准云南某有限公司6000万元银票额度，同时要求由公司三名自然人股东提供连带责任保证。核保人员在核保时发现，该公司已于3个月前由三名自然人股东变更为一名法人股东及一名自然人股东，股权结构已发生重大变化。为防止担保条件的落空，放款中心暂停放款，要求业务部门向审查部门重新上报变更担保人后的材料。

案例2

发现公司股权变化材料瑕疵，停止放款1500万元

银行给予重庆某化工设备制造有限公司1500万元流动资金贷款，由另两家公司和股东承担保连带责任担保。

分行放款中心在放款审查时发现，企业提供新的章程中法人代表谢某占股99%，而在原验资报告中法人代表谢某只占股权的50%。经进一步核查发现，原来该公司曾用50%股权在当地一家国有银行办理了质押贷款，之后公司股权发生变化，谢某股权由50%增加为99%，但因原股权质押贷款未结清，工商局不同意变更股权结构。

由于企业股权变更应以工商局备案登记的为准，放款中心认定公司原出具的由谢某签署的借款决议是无效的（必须有50%以上股东同意才有效）。经分行批准对该企业停止放款。

点评：

借款企业或担保企业的情况是处于动态变化过程中的，因此放款中心在审核放款时，要注意通过最新的客户工商登记、贷款卡、征信系统等，多方位全面了解企业的预警信息，发现问题，堵住风险。

案例3

审查发现企业营业执照吊销，停止350万元放款

放款中心放款员在审查宁波某机电制造有限公司350万元贷款时发现，借款企业的贷款卡状态为“注销”。再经查明，企业营业执照为“暂时吊销”。放款员及时与客户经理、信审员联系，确认了之前都未发现这一情况，也不知道暂时吊销原因。放款中心对该笔业务做了退卷处理，堵截了一起对吊销执照企业发放贷款的风险事故。

案例4

审核发现无法确定实际控制人身份，暂缓700万元放款

银行批准给予武汉一家贸易公司1600万元贸易信用险项下商票保贴额度。放款中心人员在审核中发现，审批文件要求落实贸易公司实际控制人的连带责任担保责任。虽然经办支行提供了银行与贸易公司法定代表人何某某签订的合同，但没有任何材料能证明何某某为该贸易公司的实际控制人。

于是放款中心暂缓放款，在支行补充提交了证明何某某为公司实际控制人的资料后，才办理了放款手续。

案例5

得知企业实际控制人病重，暂停5000万元放款

某金属材料有限公司实际控制人刘老板控制的重庆关联企业达9个，行业跨度较大，涉及制造业、房地产、农业等板块。该企业向银行申请5000万元一年期综合授信额度。银行研究认为，该公司房地产板块在建在售项目较多，资金压力较大。且关联企业合计授信余额达3.9亿元，银行刚性负债大。经多次讨论和变更担保措施，均未达成授信合作模式。

后考虑该公司与大型国有建筑施工企业有建材供货关系，银行最终同意以商业承兑汇票方式合作，具体为：由国有施工企业为出票人，金属材料有限公司收

票后在本行贴现和质押，并追加公司刘老板及全体股东的个人连带责任担保。

在核保放款环节，核保人员得知刘老板病重住院，请示领导后暂停放款。企业申请取消实际控制人担保，仅由其妻子担保后放款。

银行信审会讨论后认为，民营企业的实际控制人（创始人）对企业影响力较大，依赖关系明显。如果刘老板不能主持工作，企业经营情况难料。该笔业务最终未能放款。

两个月后，企业实际控制人刘老板不幸病逝，该企业立即陷于瘫痪状态，各债权人听闻该消息后纷纷进行保全。最终企业资金链断裂，进入破产清算程序。

案例6

放款中心审核发现企业亏损趋势，暂停开票2800万元

2010年11月15日，广西某集团总公司申请开立2800万元银行承兑汇票，放款中心审核后发现，该企业1~9月份营业收入为12352万元，净利润为-842万元，亏损有扩大趋势。经调查，企业亏损是由于部分历史遗留问题尚未解决，负担较重，但企业反映对外投资较多，预计分红比较乐观。

经过查询总行天网风险信息系统，该企业风险评分为64分，全行风险排名为2124，分行风险排名第一，具有较高的信用风险。分行风险主管由此决定，暂停该企业使用授信额度，逐步压缩授信余额，并要求密切关注企业经营情况，据以进一步调整其授信规模。

案例7

放款前发现借款人销售大幅下降，暂停2700万元放款

某分行批复给予安徽C汽车制造公司5000万元授信额度，由公司名下工业土地及地上厂房抵押。企业使用2300万元三个月后，申请使用剩余的2700万元额度。

鉴于汽车行业销售受近期国家政策影响较大，且一次性使用剩余额度，为谨慎起见，信贷管理部副经理决定再次实地核查。结果发现，该公司销售量下降幅度较大，环比销售收入下降达40%。按借款合同规定，银行可以中止放款。

但同时得悉，该公司股东C集团最近出售了一家上市公司股份后，资金实力较雄厚。经研究决定，要求借款人追加C集团对5000万元的连带责任保证后，可以使用剩余额度。

案例8

发现借款人在异地的关注类贷款，停止4500万元放款

某公司申请发放4500万元流动资金贷款。审核员在查询该客户人行征信报告时发现，该客户存在两笔共计3900万元“关注类”贷款信息。客户辩解称是贷款银行考虑到行业风险，将贷款调整为关注，现正在办理调回“正常类”过程中。

审核员未予轻信，而是深入调查发现：①自有该两笔关注类贷款后，该客户除从其集团财务公司获得新融资外，没有一家银行对其发放新增贷款；②客户称该笔贷款用途为支付电费，但未提供任何受托支付材料；③该公司为一家异地公司，关注类贷款银行也在该地，资金去向难以监控，存在用本行贷款偿还外地他行关注类贷款的风险。综上所述，放款中心退回了该笔业务资料。

案例9

从征信系统发现借款人在他行级次下调的预警信息

D织造有限公司向厦门一家银行申请提款1500万元。放款中心人员从人民银行企业征信系统信用记录中发现，该公司在另一家银行的授信分为关注类，且贷款分类下调时间发生在本行信审部对该公司的授信审查批准之后。

发现这一情况后，放款中心立即要求业务部门书面报告该公司在他行级次下调的原因，并说明企业近期经营情况有否不利的变化。业务部门经初步调查后报告，是该家银行总行要求将所有纺织业贷款均列为关注类所致，并说明过不久会恢复为正常类；同时报告企业近期经营未出现异常情况。

放款中心接到业务部门提交的报告后，不是轻易认同，而是设法通过不同渠道向该家银行的厦门分行和福州分行进行核实，了解到该行没有对纺织行业整体贷款分类下调为关注类的说法。由于与业务部门书面报告不一致，放款中心经请示行领导后，暂缓了该笔1500万元的放款，以退卷处理。并根据行领导指示，要求业务部门进一步核实情况，重新上报信审部核准后，方可进入放款操作。

案例10

放款审核发现借款人擅自对外提供担保，暂停1000万元放款

H集团是银行老客户，旗下A、B、C三家企业共获得授信额度9亿元，期限一年。三家企业向银行出具承诺函，承诺未经银行允许，不得从他行新增授信及对外提供担保，否则银行有权按照授信合同规定收贷。

其后，放款中心在审核A企业的一笔1000万元的人民币流动资金贷款提款手续时，对A、B、C三家企业的贷款卡分别进行了严格审查，发现C企业在本行启用授信额度后仍对外进行了担保。

放款员立即与贷后管理小组进行了沟通，得知该情况在定期贷后检查报告中未体现，属企业擅自新增担保，且未征得本行同意。对此，放款员立即向放款中心负责人进行了汇报，暂停了该笔业务的办理，要求业务经办部门立即对相关情况展开调查。

案例11

发现借款人贷款卡存在不良记录，停止办理共计7231万元业务

上海Q国际贸易有限公司提交2460万元国内信用证业务，放款人员发现该客户贷款卡信用报告存在涉讼信息。X有色金属有限公司提交605万美元进口代付业务，放款人员发现该客户贷款卡信用报告存在100万美元的未结清不良信息。Z有限公司提交387万元保函业务，放款人员发现该客户在本行的结算户被司法机关冻结。J有限责任公司提交270万元保函业务，放款人员发现该客户贷款卡处于注销状态。针对上述情况，银行果断停止了办理放款业务。

案例12

发现企业有高利贷行为，停止放款800万元

银行批准给予重庆某有限公司800万元流动资金贷款，用其自有的两宗面积共计4.1万平方米的土地作为抵押，同时追加全体股东及其实际控制人连带责任

保证担保。分行放款中心放款审查时发现，企业从多家担保公司融资，利率高达40%以上。经多方调查核实，企业确实存在资金链紧张、借用高利贷的行为，分行立即停止办理业务。银行停贷后，企业资金链紧张的问题逐步显现，部分担保公司因此受到影响。

案例13

发现企业涉及债务纠纷，停止放款4000万元

山西某有限公司向银行申请流动资金贷款提款4000万元，批复的抵押手续已办妥，符合提款条件。分行放款人员在审核放款资料时，通过与客户经理沟通发现，该公司因涉及债务纠纷在其他银行的结算账户已被法院冻结，在本行的账户也被法院查询过，放款人员立即停止了该笔放款。

二、堵截贷款资金挪用风险

风险提示：借款人如果擅自挪用贷款资金，将使银行无法把握贷款使用情况，最后导致贷款无法安全回收，这样的风险案例比比皆是。因此，通过仔细审核资料，查明资金去向存在的疑点，防止被挪用，是放款中心的重要工作职责。

案例1

发现贸易合同与银行批准用途不符，堵截2亿元挪用风险

市土地储备交易中心在西安某银行已获批2亿元流动资金贷款。放款中心在受理该笔业务时，发现该客户提供贸易合同中的用途，与本行原审查批准的用途不一致。

经坚持追问，客户最终承认是因该贸易合同项下急需资金，于是想先套用出银行已批额度中的资金，解决燃眉之急。

放款中心认为，客户授信申报的资金用途，经由信审委审查通过的，资金用途合规且风险可控。而客户后提交合同的资金用途未经审查，存在银行不可控的风险，属于挪用。遂立即停止放款。

点评：

打酱油的钱不能用去打醋，这是银行资金管理的规矩，是为了防止客户挪用资金而发生风险，银行必须严把用途关。

案例2

“采购施工设备”与“支付工程款”属不同用途

广东某有限公司从银行获批1000万元流动资金贷款，用于采购公路施工所需设备、原材料，贷款资金不得流向关联企业。

审查发现：①客户提供的材料中，有部分工程施工合同，即资金是用于支付工程款，与审查批准用途不符；②根据客户提供的支付委托书、支付审核单，发现并核实了收款方为关联企业。随后放款员向上级汇报了情况，并停止了放款。

点评：

“采购施工设备”与“支付工程款”虽都为工程建设所需资金，但用途确实不同。

案例3

是买原材料还是买锅炉不明确，暂停开票6937万元

内蒙古某有限公司申请开立6937万元银票。放款人员审核贸易背景合同后发现，审批部门批复要求授信资金是用于购买原材料，但此次申请银票则是用于购买锅炉等固定资产设备，资金用途明显与批复要求不符，暂未开票。

点评：

企业到底是要买原材料，还是买锅炉，之前想清楚了吗？

案例4

发现商品采购款改为支付购房款，暂停2000万元开票

苏州某集团有限责任公司申请开立2000万元银票。放款中心审核后发现，

批复要求授信资金用于商品采购款和企业营业设施更新装修费用，但企业此次申请银票则是用于支付购房款，资金用途明显不符批复要求。故将材料退回支行，不予办理。

案例 5

核保发现短贷长用于投资建厂，堵截 1600 万元风险

银行授信批准给予安徽滁州市某电机电器有限公司 1600 万元一年期流动资金贷款，以公司自有土地房产抵押。

信贷管理部核保人员前往落实抵押条件时，发现该公司近期有重大对外投资行为，在异地建立新工厂，抽出大部分资金用于新厂建设，造成滁州工厂流动资金周转困难，对主生产商供不上货，主生产商因此对其削减了大量订单，企业经营发生严重困难。

信贷管理部及时将发现的情况向行领导汇报，在与企业经营人员面对面沟通后，决定暂时停止发放该笔贷款以避免资金挪用风险。

点评：

贷款被“短贷长用”最容易出现的后果是，一年贷款到期后，已经物化为固定资产的资金，无法抽回来用于还贷，必然造成贷款逾期。

案例 6

投资置业公司有装修资质吗

广州 A 公司从银行获批 2500 万元流动资金贷款，期限为 35 个月，用途是支付装修款。

放款员审查中发现，申请人提交的是一份与 B 投资置业有限公司签署的装修合同。而 B 公司不是装修公司，怎么能签署装修合同呢？

放款员对此疑点调查发现，双方实际互为关联企业，贷款的真实贸易背景存疑。

放款员随即要求验看关联方装修资质材料，但客户一直未予提交。最终经请示上级领导，决定停止放款。

点评：

这位放款员工作认真，步步追踪，发现关联企业涉嫌套取贷款的问题。

案例7

堵截夫妻关系两家企业关联交易资金500万元

佛山市A金属加工公司在银行有1500万元小企业授信额度。在一次申请500万元提款时，放款员发现该客户实际控制人与本行另一家授信客户广州B钢铁有限公司的实际控制人为夫妻关系，属于关联企业。而本次A客户提款的资金用途是向上游B客户采购钢材。

这一情况引起了放款员的注意。为此放款员通过查阅档案和信贷系统资金流向监控功能检查发现，发放给A客户的贷款资金，均用于向B关联企业采购钢材。而A客户的回笼资金并未回到本行账户，不符合本行贷后管理规定，可能存在替B关联企业融资的嫌疑。

在审查发现上述情况后，放款员立即向信管部负责人汇报，将该笔贷款做退卷处理，同时要求经办业务部门对该客户授信管理进行限期整改。

点评：

发现是关联交易时，要防止无真实贸易背景的企业融资行为。

案例8

成功堵截关联方以假发票套取500万元资金风险

银行放款员在对东莞A线缆有限公司500万元开票业务进行审核时，发现购销合同上其销货方东莞B科技发展公司的法定代表人，与A公司的法定代表人为同一人，二者为关联企业，贸易背景存疑。于是暂停了该笔业务，并对客户所提供的发票进行了查实，发现为假发票，确认该笔业务为虚假贸易背景。随即上报放款中心负责人，并与经办部门联系，中止了该笔业务的办理。

点评：

当发现交易双方有关联关系时，要注意防止以虚假合同套取银行资金的风险。

案例 9

发现 4000 万元开票金额与销售收入严重不匹配

河南 F 电子科技有限公司向银行申请开立 4000 万元 100% 保证金银行承兑汇票，用于购买原材料。

放款中心审核员审核合同时发现，该公司为当年年初新注册成立的公司，一月和二月份销售收入累计才 200 多万元，而三月份就要开出 4000 万元的票，与其销售收入不匹配，虽然有 100% 保证金，但其贸易背景和用途的真实性可疑。鉴于此，放款中心对该笔业务做了退卷处理，要求提供合理并经核实的说明材料。

点评：

年初新开张的电子科技公司，短短两个月时间业务金额惊人增长，值得怀疑。100% 保证金的资金来源也需查明，也可能是骗来的，也可能是高利贷借来的。不法分子从银行开到银票，再贴现拿到现金后，就远走高飞了，留给银行的是涉入被骗案件的风险。

案例 10

查询发现纸品公司经营范围内不含铅锭品种

深圳市 A 电源科技公司申请额度内提取贷款 2000 万元。

放款审核员在审核购销合同时注意到，交易货物为 2380 万元的铅锭（有色金属），而通过查询售货方深圳市 B 纸品有限公司在市场监督管理局上的登记信息，发现该公司经营范围中不含铅锭品种，该笔提款在贸易背景方面存在风险隐患，由此退回资料，要求重新调查。

点评：

查询借款人交易方企业的经营范围，可从源头上发现贸易背景虚假隐患。

案例11

乳制品公司有生猪卖吗？

某食品有限公司是郑州某县政府招商引资项目，也是该县唯一生猪定点屠宰企业。银行予以1000万元贷款额度，用于购买生猪。

分行放款中心在审核提款用途时，发现购销合同是向某乳业公司购买生猪。产生的疑问是：乳业公司有生猪吗？于是放款员通过登录工商局企业信息查询，得知该乳业公司的经营范围当中，只有乳制品的生产、销售，并没有经营生猪事项。于是判断该笔合同有疑点，贸易背景可能有假，遂终止了该笔放款。

点评：

这是显而易见的问题，乳业公司怎么能卖生猪呢？合同必然有假。

案例12

停止无法证明用途的2000万港币担保开证

广东某工程咨询有限公司申请开立2000万港币备用信用证（是一种银行还款保函），用于向申请人境外关联公司借款提供担保。

放款员在落实放款条件时发现，申请人提交的资料中，没有备用信用证受益行（贷款行）给申请人境外关联公司的贷款意向函和借款合同等材料。对此，经办客户经理表示，申请人境外关联公司目前仅得到备用信用证受益银行同意给予贷款的口头承诺。

在未取得备证受益银行正式出具的贷款意向书之前就出具备用信用证，开证行将面临极大的信用风险，有可能招致不合理索偿。为此放款中心立即对该笔业务做退卷处理，并要求经办客户经理补齐用途证明材料。

点评：

银行办事必须“以字为凭”。境外贷款行是否同意贷款，不能听信客户转达的口头承诺，必须要有纸质的书面材料证实。

案例13

堵截500万元担保合同中未写明“借新还旧”用途的风险

银行批复同意了苏州某公司“借新还旧”贷款500万元，当日，客户经理向分行放款中心提交了相关放款材料。

经审核发现，虽然借款人在《借款合同》用途栏目中填写了“借新还旧”，但是保证人在《担保合同》却按流动资金用途填写。放款中心立即退回材料并要求整改，一是要求借款人、担保人在股东会决议中，必须明确是“借新还旧”的用途，二是担保人在保证合同中必须明确“知悉并同意该笔借款的用途为借新还旧”。

点评：

曾有一门银企官司，保证人在法庭上拒绝向银行履行赔付责任，声称其《保证合同》所担保贷款的用途是流动资金，而《借款合同》中所写的贷款用途则是他不知晓的“借新还旧”，所以他不应承担赔付责任。

三、堵截放款条件不落实风险

风险提示：落实审批条件是放款中心的一项主要职能，本节事例不仅反映了银行放款人员尽职尽责的工作作风，也反映出放款人员扎实专业的法律技能。他们在平凡的岗位上，不仅以“严、细、实”的工作作风，堵截了许多风险问题，而且及时报告领导，帮助经营机构纠正和改进问题，切实落实和完善条件，从而保障了银行授信资金安全。

> 千万不要小看借款合同中条款的设计，那都是教训的总结。严密的合同条款，能确实保护银行权益，并在很大程度上避免损失。
>
> ——专家经验

案例1

发现借款合同中未明确以租金归还贷款

银行给予江苏S集团有限公司1000万元综合授信额度，以A公司应收B公司的办公用房租金质押，B公司支付租金时即用于归还贷款。

放款审核员在审核放款材料时发现，对于还款方案，在流动资金借款合同中未做出“B公司根据合同要求支付租金时即归还贷款”的约定，且借款人也未出具上述内容的承诺函，于是立即停止放款。待S集团公司出具承诺函并在借款合同“其他约定事项”中明确“B公司根据合同要求支付租金时即归还贷款”之后，再予以放款。

案例2

发现母公司债务承继协议中缺失账户监管条款

经总行批准，分行给予北京市G建设集团有限公司4.89亿元项目贷款。三年后，该公司因改制而注销，总行下发新批复，原项目贷款债务由其母公司S承继。分行有关部门拟定了债务承继协议。

放款中心审核员发现，承继协议内容相对于原授信条件，缺失三年前批复要求的以下内容：①借款人应开立专用监管账户，专项用于项目建设资金的投入、支出、项目回购款回收、归还银行贷款；②本行与借款人及相关单位签署资金监管协议，并授权本行对专户进行监管。

现原借款人公司已注销，上述条件需由承继者（母公司）确认落实。据此，放款中心退回业务，并指导协助支行落实在承继协议中补齐上述条款后才为其放款，保障了银行权益。

案例3

发现三户联保企业未按核定贷款额度比例交付保证金

银行给予A、B、C三家公司授信额度分别为1500万元、1000万元、1000万元，担保方式为三户联保及股东保证，同时要求联保小组成员以不低于20%的比例缴纳联保保证金。

三家公司分别申请提款700万元、500万元、500万元，并按照“实际提款额度20%”的比例分别缴纳了联保保证金。

放款员发现，根据本行《中小企业联贷联保业务实施细则》和借款合同规定，联保小组成员必须缴纳不少于各自“核定贷款额度的20%”作为保证金，即应缴纳金额为300万元、200万元和200万元。于是暂停了该三笔放款，直至补齐。

案例4

发现企业未按规定将汽车合格证交由本行监管

大连某汽车国际贸易有限公司办理进口开证业务，金额163万美元，期限90天，企业存入活期保证金人民币200万元，并由大连Y公司和法人代表个人提供连带责任担保。

分行放款操作员在办理放款审核时发现，授信批复中规定：“企业使用贸易融资额度两个月之内要将汽车合格证交由本行监管，确保资金使用真实。”

而经查询，发现支行已发生贸易融资业务，却没有按照授信批复要求对企业的汽车合格证进行监管，遂暂停放款。经督促支行要求企业将汽车合格证交由本行监管后，放款中心才重新审查进行放款。

案例5

发现客户未按规定补回物流单据及增值税发票

广州某有限公司获得2010万元流动资金贷款额度，用于购买货物。银行审批要求放款后5个工作日补齐公司与供应商之间的物流单据及增值税发票。若未按时补齐则暂停额度使用。

放款员在审核客户500万元提款申请时，发现在一个月前已向该公司发放过一笔990万元的流贷，但该公司并未按银行规定补回物流单据及增值税发票，于是对该笔业务做退卷处理。待客户补齐后方予以办理。

案例6

发现债务转让通知书未按“公证送达”方式办理

客户经理来放款中心为北京S公司申请办理1900万元人民币保理放款。放款中心有权签字人在审核时发现，审批部门批复要求“以公证送达的方式将转让通知书送达债务人，取得公证书”，而客户经理提交的材料是“公证寄送”，与批复要求的“公证送达”不一致。经询问法律保全部，公证送达与公证寄送是两种不同的方式。

所谓“公证送达”，亦称现场公证，是指执法人员在送达执法文书时，同时邀请公证处两名公证人员一同前往，一旦发生当事人拒签情形，执法人员当即在送达回证上记明拒收事实，并由公证人员在送达回证上签字作证，而后将执法文书留置于现场，从而完成送达程序的一种送达方法。而“公证寄送”只是对“从邮局寄送文件的过程”进行公证。

于是放款中心暂停了该笔放款，待补充了公正送达的公证书后才为客户进行放款。

点评：

在授信业务放款审核过程中，关于通知书、回执等重要法律文件的送达方式，凡涉及需要公证的事项，要细致审核公证书的内容及附件，以及其是否与银行批复、基础材料完全一致。

四、堵截放款材料不合规风险

风险提示：贸易背景的真实性是防范授信风险的关键点。放款人员在审核材料时应仔细研读批复要求，认真挖掘放款资料中的可疑点。

借款合同、担保合同、董事会（股东会）决议、授权书、他项权利证书、房屋登记簿、存单存折、保险单据等都是银行的重要法律文件，涉及银行和借款人（担保人）之间的权利义务关系。这些材料中的微小错误（包括一个文字、一个数字、一个日期等），都将是损害银行权益的风险隐患。因此，放款审核人员必须进行严格细致的审查。

（一）堵截有问题合同风险

风险提示：经济合同是证明企业借款用途的重要文件。在实践中，不法企业提交给银行的不少是伪造、变造、无效的合同，用于骗取银行资金。银行人员必须认真细致的审查，从小疑点中找出大问题，防止上当受骗。

案例 1

从完全一致的盖章位置发现虚假购销合同 1370 万元

福建某发展有限公司向厦门一家银行申请开立 1370 万元银行承兑汇票，保证金 50%，期限六个月。

放款员审核发现，该客户所提供的购销合同（复印件）中供货方、销货方所盖公章的位置，与前一笔开票业务购销合同的供货方、销货方所盖公章的位置，十分相似。经认真仔细对比后，发现印章位置完全一致。由此判断客户是以复印前一笔合同的方法，伪造了第二份合同。经请示领导后，放款中心停止了该笔承兑汇票业务。

点评：

客户伪造合同需要盖公章，而去刻假公章比较麻烦，且有风险。因此，直接找份合同加以复印，方法上就比较简便。银行人员识别的方法是，把两份合同中有盖章的那页重叠在一起，迎着灯光或阳光照看一下，如果盖章位置完全一致。说明两份合同中，必有一份是复制伪造的。

案例 2

识别变造的虚假贸易合同规避 1430 万元风险

陕西某五金塑胶有限公司向银行申请办理 1430 万元银行承兑汇票贴现业务。放款人员在审核时，发现客户提供的贸易合同的下半部分，即盖印鉴的那部分明显是粘贴后再复印。由此认为该合同极有可能是变造，要求企业出具贸易合同原件。

该客户解释是，由于其与卖方属于长期交易客户，一般是先交易后再签订合同。这次业务也未签订贸易合同，但为贴现融资提交材料，所以将以前使用过的贸易合同进行变造处理。

对此，放款中心立即停止放款操作，并督促经办支行重新调查客户解释的真实性。如果是假，已涉嫌骗取银行贷款，将负刑事责任。如果是真，则该客户可与上游卖方客户商议签订年度贸易合同，避免类似事件再次发生。

点评：

凡骗必假，凡假必骗。银行人员首先要能识破假合同，再判断其背后的风险程度。

> **合同诈骗罪**
>
> （刑法第二百二十四条）
>
> 以非法占有为目的，在签订、履行合同过程中，骗取对方当事人财物，数额在二万元以上的，应予立案追诉。
>
> （最高可判十年以上有期徒刑或者无期徒刑）

案例3

堵截重复使用贸易合同2000万元

福州长乐某化纤有限公司分两笔向银行申请开立银承，每笔金额1000万元。

放款中心复核员发现，两笔银承的收款人均为同一家公司——福建J高纤股份有限公司，由此引起注意，认真审查。结果发现两份放款材料中所提供的贸易合同明显为同一份合同，不仅内容条款完全相同（包括合同编号），金额也同为1600万元，虽大于单笔开票1000万元金额，但小于两笔开票业务金额之和2000万元，贸易背景的真实性值得怀疑。

放款中心因此予以暂缓开票，要求经办人员提交符合规定的合同后才同意放款。

点评：

重复使用贸易合同、增值税发票，是企业虚构贸易背景、套取信贷资金的主要手段，必须引起银行人员的高度重视和审慎对待。

案例4

堵截工程合同条款未落实风险3000万元

银行批复给予深圳市某工程有限公司综合授信额度1亿元，期限三年，由实际控制人提供连带责任担保。公司申请提款3000万元，用于工程项目项下采购原材料。

放款审核员在审核贸易背景时，发现工程合同中要求“本合同经双方法定代表人签字并加盖公章后，报送深圳市住房和建设局备案后生效”，而在该本工程合同中，并未加盖深圳市住房和建设局的备案专用章。经查证该合同确实未报送备案，放款员做了退卷处理。直到企业重新上报符合条件的合同，才予放款。

点评：

看似未盖一枚备案专用章是件小事，实际是出现了一份无效合同。如果银行向其提供了资金，重大风险隐患可想而知。

案例 5

审核发现过期失效的第三方监管合同，停止放款 1391 万元

陕西榆林某汽车销售公司在银行申请开立银行承兑汇票 1391 万元，以汽车存货质押，由银行认可的第三方监管企业监管。

放款中心审查人员在审核该笔业务时发现，该客户虽与本行签订了新的《最高额动产质押合同》，且出具了加盖了监管企业与销售公司公章的《质物清单》，但未提供最新三方《监管协议》。

于是放款中心通过调阅以前放款资料，发现去年销售公司、监管企业与本行签订的一年期《监管协议》已经过期。放款中心认为，监管协议的过期失效，就意味着监管企业与销售公司向本行出具的《质物清单》不具备有效法律效力，质押物存在严重法律瑕疵。

对此，放款中心立即中止该笔放款业务，要求重新完善每个合同的法律效力。

点评：

每笔授信业务都会产生一份主合同和（可能）若干份从合同。银行业务人员不能只见其一，不见其二。各合同之间的条款要注意衔接性，不可出现抵触和矛盾的条款，必须保证每份合同在时效和法律上的效力。

案例 6

发现货物所有权的保留条款，停止发放 3000 万元贷款

唐山某工贸有限公司向银行申请人民币流动资金 3000 万元，以企业自有存

货角钢提供质押担保。经审查，该公司为非生产型企业，质押存货为购入取得。企业提供了钢材贸易合同，以及相关增值税发票以证明其存货所有权。

但是，放款中心审查人员发现，在该企业提供的钢材贸易合同中，对货物所有权转移有如下约定："标的物所有权自货款付清时转移，买受人未履行支付价款义务的，标的物属于出卖人所有"。就是说，即使钢材买受人已收妥货物并已取得出卖人开具的相关发票，但只要货款未付清，仍不拥有货物的所有权。

合同中的这一约定引起放款中心的高度重视：质押存货的权属状况不清或存在瑕疵，均可能严重影响银行授信安全。于是，放款中心立即停止对本笔业务的放款，要求经办人员立即调查核实该批质押钢材的货款是否已全部支付完毕，提供货款支付证明或出卖人收款证明。

点评：

质押的货物虽然已存放到了银行指定的监管仓库里，但货物的所有权是否已经转移到了出质人的手上，必须搞清楚。如果贷款前不核实清楚，今后银行也无法处置这批货物。

案例7

发现保理合同中的有条件转让条款，堵截风险1700万元

广州F有限公司向某家银行申请办理1700万元保理融资项下应收账款转让业务。

放款员在审核客户提交的商务合同时，发现其中约定"供货方因本合同产生的权利、义务等，在未取得购货方书面确认时，不得以任何形式转让给第三人"。

根据总行《保理业务管理办法》的要求，上述条款属于限制或禁止应收账款债权转让的条款，此条款项下应收账款的转让，将影响银行债权的实现。

鉴于此，放款中心立即暂停该笔放款业务，要求经营机构采取解决措施。直至购货方（债务人）出具了同意F公司转让该笔应收账款的书面材料后，放款中心才受理了该笔保理融资。

点评：

保理业务品种较多，限制性条款也多，经营机构应做好尽职调查工作，确保客户所转让的应收账款符合本行保理业务的管理规定。

案例 8

发现借款人错填为保证人，堵截风险 4000 万元

霸州市 S 制管有限公司向银行申请 4000 万元流动资金贷款，由霸州市 X 钢铁有限公司提供连带责任保证。

放款中心审查人员在审查时发现，在《最高额保证合同》中，应该填写借款人公司名称的位置中，错填为担保人公司名称，属于无效担保。放款中心立即退回要求重填。

点评：银行首先要判断是无意识填错还是有意识填错。如果是无意识的，则属于银行员工工作马虎的低级错误，要批评教育。如果是有意识的，则有可能是担保人为今后逃避担保责任埋下伏笔（因为被担保的不是借款人，而是担保人自己）。

案例 9

发现购销合同中的供需双方相反，停止开票 100 万元

石家庄 A 企业申请办理 100 万元银行承兑汇票开票业务，收款人为 B 企业。放款员审核时发现，在企业提供的购销合同中，A 企业（付款方）成了供货方，而 B 企业（收款方）则成了购货方，完全违背基本常理。贸易背景和购销合同明显造假。立即退回有关材料，要求经办人员查明贸易背景的真实性。

点评：

银行人员要注意经济合同中单位名称的正确性。如不注意，虚假问题很容易被忽视过去。

案例 10

审核发现购销合同价格奇高，堵截背景不真实风险 955 万元

东莞市 H 实业投资有限公司向银行申请开立 955 万元银行承兑汇票，收款人为东莞市 L 纺织贸易有限公司，双方签订的购销合同约定购买羊绒纱，单价定为

32 万元/吨。

银行放款员根据平时积累的信息，感觉以当时的市场价格，交易标的单价偏高。经查询中国纺织品网，发现各类纱线中最高的定价也不超过10万元/吨，而申请人与收款人合同单价竟高于市场行情3倍之多，造假明显。由此认定客户意图利用虚假合同套取银行信贷资金，随即将该开票申请退回。

点评：

银行业务人员，平时要注意收集行业信息，作为开展业务和识别风险的基本依据。要做到“干一行、爱一行、钻一行”，成为某方面的专家里手。

案例 11

发现经济合同中金额数字明显错误，停止开票

新疆某科技有限公司开立银行承兑汇票。放款初审员审核时发现，该公司与某冶金厂签订的《工矿产品采购合同》大小写金额不相符，小写金额为42000元，而大写金额为叁万元。与某絮凝剂（注：主要用于给水和污水处理）生产公司签订《产品采购合同》中，小写金额209000元，大写金额肆拾贰万元。与某电器开关有限公司签订的两笔合计11.9万元的《工矿产品采购合同》，单位名称却写为另一家电气开关公司。放款初审人员及时指出合同存在的问题，停止开票。

点评：

银行人员对数字要十分敏感。像此类大小写数字不对的低级错误，明显是制作粗劣的假合同，切不可放过。

案例 12

发现收款人与合同中规定的不符堵截风险1亿元

大连A房地产开发公司向银行借款1亿元，由某房地产（集团）公司担保。

放款员在审查资金支付时发现，本行批准贸易合同中规定的收款人为广州B建筑安装工程有限公司，但企业所填汇款单中的收款人则为广州C建安企业在大连的分公司。两者不符。

经客户经理与A公司沟通核实后，取得了广州B公司对C公司大连分公司的收款授权书。放款中心在审核授权书无误后才予放款。

点评：

放款中心在审查授信业务时，不仅要关注放款条件是否落实，还要关注企业资金流向，防止资金被挪用。对于收款人与银行批复不相符的，均不得予以操作。

案例13

发现结算方式与合同中规定的不一致，堵截1200万元

新疆石河子T（集团）有限责任公司到银行开立银行承兑汇票1200万元。放款员审核放款资料时，发现购销合同中约定的结算方式为转账支票，而不是银行承兑汇票。在向支行客户经理说明情况后，停止办理该笔业务。

点评：

转账支票是即期付款的结算方式，而银行承兑汇票是远期付款的结算方式，两者有很大的不同之处，银行客户经理必须掌握这些基本知识。

案例14

发现和避免受理虚假应收账款2000万元

放款中心收到广州G公司申请转让一笔2000万元保理项下应收账款。

放款员在审核对应购销合同的时，发现其中约定“需方须于提货前将货款以电汇方式付给供方，供方在收到全部货款后，开具发票给需方”，即该供销合同的结算方式为“先款后货”，据此G公司作为供货方不应该有应收账款，也不符合总行《保理业务管理办法》的要求，放款员立即暂停了放款。

点评：

购销合同是企业交易的依据，银行人员应该认真审查，挖掘疑点，堵截风险。

案例15

发现拟签署的授信品种合同与批准的不符

H国际招标代理（北京）有限公司从银行获得2亿元授信额度，客户申请在额度内签署贸易融资合同（信用证、押汇等）。

审核员调阅对比审批部门的批件发现，2亿元额度规定的业务品种为流动资金贷款和票据业务（开票和贴现），并没有贸易融资品种。于是要求业务部门与客户协商，重新报审批部门，审核增加贸易融资品种，并划分好不同品种之间的额度，才予签署合同并放款。

点评：

不同授信业务品种的用途、特征、风险度是不同的，不可串用。但在控制风险的前提下为了提高效率，银行可规定：低风险的业务可占用高风险业务的额度，但高风险的业务不可占用低风险的额度。

案例16

发现协议中“到货责任”被擅改为“发货责任”

上海某金属材料有限公司申请办理钢铁金融模式项下首笔7000万元开票业务。

放款中心审核发现，借款人签署的《银、企、商三方合作协议》中有的条款内容被修改，与总行标准文本有重大差别。如总行标准文本规定“在银行（甲方）开出承兑汇票50日内，钢贸商（丙方）在指定地点未能收到钢铁企业（乙方）所发货物，乙方应在7日内将款项直接退还丙方账户。”

而协议被修改为“在银行（甲方）开出承兑汇票50日内，乙方未能发货的，乙方应在7日内将款项直接退还丙方账户。”

经向业务部门了解后得知，是钢铁企业（乙方）单方面将原协议中的“到货责任”擅自变更为“发货责任”，以减少自身在货物交接中的责任。但这将导致银行对流程管理的重大不利影响，因此分行放款中心暂停了该笔放款。要求按照总行对网络协议文本修改规定，上报总行审批。

点评：

送交客户签字盖章的协议文本，在退回来之后，银行人员还需再检查一遍，看有关条款、文字、数字等，有没有被客户擅自更改。避免今后打官司时，出现对银行不利的局面。

总行制定的业务标准文本，各分支机构应遵照执行。客户如有不同意见，或发现条款有漏洞或问题，应即上报总行修改完善。

案例 17

发现银企协议文本中几页被擅自更换

山东 D 工程公司获 3000 万元开票额度，保证金比例 40%。

放款员在审核开票时发现：本行与客户签订的散页《银行承兑汇票承兑额度协议》文本中，有几页纸张比其他纸张发黄，且协议文本的银行骑缝章无法对齐，尤其是发黄的几页纸张上根本没有骑缝章的印记，人为换页嫌疑明显。

对此客户经理的解释是，保证金比例原定是 50%，实际签订合同时客户又要求降低为 40%，也获得了本银行同意。但此时《银行承兑汇票承兑额度协议》文本已加盖完企业公章、法人代表名章、骑缝章并有授权代理人签字。到企业重走一遍签章程序费时且麻烦，于是客户经理为了省事，将变更保证金比例条款的几页纸，擅自重新打印与替换，但没有重新加盖骑缝章。

查明情况后，由于法律文本存在较大法律隐患，放款中心拒绝放款。银行对客户经理违反操作规定行为进行了严肃批评。在经客户重新确认后，才予开票。

点评：

银行对于合同的制作、签署、更改等流程，是有严格规定的，任何人不得违规操作。银行人员擅自更换合同页，且不盖骑缝章，将来客户可能会以“合同被人擅自修改”为由而拒绝还款。

（二）堵截法律文件不完备风险

风险提示：《公司章程》是企业经营活动的准则。《股东会决议》和《董事会决议》的内容和程序是否符合企业《公司章程》中规定，直接关系到借款人和担保人意愿的真实性和有效性，进而关系到银行授信资金的安全性。

尤其是担保人与银行之间本身没有直接的债权债务关系，担保义务的确立完全依靠法律文书。而法律文书有效与否，基本上是决定担保是否成立的唯一要件。对这些文件审核稍有疏忽，都可能给银行授信资金造成无法挽回的损失。

所以，银行人员必须对照企业的《公司章程》，认真审查《股东会决议》和《董事会决议》的真实性、合规性、一致性。

1. **发现借款决议问题**

案例1

发现董事会借款决议为复印变造

云南D煤电股份有限公司申请6000万元贷款，期限一年，由云南Y煤业集团公司提供连带责任担保。

放款中心审查发现，在董事会借款决议复印件中，各董事的签字不论从字体大小或是每个字的间距等，均与企业上一年度出具过的董事会决议非常相似。于是将两年的两份决议重叠后在灯光下仔细辨认对照，发现完全一致，由此判断决议是以上一年度决议为母本变造而来。

经询问该项目客户经理，承认是由于公司董事到异地出差，暂不能提供相关决议，但客户资金需求的时限紧，故用上一年度决议进行了复印变造。

在得知此情况后，放款中心负责人和行领导高度重视，指示暂停放款，并督促经办行迅速核实此事，严肃处理知情不报的客户经理。

点评：

虚假签字的借款决议属无效文件，今后可成为企业拒绝还款的证据，属于银行重大风险隐患。而客户经理只为业绩而不顾风险，不仅不制止，还知情不报，属于严重违规操作，必须严肃处理。

案例2

发现签字人数与工商备案人数不符

厦门A光电公司在银行有900万元综合授信额度，申请办理房产抵押手续。放款中心核保员到区工商管理局调阅企业基本信息时，发现企业备案的信息中显示，企业董事会共有七名董事，而由业务部门提供的董事会决议中只有五名董事，两情况不符。

据业务部门解释，该企业原有两个出资方，其中一方为香港企业，董事会成员2名。企业成立之时主要是借港资企业名义，以取得税收优惠条件。后来港企撤资，但企业一直未修改章程。

对此，放款中心要求企业重新修改章程并到工商局备案，并在备案后重新出具一份董事会决议。

案例3

发现借款决议上签字人不是董事等问题

苏州工业园区X高新技术开发集团有限公司申请1.1亿元流动资金贷款。放款中心审核后发现：①该公司提供的董事会借款决议不符合公司章程规定，实为无效决议（即决议上二位签字人不是公司董事）；②借款人贷款卡未通过最新年度年审；③担保方提供的保单保险金额未覆盖贷款本息，贷款期限超出保险到期日，担保方未出具续保承诺书。

鉴于该笔放款存在多项问题，分行立即退回支行要求重新落实手续。

2. 发现担保决议问题

案例1

发现担保决议是从上年的复印变造而来

2009年1月，福建某铝业有限公司申请一年期3000万元流贷，其担保单位福建省某铝业集团公司出具的股东会担保决议非贷款行的标准格式文本。提交的复印材料中，项目主、协办客户经理均签注了“与原件核对一致”。担保决议中显示的担保有效期一年，至2010年1月10日。

放款员在审查材料中发现，“担保有效期至2010年1月10日”这一行文字的大小和清晰程度，与决议中其他部分的文字明显不同，似剪贴复印而成。且决议的落款日期又是2008年1月（上年年初）。

高度的责任心促使放款员调阅上一年度授信档案，发现该公司2009年出具的担保决议文号、内容和落款日期均与2008年的相同。

于是放款员要求查看2009年担保决议的原件，但经办客户经理表示企业无法提供。放款员怀疑该复印件经企业变造过，上报领导后停止放款，对该项目经办客户经理进行通报批评。

点评：

银行如果接受了造假的、无效的董事会担保决议，今后将无法向担保人追偿，属于重大风险隐患。许多复印材料容易被剪贴后造假。因此对于重要的文件，应要求企业提供原件。应由银行核保人员当面核实，并在复印件上签署“与原件核对一致”的字样，承担相应责任。

案例2

担保行为是否属于企业重大权益问题

四川M化肥有限公司申请提款1000万元。担保方广东G化工有限公司为外商独资企业，出具了由四名董事签字同意的《董事会决议》。

放款员审查时发现，担保方《公司章程》规定董事会由七人组成，且规定：“董事会在讨论有关重大权益问题时，必须充分协商一致通过，做出决定方能生效。”但章程中并未对何种事项属于“重大权益问题”做出相应规定。

放款员认为，对银行贷款提供担保属于“重大权益问题”，需经全体董事会成员协商一致通过后，《董事会决议》方为有效。

鉴于该担保决议存在无效的风险，放款中心要求由担保企业的出资方（即股东）向本行出具书面说明，阐明《公司章程》中“重大权益问题”的具体情形，明确借款担保是否属于其中，明确董事会担保决议是否有效。

点评：

要不放过任何一个法律文件中的漏洞，严格依据公司章程审查决议的合法性、有效性。

案例3

董事会决议之外还须有股东大会决议

济南D汽车销售服务有限公司获银行3000万元授信额度，由P汽贸集团公司提供连带责任保证，并追加车辆浮动抵押。公司申请首笔700万元的开票业务，并提供了担保公司的董事会决议。

放款审查员为核实担保公司决议的有效性，查阅了该《公司章程》，发现第三十三条规定："公司下列担保行为，须经股东大会审议通过：（一）公司及其控股子公司的对外担保总额达到或超过最近一期经审计净资产50%以后提供的任何担保；（二）单笔担保额超过净资产10%的担保；（三）为资产负债率超过70%的担保对象提供的担保；（四）对股东、实际控制人及其关联方提供的担保。"

放款审查员判断仅有董事会决议还不够，可能还需要出具股东大会同意担保的决议。由此进一步调阅了担保公司的贷款卡及其近期报表时，发现担保公司的对外担保总额，已经超过最近一期经审计净资产50%。因此，退回了开票材料，要求补报股东大会的担保决议。

点评：

许多企业为了控制过度担保风险，在《公司章程》中对董事会和股东大会设置了不同的审议权限。对此银行人员应加以注意，确认应收取企业的董事会决议，还是应收取股东大会决议，还是两者都收取。

案例4

堵截无股东大会同意担保的决议

银行拟与北京X集团签署4亿元综合授信和最高额保证合同，全部授权集团内下属公司使用。

审核员在审核时发现，X集团公司章程中对股东权利有明确约定，即公司对外担保需由股东大会决定。而客户经理上报的授信材料中未见股东大会决议。因此退回了该笔业务。

点评：

许多公司章程规定，没有股东大会决议同意的担保是无效担保。

案例5

发现担保决议未经股东大会审议

南京Z股份有限公司申请提款1200万元，已办理抵押登记。担保公司也出具了董事会担保决议。

放款员核时发现，担保公司章程第十七条规定："本公司担保总额达到或超过最近一期经审计净资产30%时，之后提供的任何担保行为，须经股东大会审议通过。"而本次担保行为已超过30%比例，需经股东大会审议。

放款中心及时中止该业务审核，督促申请人提供经股东大会审议通过的担保决议。

点评：

银行人员要先认真阅看借款人、担保人的公司章程，再对照检查提交的资料是否符合公司章程规定。防止接受无效决议，留下风险隐患。

案例6

发现子虚乌有的董事会担保决议

南京C建设工程有限公司申请贷款2000万元，由另一公司提供连带责任担保。放款中心在审查担保单位章程时发现，该单位不设立董事会。而客户经理竟提供了一份担保公司同意担保的董事会决议。放款中心立即停止了该笔贷款，报领导后进行情况调查和责任追查。

点评：

这份凭空捏造的董事会决议是哪里来的，真该追查一下。

案例7

发现签字的董事不符公司章程规定

山东T能源煤化有限公司申请提取1.2亿元流动资金贷款，由东营F有色金属有限公司提供最高额保证。

放款员在审核担保单位出具的董事会决议时发现，虽然签字人数符合该公司章程规定，但签字人员均是甲方董事，没有乙方董事，违背了公司章程的规定，因此该担保决议无效。放款员向领导汇报后，拒绝了该笔业务放款。

时隔一个月，企业再次申请办理贷款，重新出具了担保人董事会决议，还提供了一份乙方董事姚某某给王某某的签字授权委托书，并由王某某在董事会决议上签字。

放款员审核时发现，该个人授权委托书为一年前出具的，没有加盖企业公章，没有授权人签字，也没有办理公证，无法证实是委托人本人签署。为此放款中心向主办机构出具了提示函，要求相关手续完善后再办理提款。

点评：

企业借款决议、担保决议中的签字人，是否为有权签字人，银行也必须审核清楚。此案例中，甲方董事为什么要代替乙方董事签字，本身就是个疑问。

案例 8

发现董事会决议全体签字人都签错

苏州 S 有限公司申请提款 6000 万元，同时提供了借款方董事会决议和担保方董事会决议。但借款方的董事会成员签署在了担保方董事会决议上，而担保方的董事会成员签署在了借款方的董事会决议上。两份明显错误的董事会决议必然无效，放款中心发现后立即停止放款。

点评：

这样低级错误的重要文件，客户经理是怎样调查的，审查人员是怎样审查的。还是靠放款人员在最后环节把住了关口。

案例 9

发现抵押方股东有效表决权比例不足

四川 D 有限公司向银行申请流贷 3000 万元，以自有房产及土地抵押担保。放款员在审核抵押担保股东会决议时，发现由于自然人股东代签无效，有效表决权比例未超过 50%，导致股东会决议无效，抵押担保文件存在瑕疵。暂缓放款。

案例 10

大股东未回避的担保表决决议无效

银行批准给予湖南省 H 有限公司 8000 万元贷款额度，以湖南 D 有限公司名下 6 宗土地使用权作抵押。在办理好土地抵押他项后，支行申请放款。

放款人员在审查资料时发现，借款人是抵押人的大股东，但抵押人在出具同意抵押的股东会决议时，大股东并没有回避，不符合《公司法》中的有关规定。担保决议存在违法风险。银行暂停放款。

案例11

发现担保决议中股东授权不明确

福建J科技实业有限公司申请使用1亿元授信额度，由福建W集团有限公司提供连带责任保证。

放款员在审核中发现，担保人公司共13名股东，其中12名股东同时授权2人（非股东）代为行使股东职责。在担保人出具的同意担保的股东会决议中，仅有该2名被授权人签字，但决议上未明确一一对应的授权代理关系。银行无法判断哪一股东已参与表决，也无法准确计算表决权票数。而依据担保人公司章程，公司的对外担保事项，须获得代表三分之二以上有表决权股东同意的票数。

于是放款中心果断暂缓企业提用该笔授信额度，在得到法律部门认可后将担保决议退回，要求担保人重新出具股东会决议，并明确对应的授权代理关系。

点评：

股东授权不清的情况，可能会导致表决票数不足而造成决议无效，带来风险隐患。

案例12

母公司同意担保的决议已过期失效

湖南B房地产开发公司因开盘预售需要，向银行申请解除部分土地使用权抵押，改由其母公司广州B（集团）公司提供连带责任担保。

银行核保员与支行客户经理飞往广州进行核保。发现母公司虽有同意对子公司提供总额度担保的股东大会决议，但其有效期截至上年年底。换言之，本次担保还未经母公司股东大会审议通过，是不具备法律效力的。

BL子公司提出能否将抵押改为保证协议的签订日期提前至去年内，这样就不会超过母公司担保生效的有效期了。这种做法不仅违规，而且核保员通过查阅母公司的年报，发现年报中已经对去年全公司担保情况有了详细的披露，并已经上网公告，所以否决了子公司的要求。最终，银行在子公司提供全额保证金质押的情况下，方才解除部分土地抵押。

点评：

客户如果提出的一些违规的要求，银行不能随意附和，必须坚持合规经营。

案例 13

发现签字授权公证书表述不明确，暂停 1 亿元授信

福州 A 有限公司向银行申请签署总金额为 1 亿元的综合授信协议，由 B 有限公司提供连带责任保证，并提供评估价值为 2888 万元的房产抵押担保。

放款员在审查中发现，在担保方出具的董事会决议中，董事长及一名董事未在决议上签字，而是分别授权他人履行其相关的职责，并分别出具了委托授权公证书。但该公证书中对担保一事是否授权表述不明确，留下了日后纠纷的隐患。于是退回了公证书，要求重新加以明确。

（三）堵截虚假无效签字风险

风险提示：银行人员必须认识到合同文本中客户真实签字的重要性。签字意味着签字人承认合同中条款的约定，表示自愿接受和遵守合同的权利和义务；是签字本人平等自愿，有完全民事行为能力，未被欺诈和胁迫，不存在重大误解的法律行为。签字代表着同意，在法律效力上赋予了文件的真实性。

放款人员由于未去企业实地当面见证客户签字，因此要依靠责任心和细致的工作态度发现虚假签字风险。可谓差异之间见倪端，细微之处防范风险，起到最后一道防火墙的作用。

1. 缺少合规的签字人

案例 1

不见高管签字不放款，避免 6000 万元风险

银行信审会批给廊坊 S 电器公司国内保理专项授信额度 6000 万元，应收账

款债务人为北京G电器有限公司。同时要求，在保理业务操作中，G公司同意债权转让的通知书回执，必须由本行核保人员当面签收，并要由公司副总以上级别的高管人员对债权转让事宜进行签字确认。

授信额度批复后，支行履行核保手续，但因G电器公司高管人员一直未能签字，为此分行风险总监坚持不同意放款。

3个月后，S电器在另一家银行廊坊分行保理业务出现逾期。据了解，该行受让的是虚假G公司应收账款，该分行行长由此被免职。

而这家银行因坚持了不见高管签字不放款的原则，成功避免了虚假应收账款骗贷风险。

点评：

对于债权转让或第三方担保等业务，除了加盖公章之外，要求有关公司有权人签字确认，能起到意想不到的防欺诈作用。

案例2

发现董事会决议缺少董事长签字，暂缓7000万元放款

河北X焦化有限公司申请提款7000万元，以其自有土地及房产抵押。

放款中心审核发现，该公司章程明确规定："公司董事会共有董事5名，董事会决议要求2/3以上董事同意方为有效，董事长享有对决议的一票否决权。"该公司提供的董事会决议中有四名董事签字认可，虽然人数符合要求，但缺少董事长本人的签字。不符合公司章程规定的议事程序，可能导致董事会决议无效。为此，放款中心要求企业重新提供了有效的董事会决议后才放款。

案例3

发现董事会决议缺少一方签字人，暂缓6000万元放款

山东B农业有限公司（合资企业），申请开立6000万元银行承兑汇票（30%保证金）。

放款员在审核中发现，该公司章程规定："董事会决议必须由甲、乙两方（每一方至少一名代表）共同签署才能生效。"但在企业提供的申请授信决议中，

只有甲方董事签字，而无乙方董事签字，存在无效的风险。放款中心立即暂缓放款，要求支行重新提供合规有效的董事会决议后才放款。

案例4

堵截不合法合规签字的决议

浙江G机械实业有限公司申请提取500万元流动资金贷款，由县X摇臂厂提供担保。

放款审核员在审查过程中发现，X摇臂厂为普通合伙企业，其中林××出资315万元，占比90%，徐××出资35万元，占比10%。但在股东会担保决议中签名的只有林××一个人。

根据我国《合伙企业法》规定："合伙企业应当经全体合伙人一致同意的条款中包括以合伙企业名义为他人提供担保。"在县X摇臂厂合伙协议书中也规定："本企业下列事务必须经全体合伙人同意：……（五）以本企业名义为他人提供担保。"

基于上述依据，放款中心暂缓发放该笔贷款，要求客户经理落实全体合伙人签字同意的担保决议后给予了放款。

点评：

由本案例看出，银行人员加强对担保类法律知识的学习是非常必要的。

案例5

发现担保决议上没有独立董事的签字

武汉某进出口贸易有限公司申请办理国内信用证业务。

放款审核人员在审核担保资料时发现，担保单位成都市某股份有限公司为上市公司，章程明确规定："公司如对项下子公司进行担保，必须经由公司三位独立董事一致签字同意才能够生效。"但客户经理提供的董事会决议上，并没有三位独立董事的签字，属于无效决议。放款中心审核人员将担保资料退回经办机构，要求提交合规决议后再办理放款。

2. 在当事人不知情的情况下他人假冒签字

案例1

从不流畅的笔迹中堵截假冒签名

广西H交通工程有限公司申请1000万元贷款，由其股东交通建设总公司提供担保。

放款审核员在审查资料时发现，担保公司董事会决议的其中一名董事签名笔迹不流畅，于是调出企业之前提供的董事会签字样本并对比，发现虽然笔画大致相同，但笔迹不自然，怀疑为假冒。同时，法人代表在《借据》与《借款合同》上的签字也不一致，怀疑借据上法人签名为假冒。

经询问经办客户经理是否面签，客户经理承认资料为该公司提供。最后证实担保决议中的董事签字、《借据》中的法人代表签名均为假冒。放款中心停止该笔业务放款。

案例2

识破冒名顶替签字的假配偶，堵截风险2500万元

福建长乐Y等5家企业向银行申请总金额2500万元的流动资金贷款，每家企业500万元，采用联保方式（包括联合互保和个人存单质押），再追加每家企业法定代表人（和实际控制人）连带责任保证。

核保员在核保时发现，某法定代表人的“配偶”在签署担保合同时，其面容与身份证原件、结婚证原件中的照片有较大差异。面对核保员的询问，该企业法定代表人仍强烈坚持签字人确为自己的配偶。

核保员及主办客户经理仍存怀疑，回到银行后立即调阅上年度授信档案核对笔迹，发现两次的笔迹明显不同。经报领导批准后，认定本次核保结果无效。

后经侧面调查，上述所谓的“配偶”确为假冒。因核保时该法定代表人的配偶在外地，故找人冒名顶替。在信贷管理部领导对该客户进行严厉的批评教育并重经原配签字后，才予以同意办理放款手续。

点评：

根据银行信贷管理办法，凡是自然人连带责任保证担保、个人财产抵（质）

押担保的，担保人配偶也必须在相应的担保合同上签字确认，并出示本人有效身份证件和结婚证书等证明文件。而冒名替签的行为将导致担保合同失去效力，严重威胁银行的信贷资金安全，经办人员必须谨慎对待，坚持做到面谈、面签。

案例 3

通过对比发现授权书中的假冒签字，停止 1000 万元放款

银行批准上海 P 公司 1000 万元流动资金贷款，追加公司实际控制人及其配偶连带责任担保。并要求支行监督办理自然人签署合同公证手续和夫妻身份公证手续。

由于配偶在外地，无法在上海公证处办理相关公证手续，故其签署了《委托书》，授权在上海的实际控制人办理相应公证手续。

但放款中心人员在审核时仔细对比发现，公证《委托书》中配偶的签字字样，与支行落实面签时取得的《核保表》上的签字字样，以及与公司股东会决议中签字字样，均不相同。

鉴于企业有做假嫌疑，且得知企业资金链非常紧张，放款中心立即对支行提出风险警示，要求再次调查。最后证实是仿冒签字，对该笔贷款业务做退卷处理。

点评：

授权书是授信重要法律文件，如果是仿冒签字，则是无效的授权书。

案例 4

发现多名董事签名由一人假冒，暂缓 1 亿元放款

深圳市 G 药业有限公司申请 1 亿元贷款。

放款中心审核员在审查资料时发现，虽然董事会决议中每位董事签名的字体大小都不一样，但仔细观察每个签名的笔画都非常相似，像是出自一人之手。于是询问该项目的经办客户经理是否面见各位董事签字。客户经理承认没有面签，该决议为该公司自己提供。于是放款中心停止了对该客户的放款业务。

点评：

每人笔迹不同，别人难以模仿。一人替所有人签字，仔细看应该是可以看出

来的。

3. 在当事人知情的情况下由他人仿冒签字

案例1

识破担保公司仿冒法人代表

河南Z供销股份有限公司获批3000万元流动资金贷款，由关联企业河南省Z酒业有限公司担保，以及公司存货及产成品浮动抵押。

放款中心兼职核保员与客户经理共同到担保公司实地核保。公司法定代表人李某在《保证合同》中签字时，二人发现其面貌特征与其身份证复印件有差异，怀疑“李某”不是本人，于是要求查看身份证原件，而“李某”则称未带而不予提供，二人遂更加怀疑其身份。

为不影响与客户的合作关系，二人先行带回核保材料，向放款中心领导做了汇报，并由银行领导出面与担保公司进行沟通说明，晓以假签字属违法行为的利害关系。该公司领导终于认识到了事情的严重性，道歉并承认该“李某”确实不是其法定代表人李某。真正的李某身在广西，为尽早提取贷款才出此下策。最后，担保公司法定代表人李某携带身份证件到银行再次道歉，才签署了担保合同。

点评：

核保人员核保时要有警觉意识，防止仿冒人员的签字。

案例2

经对比发现签字样式异，暂缓2900万元放款

福州放款中心放款员在审核F汽车工业有限公司所签2900万元额度协议时，发现企业法定代表人签字样式与公司章程中的签字样式存在较大差异。

由此放款员调阅了上年度授信档案，发现上年法定代表人签字样式与公司章程中的签字样式是一致的。

于是通知经办客户经理，要求重新核实法定代表人签字的真伪。经办客户经理答复该签字人在台湾无法核实，企业因急需用款，申请先行办理放款手续。

放款员经咨询法律人员后，认为法定代表人签字是否真实，直接涉及法律文书的有效性，因而放款中心暂缓该笔放款。

案例3

发现决议和章程上的签字不一致，停止使用1000万元额度

上海Y汽车销售服务有限公司申请开立258万元银行承兑汇票。

银行放款中心在审查担保人董事会决议时，对比发现一名自然人股东的签字和他在公司章程上签署页的字样不一样，怀疑决议是别人替签的。于是请该自然人股东前来银行办理面签手续，以确保签字的真实性。

然而该自然人股东迟迟不来，也未就签字为何不一致问题向银行做出任何说明。鉴于董事会决议为重要法律文件，银行领导高度重视，对于该经销商汽车金融业务的1000万元授信额度一直未予以启用。

点评：

审查人员不去企业现场，也能发现虚假签字。方法就是取得企业年报、公司章程、审计报告、预留印鉴卡等资料上的签字，将两处签字进行对比。

案例4

对比笔迹发现保证合同的假签，堵截8000万元风险

东莞C有限公司向银行申请续做8000万元综合授信额度，由公司实际控制人提供连带责任保证担保。

放款员在审查保证合同时发现，担保人的签字笔迹与预留在银行电子验印系统中的签字样本存在较大出入。经进一步鉴定发现，该签字的运笔特征、笔画的形态及流畅程度，与之前留存银行档案里的签字有较大差别。由此认定该合同假冒签字的可能性较大，于是停办了该笔业务。

点评：

公司借款由实际控制人提供担保，但其个人签名却是假的。令人怀疑实际控制人在一开始就想为今后逃避责任埋下伏笔，银行不可不防。

4. 无效签字

案例1

发现前法人代表的签字仍在使用，堵截8210万元风险漏洞

放款员12月份在处理东莞市Z物资供销公司一笔300万元的开票业务时，发现该客户购销合同上签字的法人代表，与开票申请书上法人代表名章上的人不是同一人。

放款员立即询问经办客户经理，得到的答复是该公司7月份就更换了法人代表，但为方便办理开票业务，公司由原法人代表事先签妥了一些开票申请书存放在银行客户经理处备用。

放款中心意识到签字失效问题的严重性，立即派出核保人对该公司的现任法人代表进行面签核保，并要求现任法人代表出具向前追溯签字效力的授权书，确认原先法人代表的签字属受托而为，仍然有效，从而弥补签字有效性的法律漏洞。

后经检查统计，该客户7月份以来在银行累计开票8210万元（50%保证金），而提供的开票申请资料上均是原法人代表的签字，若不是放款员后来发现该漏洞，将造成放款材料失实甚至无效的风险。

点评：

在企业文件上签字的必须是有权签字人，否则将是无效文件。业务部门必须关注企业高管的人事变动情况，防止无效签字的情况发生。

案例2

发现执照更换之前的法定代表人还在签字，暂缓1亿元开票

山东H石油化工集团有限公司申请开立1亿元银行承兑汇票。由另一家公司提供担保。

放款员在审核时发现，担保单位营业执照上已于4月23日更换为新的法定代表人，但企业4月28日与分行续签的《最高额保证合同》中仍为原法定代表人签章，合同的效力存在法律瑕疵。

放款员及时将所发现的问题上报领导，经研究决定停止该笔业务放款，要求担保单位由新的法定代表人重新签署合同后再提交放款审批。

5. 其他问题

案例 1

发现保证人两处的签字不一样，暂缓 1000 万元放款

贵州 Z 电讯连锁销售有限公司获银行贷款额度 1000 万元，由大股东自然人江某提供保证担保。

初审员在审核时发现，在《最高额保证合同（自然人担保）》中，保证人江某的签字和股东会决议中的签字字体明显不一致，可认定为非同一人所写。于是暂停办理手续，要求支行调查并说明原因。

案例 2

发现笔迹变化是签字人改变了签字习惯

放款员在对四川 A 文化传播公司 200 万元续贷业务审核时发现，董事会借款决议中某个董事的签字，与分行预留的董事会签字样本差异较大，立即将此情况报告放款中心主任，并向经办客户经理提出质疑。

客户经理称其为新接手该客户，董事会决议确系双人面签，但对与预留签样差异较大的情况无法做出解释。中心主任遂致电支行长，要求其亲自至客户处，对核保情况进行详细了解，最后获知是该董事改变签字习惯所致。在重新更换签字样本后，放款中心才予办理了此笔 200 万元续贷业务。

点评：

发现疑点不可忽视，一定要查清原因。

案例 3

发现签字董事人数变化

G 股份有限公司申请启用 3000 万元综合授信额度。

放款员在审核该笔业务时发现，申请人公司章程记载董事会由五名董事组成，而申请人出具的董事会借款决议中却有七名董事签字。

客户经理应放款员要求，再次调查发现董事会成员已达到九名。经征询法律部，认为该董事会决议人数与公司章程不符，存在法律风险。鉴于此，放款中心暂缓本笔放款业务。

点评：

对于签字中的瑕疵问题也不可放过。

案例4

发现签字委托公证书系伪造

客户王某申请办理一笔个人住房贷款，金额为39万元。共同借款人由于无法亲自到场签署合同及办理抵押手续，采用委托公证的形式委托他人办理相关手续，客户提供了由西安市公证处出具的委托授权公证书。经放款审查人员电话核实，该委托公证书系伪造。放款中心立即终止办理该笔业务，并对经办客户经理进行严肃批评和通报处罚。

点评：

授信合同、担保合同、股东会决议、董事会决议、授权书、公证书等均是授信业务中的重要法律性文件，上述文件的无效或瑕疵将会直接影响到银行授信资产的安全。因此客户经理及放款审核人员均应认真审核上述法律性文件，确保文件的真实性、有效性，从而保障授信安全。

（四）堵截无效授权书风险

风险提示：《授权委托书》又称代理证书，是指由被代理人出具的证明代理人具有代理权并指明其权限的书面法律文件，是代理资格的证明。

按照我国《民法通则》第65条规定，授权委托书应当载明：代理人的姓名或者名称，代理事项、权限和有效期限，并由授权人签名或者盖章。代理事项和代理的权限范围应明确、具体，不易发生歧义。依照法律或者惯例应予特别授权的代理行为，代理证书未特别指明的，视为未予授权。

一份完整的公司授权委托书应该由以下文件组成：授权委托书、法定代表人身份证明、公司营业执照与组织机构代码证复印件、法定代表人身份证复印件，并且全部要加盖公章。

银行人员应该注意堵截无效授权书的风险。

案例1

发现签署个人担保书未获授权，暂停3000万元贷款

某度假村有限公司向常州一家银行申请贷款3000万元，由其法定代表人提供个人保证。

放款员在审核时发现，因公司法定代表人在国外，其授权的代理人签署了公司借款合同，同时也签署了个人担保合同。放款员认为，虽然法定代表人授权了代理人可决策公司业务，但并未授权其代理法定代表人的自然人行为，更未做公证。这样的担保行为是不受法律保护的。因此，放款中心暂停了该笔贷款。

案例2

发现两份授权书之一无效，暂停6000万元授信

厦门S电子工业有限公司申请授信额度6000万元。

放款员审核发现，该公司占出资比例55%的股东为香港企业，该股东企业在公司章程上所盖公章为椭圆公章，而在股东会决议上所盖为圆形公章。经调查，该企业圆章未在公章管理机构公安局备案。由此要求客户重新提交椭圆公章的材料。

之后电子公司反映，香港股东的受托人A现身在国外，暂无法签署股东会决议，并提供了该香港股东的另一份受托人B的证明书，要求改由B签署股东会决议。虽然企业表示两份委托书均有效，但放款员审核发现，A的委托书上明确表示“委托A为本公司唯一法定管理人”。这具有排他性的表述语句，使得对B委托书明显存在矛盾。

经向领导请示，放款中心暂停该笔额度的审核，要求提交合规材料后方予额度启用。

案例3

发现授权委托书规定不明确，暂停9100万元放款

江西某有机硅厂是某股份有限公司下属的一家非独立法人，向银行申请在已

批额度内开立银行承兑汇票9100万元。

放款中心审核时发现：该股份有限公司对有机硅厂虽有《授权委托书》，但授权范围为“经过股份有限公司批准同意的贷款经办行和贷款额度，方可办理贷款”。就是说，母公司同意办理贷款，但没同意办理开票。这样的委托书为今后留下了纠纷隐患。故放款中心将资料退还，经客户重新提交了“同意开票”的授权委托书后，方同意办理该笔业务。

案例4

核保发现担保单位越权签订合同，堵截1亿元授信风险

银行核保人员与客户经理前往上海J医药有限公司办理保证核保手续，该公司为借款单位提供了1亿元授信担保。

在公司签署董事会决议时，核保人员询问公司董事会的担保权限，答复是“董事会应该有1亿元的担保权限”。核保人员要求出具最新公司章程并进行了查阅，发现章程中规定董事会的担保权限是6000万元，超过该金额的担保要通过股东会批准。

于是核保人员要求担保单位另再提供1亿元的股东会决议。

案例5

无法核实委托书效力，暂缓3000万元放款

天津N橡胶有限公司首次获得授信3000万元，由其关联企业提供担保。

由于借保双方的法定代表人长期居住在台湾，无法在《借款合同》及《保证合同》上签字，于是出具了两名法定代表人的签字样本，及事先签署的《授权委托书》。

由于银行不易派核保员去台湾核实授权书签字的真伪，不能保证合同的效力，因此暂缓放款。最终在两名法定代表人亲自前来银行签订合同的前提下，银行为该客户放了款。

案例6

发现授权书过期，暂停1000万元放款

国电J发电有限公司申请开立1000万元银行承兑汇票。

放款中心在调阅企业基础档案资料时发现，企业虽已出具了《法定代表人授权委托书》，但对代理人签字授权期限是一年，至去年10月5日已到期。本次业务已超过期限，如予以办理，则企业所签协议存在被认定为无效的可能。

因此放款中心要求业务部门去重新取得有效的《法定代表人授权委托书》。

（五）堵截发票风险

风险提示： 银行在业务中，可屡屡发现不法企业以虚假发票骗取银行资金的企图。审查发票的目的是确认贸易背景的真实性，确保业务操作合法合规，防止企业套取银行资金的风险。放款人员应注重审核购销合同、交易对手等情况，核实票面基本信息，注意连号、金额一致、开票日期一致的税票，应到国税局网站查询相应信息，避免违规风险。

案例1

贷后检查发现企业不能提供增值税发票

唐山Y轧辊有限公司在银行办理了3000万元银承开票业务，收款人为SRY轧辊有限公司，担保方式为全额个人存单质押。

按照银行贷后管理要求，企业应在开票后1个月提供足值有效的增值税发票，但该企业一直未能提供。经贷后管理人员检查发现，该企业与收款人之间的贸易合同并未履行，所以不能提供该合同项下的增值税发票。

该企业未履行付款义务且未将相关情况及时通知开票行，其贸易背景的真实性明显存在问题。该行立即采取收回汇票的措施，并停止与该企业的授信合作。

点评：

真实的贸易背景是票据业务的前提，亦是银行信贷管理及银监部门监管重点。银行开票后必须要求企业提供后续增值税发票，以证明贸易背景的真实性。

案例2

发现5张增值税发票的密码区完全一样

陕西J商贸有限公司申请办理一年期银承质押流动资金贷款900万元。放款中心在受理该笔业务时，发现该客户提供的5张增值税发票的密码区完全一样。根据以往的经验，这几张增值税发票为虚假发票，银承贸易背景的真实性可疑。

放款中心即向经办客户经理指出上述风险，客户经理承认发票复印件是客户直接提供的，其并未与发票原件进行核对。放款中心暂停办理该笔业务。

案例3

发现20张发票密码完全一致，断定为变造发票

天津G集团公司申请办理一笔2000万元的银行承兑汇票贴现业务。放款中心发现该客户提供的20张增值税专用发票复印件有问题，即所有发票密码区中的密码完全一致，因此断定为虚假发票。为防范风险，停止了放款。

案例4

发现金额、密码区及盖章位置完全一样的几张变造发票

某贸易有限公司申请办理1000万元银票质押贷款业务。放款中心审查发现，客户提供的多张连号的增值税发票复印件，在金额、密码区及企业盖章位置几个方面完全一样。经登录国税局网站查询，结果显示均为企业正常开出的票，放款人员怀疑企业用同一张税票涂改了票号变造而成。于是要求提供原件予以核实，但企业最终没有提供原件，证实了税票为变造，放款中心停止放款。

案例 5

发现变造发票，堵截虚假关联交易 1066 万元

武汉 T 有限公司申请开票 1066 万，收款人为湖北 Z 有限公司，用于采购阴极铜。

放款审核员在审核业务时发现，客户的交易对手不是有色金属生产厂家且其主营业务也不是有色金属贸易。经过进一步审核，还发现客户提供的税票为变造。审核员认为该笔交易不符合贸易交易应从厂家或贸易经销商处采购的交易惯例，且贸易双方为关联企业，有虚假交易的可能。于是暂缓该笔业务办理，并要求经办机构重新调查。

点评：

对于发票的真实性，可通过审核合同交易对手经营范围、产品价格、增值税发票等方面，发现交易背景是否存在问题。

案例 6

发现发票流水号与密码区的流水号明显不符，停止 200 万元开票

厦门市 B 实业发展有限公司申请开立 200 万元银行承兑汇票，以 100% 保证金质押，期限六个月。

放款中心审查发现，该客户提供的购销合同中要求“凭供方完整的增值税发票需方付款”，但客户提供的增值税发票流水号与密码区的流水号明显不符，属虚假增值税发票。发现这一问题后，放款中心请示分行领导后停止办理该笔业务，并做退卷处理。

案例 7

发现税票存在多处疑点，停止 1600 万元开票

云南 L 车辆有限公司申请开立 1600 万元银行承兑汇票，用于向其上游企业购买轮胎。根据贸易合同约定，凭销货方出具的增值税票进行结算。

放款中心在验证增值税票的真实性时发现，其中有六张合计约700万元的税票有以下疑点：

（1）发票8位流水号与密码区流水号不相符。

（2）六张税票密码区流水号均相同。

（3）六张税票的防伪电子密码均相同。

（4）六张税票下方加盖发票专用章的位置均为同一位置（按常理，章为手工加盖，不可能每一张位置均一模一样分毫不差）。

根据以上几点，判定该六张增值税票属变造发票。为控制风险，立即中止了本笔开票业务，做退卷处理。

案例8

发现密码区的号码与增值税号码不符

宁波D贸易有限公司申请3400万元商票贴现业务。放款审核员认真审核放款资料后发现，增值税发票密码区的号码与增值税号码不符，贸易背景存在瑕疵，因此拒绝了放款要求。

案例9

发现43张560万元开票的购销合同及发票存在多处疑点

广东某工业设备安装公司向申请开立总额为560万元的43张银行承兑汇票。因收款人众多，放款员仔细审核客户提交贸易背景材料。发现购销合同及发票存在以下问题：

一是部分发票的发票号码与密码区发票号码不一致，存在发票作假的嫌疑；二是部分发票为手写发票，发票购销双方名称填写不规范；三是部分购销合同采购商品与发票明细不一致；四是部分购销合同金额大小写不一致。

因客户发票涉嫌作假，放款员对该笔业务做退卷处理，并向经办行强调问题的严重性，要求客户经理严格调查审核开票业务的真实贸易背景。

案例 10

发现企业重复提供变造金额的发票，停止 655 万元放款

福建 Z 移动通信设备有限公司申请 655 万元流动资金放款（该业务参照国际业务保理中商业发票贴现流程进行操作，相关应收款须经商品买方书面确认为真实、有效后方可申请放款）。

放款员审核时发现，Z 公司提交的放款材料中存在虚假增值税发票：本次放款材料中有两份增值税发票复印件曾经作为授信材料已向本行提供过，但前后两次提供的发票上记载的金额不同。

针对这种提供变造授信材料的情况，放款中心深感事态严重，即刻中止了放款操作，并组织放款人员对该企业以往提供的发票进行逐一排查，同时立即通知业务部门进行整改。

案例 11

发现增值税发票复印后重复使用，停止 647 万元开票

广州某玻璃有限公司申请办理额度内 647 万元开票业务。放款员在审核申请人提交的增值税发票时发现，销货方 S 有限公司的两张增值税发票复印件为重复使用，以图虚开两张银行承兑汇票。放款员立即停止办理该笔业务。

案例 12

发现发票已在他行办理质押业务，堵截 7170 万元风险

泉州一家银行放款中心人员在审查一笔金额为 7170 万元票据贴现业务过程中，通过查询“中国人民银行应收账款质押登记公示系统”，发现客户所提供的增值税发票已在他行办理转让或质押等，涉及金额人民币 3910 万元。放款中心审查人员按规定终止放款，成功堵截风险。

案例13

发现贴现所提供发票已作废，停止3000万元放款

重庆J集团申请办理银行承兑汇票贴现3000万元。放款中心查时发现，该企业提供的建安发票原件系自开票，通过重庆市地税局发票查询系统对建安发票进行查询，其发票均已作废。放款中心立即停止该笔放款操作，并督促经办支行重新调查。

案例14

发现未从国税局领用的发票，堵截6000万元风险

合肥H金属材料公司申请办理6000万元银票贴现业务。放款中心审查发现，客户提供的增值税发票代码及流水号与密码区皆相符，然而多张税票的“货物与商品名称”一栏有相似的手写字样，有伪造税票嫌疑。经登录国税局网站查询税票代码，结果显示“增值税发票未被该单位领用”，证实了6000余万元税票全部系伪造，立即停止放款退回交易。

案例15

发票复印件模糊难辨，企业拒不提供原件供核对

甘肃某商贸有限公司申请银行承兑汇票贴现业务，金额为1400万元。分行放款中心放款复核员发现该企业增值税发票复印件模糊，于是要求企业提供增值税发票原件进行核实。但企业一直未提供，银行停止放款。

案例16

发现税票多处疑点，企业拒不提供原件

陕西J工程有限公司申请办理银行承兑汇票贴现3000万元。放款中心在审

查时发现，该企业提供的增值税票复印件存在以下疑点：

一是在税票价税合计处，符号“⊗”分别位于大小写的首位数字（壹与1）上面；二是税票密码区字迹模糊，字体大小不一致。

在此情况下，放款中心认为该税票极有可能是企业变造，要求企业必须出具税票原件方可办理，但企业最终未能提供税票原件。放款中心立即停止该笔放款操作，并督促经办支行重新调查，认真落实授信调查责任，坚决杜绝此类事件再次发生。

案例 17

发现百万元版大额可疑发票

云南 R 商贸有限公司申请在额度内开立银行承兑汇票 1700 万元，收款人为昆明 G 商贸有限公司。

放款中心在审核贸易合同的真实性时发现，数张增值税发票复印件均为万元版发票，还有一张为百万元版。根据放款中心工作人员往常积累的经验来看，一般贸易企业出具的增值税票大多为万元版，规模大的一般为十万元版发票，百万元版的很少，且同一个企业在同一个时间段不可能同时出现万元版和百万元版的发票，疑为变造发票。放款中心要求客户提供原件进行比对，一直没有结果。为了有效防范风险，放款中心做了退卷处理。

非法购买增值税专用发票、购买伪造的增值税专用发票罪

（刑法第二百零八条第一款）

非法购买增值税专用发票或者购买伪造的增值税专用发票二十五份以上或者票面额累计在十万元以上的，应予立案追诉。

（最高可判五年以下有期徒刑或者拘役）

（六）堵截印鉴风险

风险提示：企业和法定代表人印鉴的真实性，是授信合同生效的必要条件，也是银行行使合同权利的重要保障。印鉴要求真实、准确、清晰，否则会影响合同的效力。正是基于此，银行应该做到对外专人核保、对内集中验印，确保借款人（担保人）签署合同时印鉴使用的正确、规范，只有确认企业的印鉴真实有效才能予以放款。

(1) 企业提交材料中的印鉴，常见有以下问题：

企业所用印鉴未在公安部门和工商部门备案，不具有法律效力。

企业在本行的预留印鉴与在工商局备案的不一致。

企业用印与在本行预留的印鉴不一致。

企业有多套公章同时在使用。

企业仍在使用已失效的公章。

企业使用造假的公章。

(2) 要发现企业印鉴是否有问题，可采用以下对比方法：

与企业在银行印鉴卡或系统中的预留印鉴对比。

与存在银行档案材料中的以往印鉴对比。

与企业材料中的印鉴对比，如公司章程、公司年报、董事会或股东会决议等。

到当地公安部门查询刻章许可和预留印鉴。

到工商管理部门查询注册登记和年审时备案印鉴。

(3) 要防范企业虚假公章的风险，要做到“两个一致”，即：银行的预留印鉴要与工商部门（或公安部门）备案的保持一致；企业加盖在材料上的印鉴，要与银行的预留印鉴保持一致。

1. 发现未备案公章

案例1

异地核保发现公章没在公安和工商部门备案

苏州T科技有限公司获批综合授信额度3200万元，以常州C建设开发有限公司名下房产抵押担保。

由于是异地企业担保，放款中心派员参加了核保工作。在担保公司办完合同用印手续后，核保人员先后到常州公安行政服务窗口以及刻章社，查询公章备案情况，却发现担保公司所盖印章没在公安局备案，且在工商信息系统中也未曾备案。核保人员觉得公司印章使用违反公安管理规定，当即要求涉及本行法律文本的合同均使用公安备案印章，以避免可能的法律纠纷。

点评：

根据公安部门《印章治安管理办法》规定，企业刻制的公章必须向公安机关办理印鉴备案后，方准启用。因此，凡是发现未在公安部门备案的公章，就有私刻嫌疑，银行不得接受。

案例2

发现企业公章没在公安部门备案，有私刻嫌疑

江苏Y科技有限公司获得银行600万元开票额度，担保方式为440万元抵押，160万元由第三方公司保证。

分行放款中心人员与经办客户经理一起赴镇江进行核保，发现该公司在保证合同中所盖的公章与企业预留在工商局的印鉴不符。经询问，该公司称原公章遗失，重新换用了新的公章。核保人员随后至当地公安部门进行查询，发现该企业变更公章并未在公安部门备案记录，加盖在保证合同上印章的真实有效性可疑。核保人员及时将核保情况向行里做了电话汇报，停止了该笔授信的发放。

点评：

本案中，担保人加盖在保证合同上的公章，既与工商局预留印鉴不符，又没在公安部门备案，私刻嫌疑很大。担保人之所以盖假章，有可能是为今后逃避担保责任提前埋下伏笔，银行不得不防。

2. 本行预留印鉴卡与工商局备案不符

案例1

发现未备案公章，及时规避490万美元授信风险

上海J国际贸易公司在上海一家银行申请490万美元开证，由吴江市某通信电缆厂等单位提供担保。

放款审核员发现，担保人在《担保合同》和《核保表》上分别加盖的公章，名称相同但形状不同。企业解释，为便于分地区管理，刻制有两枚公章，一枚在吴江市当地使用，另一枚在上海地区使用（在开证行的预留印鉴）。鉴于公章使用的唯一性，放款审核员暂停了开证业务。

在放款中心的指导下，支行及时安排双人前往90公里外的吴江了解担保企业在当地银行的预留印鉴情况，并前往当地工商管理局查阅企业备案印鉴。最终

查实该企业对外有效的公章，不是在本行预留的公章。

在客户在本行办妥变更预留印鉴手续，并重新签署了有效的担保合同后，放款中心才予以放款。

点评：

企业因在多地区开展业务所需，会有几套合同专用章，银行只应接受在工商局预留备案的印章。

案例2

发现所用公章未在工商局备案

江苏X股份有限公司申请开立国内信用证5000万元。

放款时，放款审核员发现担保企业在最高额保证合同、核保书以及董事会决议上所盖公章，与其在工商局预留印鉴明显不符。客户经理立即与企业联系，企业表示其常用的公章有两套，在工商局预留的是第一套，在银行法律文本上加盖的是第二套公章。

考虑到当地公安局不提供对外查询服务，第二套公章的有效性难以核实，从谨慎角度考虑，银行要求企业在本行法律文本中所用印鉴要与工商局预留印鉴相一致，经主办客户经理重新核保并办齐手续后放款。

案例3

发现企业变更印鉴后未到工商局备案

上海J城市建设投资有限公司申请5000万元放款。

放款中心审核员附加查验了工商备案资料复印件中的企业公章，并与银行预留印鉴相比，发现虽然两个印章字样相同，但印章中心五角星“☆”的尖角方向不同。于是要求支行双人前往工商管理部门查实情况。

借款人就上述情况向分行书面说明，在工商部门备案的老公章已磨损，后启用的新公章即是在分行的预留印鉴。

放款中心认为，法人公章具有唯一性，对外具有公示效力，未在工商局备案的新公章无效。经放款中心坚持，客户到工商局补办了公章变更手续，并出具了书面确认函之后，放款中心才同意办理该笔放款。

3. 用印与本行预留印鉴卡不符

案例1

发现在协议上加盖公章有差异，堵截风险5000万元

吉林S汽车贸易有限公司申请签署一汽大众汽车经销商5000万元国内信用证开证额度协议。

放款审核员发现客户在协议上加盖的单位公章与在本行预留印鉴差别较大，无法认定为同一印章，于是要求主办客户经理进行调查。同时主动向银行有关部门查询了解到该客户尚有银行承兑业务在执行，立即通知该部门停办该客户业务。

后经核实的情况为，借款人变更了公章，但尚未到银行变更预留印鉴。放款中心根据以往经验，指导客户经理从客户处取得了工商局变更公章的确认函，在办理完成变更预留印鉴手续后，予以继续办理放款业务。

点评：

该放款审核员风险意识和主动精神强，发现客户问题，马上通知有关部门检查并停止该客户所有的授信业务，及时堵截风险漏洞，值得表扬。

银行内部应该建立“烽火台”应急响应制度，一个部门发现问题，应立即通报到银行各有关部门采取措施，防止风险扩大化。

案例2

发现人名章与预留印鉴不符，堵截6800万元授信风险

天津T物流公司申请开立6800万元银行承兑汇票。

放款人员验印时发现，借款合同及核保书上所加盖的人名章，与本行验印系统的预留人名章，虽然名字相同，但章的大小、字体均不一致。

经了解，客户有两枚人名章，一枚是用于内部财务管理，一枚是用于外部盖合同协议。之前误将内部章交给银行预留。

为防范风险，放款中心在客户修改预留印鉴后实施了放款。

点评：

不论客户自己有几枚印鉴，凡加盖在银行合同文件上的章，必须与银行预留印鉴完全一致。

案例3

堵截印鉴不一致风险280万元

唐山某民营有限公司向银行申请开立280万元国内信用证业务。

在验印过程中，验印员发现企业合同上加盖的法人章与本行预留印鉴不一致，果断暂停该笔业务，提示支行向客户核实，并要求企业法定代表人亲自前来签署合同。

点评：

对于印鉴管理水平较差的民营企业，应要求法定代表人当面签字，直接杜绝假章风险。

案例4

发现质物清单上盖章与预留印鉴不符

厦门有限公司向银行申请一笔以现货质押加40%保证金的银行承兑开票业务，金额600万元。

放款员审核发现，监管人在《质物清单》上所盖章为“财务专用章”，而监管人预留印鉴式样为“货物监管专用章”，两者不符，暂停该笔开票业务。

案例5

客户合同用印与预留印鉴不符

放款中心审核人员在对吉林市某医院5000万元流动资金审核时，发现客户合同用公章与本行印鉴系统中预留公章不符，遂暂停放款。后经客户经理调查得知，该客户因自身经营需要，存在多套专用公章，原印鉴因磨损严重已更换为新印鉴，但未在银行办理变更手续。银行在客户更换印鉴后给予放款。

点评：

有些企业有多套专用公章，对每枚公章如何使用，其内部会有不同的授权，银行必须了解清楚。

案例 6

发现授信材料中加盖的公章与预留印鉴不符

银行批准哈尔滨 H 股份有限公司 1 亿元低风险授信额度。

风险部审查人员在审查中发现，企业提供授信资料中加盖的公章，有部分与本行预留印章不符。经了解得知，该企业已于三个月前更换了新公章，正陆续在各家银行办理变更预留印鉴事宜。发现此问题后，暂停企业提款事项。

在行领导的指示下，由主办客户经理、支行行长、放款人员联合组成公章核保小组到企业现场核查。只见该公司公章和法人名章均在办公室保管，用印前先填写用印单，由主管领导签字同意后，在印章专管员处加盖。管理规范，操作有序。现场观察了新旧公章无误后，回来办理了放款手续。

点评：

对于企业更换公章的解释，该行派人专程核实，工作确实做得扎实。

4. 发现企业有多套公章的情况

风险提示：公安部门《印章治安管理办法》规定，公章分为两种，一种是企业法定名称章，另一种是冠以企业法定名称的合同、财务、税务、发票等业务专用章。

每家企业只能有一枚法定名称公章，但是用于业务的专用章可以有多枚，分别用 1、2、3 等序列号标示。

银行人员应搞清楚该企业有几枚公章及其授权使用规定，可要求企业提供其内部《公司印章管理制度》。

在银行材料上加盖的，必须是具有法律效力的公章。

案例1

发现企业用章与预留印鉴不符，堵截200万元放款风险

宁波一家银行放款审核员在审核当地Y服饰有限公司200万元贷款中发现，异地的担保人企业宁海县Z制衣有限公司的印鉴与本行预留印鉴不符。

在与宁海企业取得联系后，得知该企业有2枚公章，但经核对发现2枚公章都与本行预留印鉴不符，也就意味着还有第3枚公章。

放款审核员立即停止放款并要求客户经理深入调查。最后确认，该公司现存2枚公章，一枚在宁波使用，另一枚则在宁海当地使用，而在银行预留的印鉴已经停止使用了。

点评：

对于企业有多枚公章的，应指定唯一有效的公章在银行预留。企业印鉴变更后，银行应及时变更预留印鉴卡。

案例2

发现企业有相似的两套印章

唐山J电力物资有限公司申请流贷4000万元，用自有存货精煤质押担保。

放款中心验印人员按规定通过验印系统对借款合同、动产质押监管协议、动产质押合同等法律文件上的用印进行了核对，均为通过状态。

但在进行业务审查时，审查人员发现几份协议中企业印鉴在印章边框、字体粗细上存在细微差别，经反复折角比对，确认不是同一印章。放款中心立即停止业务审查，经查知，该企业共有两套印章，协议上用印确系混用。

案例3

堵截多家企业有多枚公章的风险

昆明一家银行放款员在审核两家担保公司和一家汽车销售公司资料时，发现

多处材料中均出现不同的公章，由此判断每家公司至少有两枚不同式样的公章，且公章并无编号区分。在向各公司要求提供刻制公章的相关证明且没有结果后，停办了放款业务。

点评：

印鉴审核是放款中心的基本工作之一，对于存在多枚相似公章的情况，应要求企业提供当地公安部门刊刻公章的批文，以确认企业的有效公章。

案例 4

发现用印与预留印鉴，工商备案的均不符

苏州 W 有限公司申请办理 300 万美元出口贸易融资。

放款审核员发现该企业在申请书及融资合同中所盖印鉴，与本行预留印鉴不一致，与工商局预留印鉴也不符。

放款中心要求支行立即调查原因，经核实，企业常用公章有 2 套，均经过公安局备案。银行要求企业提供在公安局印章备案的文件，并由企业出具了两套公章具有同等法律效力的说明，在手续齐备后放款。

点评：

放款员应重视对企业印章真实性、有效性的核查，必要时应到工商部门进行查对。对印章真实性存在疑问的，应到公安部门核实。

5. 使用失效公章

案例 1

发现企业丢失公章又找回后继续用

杭州一家银行业务部门提交了义乌市 S 针织内衣有限公司商票保贴 600 万元的放款资料。放款员在审核中发现，该公司在这次《贸易合同》上加盖的公章（没有数字），与之前银企双方所签《商票保贴合作协议》所盖的公章（带有数字）不一样。根据以往的审核经验，并与公安机关咨询确认，企业更换新章应该都是从无数字公章更换到有数字公章。鉴于这枚无数字公章可疑，放款人员立即暂停了放款。

后经调查得知，企业原有一枚无数字公章遗失后，向公安局重新申请刻制了新的一枚带数字印章，投入使用。后原公章找回但未上交公安部门，企业认为原公章仍然有效，也没向银行申请更换新印鉴，在这次授信合同又使用了老印章。

放款中心派人到企业与公安机关调查后，确认在公安机关备案的为有数字的公章，因此让企业更换了新的印鉴卡，并重新收齐了加盖新印章的放款资料，在审核无误后才办理了放款。

点评：

根据公安部门《印章治安管理办法》规定，企业如果印章遗失、被盗的，应当向备案或批准刻制的公安机关报告，并采取公告形式声明作废后，重新办理备案或准刻手续。

因此，如果企业声称公章遗失的，应要求其提供公章遗失作废的公告。

案例2

发现法人代表变更后未及时变更印鉴

银行给予山东J汽车销售服务有限公司2600万元汽车金融网络业务授信额度。

放款员在审核200万元开票申请时发现，公司法定代表人已由高H变更为赵L，但本次企业提交的开票申请书中，仍加盖原法定代表人高H的名章，并由其原授权的代理人曹J签字，由此银承申请书的法律效力存在瑕疵。由此放款中心拒绝了该笔放款。

点评：

企业变更前的法定代表人，在变更后的签章是否还有效力，银行需要得到书面核实确认，不可留下风险隐患。

案例3

发现变更法定代表人后仍用旧章问题

福建F实业有限公司申请签署授信协议5000万元。

放款员审查发现，该公司的法定代表人在去年 12 月份，已由施某父亲变更为施某，而本笔协议中仍使用的是施某父亲的签章，其效力存在问题。

对此经办客户经理认为，董事会原来已有授权施某父亲签署合同的决议，问题应该不大。但银行法律人员的意见认为，变更后的新法定代表人施某没有在董事会授权决议上签字，也没有提供其父签章仍然有效的确认书，所以授信协议的有效性存在问题。放款中心作了退件处理，要求补盖新任法定代表人的签章后，才予放款。

点评：

企业新官是否认旧账，在合同上的签章是否有效，值得注意。为保险起见，在协议中应该使用新任法定代表人的签章，或出具原签章仍然有效的确认书。

案例 4

发现企业在材料上仍使用无防伪编码的旧公章

客户经理来放款中心为北京 Y 汽车销售服务有限公司签署银承额度授信协议，金额 7200 万元。

审核员在审核材料时发现，客户提供签章样本上所盖的新公章有防伪编码，但所有授信和担保材料上使用的旧公章，均无防伪编码。随即退回了该笔业务，并提醒客户经理该公司可能近期更换了公章，要求调查清楚后再行办理。

三天后客户经理核实，客户确实更换了公章，并向银行提供了公安局的刻章审批单及印鉴卡。在重新提供了加盖新公章的授信材料后，办理了签约手续。

点评：

如果企业递交的材料上有不同的两枚公章，一般来讲，无防伪编码的是原有的旧公章，有防伪编码的是新刻的公章。

【小知识】

防伪印章

防伪印章是根据公安部 2004 年 4 月 1 日颁布的《印章行业国家强制标准 GA241》进行刻制，它通过多重方法防伪，让犯罪分子无从下手。

(1) 编码防伪：每一枚印章都有按照国标规定由计算机随机生成的一个编号刻制在章面上，该编号犹如印章的身份证号一样，具有唯一性。

(2) 防伪线防伪：印章在刻制过程中，会随机在章面边圈线上生成一些断线，即防伪线。防伪线的位置及长度与印章号码一一对应，即编号与防伪线具有唯一性、一一对应以及不可复制的特点。

(3) 专有字体防伪：印章的章面字体为专有字体。如系伪造，肉眼可辨别。

案例5

堵截股东名称与股东会决议公章不一致风险

北京B汽车销售中心申请签署1200万元银行承兑汇票敞口协议，并开票金额600万元。

放款审核员在审核时发现，该中心章程中股东名称是北京市汽车修理公司，但在股东会决议上加盖的公章名称却是北京X汽车服务（集团）有限公司，且无法确认两家为同一公司。

放款审核员指出了风险，鉴于公章使用的一致性与唯一性，暂停了此笔业务。第二天汽车销售中心来人说明股东确实已经更名，并出示了北京市工商行政管理局的公司名称变更通知。银行继续受理了业务。

点评：

企业更名属于经营中重大事项，客户经理应该掌握情况并在调查报告中加以反映，不能等到二线的放款审核人员来发现问题。

案例6

发现企业名称已变但公章等未变，停止600万元贷款

山西广灵县J有限公司办理600万元流动资金贷款业务。

信息审核员通过工商局“全国组织机构代码共享平台”进行重要信息审核时，发现该企业已更名为山西T银业有限公司。于是将此问题告知放款员，放款人员得知后，即要求客户经理提供企业更名后的营业执照等相关材料。但客户经理解释该企业更名手续尚未完毕，新公司的公章尚未核发，希望以原公司的公章

手续办理业务（旧的营业执照已年检，表面上符合放款条件）。

考虑到这笔业务如果用旧名称公司公章借款，而银行贷款资金由新名称公司使用，今后在还款问题上存在扯皮风险，于是放款中心暂缓办理该笔业务。

点评：

当企业经营管理中出现重大变化（如公司名称更换、股权变化、高管人员变动等）时，银行正在办理的授信业务应该暂缓。等到一切落实到位，看清楚后再办不迟。

案例 7

发现公司更名后印鉴卡没更换　堵截风险 2000 万元

绍兴县 B 印染有限公司申请贷款 2000 万元，由杭州 D 网络科技有限公司担保。

放款审核员发现“杭州 D 网络科技有限公司”是由“浙江 W 实业股份有限公司”更名而来。客户经理虽然提供了完整的 D 公司担保资料，但专用印签卡中仍是 W 公司的，并未更新。因此要求更新印签卡后再予以放款。

点评：

印鉴核对是放款审核的重要环节。银行人员应重视印签卡的核对工作，特别要及时掌握企业变更印鉴的信息并更新企业印鉴卡，确保合同盖章的有效性。

6. 发现变造印鉴风险

案例

堵截企业人员变造印鉴风险

N 公司有两枚大小一样的公章。区别在于，一枚是“公司章（数字是 1）”，预留在银行的印鉴卡上，专用于转账。另一枚是公司“合同专用章（数字是 2）”，专用于签合同。

一次公司申请提款 5000 万元，分行放款员审查时发现，公司在提款单上所盖公章的数字，居然是 2。难道公司章除了 1 号章之外，还有一枚 2 号章？

事后经调查，原来该公司当天急于用款，而用于转账的“公司章1”刚好带去外地。而“合同专用章2”不是预留印鉴，不可用于转账。公司财务人员于是自作聪明地把“合同专用章2”上的“合同专用章”五个字覆盖掉后，加盖在提款单上，以此代替公司章来使用。

放款中心查明情况后，及时向行领导做了汇报。行领导对没发现变造印章风险的经营部门进行了严厉批评，并在季度风险管理会上进行了通报。该公司也开除了当事的财务人员。

点评：

如果放款中心没有审查出变造的虚假印鉴，在企业提款之后，该提款单可能被认定是无效的，后果会非常严重。

如果是不法分子有意使用伪造的假公章，则是有诈骗贷款的意图。

伪造、变造、买卖国家机关公文、证件、印章罪

刑法第二百八十条

伪造、变造、买卖或者盗窃、抢夺、毁灭国家机关的公文、证件、印章的处三年以下有期徒刑、拘役、管制或者剥夺政治权利；情节严重的处三年以上十年以下有期徒刑。

伪造公司、企业、事业单位、人民团体的印章的，处三年以下有期徒刑、拘役、管制或者剥夺政治权利。

五、堵截担保条件不落实风险

风险提示：审查部门要求借款人提供什么样的担保条件是一回事，而这些担保条件是否能落实又是另外一回事。放款中心的职责，就是确保担保条件落实后才可放款，防止虚假和无效担保的情况发生。

（一）堵截保证风险

风险提示：对于保证担保应防范的风险包括，保荐人自身资信出问题、担保决议无效、签字盖章无效、超额度担保等。

1. 保证人自身资信出问题

案例1

发现保证人出现不良贷款，停止2000万元放款

审核员在办理山西X焦化集团公司2000万元银行承兑汇票业务时，从客户贷款卡信用报告中发现，该笔授信业务的保证人之一山西S技术产业集团有限公司出现了多笔欠息及不良贷款。

对此，客户经理认为该保证人属于信审会追加的“辅助”保证人，且借款人自身具备还款能力，风险可控。但审核员认为在当前焦化行业普遍较为困难的时期，任何一点风险都不容忽视。因此立即请示领导，中止了该笔放款，待更换保证人后重新审查办理。

案例2

发现担保人有垫款问题，堵截担保人风险2000万元

河北X钢铁轧制有限公司申请提款2000万元，由乐亭县C建材有限公司名下土地使用权抵押担保。

在核保前审查抵押登记资料的过程中，放款员发现该抵押品的实际控制人与之前在本行发生商业承兑汇票垫款的授信客户为同一人。这一情况引起了放款员对担保人担保能力的怀疑，当即汇报领导，暂停了此次核保。经分行风险总监召集有关部门慎重研究后退出了该客户。

案例3

发现担保单位信用不良风险2000万元

浙江Y海运集团有限公司到放款中心申请提款2000万元，由某财富置业有限公司提供保证担保。

放款审核员在审查企业贷款卡信息时，发现担保人存在5000万元未结清不良贷款。放款中心对该笔业务作了退卷，要求了解大额不良贷款产生的原因和防

范措施后再做处理。

案例4

发现担保人的关联企业存在负面信息

12月，南京A排水工程公司申请提取1500万元流动资金贷款，由南京B工程有限公司提供担保。

放款审核人员在审核资料时发现，同意由B公司担保的批复于8月份下发，但在10月份市场上出现江苏C有限公司担保链断裂的负面报道，而B公司是C公司的关联企业，也属担保链中的一部分。由此，B公司已经不适合作为担保单位，放款中心立即暂停此笔放款，待支行更换新的担保人。

案例5

发现担保企业不良信息，停止1亿元放款

广州市Y实业有限公司申请1亿元综合授信额度，由湛江市G贸易有限公司以土地使用权担保，追加企业法人代表的连带责任担保。

放款中心在查询人行征信系统贷款卡记录时发现，担保企业存在总额为人民币3.3亿元的不良负债。放款中心立即暂停放款。为进一步核实担保人及申请人经营状况，放款中心指派核保员与业务部门经办人员共同前往湛江进行实地调查，结果发现申请人经营状况亦存在较大问题，放款中心最终决定停止放款。

案例6

发现担保单位有不良记录，暂停140万元打包贷款

福州K有限公司在办理140万元人民币打包贷款业务时，放款人员审查企业贷款卡信息时发现，该笔贷款的担保单位有1500万元的不良贷款信息（次级类）。考虑到借款单位自身实力一般，且担保单位有不良贷款记录，放款人员暂停了该笔提款，做退卷处理。

2. 担保决议无效

案例 1

核保发现无股东大会担保决议，停止 2000 万元放款

银行批准给予武汉 C 汽车物流有限公司 2000 万元贷款，同时要求其母公司深圳 C 滚装物流股份有限公司提供连带责任保证。

核保人员在放款之前，前往深圳核保，发现担保人章程有明确规定："公司在对关联方提供担保时必须报股东大会审议通过。"而深圳公司只愿意出具董事会的担保决议，没有股东大会决议，这明显与公司章程规定不符，为无效担保。在报经领导同意后，中止了借款人的提款申请。

案例 2

发现超公司净资产 50% 的担保未经股东大会审批

福建泉州一家银分行给予石狮 A 房地产开发有限公司贷款额度 5 亿元。银行核保人员在上海对担保人 B 实业有限公司核保时，发现该担保企业为上市公司，如果对外担保 5 亿元，担保金额将超过该公司净资产的 50%。

根据证监会《关于规范上市公司对外担保行为的通知》（证监发〔2005〕120 号）及银行核保管理办法相关要求，担保人为上市公司时应注意限制性规定："由股东大会审批的对外担保须经董事会审议通过后，方可提交股东大会审批。必须经过股东大会审批的对外担保，包括上市公司及其控股子公司的对外担保总额，超过最近一期经审计净资产 50% 以后提供的任何担保"。

核保过程发现，该担保企业仅出具董事会决议，未提交股东大会审批。放款中心严格按照相关文件，为保证担保的合法有效性及信贷资产的安全性，终止了该笔授信的额度的启用，并要求担保人召开股东大会出具决议后，方可提用额度。

案例 3

发现担保人未签反担保协议，暂缓 2000 万元放款

银行给予大连太平洋 A 有限公司 2000 万元授信额度，由大连太平洋 B 有限

公司和大连C有限公司提供连带责任保证。

当A公司申请2000万元开票时，放款员审查发现，担保单位B公司章程中规定“公司提供担保的，必须与被担保单位签订反担保协议。未签署反担保协议的，担保无效”。而在企业提供的放款材料中，当时未见到且事后也核实，A借款企业与B保证公司之间没有签署反担保协议。

这样将会导致B公司的担保无效。针对这种情况，放款中心暂缓该业务办理。待A和B公司双方签署反担保协议并提供正本验看无误后，才予以开票。

案例4

发现借款人与担保人的关联关系，堵截风险2000万元

昆明黄龙山A饲料公司申请发放2000万元流动资金贷款，由昆明B融资担保有限责任公司提供保证担保。

在审核资料时放款员发现B担保公司股东之一为A借款公司。而在本行对担保公司另一笔授信批复中，明确指出担保公司不得为股东或关联企业提供担保。

放款中心立即将此情况反映给信审部门及经办支行并对该笔业务进行了停办处理。后经信审部门人员反馈，在审批A公司额度过程中，未注意对申请人和担保公司之间的关联关系进行审核。

点评：

从资料表面审查来看，借款人A公司的放款资料均已齐全，但放款员并没有因此而遗漏风险点，而是不放过任何蛛丝马迹，以敏感性发现了两个公司之间的问题，消除了风险隐患，其责任心值得表扬。

案例5

发现企业为其大股东所在企业借款提供担保1200万元

河南新乡市A化纤有限公司申请提款1200万元，以自有存货质押及三名自然人股东以及新乡市B精纺有限公司连带责任保证担保。

放款中心核时发现，A借款企业是B担保企业的股东，出资比例为70%，

另有新乡C公司出资20%，个人股东D出资10%。B担保企业向银行出具了同意担保的《股东会决议》，出席股东会会议的股东为A借款企业和D个人。

经查《公司法》有规定：公司为公司股东或者实际控制人提供担保的，必须经股东会或者股东大会决议，且被担保的股东或者受被担保的实际控制人支配的股东，不得参加担保事项的表决，该项表决由出席会议的其他股东所持表决权的过半数通过。

放款中心据此认为，该《股东会决议》的参会人员及表决票数违反了公司法的强制性规定，应属无效。因此对该笔业务做了退卷处理。

点评：

银行人员应当熟知公司法、担保法、物权法等相关法律法规条款，以确保借款及担保决议的合法性、有效性。

案例6

发现担保合同存在无效的隐患，停止放款2000万元

唐山A公司申请办理续做流动资金贷款2000万元，由B公司提供连带责任保证担保，且提供了全体股东签字同意的股东会决议。

但放款员在审核发现，B公司章程中明确规定："公司对外担保，只允许与被担保单位同等额度的互保，不允许单方对外担保；未按本章程规定签订的对外担保，公司概不负责。"

放款员不敢大意，仔细对比两家信用报告后发现互保额度并不相同，且B公司对A公司的担保余额更大。一旦A公司发生风险，B公司可以以股东会决议不符合公司章程为由拒绝承担担保责任。

放款中心认为该笔业务担保存在较大风险，暂停了该笔放款。

案例7

发现担保决议表述不明确问题

福建J集团有限公司申请签署5000万元综合授信协议，由福建省长乐市J有

限公司提供保证担保。审批部门批复中明确授信品种为流动资金贷款和开立银行承兑汇票。

经审查发现，担保人J有限公司出具决议中的笼统表述是“为福建J集团有限公司借款提供还款担保。”未能明确银行授信批复中的授信品种，而在相关的担保合同中亦未明确。为避免担保决议描述不全面导致担保合同无效而引发脱保风险，放款员暂停了该笔协议的签署。待重新提交了明确的授信品种的担保决议后，才发放了该笔贷款。

3. 签字无效

案例1

发现担保决议上签名有仿冒嫌疑，暂缓1.1亿元放款

湖北T卫星技术发展公司以其持有的湖北J投资咨询有限公司股权，在办妥质押手续后向银行提出使用1.1亿元贷款申请。

放款中心在审查资料时发现，该公司提供的董事会担保决议从表面上看虽都是符合公司章程的，且每位董事签名的字体、大小均不一样，但仔细观察每个签名的笔法都非常相似，特别是笔锋像是出自一人之手，于是将该决议拿给其他同事共同辨认，正好另一位放款审核员曾经给其中一位董事办理过个贷业务，一眼认出该签名与个贷业务上的签名明显不同。

放款中心于是询问客户经理是否亲眼看见每位董事亲笔签名，客户经理承认董事会决议为该公司自己提供。鉴于虚假签字将导致无效担保，于是放款中心停止了对该客户的放款业务。

案例2

发现他人代签担保合同

银行老客户武汉X公司申请首次开立500万元银票，由公司实际控制人帅某提供个人无限责任担保。

放款中心人员在审核时发现，在帅某签署的最高额保证合同上，夫妻双方的签字疑似同一人笔迹，随即向客户经理了解该情况。后证实配偶的签字确实是帅

某一人代签。因担保合同存在无效的法律风险，放款中心暂停该笔业务，并要求核保人员重新核保，待核保手续完成后，准予客户继续开票。

案例 3

核保时发现担保人法定代表人已变更

银行批复给青岛 X 国际贸易公司综合授信额度 1000 万元，期限一年，由青岛 J 珠宝有限公司提供连带责任担保，法人代表是周 X 。

7 月 26 日上午，银行派双人到担保人公司进行核保，被告知周 X 在某商场的珠宝专柜，核保人员赶去后未见到，经多次联系在附近一咖啡店见面。核保人员查验其身份证后，周 X 在核保书和最高额保证合同上签字。下午，核保人员到达该公司办公场所对相关合同加盖公章时，认真查看营业执照正本，却发现公司法人代表是李 L。核保人员电话向部门领导汇报疑点后，立即终止核保。经了解，在前不久银行审批该笔贷款期间，担保企业刚刚更换了法定代表人。原法人代表是周 X 的签字已属于无效。

案例 4

发现担保人双目失明且无法签署协议

福建省 C 物资有限公司申请 800 万元额度的自然人房地产抵押贷款。

分行核保人员在核保过程中发现，其中一个房地产共有权人双目失明，无法在抵押合同和相关材料上签字。经询问，该抵押人称早年生病导致双目失明，而且因此没有接受文化教育，难以签署自己名字。核保人员立即将这一情况向分行反馈，分行为此咨询了律师的意见。

分行外聘律师认为，根据该抵押人的实际情况，其签署协议存在很大的难度，而且如若将来处置抵押物，还有残疾人保护等法律障碍，因此不宜用其名下房地产抵押。放款中心暂停了该笔业务的核保。

4. **超额度担保**

案例1

发现担保人超额担保，减少1000万元放款

天津G开发有限公司申请发放流动资金贷款2000万元，由天津F有限公司提供连带责任保证。

放款员审核发现，银行给予保证人对借款人的担保上限为1.23亿元，而当日贷款卡查询结果显示借款人的贷款余额已达1.13亿元，且均由担保人提供了保证担保，即担保人有效担保额度仅剩余1000万元。经与支行充分沟通后，放款中心只为借款人发放了1000万元贷款。

案例2

发现保证人超额担保，暂缓2000万元放款

成都A有限公司申请提取2000万元流动资金贷款，由其母公司B有限公司提供连带责任担保。

放款员审核发现，保证人出具的决议案中表示："同意为全资子A公司提供不超过8000万元授信额度项下债务连带责任保证担保"。而查看人行征信系统显示，A公司已有的贷款明细为：ZG银行彭州支行5000万元、CD银行彭州支行3000万元，均由B公司提供了连带责任担保，即担保总额已满。

放款员将此情况向部门负责人报告，同时督促经办客户经理核实情况后得知，A公司在CD银行彭州支行3000万元贷款已全部结清，只是由于该行系统原因未及时与人行征信系统联动。放款中心在客户提供了已归还CD银行彭州支行贷款凭证后，发放了该笔贷款。

案例3

发现担保人超董事会决议担保

厦门A有限公司申请使用1.1亿元综合授信额度，由福建B有限公司提供最

高额保证。

放款中心人员审核发现，根据担保人B公司提供的董事会决议，可为被担保人提供担保总额不超过1.6亿元人民币。而根据网上查询结果，该担保人已为被担保人在其他银行的授信提供了共计9500万元的连带责任担保，余额只剩6500万元，不足再为A公司提供1.1亿元担保，由此判定上述保证系无效担保，经报分行领导同意，放款中心暂缓客户启用该额度。

案例4

担保人担保额度已用完，停止3000万元放款

银行新客户武汉A有限公司首次提款3000万元，由上市公司B股份有限公司提供连带责任担保。

放款员审核时发现，B公司核定的对A公司的年度担保总额度为5000万元。再通过人行征信系统查询A公司由B公司担保项下的贷款余额已达5000万元，担保额度已使用完，遂拒绝该笔贷款的发放。之后A公司结清在他行的3000万元保证贷款后，放款中心才予以提款。

5. 担保意愿有问题

案例1

发现担保企业内部有重大意见分歧

银行批复给予重庆A工程有限公司综合授信额度6000万元，期限一年，由B交通建设公司提供连带责任保证。

当银行核保人员到B公司现场核保时，公司办公人员称由于企业营业执照、组织机构代码证、税务登记证等原件正在进行变更中，故不能提供原件。根据该公司的章程规定，董事会成员为3人，2/3通过担保决议即生效。公司董事长和其中一名董事均在董事会决议上签字同意。至此，除证照原件未提供外，其余手续全已合规。虽然以往核保过程中，企业证照原件正在办理变更而无法看到，类似情况也常遇到，且担保单位国有企业的背景也让人放松警惕。

但放款员并没将审查停留在表面材料上，她注意到本次核保过程全部是在企

业董事长办公室完成。核保人员提出到印章管理部用印，也遭到公司办公人员的婉言拒绝。联系到企业不提供证照原件等情况，放款员对公司担保意愿的真实性心存疑虑。

经过旁敲侧击地深入调查，得知到该公司的实际运营及对外签署一切合同文书均是由总经理负责，公司法定代表人不参与公司实际的运营。为进一步确认公司的担保意愿的真实可靠性，放款员提出董事会决议中必须要有公司总经理签字，但遭到企业拒绝。

经过多方核实，实际上该公司总经理不同意为A公司提供担保，故不在董事会决议上签字，并控制了公司的企业营业执照、组织机构代码证、税务登记证等重要原件。放款员立即向放款中心主任作了汇报，经分行批准立即停止对该企业相关放款操作。

点评：

该行放款员不是仅仅停留在对上报材料的齐备性、一致性和合规性的审核上，而是以高度的责任心和职业敏感性，从核保中的细节问题发现担保人企业内部决策的重大分歧，排除了今后可能拒不履行担保职责的隐患，值得表扬。

案例2

发现担保人意愿不足风险4500万元

东莞市某有限公司（借款人）是银行老客户，续做人民币4500万元综合授信额度，追加最大股东深圳市某环保有限公司（担保人）连带责任保证担保。

核保人员在担保人注册地址进行实地核保时，察觉到一系列可疑因素：一是申请人与担保人的关系存疑，在核保现场，担保公司人员表示对借款人不甚了解，并且态度并不友好，甚至要求核实银行人员身份；二是担保人的法定代表人在明知签署保证合同日期已定的情况下却迟迟未归，称在外地与其他客户商谈业务；三是担保人法定代表人在签署股东会决议、保证合同时，多次将话题扯远，并反复询问具体的担保责任，担保意愿并不强烈，存在有意推诿的迹象。

核保人员之后立即与放款中心主任联系并汇报了有关情况。经过进一步了解得知，担保人是申请人不久前为了取得危险品废物处理的经营许可而引进的股东，但双方在合作过程中由于利益分配等问题，已经出现纠纷并已影响到借款人的日常经营。放款中心即刻暂停了该笔业务的放款。

（二）堵截质押风险

风险提示：许多银行将质押贷款业务作为低风险授信业务，授权基层机构网点自批自放。但我们必须认识到，看似低信用风险业务，往往蕴藏着较大的操作风险。不法分子以假凭证、假委托书、假公证骗取银行质押贷款的案件屡屡发生。

1. 堵截存单质押风险

风险提示：对于存单质押业务，客户经理容易放松警惕，忽视对资金来源合规性、存单凭证真实性和出质人意愿真实性的调查，甚至不严格按操作流程办理。对此，放款中心必须严格坚守风险底线并把好关口。

案例 1

发现个人存单资金来源为“公款私存”

河南某汽车零部件有限公司申请办理银行承兑汇票 1000 万元，以其股东张某持有的在本行未到期的 1000 万元储蓄定期存单作为质押。

放款中心在审核时发现，股东张某 1000 万元储蓄存单资金系由申请人河南某汽车零部件有限公司账户直接转入张某个人储蓄账户，明显违反了人民币单位存款的管理办法，存在质押无效风险。鉴于此种情况，放款中心对该笔银票做了退回处理，并要求经营单位提供证据证明该个人存单资金来源合法后再重新提交审核。

点评：

在个人存单质押对公授信业务中，资金来源如涉及“公款私存”问题，从《中国人民银行结算账户管理办法》《个人定期存单质押贷款管理办法》等法规中，均有可适用或推定适用的禁止条款，如被举证，银行易丧失质权。

案例 2

发现个人存单质押的资金来源系本行发放的贷款

浙江 H 工贸有限公司申请办理 1900 万元流动资金贷款，以公司法定代表人张C的2000万元个人存单质押。

放款员记得昨天刚向该公司发放过一笔4000万元的公司贷款。于是查询了新近开发的资金流向监控系统，发现H工贸公司昨天下午15：40分将全部贷款资金划至了工行KY支行的同名账户。放款员进一步向营业部门调阅了张C的2000万元个人储蓄存款的入账传票，发现为昨天下午16：30分从工行KY支行划转而来。存在本行贷款转为个人储蓄存款再用于质押的嫌疑。

放款中心当即要求支行对4000万元贷款去向进行调查。支行经过调查后反馈，张C的2000万元个人储蓄存款确系本行贷款资金转入。于是放款中心对于这笔贷转存并质押的不合规业务，做了退卷处理。

案例3

发现银票质押金额未覆盖利息410万元

江苏Z机械制造有限公司申请开立1亿元远期信用证，偿付利率8.2%，期限180天，以企业自有的1亿元银票进行质押，占用该企业低风险授信额度。

放款审核员在审核中发现，该企业所提供的质押物金额仅能覆盖授信本金，未考虑该笔业务到期应偿付的利息410万元。放款中心立即退回该笔业务，整改后才重新放款。

点评：

全额质押开立买方付息国内信用证时，不仅需考虑开证的金额，还需将到期需偿付的利息考虑在内，质押金额须全部覆盖本息金额。

案例4

核保堵截存单质押担保意愿不真实风险7600万元

贵州A贸易有限公司与贵州B贸易有限公司分别在一家银行申请银行承兑汇票3800万元授信获批。两笔授信均采取第三方贵州C投资担保有限公司的存单全额质押担保。

在与客户联系签订担保合同时，银行核保人员发现上述两家贸易公司均同意在合同上加盖公章及个人章。但是对于银行提出要见担保公司有权签字人面签合同的要求，两企业均以该法定代表人在外省出差的理由搪塞。而且在交流中，发现其神情不自然，说话闪烁其词，不能自圆其说。

对此异常情况，核保人员及时向领导进行汇报，综合判断存在虚假存单质押和出质人意愿不真实风险，为此对上述两企业停止放款。

点评：

对于存单全额质押担保授信业务，核保人员应加强核保工作，不能存在“有存单在手不用担心，核保条件可以适当放松”的错误观念，尤其是要谨慎防范虚假出质人导致担保合同无效风险的发生。

案例5

1000万元全额存单质押条件诱人但出质人不露面

某支行向放款中心申请为江苏Y资源开发有限公司发放1000万元人民币流动资金贷款，以本银行另一家分行客户胡某的个人定期存单做质押，并承诺贷款后再开立全额保证金银票业务。

放款中心认为该企业提供的业务条件十分诱人，但在要求客户将存款转存入本分行遭拒绝后，怀疑该业务可能涉及民间高利贷甚至融资诈骗，决定暂缓受理。

几天后，从同业和辖内分支机构不断传来有人以该同名存单（胡某）申请质押授信的信息。辖内一经营机构到存单出具机构核保，但存单所有人自始至终不愿意露面。放款中心经请示领导后，停止放款。

点评：

由于信贷业务的非标准化特点，在实际放款业务中会遇到各种不同的问题，这需要放款审核人员和核保人员熟悉业务、严谨细致，才能从蛛丝马迹中堵截风险。

案例6

5000万元质押存单到期日早于贷款到期日

安徽W纺织股份有限公司，申请以单位持有本行的5000万元一年定期存单做全额质押贷款业务。放款员发现，贷款的到期日为明年9月23日，而质押存单到期日为明年6月13日，因存单到期日早于贷款到期日，放款中心暂停办理。待延长存单到期日后，才予放款。

2. 堵截存货质押风险

风险提示：在当前经济环境下，有些大宗物资如钢材、煤炭等价值变动较大，银行人员应予密切关注。在客户申请提款时，放款审核人员应通过各专门网站查实放款当天质押品的价值，堵截押品价值不足的风险。

案例1

发现质押物品种与批复不符，停止4000万元放款

廊坊S木业有限公司申请提款4000万元，审批部门要求以企业原材料质押。

放款中心审核发现以下问题：①企业提供清单中的质押物是企业的成品而非原材料，不符合批复要求。②通过权威网站查询质押物价格时，发现企业提供的货物单价远高于权威网站的报价。

发现上述问题后，放款员随即要求支行业务人员解释。因业务人员未能合理解释，遂停止对企业放款。

案例2

发现库存质押物权属不属实，暂停2000万元放款

东莞市S塑胶有限公司是分行老客户，分行给予其2000万元综合授信额度，担保条件为该客户及其两位个人股东提供库存的塑胶原料做质押。

放款中心前往该客户仓库进行权属有效性核实，通过现场调阅仓库近三个月的出入库单、合同和发票时发现，单据上记载的权属人为林某和另一公司，并非与分行签订相关质押协议的出质人。鉴于质押物权属不属实，授信资金存在担保落空的风险，放款中心立即暂停启用该额度。

后经了解，上述货物确实属于出质人，只是出质人将其写在林某和另一公司

名下。经整改完毕后放款中心才予启用额度。

案例3

发现未按“发票价格与市场价格孰低”原则办理

大连T公司申请提款4000万元，以其自有1500吨不锈钢板提供质押担保。

放款人员在审核放款材料时发现，申请人提供的钢材认定价格为45000元/吨，认定方式为同期市场价格。而申请人提供的货物发票表明，钢材采购价格为43000元/吨。根据“发票价格与市场价格孰低”原则，放款人员认为按每吨43000元计算，质押物总价值为6450万元，质押率为62%，不符合授信批复关于“质押率不超过60%”的规定。

为了保证质押物能够有效覆盖授信风险，放款中心要求客户追加足值质押物后再受理该笔业务。

案例4

查询钢铁网发现客户以高报价的钢材质押给银行

陕西Q商贸有限公司申请办理一年期流动资金贷款1500万元。放款中心审查人员在审查该笔业务时，查询了当天钢铁网的报价，发现钢材价为4200元/吨，但客户却按5100万元/吨的价格质押给本行，严重存在估价过高、质押物不足的现象。对此，放款中心立即停止该笔放款操作，要求客户必须补足质押物，并在监管公司重新出具质押物清单后，才可继续办理该笔放款业务。

点评：

钢铁行业受国际金融危机及国内宏观调控政策的影响较为明显，当钢材销量急剧萎缩，钢材价格持续下跌时，银行人员要严格审查质押钢材价格，防范质押物价值不足的风险。

案例5

发现质押物碳结钢价格明显高于网上查询价格

陕西L特殊钢有限责任公司申请办理600万元银行承兑汇票，保证金比例为50%，敞口部分以存货碳结钢作质押，质押率为50%，采取总量控制质押模式。

放款中心在审核该笔业务时发现，客户提供的《质押合同清单》中所记载的用于质押的碳结钢单价偏高，比放款当时上网核实的碳结钢价格高13.16%（质押合同货物单价为4300元/吨，而网上价格为3800元/吨）。对此，放款中心立即停止放款，并对该笔业务做出退卷处理。当天下午，在该客户补足质押物的前提下，放款中心按照相关规定予以放款，及时规避了质押物价值不足的风险。

案例6

发现钢材的市场价格大幅下降，停止放款1800万元

分行放款中心受理审核福建F集团有限公司1800万元承兑开票业务。该业务属物流融资业务，为总量控制模式下的钢材存货质押授信模式。由于当时几个月国内钢铁价格下跌幅度较大，放款员特别关注对质押物价格的审查。

结果发现，该企业所提供的《质物清单》中所记载的用于质押的钢材单价过高，与放款当日上网（我的钢铁）核实的钢材现货价格相差甚多，部分钢材甚至高出50%左右。

经放款中心最后核实，质物总价值比信审批复要求的最低价值还低345万元，授信敞口风险无法被完全覆盖，一旦放款就会出现风险。于是，放款中心立即向行领导汇报，最终决定停止放款，从操作层面及时规避了授信风险。

案例7

发现钢材价格下跌、质押率下降

张家港保税区S钢铁贸易有限公司申请开立银票2060万元。放款中心在审核时发现，若按客户进价计算的钢材质押率符合信审批复要求，但按最新市场下

跌的价格计算已达不到65%的要求。之后，在客户按要求的市价补充质押物足值后，予以开票。

案例8

严格把关扣除铁矿石质押水分因素

江苏H国际贸易有限公司申请提款700万元，担保方式为存货（铁矿石）质押，质押率不超过60%。

放款中心主任在参与核保时发现质押物堆放凌乱，无法测算体积及数量，且堆放的铁矿石包含了各种不同品位，价格差异大且无法区分各品种的数量，因此暂停了该笔提款。

客户按银行要求整改后，放款中心主任再次前往靖江港核保。经查看，发现质押的铁矿石是刚从印尼进口的品位为61%的铁矿石，现场堆放规整。

H公司将上述9400吨铁矿石作为质押物，提供了进口商向其开具的增值税发票，单价约为1300元/吨，并有第三方中远运输公司对相关数据的认证和签章。

由此质押物价值为1222万元，质押率57%。

但放款人员进一步审查时发现，该铁矿石当时网上市场价格在910元/吨左右，应按照“发票价格与市场价格孰低”原则计价；且发票上显示湿重为9400吨，按干重计量还应扣除10%水分，即干重为8460吨。

银行要求监管吨数是以湿吨为基数，但计算价值必须以干吨为基数，所以重新核减给予其462万元贷款金额（$9400\times0.9\times910\times0.6=4619160$）。

点评：

核保作为放款的重要一环，其重要性是不可替代的，尽职的核保工作不但能防范内外部的道德风险，对信用风险的控制作用同样不可低估。本笔业务中，如果没有核保人员发现出问题，用于质押的存货不仅管理混乱，存货价值也明显高估，必将加大银行的信用风险。

案例9

发现质物价格下跌导致质押率不足，暂停2000万元放款

南京H材料有限公司申请存货质押开票2000万元，质押物为A型钢材，质

押率65%，同时提供35%保证金。

放款员注意到，该笔银票业务的质押钢材共计6900吨，若定价参照其4500元/吨的发票价格，总价为3105万元，可满足质押率65%的要求。但近期钢材市场低迷，钢材价格波动较大，通过了解公开市场价格行情，发现目前该型号钢材市场价为3800元/吨，总价仅为2622万元，差额达483万元，本笔授信业务存在担保不足值风险。

放款中心及时中止该笔业务的审批，要求申请人补足质押物后方可放款，并督促相关客户经理关注钢材价格波动情况，设置15%跌价警戒线，并建立完备的跌价补偿机制。

案例10

发现仓库里质押的钢材存货不能覆盖风险敞口

银行批复给予武汉S钢材有限公司5000万元授信，专项用于向湖南H钢薄板有限公司订货，并签署厂商银三方协议。放款员在审核客户第二笔提款申请时发现，距上一笔业务发生已有4个月，但库存货物明显不能覆盖客户在本行的授信敞口。于是，放款员将发现的问题反馈给客户经理，经调查得知，由于客户觉得监管费用太高，厂家发来的钢材大部分并未进入本行指定的仓库进行监管。且客户经理也疏忽了贷后定期查库的职责，造成质押的货物不能覆盖本行授信敞口。

对此，银行立即采取风险化解措施，在客户还掉部分贷款，将敞口控制在货物质押率以内，并承诺今后货物按时进库，客户经理承诺认真履行定期查库的职责后，才予放款。

点评：

银行对于厂商银业务后续的货物监管非常重要。厂家和经销商私下改变货物的接收地点，是导致银行还款来源失控的漏洞所在，许多诈骗案件就由此而发生。

案例11

发现保单上质物存放地址与监管协议中不一致

山西A矿业开发有限公司申请办理2000万元开立银行承兑汇票业务，以第三方山西交城B公司提供存货质押担保。

放款人员在审核资料时发现，保险单中货物存放场地为"山西交城B公司储煤场"，与企业提供的《租赁协议》及《质押监管协议》中的存放地点"山西C离心铸管有限公司材料库"不符。

客户经理解释，如果保险单中写"山西C离心铸管有限公司材料库"，则保险公司需要投保人提供C公司的营业执照等资料，而C公司已倒闭无法提供，故将存货地改为B公司地点。

放款人员向客户经理解释"场地险"中存货地址的重要性，如果不一致必将影响今后保险的赔付，因此暂缓办理该笔业务。

案例12

发现质押货物部分权属证明为重复提供

C公司向厦门分行申请开立以现货全棉纱作质押的银行承兑汇票业务1800万元，保证金比例50%，期限六个月。

放款人员审核后发现，该笔业务企业所提供的质押货物权属证明与前一笔所提供的有部分产生重复，存在新质押存货权属证明不足问题。放款中心暂停了对该笔业务的放款审查。在该客户重新补足质押的存货权属证明，符合放款要求后，方给予放款。

3. 堵截股票质押风险

风险提示：银行可以接受股票质押，但应防范股价下跌风险。因此在放款时，还应该查阅一下当时的股价，另外要防止办理质押过程中的操作失误。

案例1

发现股票价格大幅下跌，压缩500万元放款额度

辽宁S集团有限责任公司申请7000万元流动资金提款，以借款人持有的上市公司辽宁S汽车集团股份有限公司的1502万股限售股质押。

大连分行放款中心审核时发现，授信审批时每股价为6.8元，质押物总市值

为10213.6万元。但是由于整体经济形势不好和大盘跳水的原因，该股股价已大幅缩水，每股价值在放款审核日已跌至4.2元，整体质押物价值减少为6308.4万元。

发现上述问题后，放款中心与营销支行进行了数次沟通，在征得客户理解的前提下压缩了放款额度。第一次放款3000万元。之后在质押股票价值趋于平稳的情况下，又放款3500万元，最后剩余的500万元授信额度取消使用。

案例2

发现质押股权价值无法覆盖授信敞口，停止1000万元放款

W大学资产经营投资管理有限责任公司在银行获得授信，以该公司持有的武汉K电力股份有限公司910万股股权质押。

该公司申请提取剩余的1000万元贷款。放款中心在审核时，考虑到近几月股市暴跌的因素，马上查阅该股当时的市值，发现该股的股价已从当初质押的十几块钱跌至四块多钱，如继续放款，质押物将无法覆盖授信敞口，因此拒绝了放款要求。

案例3

发现股票平均收盘价格已低于当前价格

银行同意给予大连M集团有限公司综合授信额度1.5亿元人民币，以其持有的M药业公司2700万股上市流通股质押担保，质押率不超过60%。风险审批要求，股票质押价格按放款日前7个交易日该股票平均收盘价和前60个交易日该股票平均收盘价两者中的较低者取值。客户在提款1.1亿元一段时间后，又申请提款4000万元。

放款中心主任在审批中发现，该客户提取1.1亿元时的股票质押价格为10.43元，质押率为53.27%。但再提款4000万元时的股票质押价格为9.07元，质押率上升为61.25%，已超过了审批规定的60%质押率，因此暂停该笔业务放款。

经客户经理与企业沟通后，将提款金额减为3500万元，质押率降为59.21%。

放款中心重新受理了该笔业务，并在管理系统中做出风险提示，要求贷后人员随时监控股票市值变化，加强风险管理。

案例 4

发现转增股净资产下降风险

4 月 23 日，经分行信审会审议，批复给予某集团有限公司授信额度 1.2 亿元，由该公司持有的浙江 S 光电科技股份有限公司 2100 万股限售流通股质押。

6 月 9 日，支行陪同客户前来放款中心咨询股票质押登记的资料要求和办理程序。分行放款员上网查询了上市公司 S 光电的有关情况时发现，S 光电于 5 月 13 日发布公告实施上年度权益分派，分配方案为每 10 股派 3 元现金加以资本公积金转增 3 股，并于 5 月 18 日完成了股权登记和分配。

放款员认为，若企业以资本公积金实施股本转增，则股东所持的股票数量将相应增加，但对应的每股净资产将同比例下降，考虑企业还有派发现金红利的行为，当前该集团有限公司持有的 2100 万股股票的实际价值与 4 月份授信批复要求的 2100 万股比较，已大大缩水。

分行放款中心与客户经理共同向客户详细解释了股票转增、分红后对价值的影响以及存在的风险漏洞，最终该集团同意以其持有的全部 2730 万股 S 光电股票办理质押担保。

案例 5

《股权质押登记证明书》份数过多存在解押隐患

武汉分行给予异地客户广西 C 汽车投资有限公司授信额度 2 亿元，由 C 实业集团持有的该公司 88% 的非上市公司股权作质押担保。

在前往广西办理股权质押的核保过程中，放款中心核保人员发现当地工商局应客户要求出具了三份《股权质押登记证明书》原件并均加盖了公章。

由于《股权质押登记证明书》属于要件，在正常情况下只需出具一份文件正本且必须交留银行保管。而核保人员在仔细阅读了证明书内容后，发现三份原件完全一致，且其上无“本份由出质人/质权人持有”的字样。今后任何人都可凭其中一份原件，自行到工商局办理解押手续，从而使银行的担保悬空。

在对客户耐心解释后，将三份正本原件悉数封存带回分行入库保存，只给客户留存一份复印件备查。

点评：

股权质押登记证明书正本原件是解除质押的重要凭证，各地工商局出具的格式内容稍有差异，如果其上无“本份由出质人/质权人持有”的字样，那么原则上只应有一份正本原件供质权人持有。这样银行（质权人）才能避免在不知情的情况下，债权未解除而质权被客户擅自提前释放的风险。

4. 堵截应收账款质押风险

风险提示：应收账款是银行确保贷款本息安全回收的重要来源。在放款时必须确保质押手续的操作无误，应查询中国人民银行应收账款质押登记公示系统。主要风险包括：应收账款被重复质押给其他债权人，质押给本行的应收账款不具有排他性，在质押顺位上本行处于不利地位，质押的金额、期限等条款不利于本行等。

案例1

发现全部收费权已质押给了另一家银行

东莞H公司申请贷款4000万元，提供对东莞G公司10%比例的收费权作质押担保。

放款中心人员在放款前进行人行应收账款质押登记时，发现借款人已于三个月前将上述收费权项下全部应收账款质押给了东莞另一家银行，并且在人行系统中进行了三年期的质押担保登记，担保金额共计人民币7亿元。

鉴于该笔应收账款属于重复质押，本行质权有可能沦为第二顺位，届时债权将失去优先受偿的权利，于是放款中心停止办理了该笔业务。

案例2

发现质押给担保公司的应收账款合同编号相同

长春J铁塔集团有限公司申请发放5000万元保理业务。放款中心审核人员通过查询人民银行应收账款登记系统，发现客户转让给本行的应收账款与登记系统中质押给担保公司的应收账款范围在合同编号上是完全相同的，因此暂停放款，要求客户经理解释。

后经客户经理调查，客户在担保公司质押的应收账款已经结清，但原登记机构未及时办理注销手续，导致出现重复登记现象。分行放款中心在与原登记机构确认注销后给予放款。

点评：

应收账款登记系统对登记范围的描述会存在模糊性，有时只写发票号码、有时仅写合同编号、有时按照付款人登记，甚至存在将收款人全部应收账款登记的现象。为此，放款中心人员在对应收账款登记审核时，应对应收账款的全部登记要素进行认真比对，缺一不可。

案例3

发现增值税发票及贸易合同已质押给其他银行

辽宁清原满族自治县J矿业有限公司申请开票4000万元，以企业应收账款质押担保。

A银行放款员在审查应收账款质押登记系统后发现存在重复质押的情况，即企业为证实其应收账款已实际发生而提供的增值税发票以及相关贸易合同，已于6个月前全部质押给B银行长春东盛支行。通过和B银行核实，A银行确认此笔应收账款为重复质押，因此将此笔业务退回处理。

点评：

交易合同和增值税发票（或特殊行业专用发票）是证实应收账款贸易背景真实性的重要依据，也是近几年来银行和监管部门各类检查的重点。只有在确认权属清楚，没有瑕疵的前提下，才能办理授信业务。

案例4

发现应收账款未达本行“唯一性、排他性”的质押要求

A银行同意给予D机械（苏州）有限公司贷款1000万元，以其对甲、乙、

丙三家公司的应收账款作为质押担保，同时要求出质人将“一年内已经发生或将要发生的全部应收账款”质押给本行，并承诺“质押为唯一性、排他性质押，不再将上述应收账款质押给任何第三方”。

放款审核人员在办理应收账款登记前，对该D公司在人行系统中应收账款质押的状态进行查询时发现，出质人已在B银行苏州分行办理了甲公司应收账款质押登记600万元，与本行要求的“质押唯一性、排他性”明显不符，放款中心立即暂停了该笔放款。

点评：

应收账款质押时，差异性要求较多，经办人员应仔细阅读批复，根据要求对应收账款进行描述和登记。在登记前，必须查询出质人的应收账款质押状态，防止被他行先行质押登记而影响本行登记效力。

案例5

发现并解决本行质押权利顺序排在他行后面的问题

长沙市S通讯设备公司向A银行申请5000万元银行承兑汇票额度，以该公司与联通公司湖南省分公司之间的应收账款提供质押担保。

A银行放款员按照应收账款质押业务管理办法审核时，发现客户于3个月前从B银行获得了1000万元流动资金贷款。B银行已在人行征信系统中进行了应收账款质押登记，且对质押财产的描述为：“……以长沙市S通讯设备公司所产生的全部应收账款，为债务提供质押担保……”显然此时无论A银行如何对质押财产进行描述，权利顺序都只能排在B银行之后，不利于保障本行的债权。

A银行放款员考虑到客户与B银行之间只发生了一笔债务关系，且金额不大，对应需要的应收账款金额也不多。于是建议客户与B银行沟通，要求B银行进行变更登记，即在质押财产的描述中，明确客户与联通公司之间的具体业务合同编号，以及质押担保实际所需的应收账款金额。确保不会与A行进行登记的质押财产相重叠。最终在B银行做出了变更登记后，A行方才放款。

案例 6

发现应收账款已做过排他性质押登记，暂停 750 万元放款

2012 年 10 月 16 日，河南 X 有限公司向银行转让了其基于钢材销售合同享有的对中铁十五局集团某工程公司的应收账款人民币 937.5 万元，申请保理放款 750 万元。

根据银行规定流程，保理业务应当按“先查询，再登记”的原则，在人行应收账款质押登记公示系统中进行登记公示。放款员发现，另一债权人郑州某企业投资担保有限公司登记的应收账款描述为“河南 X 有限公司自 2012 年 9 月 27 日到 2014 年 9 月 26 日两年内所有的销售货款及现金债权收益”。

放款中心认为，该笔登记是一个排他性登记，即借款人不得向该投资担保公司以外其他人以应收账款质押融资。根据上述情况，放款中心经请示领导，对该笔业务作了退卷处理。

后来，在郑州某企业投资担保有限公司对上述登记信息注销后，并确认贷款行接受的借款人应收账款不存在其他优先权的情况下，方为借款人办理了放款手续。

案例 7

发现商贸公司两年前已将全部应收账款质押给担保公司

成都市 T 商贸有限责任公司申请使用银行承兑汇票额度 5000 万元，以其与成都市 X 路桥机械股份有限公司签订的《买卖合同》项下的应收账款质押。

银行放款员在人行应收账款质押登记公示系统按出质人名称查询时发现，该客户于两年前办理了一笔质押业务，财产描述为：“甲乙双方约定至甲方（成都中小企业信用担保有限责任公司）的追偿权诉讼时效届满之后两年止，乙方（成都市 T 商贸有限责任公司）将其在生产经营中取得的全部应收账款质押给甲方……”。

虽然人行信用信息报告显示成都市 T 商贸公司无不良信贷信息、诉讼信息，但仍无法确定其无法律纠纷。之后，银行在 T 公司与中小企业担保公司业务已结清，并在人行系统办理质押注销登记，方予办理放款手续。

案例8

发现工程物资公司应收账款已被质押给其他银行

贵州某工程物资有限公司申请银行承兑汇票额度5000万元，以应收账款(债务人分别为A工程指挥部、B项目经理部）质押担保。

核保人员在客户申请放款前，从人行征信中心应收账款质押登记系统进行了查询和核对，发现借款人已将应收账款（债务人为A工程指挥部）全部质押于ZS银行贵阳分行（三年期，质押合同金额为3亿元)，将应收账款（债务人为B项目经理部）全部质押于贵阳市商业银行（两年期，质押合同金额为2000万元)。发现上述重复质押风险情况后，放款中心暂停了该笔业务的办理。

案例9

发现2亿元工程应收账款已被质押给其他银行

A行给予深圳市Y（集团）股份有限公司综合授信额度3000万元整，担保条件为授信申请人将其工程应收账款质押。

放款审核员在做应收账款质押登记查询时，发现授信申请人在B行贷款时所做的应收账款质押登记中有如下描述：授信申请人将其在主合同生效之日起到主合同项下债务结清之日止不少于2亿元的应收账款质押给B行。

如此一来，A行所要求的应收账款已包含在B行所做的应收账款质押登记的描述中，A行权益无法保障。为有效防范风险，A行放款中心暂停该笔授信。

案例10

发现借款人名称与政府批复的燃气收费权公司不符

长沙分行批复给予A公司固定资产贷款4500万元，用于靖州县城市管道燃气三期项目工程开发建设，期限4年，以A公司在靖州的全部燃气收费权作为质押担保。

核保员和支行客户经理前往怀化市靖州县进行实地核保。在审核A公司燃气收费权权属时，发现以下两个问题：一是省住房和城乡建设厅颁发的《城市燃气企业资质证书》（单位名称一栏为手写）企业名称不是A公司而是B公司；二是靖州县城市管理局在授予企业燃气供气特许经营权的批复中，批复的企业名称也不是A公司而是C公司。针对这两个问题，核保员当即提出了疑问，即A公司的企业燃气特许经营权在法律权属不清楚。

经多方核实，第一个问题是由省住房和城乡建设厅将单位名称写错所致，后出具说明并进行了更正；第二个问题，据客户经理和客户反馈，A公司实际控制人最初是通过政府招商引资的形式，是以C公司的名义进入靖州燃气市场，因此城市管理局当初下发的特许经营权批复是给予C公司的。半年后A公司成立，并经营靖州的全部城市管道燃气。同时在工商局网站查询到C公司已被吊销。

针对此情况，经咨询分行法律部后，核保员要求客户提供了由靖州县城市管理局出具的特许经营权由C公司变更为A公司的批复资料，从而有效防范了因权属不清楚可能带来的风险。

案例11

发现购销合同中对应收账款有限制转让条款

苏州A模塑公司申请办理应收账款质押贷款2000万元。

放款员审核发现，该公司与苏州B电子家电有限公司的《购销合同》中约定："在未取得B公司认可的情况下，A模塑有限公司不得将本合同下的债权转让给第三方或为其提供担保。"鉴于B公司未提供悉知应收账款质押的确认函，存在较大法律风险隐患，停止办理放款，并将此信息及时反馈至审批部门。

案例12

发现半年多时间出口退税账户金额为零

西安S进出口有限公司申请办理银行承兑汇票4200万元，保证金比例30%，敞口部分以该公司出口退税账户中的应收退税款为质押。

放款中心通过审查该客户出口退税账户明细清单发现，该账户从上一笔开票至今半年来，出口退税金额为0，与以往出口退税回款情况明显不同，可能存在风险隐患。为此，放款中心暂缓审查，要求经办人员查明原因。后经办人员到企业及国税局调查了解，发现由于国税局工作人员更替，误将退税款项1.45亿元退回至该公司的另一个一般结算账户。在此情况下，放款中心认为该客户出口退税账户质押金额严重不足，存在风险隐患，停止受理开票业务。

5. 堵截保单质押风险

风险提示：保险单也是银行可接受的质押品，但放款人员在审查保单时，应对保单条款如保险的受益人、保险金额、保单起止日、生效日、保费缴纳情况等予以特别关注，这些要素如果存在问题，会影响保单的实际效力。

案例1

发现按比例赔偿条款不利银行债权，堵截风险3000万元

银行给予哈尔滨B公司3000万元流动资金贷款，以该公司房产及土地抵押，财产保险金额为5000余万元，虽未达到评估价1亿元，但仍可足额覆盖贷款本息。

但放款中心在审查中发现保险单上注明：B公司为部分承保，如发生意外，保险公司只按照评估价承保的一定比例进行赔付。对此，放款中心认为保险条款存在问题，一旦抵押物出现意外需要保险公司赔偿时，该条款将对银行债权形成不利影响，无法覆盖贷款金额。放款中心暂停放款，要求支行经办人员与客户及保险公司沟通，要么足额承保，要么请保险公司删除该条款。几天后，在已删除不利条款的保险单重新提交后，放款中心才予以放款。

案例2

发现分次出具的保单与授信主合同无对应关系

南京S发展集团公司在银行有授信额度7500万元，以某处房产抵押，申请提款2000万元。

放款中心在审查时发现，该客户已分两次提款4000万元、1500万元。本次

提款也提供了保险公司的保单，保单受益人为本行，但保单承保金额为2000万元。经调档审核发现，该客户每笔提款时均单独出具保单。

与法律部门沟通后认为：分次保险的保单与授信主合同无一一对应关系，一旦抵押物发生理赔时，容易引起歧义，给授信带来风险。最后，客户按银行要求出具了一份汇总保单，完善了相关保险手续后得以提款。

案例3

发现尚未交保费而使1.9亿元保单尚未生效风险

9月20日，经办机构前来放款中心办理杭州D集团股份有限公司1亿元固定资产贷款放款手续。该笔贷款期限5年，由公司所购价值1.9亿元的船舶抵押担保。

放款中心认真审核了授信资料，在审查“船舶保险单”时，发现了问题：由于保险金额较大，约定保费为分期付款，其中第一期交付时间为10月10日。保单“特别约定”注明：投保人未按约定时间交付保险费的，保险合同不生效。

放款中心分析认为，缴费日（10月10日）是在放款日（9月20日）20天之后，这段时间内保险合同未生效，担保存在法律风险。

放款中心及时将上述情况向经办机构做了反馈，要求尽快联系企业提前交付第一期保费，确保保险合同生效。第二天，在企业提前交付了第一期保费后，放款中心给予了放款。

案例4

发现抵押物保险期限未覆盖贷款期

Y电子（苏州）有限公司申请一笔600万元的贷款，期限18个月，以公司自有土地房产抵押担保。分行放款审核员在审查他项权证及保单正本时发现，该客户的保单有效期为12个月，保险期限未能覆盖整个贷款期限。于是要求支行通知企业延长保单期限后予以放款。

案例5

发现保单约定不利银行的免责条款，停止1000万元放款

某汽车经销公司获得授信额度1000万元，以库存车辆质押，并提交了保单。审核员在办理保单入库手续时，发现保单中的免责条款约定："投保标的为待售新车，一经发动（包括试车），保单即告终止。"

而库存车辆在实际保管过程中，避免不了因移动、试车等发动车辆的行为。该保单苛刻的免责条款，与银行库存车辆管理情况不符，不利于保障银行权益。故放款中心退卷，要求重新办理保险手续。

案例6

发现与实际情况不符的免责条款，避免风险302万元

咸阳H汽车销售有限公司申请办理一笔汽车金融开票业务，金额302万元，保证金比例20%。并提交了第一受益人为贷款行的融资车辆财产综合保险。

放款审核时发现保单特别约定处约定："仅对存放于一类建筑（屋顶和墙面全部由砖、石、混凝土建造）、二类建筑（屋顶和墙面部分由砖、石、混凝土建造，部分由铁或木材建造）内的保险财产承担保险责任。而对于存放于其他类型建筑内、露天放置或不属于前述约定情况放置的财产不承担保险责任。"

而库存车辆在实际保管过程中，大多数都是在露天场地存放的。该保单条款的约定，与实际情况不符，实际上免除了保险责任，不利于保护银行权益。故放款中心要求经办机构请客户重新办理保险手续后，才予以放款。

案例7

发现保单存在不利赔付的条款，缓办500万美元出口押汇

福建省A家庭装饰品有限公司申请500万美元出口押汇，由中国出口信用保险公司提供保险担保。信保公司出具的保险单上的被保险人总共有三家，分别是

福建省A家庭装饰品有限公司、B藤木器有限公司、C贸易发展有限公司。

放款员在审查《赔款转让协议》时发现，保单在特别约定中申明，三家被保险人中任何一家违反保单规定的义务，将被视为全部被保险人的违约。保险人有权根据违约程度适当降低赔付比率，直至拒绝承担保险责任。

而此次《赔款转让协议》的签署人仅有A公司和B公司，而C公司未参与签署。因此，本行如果向A公司提供保险后出口押汇，可能会因C公司发生违约而导致信保公司拒绝对A公司赔付的风险，进而造成本行的损失。在请示领导后，放款中心暂停了本次协议的签署，将该项目退交信审部门重新审查。

（三）堵截抵押风险

风险提示：土地房产设备等抵押物，是银行授信资金安全的重要保证，也是银行确保资金收回的主动权所在。因此在放款前，落实好抵押手续，是一项十分重要的工作。如果出现差错，都将导致银行今后难以处置抵押物，造成资金损失。以下都是近年来，银行在办理抵押过程中发现的实际问题，请银行经办人员在工作中认真对照检查，举一反三，排查隐患，防止出现同样的问题。

1. 抵押物被查封

案例1

发现抵押房产已被查封，堵截风险300万元

宁波H医疗设备有限公司办理300万元还后再贷，期限一年，由借款企业法人代表名下商用房产抵押（建筑面积182.7平方米，土地面积30.5平方米）。

放款员在审查放款业务时发现，拟抵押的房产已于去年被法院查封，立即暂停该笔贷款的放款，同时向领导及法律保全部汇报。

点评：

抵押物是银行实现债权的第二还款来源，客户经理对抵押物状况的关注不能停留在表面形式上，要进行实质上的确认，以确保抵押物足值、有效，不存在任何瑕疵。

案例2

利用传真查询得知抵押物被法院查封

9月9日，某支行前来分行放款中心为浙江F公司办理1600万元流动资金贷款，由该公司自有的房产提供最高额抵押。

按照放款操作规定，放款中心对该抵押物的法律状态，向杭州市房产档案馆信息中心进行了传真查询。反馈结果表明，该抵押物已于7月18日被下城区法院依法查封。得此结果，放款中心马上对该笔授信停止发放，避免了1600万元贷款担保风险。

案例3

核保发现抵押房产被冻结，停止1.24亿元放款

银行同意给予厦门L商贸有限公司综合授信额度1.24亿元，期限一年，可用于流贷和开票，由厦门J公司名下的24套商业房产及37个车位、厦门市W公司名下的14套商业房产和4套住宅提供抵押。

在实地核实抵押物、产权证和第三方出具的评估报告时，未发现异常。但核保人员在房管局办理抵押手续时，发现其中15套房产被法院冻结。鉴于此，核保人员当即停止办理抵押相关手续，并将情况报告给信审部门和相关领导。

案例4

放款前堵截抵押物刚被查封的风险

宁波A公司因经营不善倒闭，而B公司对A公司承担了巨额担保责任，导致自身资金链紧张。B公司已从某行获批贷款9500万元，以26套房产抵押。

在客户办理提款的当天上午，支行经办人员通过银行风险信息共享系统、电话查询等方式对房产抵押状态进行了查询，显示为正常。而在当天傍晚到分行进行放款操作时，放款中心因了解到B公司存在问题而高度警惕，认为银行风险信息共享系统提供的是三天前的信息，而上午电话查询的为正常的结果，下午也有

被查封的可能，因此坚持要求支行再次进行实时、实地查询。

支行动用了一切资源，甚至请求抵押登记部门的工作人员下班后再回单位进行登记查询，结果发现其中一套价值2000多万元的房产刚被查封。放款中心立即停止放款。

2. 不可接受的抵押物

案例1

发现抵押土地性质为农业用地

武汉J农业发展有限公司在银行授信金额为1.3亿元，以借款人及其关联公司的土地及房产作抵押。

客户前来办理抵押手续时，放款人员发现有两块抵押用地的土地性质为农业用地。而根据《物权法》的相关法律条文，农业用地并不能作为抵押物用于银行抵押融资，因而也就无法办理抵押登记手续。有鉴于此，放款人员遂要求客户经理先行去土地局核查，结果农业用地确实无法办理抵押，于是要求客户提供新的足值抵押物。

点评：

在实际办理抵押或质押过程中，押品的性质对抵（质）押能否顺利办成具有重大的影响。甚至不同地方的抵（质）押办理机关的不同做法，也会左右办理的结果。只有充分了解相关法律条文，熟悉当地登记机关的办理流程，才能够在登记过程中顺利办理，保障银行债权权益。

案例2

发现抵押房产是企业职工宿舍

银行批复给予重庆J医药有限公司3500万元综合授信额度，要求以其自有的评估价值为1985万元的土地及评估价值为3811万元的建筑作抵押。

分行核保人员到现场查看抵押物情况，发现部分房产抵押房屋是企业职工宿舍，涉及面积6845平方米，对应评估价值965万元，按银行相关规定，这部分房产今后难以处置，不宜设置抵押，于是要求企业另外提供其他抵押物。

案例3

发现抵押的多为陈旧的机器设备

银行同意给予苏州I压铸电子技术有限公司5500万元贷款，要求优先选择单体金额大、成新度较好的设备作抵押。分行放款中心审核员预审时，调出该公司拟抵押的机器设备清单进行比对审查，发现大部分为5年前的陈旧设备，而1年前新购置的机器设备均未列入此次抵押范围内。放款中心遂暂停该笔抵押预审业务，退回业务机构要求重新办理。

案例4

发现抵押土地为科研用地，不符合《物权法》

青岛某公司申请1500万元流动资金贷款，担保方式以申请人关联企业青岛某公司名下位于青岛的土地抵押。

分行信贷管理部核保时发现该宗土地性质为“科研用地”。经咨询当地土地登记部门，答复按《物权法》第一百八十四条规定，该类土地的确不受理登记。信贷管理部即停止办理业务。

案例5

堵截未成年人共有房产抵押风险，暂缓235万元放款

放款中心经办人员在对杭州O医药化工有限公司235万元贷款进行抵押合同用印审核时，发现有处抵押房产为一家三口共有，其中一人为未成年人。银行审批报告在确认抵押价值时，对该房产按照家庭人口比例剔除了未成年人所占份额，将抵押物价值从298万元调减为198万元。

放款中心经办人员意识到接受此种未成年人共有的抵押物，可能会对担保效力产生重要影响。在向银行法律人员咨询后，确认存在二点法律风险。一是抵押人以未成年人财产设置抵押的目的，应该是有利于未成年人利益，比如未成年人出国教育、住院医疗等。而此次为授信而抵押，目的显然不是为了该未成年人的

利益，合规性存在疑问。二是与未成年人共有的房产，通常是因为家庭关系而确立的共同共有。而共同共有的特征是财产权利不分份额，因此简单地以共有人的数量来推断未成年人其中所占的份额也是不正确的。

于是放款中心与审批部门进行了沟通，说明了潜在的风险隐患，并请经办支行研究提出新的解决方案。

案例6

发现抵押房产共有人中有未成年人

银行批复给予昆明Z经贸有限公司145万元银票额度，以房产和三套车库作抵押。

放款中心人员核保时发现，其中一套房产共有人中有未成年人，按相关法律规定，此类房产不宜设置抵押，在未来处置变现中存在较大法律障碍。这些问题在之前的调查及审查中均未发现。

放款中心及时将情况通报给经办支行及信审部门。最终在客户无法追加其他合适抵押物的情况下，经办行申请剔除该房产，并经信审会重新审议后将额度调减至100万元放款。

案例7

发现抵押人不具备民事行为能力

福建H有限公司申请综合授信3842万元，由自然人提供房产抵押担保。

放款员审查发现，该抵押人为未成年人，并不具备民事行为能力。虽然其监护人已在抵押合同中签字代为行使抵押人的民事行为，且据客户经理了解该类房产能够在房屋登记机构办理抵押登记手续。但放款员认为，由于该抵押行为与现行法律存在冲突，存在较大法律风险，为保障本行债权和抵押权能够得以顺利行使，放款中心暂缓了该笔协议签署。

3. 抵押物权属存在法律纠纷

案例1

核保发现抵押土地权属有争议，减少400万元放款

湖北Z长江水资源开发有限公司申请2000万元的流动资金放款，以第三方洛阳ZQ建设开发有限公司的房地产抵押。

在办理抵押之前，核保人员核查抵押资料时发现，准备抵押的土地中有一块将要和政府用地进行置换。但在要办理抵押时，置换土地部分的土地使用权证还没有办理好，权属还存在着争议。

发现这个问题后，核保人员认真察看了该块土地的设计规划图，确定了置换土地的位置、面积。经研究决定，在扣除存在争议抵押土地对应的400万元后，放款1600万元。

案例2

发现抵押物登记权利不明确，暂缓6385万元放款

石家庄市D集团有限公司申请6385万元放款，以其某宗土地中的部分土地抵押担保。该宗土地共分为五部分，其中三部分抵押给贷款行，另外两部分已抵押给其他银行。

放款中心在审核资料时发现，在土地抵押登记机关的登记手续中，未列明（或图示）具体抵押给本行的土地范围。由于该宗地的五个部分全部对应一个土地使用证，如不加以区分，极易造成混淆，导致抵押物范围不清晰，抵押手续发生纰漏，授信资金存在潜在风险。

放款中心立即与当地登记部门反复沟通，最终由登记部门在他项权利证书上补充了图示，明确了抵押给本行的具体宗地位置，消除了潜在的风险隐患。

案例3

发现抵押房产权属存在法律纠纷，停止2000万元放款

银行老客户天津H国际贸易有限公司获得700万元综合授信额度，以自有的

三处房地产作为抵押。

放款中心在与客户经理办理房地产抵押进件手续时，从房管局人员处了解到，该企业法定代表人正在办理离婚手续，而且手续办理得不顺利，所抵押的房地产将面临被起诉、查封、更名的风险。放款中心人员当即停止了抵押物进件，并及时向领导汇报，最终分行决定退出该客户，及时规避了风险。

案例 4

发现抵押物上存在其他权利人，停止 1500 万元放款

银行批复给予长沙 A 公司 1500 万元综合授信，期限一年，以湖南 B 房地产开发有限公司名下的土地使用权抵押担保。

核保员从土地评估报告中发现了一些问题，立即到现场查看，发现抵押的土地上还有 A 公司的房产，且该公司拥有房产证。这就意味着土地和地上建筑物分别属于不同的产权人。虽然客户表示和土地局关系好，可以办抵押登记，但放款中心认为存在重大法律隐患，即使办理了抵押登记也难以实现抵押权。另外放款中心还了解到，抵押人同时开发了几处小楼盘，资金链比较紧张。经请示行领导同意后，终止对该笔业务放款操作。

4. 抵押物已出售、出租

案例 1

发现第一期土地已开发并出售部分房产

银行批复同意给予广西 C 贸易有限公司综合授信额度人民币 1.4 亿元，采用土地及在建工程抵押。

风险管理部人员在核保的过程中发现，拟抵押的土地分三期建设，其中已开发一期，其在建工程已办理了预售证，并且已经出售了部分房产。为避免由此产生的法律纠纷，经请示主管行领导后，决定暂停办理抵押手续，要求企业分割土地，采用尚未开发的二、三期土地抵押，按原批复的抵押率，压减授信金额后重新办理抵押手续。

点评：

如果部分在建工程已经销售 房产及相应土地权归属业主所有，将导致银行抵押落空或抵押无效。

案例2

发现部分抵押物已被抵押人出售，暂停9000万元核保

某分行批复同意给予福州Y贸易有限公司综合授信额度9000万元，其中银票及法人账户透支额度4000万元，由自然人及莆田H房地产开发有限公司提供房产抵押担保。

核保员实地核保中发现，抵押人无法按要求出具全部抵押物权属凭证。据了解，抵押物已有部分被抵押人擅自出售，而抵押人认为在抵押物评估价值不减少的情况下，可随意替换原有抵押物。鉴于已无法按信审原批复的要求落实授信担保条件，核保员暂停了该笔核保业务。

案例3

核保发现抵押物大部分已出租，停止2000万元放款

重庆市C房屋拆迁有限责任公司获批2000万元贷款，用第三方商住房作为抵押。

放款中心核保人员到现场查看情况，走访住户，发现抵押房屋为政府廉租房，且大部分房屋已经出租，如果未来处置变现时将面临很大限制，这些问题在客户经理贷前调查及信审审查中均未发现。

放款中心及时将情况向分行风险主管做了汇报，经同意立即停止了该笔放款业务。要求客户经理及信审人员重新进行市场调查，追加担保条件，重新上信审会审批。

案例4

核保发现抵押物被租赁和高估等问题

重庆H集团公司用第三方提供的位于渝中区的270套住房抵押申请1500万

元综合授信。银行信审委批准后，交由放款中心组织放款核保。

分行放款中心核保员到产权登记部门了解抵押物权属，并深入抵押物现场摸清抵押物现状时，发现了以下三点问题：

(1) 抵押物已被长期租赁。抵押物是在三年前旧城改造时安置拆迁户的房屋，政府给予了部分税费优惠，以廉租价格和长期租赁方式供拆迁户使用。

(2) 抵押物被限制销售。由于种种原因房屋登记部门不久前才将产权证办给开发商（抵押人）并限制销售。

(3) 评估价值严重高估。因抵押物受上述条件限制，其价格远远低于评估公司出具的3880元/平方米的评估均价。按政府拟收购的价格及市场转让价估计，该抵押物合理价值为1200万元，抵押严重不足值。

放款中心及时将上述情况向行长做了汇报，领导高度重视并要求立即停止放款，并要求企业补充足值抵押物后再提交信审会讨论决定，同时保留对该抵押物评估公司责任追究的权利，取消其在本行的抵（质）押评估资格。

案例5

发现抵押土地已租给学校作为操场及办公用地

福建仙游县S贸易有限公司获批综合授信人民币3300万元，期限1年，由公司自有一宗面积为18092.1平方米的土地使用权提供抵押，抵押物预评估税后净值人民币9619万元。

核保人员在核保过程中发现，S贸易有限公司已将上述土地租给县私立一中作为该学校操场及部分办公用地，并与承租人签有《租赁合同》。核保人员立即将以上情况汇报给行里。经法律部审核认为，该抵押物产权虽为企业所有，但已用于学校教育设施场地，属公益性质。如果本行抵押权受损时，不利于本行处置该抵押物，因此不建议接受该土地抵押。于是放款中心暂停了该笔授信协议的签署。

之后，经办支行与银行律师多次研究，要求租赁双方与本行签订《补充协议》作为该《租赁合同》的组成部分，由承租人承诺若银行日后出现需要实现抵押权的情况，在银行寄出《实现抵押权通知书》时，该《租赁合同》在规定时间内即无条件解除。

鉴于该客户为银行优质企业，经风险管理部重新审批同意，放款中心落实担保条件后，签署了授信协议并允许企业提款。

5. 抵押物的问题

案例1

发现企业设备重复抵押，暂缓放款4100万元

放款中心核保人员在办理英德市L水泥有限责任公司4100万元贷款项下矿山机器设备抵押登记手续时，通过与市工商局工作人员攀谈，了解到该企业曾在另外一家银行办理过类似的设备抵押贷款业务。

得知这一信息后，核保人员立即向放款中心领导汇报，并提出了该企业的机器设备可能存在重复抵押的状况。得到领导指示后，核保人员要求企业提供其在他行的抵押物清单，并发现其中有两台机器设备属重复抵押，于是暂缓放款。

案例2

发现抵押物名称与批复不一致，暂缓2000万元放款

放款中心在审核深圳市Y纸品有限公司2000万元贷款额度时，发现客户提供抵押的机器设备名称为“高宝利必达四色对开及全开胶印机”，与信审部门批复抵押的机器设备名称“高保利比达对开及全开四色胶印机”不一致。而且企业提供的设备评估报告为9个月之前的，高于现在的估价值。

发现这一情况后，放款中心立即停止放款操作，并将材料退回信审部门重新审批。

案例3

发现部分土地已抵押给其他银行，堵截风险2亿元

银行批复给予长沙G房地产开发有限公司2亿元开发贷款，期限3年，利率上浮20%，以该项目二期土地和在建工程抵押。

经核保人员了解，该项目二期地上建筑主体工程基本完工，符合办理在建工程抵押的条件，但发现并经到国土部门核实，其中一块约200亩的土地已经抵押给了其他银行。核保人员立即将这一情况向行里汇报，同时通知客户须将这200

亩土地的抵押注销，才能予以放款。之后，在确认该土地在他行的抵押已注销，核保人员办理了在建工程抵押后，给予客户放款。

点评：

该笔业务虽然办理了在建工程抵押，但由于部分土地已抵押给他行，今后在主张权利时，必将给本行造成重大障碍。

案例4

发现抵押土地面积应扣除公用道路部分

福建省Q有限公司申请一般固定资产贷款6000万元，由自有土地及房产抵押。核保人员办理抵押登记时，抵押登记机关提出抵押面积应扣除土地证记载的规划公共道路用地面积14000平方米，实际可抵押面积为47920平方米（而不是61920平方米）。因抵押面积减少，涉及评估报告需要重新出具并报信审部门审批，放款中心暂缓本笔放款。

点评：

抵押物的范围、面积可能受到国家政策、登记条例制约，涉及公共利益的部分是不能抵押的，所以在接受抵押物时需注意扣除不能抵押的那部分。

案例5

发现抵押物现状发生变化，暂停300万元提款

福建P鞋材有限公司申请签署300万元流动资金贷款合同，以该公司面积4682平方米、价值为1107.2万元的厂房作为抵押。

放款员在审核他项权证时发现，登记机关特别注明，该抵押范围中应扣除1幢、3幢已拆除部分（合计最多不超过195.36平方米）。放款员把问题告知业务部门，重新调查后得知，客户未经相关部门批准，近期私自将厂房中的门房、杂间拆除，准备重建。因为抵押物现状发生变化，涉及评估价值需要重新认定以及银行审批条件变更等问题，放款中心将有关材料按退件处理。

案例6

发现抵押房屋未交土地出让金

新疆S经贸有限公司贷款300万元，抵押房产评估价600万元，抵押率50%。复核员在审核放款资料时，发现抵押房屋未交土地出让金，且土地价格重复计算。在剔除土地出让金和重复的土地评估值后，重新计算的抵押率超过本行规定比例。放款中心严格按照制度规定，在压减金额后予以放款。

点评：

只有足值有效的抵押担保才能够为贷款的收回提供有效的保障。银行人员要认真对押品手续的完整有效性、权证信息的一致性、价值的充足性等方面进行核实，确保授信担保的有效性。

6. 房和地未同时抵押

案例1

发现抵押土地上出现新建筑物

放款中心核保人员受理为宁波F公司办理土地续抵押登记手续（企业授信6000万元，期限一年，由借款人名下土地抵押担保，土地使用权面积60144平方米）。

经核保人员实地核实，发现该土地上已有建筑物，且在土地登记部门办理抵押登记手续时，证实该地上建筑物已经取得了房屋所有权证。核保人员在办妥土地他项权证回到行里，立即向放款中心主任汇报了核保中发现的新情况。

根据《担保法》《物权法》，放款中心认为应办理地上房屋抵押登记，并提示经办机构对该房屋办理登记手续，在未办妥房屋抵押登记前不应提款。但企业认为土地抵押已足值，不愿意再办理房屋抵押登记。

考虑到房屋所有权证在企业那边，土地权证虽由银行保管，但企业可以调阅，存在将地上建筑物抵押给其他债权人的可能性。随后，放款中心与法律保全部、风险管理部沟通协商，一致认为必须办理房屋抵押登记。经过与企业耐心协调，企业最终同意办理房屋抵押登记手续，消除了今后处置抵押物时可能产生的不利因素。

案例2

发现只办理房屋抵押而未办理土地抵押

某年银行放款中心在对四川Z实业集团有限公司2000万元贷款和四川Z飞虹轴瓦有限公司800万元贷款进行放款审核时，发现其所提供的遂宁市房地产管理局所出具的房屋他项权证中并未涉及其所占用土地。

放款员立即致电遂宁市国土资源局了解情况，被告知遂宁市实行的仍然是房、地分抵的登记制度，即在进行房屋产权抵押后，还应同时办理相应的土地抵押。放款员立即将此情况报告部门领导，并责成经办客户经理重新补办土地抵押登记。

案例3

发现土地和建筑物抵押登记不一致

福建省S集团有限责任公司申请签署授信协议7900万元，以其自有房产抵押担保，对应的抵押物权证为一本土地证和一本房产证。

核保人员现场核实抵押物发现，宗地上除了拟抵押给本行的建筑物外，还有另一栋建筑物。而按照房地产抵押的相关规定，以建筑物抵押的，该建筑物占用范围内的土地使用权应一并抵押并办理登记；以土地使用权抵押的，该土地上的建筑物应一并抵押并办理登记。

为进一步了解情况，经向登记机关核实发现，该栋建筑物产权为第三人所有，故该抵押物产权上存在瑕疵，于是放款中心中止了该笔授信的抵押登记手续。

点评：

银行核保制度要求核保人员应现场了解抵押物的状况，如发现抵押物存在异常状况的，应及时进行核实以确保抵押的真实有效性。

7. 抵押物金额问题

案例1

重新评估后发现土地高估

上海Z国际贸易有限公司申请办理抵押用印审核。根据审批要求，3500万元贷款由客户提供的土地及9幢房产抵押担保，且抵押率不得高于50%。

放款审核员审核后发现，抵押土地为杭州市外贸仓储集聚区，属仓储用地。支行对该土地做了协议评估，评估价值为7002万元，对应主债权为3500万元。而根据总行《授信业务押品价值评估管理办法》要求，仓储用地初估必须由本行认定的外部评估机构进行评估。故审核员对该笔用印做了退回处理，待外部评估机构评估后再提交审核。

后经外部评估机构评估，押品价值认定为6403万元，按50%的抵押率无法覆盖借款合同3500万元的主债权。经与客户协商，借款金额降低为3200万元，审核无误后办理了抵押用印手续。

案例2

发现抵押物估价高出5.5倍，停止放款6000万元

四川Z有限公司申请流动资金贷款人民币6000万元，用该公司厂房及土地抵押担保。由于该公司房产尚未取得相关产权，公司承诺待取得产权后用于抵押担保。

银行核保员在办理土地抵押登记时在国土部门了解到，本行抵押合同对该宗土地的确认总价为7200万元，确认单价为65.42万元/亩，而当地国土部门提供的该片区综合指导价仅为11.8万元/亩。

企业抵押给银行每亩地的单价，竟然为国土部门指导价的5.5倍。核保员将情况报告给领导后，立即停止放款。

案例 3

发现抵押物范围包括房产附着物而高估

苏州 L 医疗有限公司申请办理土地厂房抵押贷款 3000 万元。审核员仔细阅读评估报告发现评估价明显偏高，该公司房产评估价 2500 万元，房产附着物评估价 4400 万元，合计 6900 万元。

经向登记机关询问，在实际办理他项权证时，抵押金额虽可将房产附着物价值纳入统一计算设定，但他项权证中抵押范围仅包括房产，不包括房产附着物。这意味着在实际变现时，银行可能仅享有房产的优先受偿权，而对房产附着物不享有优先受偿权，银行债权可能面临部分脱保的风险。分行放款中心暂停该笔抵押预审，并将相关信息立即反馈至审批部门重新审理。

提供虚假证明文件罪

（刑法第二百二十九条第一款、第二款）

承担资产评估、验资、验证、会计、审计、法律服务等职责的中介组织的人员故意提供虚假证明文件，涉嫌下列情形之一的，应予立案追诉：

（一）给国家、公众或者其他投资者造成直接经济损失数额在五十万元以上的；

（二）违法所得数额在十万元以上的；

（三）虚假证明文件虚构数额在一百万元且占实际数额百分之三十以上的；

（四）虽未达到上述数额标准，但具有下列情形之一的：

1. 在提供虚假证明文件过程中索取或者非法接受他人财物的；

2. 两年内因提供虚假证明文件，受过行政处罚二次以上，又提供虚假证明文件的。

（五）其他情节严重的情形。

（最高可判处五年以下有期徒刑或者拘役）

案例 4

发现抵押物评估价值重复计算，消减提款额度 500 万元

沈阳 S 有限公司申请办理 6000 万元中期贷款，担保方式为企业自有房地产

提供抵押。企业提供的抵押房地产评估报告为两份加总（房地产评估报告1.1亿元+土地评估报告1600万元）。

放款人员经与评估公司电话确认，《土地评估报告》是办理土地抵押时由土地局单独提供，其价值已包含在《房地产评估报告》之中。两项相加，成了重复计算。为保障信贷资金安全，银行削减企业500万元额度，最终发放中期贷款5500万元，抵押率为50%。

8. 抵押期限问题

案例

发现原授信抵押期限未覆盖新授信期限

四川Y实业有限公司原有国际贸易授信额度5000万元，后新增的2000万元，期限一年（2011年8月5日至2012年8月5日），仍以位于宣汉县的房产提供最高额抵押担保。放款员发现，原抵押物他权上设定的日期2011年3月7日至2012年3月6日，日期不能涵盖新的授信期限，存在脱保风险。经与县房管局沟通，该局同意出函证明抵押登记时间为2011年3月7日至2012年8月5日，避免了抵押期限无覆盖风险。

点评：

各地方县市登记机关对登记理解和操作方式存在的地方性差异，可能造成登记结果表述存在歧义或不完整。放款审核时应要求出具相关材料，以佐证银行权益得到充分保障。

9. 抵押条款不利

案例1

发现委托贷款协议中存在不利银行条款

在一笔1亿元的委托贷款中，委托人为江苏省G集团有限公司，借款人为南京市P投资经营有限公司。委托人与借款人办理了房产抵押手续，且双方与银行签订一份《三方补充协议》。但在放款审核中，放款员审核该《三方补充协议》时发现，其中有要求“银行负责审查押品状况”的约定。而根据《总行委托贷款业务管理办法》中规定，“本行不负责审查押品状况，且不发表意见”。放款中心立即暂缓办理此笔放款，要求修改《三方补充协议》条款。

案例2

审核发现《房地产估价报告》备注有不利信息

成都F有限公司申请提款人民币1500万元，以其自有的办公用房及厂房抵押担保。放款员审核《房地产估价报告》时发现备注为：①根据估价人员现场查看，估价对象所有房屋均无栋号，且10栋房产证登记总层数为1层，实际查看为2层。本次评估以委托方带领估价人员现场查看的房屋为准，若《房屋所有权证》登记的房屋非估价人员现场查看的房屋，本评估结果无效。②估价对象所在厂区共有13栋房屋，而本次估价对象为所在厂区所有已办证的11栋房屋及厂区整宗土地。

放款中心认为有以下几点问题：①押品现场房产未见栋号，估价师评估的建筑物可能与抵押给本行的建筑物不一致；②房屋状况（层数、面积）已有较大变动而产权证未更新的，评估价值可能会受影响；③整宗土地及地上部分建筑物抵押时，因水、电、气、道路、通讯等设施为公用，执行价值必然会受影响。有鉴于此，放款中心随即暂停受理该笔放款，责成核保人员与评估公司再次前往现场进行核实。

核保人员再次核实后进行了书面（核保报告）反馈：①现场查看的建筑物与评估报告中照片一致、与产权证（房产、国土两证）上地址一致、厂区（土地）界址与国土证记载一致，该路段号即为该公司厂区；②因厂区新建扩修，原有栋牌号被摘除尚未及时新挂。同时因生产需要，部分原为1层的厂房改建为2层，但主体结构未做改动，评估师估价时，未考虑新增面积，按产权证记载的面积和原结构进行评估；③新建的2栋厂房仅为自用，暂不会办理产权证，但客户承诺一旦办证即刻抵给本行。本行将跟进了解厂房办证情况，避免今后抵给他行影响本行权益。

放款中心在搞清情况和消除疑问后，办理了放款手续。

10. 抵押登记有误

案例1

发现抵押土地上的两栋房产未划分幢号分别登记

石家庄H有限公司办理2000万元抵押贷款手续，抵押土地上附着两栋房产。在当地办理抵押手续时，放款员发现其中一栋房产已经抵押给别家银行。但是房产证中并没有将两栋房产划分幢号分别登记，这样会造成日后处置抵押物时存在障碍。经放款员积极沟通协商，最终房管局同意在他项权证上注明具体的房号及房产面积，规避了潜在的风险。

案例2

发现房屋他项权证附记登记的债务人名称错误

浙江A有限公司申请短期贷款3000万元，由东阳市B有限公司房地产抵押。放款人员在审查该笔业务资料时发现，房屋他项权证附记登记的债务人名称为“东阳B有限公司”，与在本行的借款单位“浙江A有限公司”名称不符。放款中心将该笔业务做了退卷处理。经查证，他项权证附记登记的债务人名称错误，为房管部门录入错误所致。

案例3

发现抵押材料有涂改且未加盖更正章

营口经济技术开发区H煤炭经销有限公司申请提款4500万元，期限1年，由辽宁Y实业集团公司的土地提供抵押，抵押率不超过50%。

放款操作员发现登记备案的《抵押合同》中在建工程的房屋登记编号有涂改，且双方未加盖更正印。经了解，是核保人员在登记部门填写合同时笔误，且未加盖更正章就将《抵押合同》送交登记部门备案。

放款中心认为《抵押合同》是银行取得担保的最终法律文件，合同填写错误必须在更正处加盖更正章，否则合同存在瑕疵可能导致内容无效。因此，放款中心在核保人员与企业重新到相关部门办理更换《抵押合同》事宜，并重新审核合格后予以放款。

点评：

银行作为债权人，如果签订的抵押合同文本填写不规范，那么在抵押物执行过程中会直接影响银行应有的权益。因此在合同文本填写时不得有误，严格防控操作风险。

案例 4

发现 4 个车位的房地产权证号与抵押合同中的不一致

银行小企业客户广州市 K 商贸有限公司申请 500 万元流动资金贷款。放款员在审核押品时发现，4 个车位的他项权证中的房地产权证号与抵押合同中填列的房地产权证的证号（由申请人提供）不一致。放款员立即要求客户经理向客户了解情况，查明原因是在办理抵押权登记过程中，国土房管局为上述 4 个车位重新签发新的房地产权证，导致权证编号发生变更。

放款中心在分行法律部出具审查意见并与客户签订权证编号变更的《抵押合同补充协议》后方给予放款。

案例 5

发现《他项权利证书》上所载地块号不符

武汉 Z 房地产开发有限公司获得 5 亿元银团贷款，由公司在建工程抵押。所有抵押办理及分割工作均由牵头行办理后交予参加行。

但参加行审核人员发现，虽然三块土地前期已由牵头行审核并办理相关抵押手续，但有一笔土地《他项权利证书》上所载地块号，与相对应的《土地证》和《评估报告》上不相符。经过多方取证，最终证实土地《他项权利证书》上所载地块号错误，系由当地土地局疏忽打印错误所致，而牵头行在审核过程中并未将其查出。经与多方协商，参加行待牵头行将该错误整改后，方才发放该笔银团贷款。

案例6

发现抵押给本行的土地使用权未分割登记

西安某新区土地储备中心申请提取流动资金贷款2亿元。

放款中心在审查该笔业务时，发现抵押本行的土地他项权利证上登记的面积为171亩，而土地使用权证上登记的面积为440亩，即抵押给本行的土地为土地使用证上的一部分土地。

放款中心认为在土地使用权未分割条件下办理部分土地使用权登记，存在重大风险隐患，抵押登记效力存在瑕疵，今后抵押物变现处分会存在较大障碍。对此，放款中心立即中止该笔放款操作。经反复沟通，在客户办理了合法有效的土地使用权分割以及土地使用权登记的条件下，受理了该笔放款业务。

案例7

发现抵押登记中对应的债务人不是用款人

东莞市A有限公司、广东B有限公司取得银行1.5亿元集团授信额度，授信担保条件之一为房产抵押。放款员发现，房产抵押登记中对应的债务人仅为广东B公司，但B公司在本行贷款余额为零，而全部贷款均由东莞市A公司使用。今后如果A公司违约，银行难以行使抵押权，存在抵押担保悬空风险。

基于上述情况，放款中心暂停该客户授信额度使用，要求客户重新签署抵押合同，对应的债务人增加东莞市A有限公司，才重新启用授信额度。

案例8

发现抵押登记材料中登记事项有误

银行给予南京A（集团）有限公司、江苏B技术公司、南京C有限公司综合授信额度分别为4000万元、8000万元和3000万元。南京C有限公司以其名下房产与银行签订了三份房产抵押担保合同，并按规定去房产局办理了登记手续。

之后三家公司分别申请提款，银行放款初审员在审核放款资料时发现，抵押房产的《房屋所有权证》“设定他项权利摘要”中，抵押合同号登记错误，即“摘要”中三个抵押事项均登记为同一个抵押合同项编号，与实际有三份抵押合同的情况不符。分行立即停止放款，督促相关经办机构整改，待房产局对此项登记内容更正后方予以提款。

11. 抵押顺位有问题

案例1

发现本行为第二权利顺序人，暂缓发放贷款1.15亿元

四川E电力有限公司申请发放并购贷款1.15亿元，担保方式为第三方土地抵押。放款员审核发现，他权证上本行权利顺序为2。土地所在县的国土局说明是，贵行是第二个来办理此块土地抵押登记的申请人，故登记为2。

放款中心认为，本行必须登记为第一顺序人，于是暂停放款。要求客户经理核实他行已办理注销登记手续，并按要求更换（改）他权证书。

案例2

发现散货船有多位抵押权人但未标注抵押顺位信息

银行给予舟山市A有限公司1亿元综合授信额度，以浙江B船舶经营有限公司自有的一艘2.7万吨级散货船提供第二顺位抵押担保。

放款员在审查中发现该散货船的《船舶所有权登记证书》中，已有三条抵押登记信息（含本行），但未标注相关抵押顺位信息。又对《船舶抵押权登记证书》进行审查，发现也未标注抵押顺位信息。如未标注抵押顺位信息，根据抵押登记时间先后，本行属于第三顺位抵押，与批复要求不符，今后会影响本行债权的保障。

发现问题的严重性后，放款员及时向放款中心主任及法律保全部汇报情况，研究协商解决方案。最终与担保企业、抵押登记机关、其他两个抵押权人协商一致后，签订了一份四方协议。在协议里明确了本行在金额1亿元的范围内始终享有第二顺位的优先受偿权，各抵押权人在抵押登记部门所设立的抵押先后顺序，不作为抵押权顺位确定的依据。在办妥该协议在抵押登记部门的备案事宜后，放

款中心才办理了放款业务。

12. 抵押操作不合规

案例1

发现评估机构无房产评估资质

石家庄B有限公司申请办理合同审核，授信金额8000万元，担保方式为土地、房产和机器设备抵押。

放款员审核过程中发现《房产评估报告》出具单位为河北H资产评估有限公司，经核查该评估机构的资质证书，发现其无房产评估资质，抵押资产评估存在违规操作问题，立即停止审核。

点评：

评估报告作为银行的重要授信材料，必须保证其出具的合法合规性。银行应加强对评估机构准入、评估资质、评估报告等方面的把关工作，切实防范抵押担保过程中的操作风险和法律风险。

案例2

发现抵押房产的评估报告过期

浙江G幕墙装潢有限公司申请开立银行承兑汇票1000万元，担保方式为500万元保证金及第三方房产抵押。放款人员在审查资料时发现，该抵押物项下的评估报告有效期已在上个月到期。放款人员立即要求客户经理对该抵押物重新办理价值评估。

案例3

发现他项权证件是由客户自行领取，暂缓2850万元放款

石家庄X钢铁有限责任公司申请提款2850万元，以其自有土地房产抵押。在办理抵押登记时，银行专职核保员与客户经理一同将有关材料递交到了抵押登

记部门。但在领取他项权证时，客户在未通知银行的情况下自行前往领取了他项权证，然后交给客户经理。

放款员在放款审核时，发现取证操作过程违反银行制度，无法确定客户带回的他项权证的真实性，遂暂缓了放款。并要求核保人员立即与业务人员执他项权证一同前往登记部门进行复核无误后，才办理放款手续。

案例 4

发现登记簿记载信息与他项权证不一致，暂停 3200 万元放款

A 银行批复同意给予广州 W 公司 3200 万元流动资金贷款，以借款人名下的商铺提供抵押担保。因该商铺原抵押在 B 银行，故 A 行要求在 B 行的注销登记与本行的抵押登记同步进行。在借款人取得《房地产他项权证书》后才能提款。

A 行放款员在审核业务时发现，申请人提供的《房地产登记簿查册表》显示权利人仍为 B 银行。对此客户经理解释原因是，为快速办理业务，托熟人提前领取了他项权证书，而国土房管局登记资料尚未归档，因此《房地产登记簿查册表》权利人未修改。

放款中心认为，虽然《房地产他项权证书》上记录的他项权利人已为本行，且放款中心也派人全程参与抵押核保，但鉴于《房屋登记办法》规定登记簿是房屋权利归属和内容的根据，当登记簿与房屋权属证书不一致时，应以房屋权属证书的记载为准。维护本行利益，放款员暂缓了该笔贷款。一周后，《房地产登记簿查册表》显示权利人为 A 行后才给予放款。

案例 5

在办理抵押过程中发现可疑情况堵截诈骗风险

切实落实担保条件的真实性和有效性，是银行授信业务风险防控的重中之重，“核保”已成为防控案件与风险的关键环节。

而银行的专职核保人员，要有丰富的信贷业务工作经验和较强的风险防范意识，才能堵截抵押登记虚假风险。以下就是石家庄某银行在办理抵押登记期间，成功堵截的一起典型案例。

一、授信基本情况

银行同意给予河北G重工机械有限公司7000万元综合授信额度，期限一年，用于企业购买钢材、电机、真空泵等原材料，以其自有土地抵押担保，同时追加公司股东个人连带责任保证担保。

二、抵押登记核保经过

5月22日，银行专职核保员前往邯郸市某县国土资源局办理土地抵押登记手续。到达国土局时，发现地籍科没有开门，经向国土局工作人员了解，地籍科负责人张科长去邯郸市国土资源局开会。

当时陪同前往核保的企业人员说，张科长已将办好的土地他项权证委托给其他部门人员保管。之后核保人员在另一办公室见到了被委托人，并取得了他项权证。当银行核保人员提出要查看抵押登记台账、抵押业务受理档案，并询问企业是否缴纳抵押登记费时，被委托人以“登记台账由张科长保管、受理档案已入库，不能现在查看”等理由搪塞。核保人员感觉以上情况可疑，认为该笔抵押登记有可能存在虚假风险，决定先把土地他项权证取走，等张科长在岗时再来进行核实。

6月7日，核保人员在没有通知企业人员的情况下，自己直接前往县国土资源局进行飞行核查。经现场面见和询问张科长得知，抵押登记只能在地籍科办理，不存在其他部门也能办理的情况，且不记得河北G重工机械有限公司办理过土地抵押登记。

随后核保人员又查看了抵押登记台账，发现：一是该土地他项权证项下记载的为该县另外一家企业的抵押登记事项；二是登记台账1月1日起至今，未记载过河北G重工机械有限公司的抵押登记事项。

至此，最终确认该笔抵押登记为虚假登记。

三、采取的措施

核保人员确认抵押登记为虚假登记后，立即向信贷管理部总经理和分行风险主管进行了详细汇报。行领导高度重视，召开风险分析会议，同时采取以下措施：

（1）立即终止对该企业7000万元贷款放款审核。

（2）对以往已放款的涉及邯郸市该县国土资源局的1笔抵押担保类授信业务进行现场核查，彻底排除风险隐患。（经核查，抵押登记真实有效）

（3）全行通报并对堵截风险人员进行奖励，以提高全员的风险防范意识和风险防控能力。

（4）以银行名义向县国土资源局发送公函，对其进行风险提示。

四、风险分析及经验总结

(一)风险分析

在此次核保过程中，核保人员发现了以下可疑情况：

(1) 抵押登记证书不是通过登记机关的正常业务办理窗口取得。

(2) 登记机关被委托人对本行人员的态度过于热情，但对查阅登记台账等档案资料要求不予配合，且以各种理由搪塞。

(3) 登记机关无抵押登记证书交接登记簿或签收登记簿。

(4) 办理期间未见到抵押登记缴费发票。

核保人员发现上述可疑情况后，高度警惕，凭借较强的责任心和风险意识，及时识别了欺诈风险，规避了授信风险。

(二)经验总结

通过案例分析可以看出，核保过程中核保人员应严格按照核保要求尽职尽责，同时应高度重视可疑情况，绝不能放过任何蛛丝马迹。特别是对于抵押登记手续办理环节，要通过采取以下防范措施来切实落实担保条件。

(1) 所有抵押登记办理环节，原则上应由专职核保人员参与。

(2) 抵押登记办理过程中必须核实抵押合同、他项权证与登记台账（或登记系统）记载内容是否准确、一致，同时应尽量面见登记机关工作人员，现场办理机打或手写登记证书并加盖印章。

(3) 核保人员必须核实抵押物状态及抵押物是否存在出租、冻结、查封、扣押、监管等限制情况，以确保抵押权设立时的有效性。

(4) 对于具备条件的部分地、市，应充分利用银行国土信息系统的相关查询功能。

(5) 特别是对于首次到当地办理抵押登记的情况，核保人员应提前了解登记机关办公地址及正规办理窗口等相关信息。

(6) 通过留取抵押登记办理现场的影像资料，或核实抵押登记缴费情况，也可起到一定的风险防范作用。

(7) 建立登记机关信息备案制度，日常工作中应注重对登记机关名称、办公地址、受理部门、受理人员、联系电话、印鉴样本等信息进行收集并存档，为防范虚假抵押提供信息支持。

(8) 对于怀疑有欺诈风险或疑问的，应不由企业安排，再次自行突击飞行核保。

六、堵截专项业务风险

风险提示：除了正常授信业务之外，银行还有一些专业性较强的授信业务，风险点也具有特殊性，需要认真审查。

（一）堵截票据（开票）风险

风险提示：近年来，受宏观经济形势及利率变化的影响，客户办理银行承兑汇票开票业务的需求显著上升，银监会和各家银行也是将票据业务风险作为排查重点。在此背景下，放款中心应加强审查力度，切实把好关口。

案例1

发现企业财务状况恶化，暂停开票7140万元

广州Z有限责任公司申请开立7140万元银行承兑汇票。放款中心审核该笔业务时，考虑到我国钢铁行业自近年来受经济危机冲击较大，要求经办部门提供客户最新财务报表及调查报告。经审查分析发现，申请人经营收入大幅缩减，财务费用较上年激增，盈利能力下降。鉴于申请人财务状况急剧恶化，故放款中心暂停本笔业务，并提请分行信审委重新审核该笔业务。

案例2

发现开票申请人卷入借款合同纠纷，暂停开立银承1000万元

浙江Z有限公司申请开立银行承兑汇票1000万元。A银行放款审核过程中未发现任何问题，但当放款人员准备将系统出账信息传递至营业部并提交资料至柜台时，从会计主管处得知，当天营业部收到杭州市西湖区人民法院民事裁定书一份，要求冻结该客户及其法人代表在本行的存款共计250万元和其他资产。该裁定书载明，因浙江Z有限公司与其关联企业杭州Z进出口有限公司涉嫌卷入一起金融借款合同纠纷，作为担保人被B银行向法院申请财产保全。

放款人员迅速向行领导作了汇报，决定立即暂停对浙江Z有限公司的一切业务受理，同时也请客户经理与客户做好沟通解释工作。一个月后，开票行收到法

院的民事裁定书，告知原告B银行已向法院提出解除保全申请，法院做出解除冻结相应价值财产查封的决定。考虑到客户的正常经营需求，开票行恢复受理该企业的开票业务。

案例3

发现担保人出现重大不良信息，暂缓8000万元放款

山西Z有限公司8000万元银承业务到期，在额度有效期内申请循环续做。分行放款中心在审查时发现，该企业担保人代县Y铁精矿粉运销有限公司出现大量欠息和不良，经过进一步了解，该企业已近破产，实际控制人早已逃往国外。放款员立即将此事报告领导，暂缓了该笔放款，待重新变更新的担保人后方才发放。

案例4

发现担保企业更名后及时签订新保证合同

山东S科技集团有限公司申请开立1亿元银行承兑汇票，由山东S胜华化工股份有限公司提供担保。

分行放款人员审核发现，担保企业于刚于一个月前将名称变更为山东S胜华化工集团股份有限公司。支行客户经理虽已确认了新集团公司所有制性质、注册资金、股东情况等均无变化，但未要求该集团公司签署新的保证合同。放款人员请示信贷管理部领导后，要求客户经理到新集团公司重新签署了新的保证合同，以确保担保的法律效力。

案例5

发现两份变造的购油贸易合同

12月13日，江宁某客运有限公司申请开票5000万元，用于向某加油站购油，提供的是全年的购销合同。从表面上看，开票与公司经营范围吻合，与其全

年的主营收入也基本匹配。但放款中心经仔细核查，追溯到上笔开票业务的放款资料后发现，客户上一次提供的也是一份购油的贸易合同。经对照，两份合同除加油站名称不一致外，其余要素完全一致，包括精确到分的销售金额，而且贸易合同中竟有排他性的购油协议。由此放款中心断定客户提供的是一份变造的购销合同，贸易背景不真实，于是停止了该笔开票业务。

点评：

票据业务的贸易背景真实性是风险防范的重要内容，为此，在审核票据业务时，除需认真审核合同、发票、企业经营范围、销售规模之间的逻辑关系外，必须认真核查该票据项下的合同原件和增值税发票原件。而对于连续的开票行为，为严谨起见，还应结合企业一段时间内的贸易背景资料跟踪审查。

案例6

向税务部门查询发现该笔建筑业发票票号不存在

苏州J有限公司申请开立一笔3000万元银票，收款人为E公司，双方签订了金额为1.2亿元为期一年的建设工程施工合同，并提供了一张建筑业发票。放款员在审核时发现，企业提供的建筑业发票复印件上注明为自开发票，但同时发票上又盖有税务局代开发票专用章。放款员通过电话向税务部门查询该张发票的相关信息，得到的答复是该张发票票号不存在，建议实地进行查询。鉴于对该背景资料存在疑问，放款中心退回了该笔业务。

点评：

开票业务为常规业务品种，在进行审核时，需重视对细节的审查。对于客户提供的资料，经办人员应坚持验看原件，一旦有疑问需及时通过多种渠道进行求证以防范风险。

案例7

从两份合同的公章位置完全一致发现虚假购销合同

厦门H电子科技有限公司申请开立银行承兑汇票700.4万元，保证金比例30%，期限三个月。放款员审核发现，该企业提供的购销合同中两份合同的买卖双方签章位置完全一致，有复印变造合同的嫌疑，立即暂停了该笔承兑业务。

案例 8

发现购销合同结算方式为剪贴后再复印

福建 S 贸易有限公司申请开立保证金比例为 20% 金额为 1500 万元的银行承兑汇票业务，期限为四个月。放款员在审核中发现，该客户提供购销合同中的结算方式为人为剪贴后再复印，其贸易背景可疑。经请示领导后，放款中心暂停了该笔承兑业务的放款审查。

案例 9

发现开票用途与审批要求不符

郑州某销售有限公司申请办理银行承兑汇票 300 万元，20% 保证金，为汽车金融业务项下续做业务。

放款中心在审核时发现该笔银票的收款人为“湖北某车辆销售有限公司”，提供贸易背景资料为出票人和收款人签订的加工订单，产品名称为“三桥半挂”。而本行审批部门授信批复明确开票是“专项用于购买一汽解放品牌系列车型”。

放款中心认为此笔业务不符合授信批复要求：一是经放款审核人员核查，收款人“湖北某车辆销售有限公司”非一汽解放品牌汽车的生产厂商，仅是对一汽提供大型配件；二是拟购买产品“三桥半挂”属大型卡车的部件，不属于具体车型。

放款中心认为授信资金用途与批复要求不一致，暂缓了该笔放款，要求经办单位重新落实贸易背景。

案例 10

发现 5000 万元开票金额不合理

放款中心放款员在审核深圳市 J 经贸有限公司全额保证金开立 5000 万元银

行承兑汇票业务时，虽未发现资料表面上的瑕疵，但一个成立期限不长、注册资本仅为人民币50万元的企业一次性开票金额竟高达人民币5000万元，这引起了放款员的警惕。

而放款员还记得，不久前曾经审核过的一笔大额银票贴现业务，该企业的名字也在银行承兑汇票出票人和前几手的背书人中频繁出现。

针对这一反常情况，放款员立即向领导汇报，引起了领导的高度重视，尽管是全额保证金，但最终认定该企业在贸易背景上存在重大风险隐患，因此否决了该笔业务。

案例11

发现1.05亿元累计开票总额与销售总额不匹配

厦门市X工贸有限公司向放款中心提交金额为1500万元开立银行承兑汇票申请，以50%保证金作为质押，并以自有房产及土地、在建工程抵押。

放款中心在审查过程中发现，这家客户连续3天开票，金额达4500万元。经核实，半年来在分行累计开票1.05亿元，与企业财务报表销售总额不匹配，贸易背景可疑。对此，放款中心立即中止放款，并及时向有关领导汇报。最终决定停止放款，做了退卷处理。

案例12

发现汽车合格证总价高于实际价格30%

镇江B汽车服务有限公司申请办理500万元银票业务，专项用于向宝马（中国）汽车贸易有限公司购买汽车。根据银行批复要求，由南京某国际货运分公司驻店监管进口宝马《货物进口证明书》和《进口机动车随车检验单》，看管率75%。

南京分行放款中心审核员在审核业务过程中，根据平时积累的汽车市场价格数据，对客户提供的看管车辆价格进行了逐一审核，发现总价格存在高估的嫌疑。审核员没有轻易放过疑点，而是进一步通过互联网对相关汽车网站进行查询，并电话咨询多家4S店，最终证实监管的宝马汽车合格证总价格高于实际价格30%。放款中心因此果断地否决了此笔业务申请。

案例13

发现银票查复金额与票面金额不一致，暂缓209万元放款

Y工程技术（北京）有限公司申请办理银票换开业务，即以一张金额为209万元银行承兑汇票作为质押，开立4张金额总计209万元银行承兑汇票。

放款中心在审查时发现，本行发出的查询书查询票面金额为200万元，承兑行查复书亦回复确认无误，而银票复印件显示金额为209万元。

发现上述问题后，放款中心当日未办理此笔业务，及时通知会计管理部对该笔银票重新进行查询。在最终确认此笔银票金额确为209万元后，于第二天办理了放款手续。

案例14

发现客户利用贴现资金循环开票

申请人广州A有限公司在银行有8000万元授信额度，专项用于开立全额保证金的银行承兑汇票。9月28日，申请人申请开立一笔1000万元的银行承兑汇票，收款人为广州B工程有限公司，并提供了100%保证金。

放款员因申请人短期内多次开票，要求客户经理提供企业结算账户的流水记录及其来往账回单。结果审核发现，A公司9月26日曾在本行开立一张1000万元银行承兑汇票，收款人为B公司。而B公司于9月27日向A公司结算账户划入970万元。

虽然经办客户经理解释A公司与B公司有业务往来，该970万元款项为A公司正常往来款。但放款员认为，不能排除企业利用贴现资金回流做保证金的可能，申请人存在循环开票的可能，为防止企业虚增营销收入等违规行为而给银行利益造成损害，经请示领导后停止办理该笔放款。

案例 15

堵截保证金来源不合规风险 170 万元

安徽 D 贸易有限公司以全额保证金申请开立银承 170 万元，收款人为安徽 M 信息股份有限公司。经审查保证金来源系收款人转入，资金来源不合规，予以退回。

点评：

放款中心应严格审查开票保证金的来源，包括容易忽视低风险类业务的资金来源和贸易背景的真实性。

案例 16

发现开票日期与购货合同日期不符

某年 1 月 26 日，河北 B 有限公司申请开立一笔 430 万元全额保证金银行承兑汇票，为企业的购货提供预付款。放款员在审核中发现，企业提供的购销合同中载明的货款结算方式为：预付银行承兑汇票 430 万元，余款在交货后一个月内付清。该购销合同上约定的交货日期为 1 月 16 日，而此次的开票日期已超过交货日期 10 天，无法构成预付款，存在使用过期合同办理业务问题，故未予办理，要求客户经理去查明情况。

点评：

100% 保证金的开票业务就没有风险了吗？不尽然，也必须查明真实的贸易背景，做到有疑必究。

案例 17

发现“先票后货”未签订购销订单且未投运输险

银行给予经销商无锡市 B 电器有限公司“先票后货”存货质押额度 1500 万元，合作生产厂商为 S（中国）热水器有限公司，质押物存放于南京 Z 发展股份有限公司仓库监管。

放款员在审核时发现 B 公司与 S 公司虽签订了年度购销框架协议，但未签订业务购销订单。因S公司与本行签订工商银三方协议，须承担供货和回购责任，因此明确货物品种、型号、数量、价格就显得尤为重要。针对此情况，放款中心及时督促购销双方补充签订相关购销订单。

另外，放款员在审核质押物保险事项时，还发现质押货物由监管单位负责运输，在S公司内完成交付，而申请人仅办理了“库存险”，放款员及时要求申请人补办“货物运输险”后方予放款。

【小知识】

先票后货

意为“先有票、后有货”，即银行在收取一定比例保证金后（如30%），先为经销商开出银行承兑汇票。经销商持票向生产厂商购买货物，货物发到银行指定仓库监管。经销商向银行交足剩余保证金（70%），可提取货物去销售。

案例18

避免收款人在票据到期日前向法院申请挂失止付的风险

天津市S汽车贸易有限公司向承兑行申请将两张金额均为500万元的银行承兑汇票做换票处理。该两张银票系该行于一周前承兑，因原期限较长（6个月），票据收款人要求申请人将其更换为3个月的票。

经放款人员审核，申请人退回的银行承兑汇票为真实正本，于是将票据右上角剪去，以示退票；经查询人行及本行总行关于票据退票的处理手续，也未见瑕疵。但经查询《票据法》及最高院关于审理票据纠纷的司法解释，放款人员注意到银行承兑汇票正本并非主张票据权利的唯一证据，即便银行收回了票据正本并予以注销，票据收款人仍可以票据丢失为由，在票据到期日前向法院申请挂失止付。因此，银行若同意将原票（6个月期）注销并为其重新开立期限较短（3个月期）的银票，仍存在需继续承担原票付款责任的风险。

鉴于申请人系新客户，为防范风险，银行指定专人前往票据收款人处（上海）核实，实地见证原银票收款人确认银票退回事宜，从根本上避免了收款人未来申请挂失止付给银行带来的潜在风险。

案例19

发现银票交付手续不规范后加以完善

银行给予A南京贸易有限公司订单融资额度4500万元，专项用于与B国际贸易有限公司签订的订单项下，向C铝业有限公司开具银行承兑汇票购买铝锭。

放款员按《订单融资业务管理办法》审核该笔放款业务时发现：该笔银票将由客户经理直接交付给申请人A公司。虽《管理办法》中并未细化银票交接流程，但为强化授信资金专款专用的管理要求，于是要求客户经理进一步完善与C公司的交付银票手续，即跟随银票向C公司发出“银票收妥确认函”，并收取C公司的回执。

> **对违法票据承兑、付款、保证罪**
>
> （刑法第一百八十九条）
>
> 银行或者其他金融机构及其工作人员在票据业务中，对违反票据法规定的票据予以承兑、付款或者保证，造成直接经济损失数额在二十万元以上的，应予立案追诉。
>
> （最高可判五年以上有期徒刑）

（二）堵截票据（贴现）风险

风险提示：放款中心在审核票据贴现业务时，最主要的是要堵截虚假票据诈骗的风险，包括伪造票、变造票。放款审核人员要细心稳重，认真审核贴现时的相关资料，注意每个细节，是可以发现隐藏在“小差错”背后的风险隐患的。以下都是实际的例子。

案例1

发现贴现所用多张增值税发票密码区密码一致

沈阳S生物工程有限公司申请1000万元银行承兑汇票贴现业务。放款中心在审查该笔业务中，发现该公司所用多张增值税发票密码区密码一致，存在伪造变造嫌疑，贸易背景真实性存在问题。马上和支行沟通，并及时向分行领导汇报，停止办理该笔业务，堵截虚假贸易背景的风险。

案例 2

发现购销合同和发票已过期，停止 500 万元银票贴现

南京 S 热管有限责任公司申请 500 万元银行承兑汇票贴现，放款员在审核时发现，该企业提供的购销合同和发票已过期，认为贸易背景的真实性不确定，拒绝了该笔贴现。

案例 3

关注“以大带小”票据，防范诈骗风险

分行放款审核员审核时发现，客户申请贴现的一张金额为 100 万元银票的查复书中注明，该银票为“以大带小，请注意风险”。放款审核员根据日常业务积累的经验，判断该票据存在将小金额变造成为大金额的嫌疑，且人行下发的《银行票据风险案件通报》中，也通报了此类“以大带小”，变造票据诈骗的典型案例。因此，放款中心对该笔银票未予办理放款，并立即联系会计部门，针对“大票带小票”形式的银票向各支行下发了风险提示，制定了具体的防范措施，强化了内部控制，有效防范了票据业务风险。

【小知识】

以大带小

骗子到银行同时开具多张金额大小不同的承兑汇票（可能是交足 100% 保证金），如一张 1000 万元面额和三张 10 万元面额的。这四张票，除了面额和号码不同外，其他票面要素包括出票人、收款人及出票日期都完全相同。随后再将三张 10 万元面额的票，变造成 1000 万元面额的票。这样骗子手上就有一真三假共四张 1000 万元的票，然后再用变造的假票到其他银行去实施贴现诈骗。

案例4

发现票据存在短时间内回头背书情况

广西某贸易有限公司申请办理1000万元贴现业务。放款中心审查发现，客户提供的银行承兑汇票有回头背书的情况，并发生在距出票日几天之内。审查员怀疑为虚假贸易背景，经询问客户经理为何会在短时间内回头背书，客户经理无法自圆其说，也无法提供相应佐证，放款中心停止该笔业务，避免违规风险。

点评：

办理票据贴现时，重点是审核贸易背景的真实性，不仅要审核购销合同、增值税票、交易对手等情况，还应注意是否存在短时间内回头背书的情况。

案例5

发现增值税发票电机单价与贸易合同不同

杭州X公司申请商业承兑汇票贴现500万元。放款审核员在审查资料时发现，企业提供的贸易合同中卖方向买方出售电机，价格为每台2000元，但提供的增值税发票为每台电机（含税）1000元，与贸易合同不符。

放款中心认为此笔业务贸易背景存在问题，要求提供发票原件及贸易合同原件后未果。为了切实防范贸易背景真实性风险，对该笔业务做了退卷处理。

点评：

对于票据业务增值税发票的审查，应注意发票中销售物品名与购销合同的一致性，注意发票金额的计算以及是否加盖发票专用章。

案例6

发现银票查复书所述情况与票面不一致

北京A高压开关设备有限公司办理银票贴现业务，共11张票，总金额为1780万元。银行会计管理部出具了票面核实书与查询查复书。

放款中心在审核时发现，其中一张金额为100万元的银票，查复书回复为“曾签内容一致，无他查，为机打。”但该银票复印件显示该票为手写票。

发现上述问题后，放款中心及时向会计部反映，会计部立即与承兑行进行了电话联系。再次确认该银票为手写票，只是该行经办人员在回复时失误所致，并承诺及时进行重新回复。放款中心在会计部做了电话记录后才为支行办理了放款手续。

案例7

发现增值税发票与购销合同中货物名称不一致

青岛W公司申请办理银行承兑汇票贴现1000万元。分行放款审核员经审核发现，经营机构提供的增值税发票中货物名称只有“废纸箱边”一种，金额为1000万元左右；而《购销合同》中货物名称为“废纸箱边”和“木浆”两种，且两种交易标的物品的交易金额分别为580万元和501万元，税务发票与购销合同明显不同，贸易背景不真实，放款中心停止放款。

案例8

发现票据上印章模糊而退票

浙江X燃料有限公司申请办理贴现业务，金额为300万元。出票人为富阳市F纸业有限公司，收款人为浙江D贸易有限公司。

放款员仔细审核发现，该张票据上出票人财务印鉴章及承兑行的签章已有不同程度的模糊，由此认为该张票据存在一定瑕疵。本着审慎的原则将该笔贴现业务做了退回处理。由票据中心与承兑行进行沟通，承兑行同意在票面上再加盖清晰的汇票专用章，票据中心也要求出票单位重新加盖财务印鉴章。手续齐全后，放款员对该笔业务重新审核当天给予放款。

点评：

新版票据使用印泥时，印鉴容易被擦除。应严格审慎把关，堵截业务潜在风险隐患。

（三）堵截开发贷款风险

风险提示：房地产开发贷款的特征，就是项目建设周期长，不可预见的风险因素较多。项目进展从申请贷款开始，经过银行的调查、审查、审批，到放款阶段时已经过了很长时间，会出现一些新的风险因素，放款中心应该认真把关。

案例1

发现宏观形势已不利于楼盘销售，终止1.8亿元放款

总行批复给湖南X花园有限公司1.8亿元房地产开发贷款，用于“Z森林海”一期项目的开发。因当时项目放款条件不能落实，借款人未能提款。七个月后，项目工程进度正常，能够落实放款条件，借款人申请提款。分行放款中心主任发现该项目离批复日期已超过半年，市场环境已发生了很大变化，又了解到该项目地理位置不佳，离城区较远，受市场环境的影响，销售较差，没有同意进入放款程序，并及时报告分行风险主管和分行长。分行行长亲自带队到现场进行考察核实后，主持召开了由经营单位、信审部和放款中心等多个部门参加的协调会，通过对宏观形势和该楼盘销售状况的综合分析，同意终止该项目的放款。

案例2

发现缺少建设工程施工许可证

大连C房屋开发有限公司申请流动资金贷款4000万元，由定期存单4450万元提供质押担保，质押率89.89%，资金用于房地产项目。放款操作员在审查中发现，企业只提供了土地使用权证、建设用地规划许可证、建设工程规划许可证，但缺少建设工程施工许可证。经办客户经理与企业沟通后，表示暂时无法提供建设工程施工许可证，为此，放款中心暂停办理该笔业务。

案例 3

发现提款金额超出已批准施工证面积比例

客户经理来放款中心为北京 T 公司申请提取 3000 万元房地产开发贷款。放款中心在审核中发现，该客户项目规划建筑面积 35 万平方米，已取得施工证面积 13.5 万平方米，根据此比例和已提款金额，本次仅可发放 600 万元贷款。据此放款中心暂退回了该笔申请，并要求后续项目提款均应根据施工进度和取证比例进行，并制定明细列表确认可提款金额（包括：项目总投、自有资金、规划建筑面积、已取得施工证面积、按比例可提款金额、已提款金额、本次提款金额）。这样，放款中心在审核中既可控制风险，又提高了效率。

点评：

按施工进度放款，是防止资金被挪用的好方法。

案例 4

发现二、三标段施工许可证不齐全，暂停 5000 万元放款

苏州 F 有限公司获总行批复 3 亿元房地产开发贷，专项用于某社区二期项目的二、三标段开发建设，期限 3 年。以二、三标段项目土地和在建工程抵押，并由母公司提供差额担保。要求按客户所提供四证面积比例逐步予以提款。

某日，客户申请提款 5000 万元，并提供了项目四证。放款员经过详细审查比对，发现客户所提供的《土地使用权证》《土地规划许可证》和《工程规划许可证》均齐全，但所提供的《工程施工许可证》中有部分面积是属于二期项目一标段的，而二、三标段的工程施工许可面积仅有较少的一部分，根据测算，仅能提款 2500 万元。放款中心遂退回该次提款申请，要求经办人员补充提供工程施工许可证后方可提款。

点评：

房地产贷款发放前必须确保项目四证齐全。在实际操作中，某个具体的项目通常会存在分段开发的情况。此时，经办人员必须对项目分段情况进行详细了解，对项目四证进行区分，防止各段四证混淆，而出现实际开发的项目四证不全的情况。

（四）堵截钢铁金融风险

风险提示：钢铁金融的特征，就是银行给客户一个总的开票额度，由客户分次使用。放款中心在每笔开票之前，都应认真审核客户是否按照银行的合同规定执行，防止在货物监管方面出现漏洞，造成钱货两空的损失。

案例1

发现货物未发送到银行指定的监管仓库

分行给予广州J经贸有限公司1.5亿元开票授信额度，专项用于厂商银三方协议项下向山东W生产公司购买铝锭，要求票款在开票后3个月内回笼完毕。2月3日，分行为J公司开出1亿元银行承兑汇票（期限4个月）。3月19日，又开票5000万元。

5月，放款中心审核员在办理J公司部分解押赎货手续时，发现该笔业务存在以下两方面问题：①部分保证金是在未到货的情况下存入的，存在现金流与物流脱节的情况；②到货速度慢，在约定到货日期内，实际到货量仅为四分之三，与向山东W公司了解的情况明显不符。

长期的放款审查工作经验使审核员意识到：分行监管仓库的到货量与山东W公司的发货量之间可能有差额，存在一定风险，于是立即将上述情况报告分行领导。分行领导十分重视，组织信审员与经办客户经理去山东W公司实地核查。

后经查实，由于山东W公司对三方协议理解错误，未按要求将货物收货人指定为分行，而J公司利用这个漏洞，要求山东W公司将3600多万元的货物发送到分行指定的监管仓库之外，由此导致融资货物游离于银行监管之外，存在较大的风险隐患。

分行马上采取“外松内紧”措施，一方面，要求客户补充保证金；另一方面，要求山东W公司根据协议，补发相应金额的货物至分行指定监管仓库。之后，J公司在分行和山东W公司的双重压力下，补足全额保证金，并于两个月后将1.5亿元银票业务全部结清。

案例 2

发现钢铁金融未到货和销售问题

12 月 23 日，杭州 H 实业有限公司申请开立一笔 900 万元钢铁金融业务项下银行承兑汇票。经放款审核发现二个问题：①该客户 8 月开立的 2 笔银承业务未及时到货；②该客户 10 月开立的 3 笔银承业务所对应的回款保证金账户金额均为 0，显而易见钢材未提货销售。

根据银、企、商三方合作协议约定，钢铁金融业务操作中，生产商应于承兑汇票出票日后 50 个工作日内按《销售合同》将全部或部分对应银票价值的货物发送至指定银行的监管仓库。银行随着经销商提货保证金的回笼，逐步释放对应风险敞口的货物。而审核发现的两个问题均有悖于风险控制要点，贸易背景的真实性有待核查，因此放款中心立即暂停了该笔放款。

点评：

由此案例可以看出，在保兑仓业务中，放款中心不能孤立地审查表面资料，而要加大风险识别能力，延伸审核半径，关注生产厂商发货记录、保证金均衡回款等贷后管理工作，确保贸易背景真实性。

案例 3

发现出库时计算的钢材价格远低于入库时的价格

上海 Z 实业有限责任公司在上海一家银行获批开票额度 7000 万元，开展物流融资业务。业务开展三个月后，支行客户经理反映部分已开银票项下无法落实到货钢材，但厂商已按协议要求发清货物，不知如何填写贷后管理中相关的《钢铁金融台账表》。

银行放款人员觉得事有蹊跷，不符合常理。经仔细核查支行以往的贷后台账，发现支行出库时计算的钢材价格远低于入库时的价格。经查实，由于支行疏忽，以较早的首笔银票项下购销合同所定钢材的价格，作为后续所有银票项下钢材发货出库的价格依据。

放款中心向支行客户经理指出该做法存在的资金风险，告知其应以每单笔开票时具体对应购销合同项下的钢材价格作为赎货依据，并应遵循“赎货价格孰高，计算库存价格孰低”的原则。放款中心要求客户及时补足保证金差额3096万元，覆盖敞口，并提示支行应在日后业务管理中规范操作。

（五）堵截汽车金融风险

风险提示： 汽车金融业务风险控制的核心手段在于全程控制，其中合格证看管、均衡回款赎证、客户销售状况的动态监测、票据到期前的保证金全额入账等，均是全程控制环节中的重要工作。放款中心在每笔放款之前，都应认真审核上述方面的管理要求是否落实到位，确实堵截操作风险。

案例1

发现客户经营范围中不含品牌汽车销售的经营资格

邵阳市L汽车贸易有限公司有3500万元汽车金融授信额度，专项用于开立银承向东方日产公司采购小汽车。某日，放款员在审核授信资料时发现，申请人提供的营业执照及税务登记证批准的经营范围中均不含品牌汽车销售。虽然银行信审部门批复已同意给予汽车金融授信额度，但放款中心认为在未获得工商部门及税务登记部门对该客户品牌汽车销售的经营范围有效认定前，不应对企业经营范围外业务给予授信。因此放款中心立即对该业务进行退卷处理，并将该情况通知相关信审员。

案例2

发现关联企业垫款信息，暂停600万元开票

福建省A远东汽车经贸有限公司和福州B贸易有限公司两家汽车金融经销商申请开立2笔银行承兑汇票，金额共计600万元。

放款员在审核资料无误后得知，当天有另一家汽车金融经销商福建C贸易有限公司在本行开立的一笔3个月承兑汇票到期，因无法按时承兑申请转垫款。放款员进一步了解到，这三家经销商虽与本行签的是不同的汽车金融网络合作协议，但法定代表人为同一人。放款中心果断中止2笔新增放款，并要求支行督促经销商补足敞口，有效地防范了授信风险。

案例3

发现车辆合格证未按期交到本行入库保管

丹东D汽车销售服务有限公司办理银行承兑汇票245万元，用于购进经营所需整车。放款员在审核过程中发现，企业在11月中旬办理的银行承兑汇票对应的车辆合格证尚未交到本行入库保管，不符合风险部批复“在开票后一个月内将车辆合格证交付本行监管”的要求，存在风险隐患。放款中心暂停了该笔业务的发放，同时与贷后管理部门密切配合，在确保上述车辆合格证交由本行监管后重新受理了该笔业务。

点评：

严格落实批复要求是放款的前提条件，放款中心应加强与信审及贷后管理等部门的相互配合，跟踪批复执行情况，确保银行信贷资金的安全。

案例4

实地核实车辆监管仓库面积后予以放款

杭州汽车金融授信客户A公司申请贷款1000万元。放款中心主任在审核《车辆及汽车钥匙和合格证委托监管协议》与《车辆监管仓库租赁及保管安全协议》时发现，其第三方监管方用于存放质押车辆的仓库地址为嘉兴某地商务楼101～108室。放款中心对此产生疑问，于是进行了分析，该客户销售汽车均价30万元左右，1000万元贷款所对应存放的车辆数目约30辆左右，而普通的商务楼一层8间铺面面积一般不足以停放这么多车辆。

因此，放款中心立即派二位人员专程前往查看场地。核实后发现，除商务楼一层8间铺面外，其楼前空地也属于车辆停放的范围。放款中心要求客户提供了专门的租赁协议，并修改了上述二份协议中的仓库地址，审查无误后予以放款。

点评：

对汽车金融业务风险的防范手段主要是基于对质押物、回款资金的监管。因此，监管协议中描述仓库地址的准确与否，关系到银行质押物的监管确权问题，是至关重要的操作风险点。银行必须重视对仓库地址的核实，以确保监管质押物的真实有效。

案例5

发现客户提交的库存车辆保险单不是正本

烟台某汽车销售有限公司申请办理汽车金融开立银票业务800万元。放款审核员在审核时发现，客户经理提供的库存车辆保险单为副本，没有正本，不符合本行押品的管理规定。同时，放款审核员通过拨打出具保单的保险公司的客服电话进行查询，得到回复为：该保险公司信息系统内没有该保单号的信息登记。放款中心遂停止为其办理放款业务，并要求经办客户经理核实保单的具体情况。

次日，在客户经理落实情况的基础上，放款中心再次联系该保险公司，确认了首次未查询到保单信息是因为保险公司的信息系统出了问题。之后，放款人员在认真审核了经办机构提交的保单正本原件和发票原件后予以放款。

案例6

发现汽车金融业务没有均衡回款，暂停开票160万元

6月，镇江J丰田汽车销售服务有限公司申请办理160万元汽车金融项下开银票业务。放款中心审核员在审查时发现，该客户已办理银票的保证金余额正好为该客户对应银票首次保证金之和。针对这一异常现象，放款中心仔细调阅汽车金融合格证台账，逐一核对合格证进出记录及保证金回款记录，发现该客户4月份以来，未有一笔回款赎证。说明该客户4月份以后未销售出一辆汽车，且近期将有近500万元汽车金融银票到期。

由于客户长时间没有回款，放款中心认为该客户存在一定风险隐患，决定暂停开票，并要求支行迅速了解相关原因，密切关注客户车辆销售及资金回笼情况，采取切实可行的措施，保证银行授信安全。

点评：

放款人员应本着高度的责任心，在办理物流金融业务时不应简单审查单笔放

款资料，而应将企业回款等贷后管理情况关联起来，将风险防范渗透到每一个细节，确保每一笔贷款的发放都做到心中有数。

案例 7

发现三家汽车经销商保证金回款都不均衡

放款中心在对同城支行汽车金融的放款审查中，发现有三家单位（杭州 J 丰田汽车销售服务有限公司申请提款 3000 万元；浙江 B 汽车有限公司申请提款 2000 万元；浙江 D 汽车有限公司申请提款 4000 万元）的汽车金融业务保证金回款都不均衡，存在资金游离的嫌疑。其中有两家单位还存在汽车合格证入库数量不足、未及时交存分行的情况。放款员向部门领导汇报后，立即向经办机构、相关部门做了书面通报，做出了暂缓放款、进行专项贷后检查的决定。

案例 8

发现汽车金融业务回款和到车情况异常

12 月 11 日，一汽大众经销商山西 T（集团）有限公司申请办理 215 万元汽车金融银行承兑汇票业务。放款人员在审查中发现，该客户有两笔汽车金融业务存在问题，第一笔是 700 万元银票将于 12 月 28 日到期，但截止申请日仍有 160 万元回款尚未到位，经调查，企业受金融危机影响，资金较为紧张；而第二笔 800 万元的银行承兑汇票，票据期限为 10 月 16 日至明年 1 月 16 日，但截止申请日厂家仍有 600 万元的车辆未发出，按照三方协议的约定，此时厂家已经需要承担退款责任。放款人员发现此情况后立即向领导汇报，终止了该笔放款业务。

案例 9

发现回款赎证进度缓慢

南京某汽车销售有限公司申请汽车金融项下开票。放款中心在审核时发现，该公司之前签发的银票1000万元即将到期，但回款赎证进度缓慢，仅为票面金额的10%左右，既不符合本行相关制度规定，客观上又加大了本行的信用风险，向领导请示后，暂停了该客户的开票业务。

案例10

及时发现保证金账户余额未做冻结的管理漏洞

12月3日，陕西省Q贸易公司申请办理汽车金融300万元银行承兑汇票。

放款中心在审查该笔业务时发现，信贷管理系统中显示该企业11月4日开立的200万元银行承兑汇票所对应的回款保证金账户余额为42.86万元，保证金账户冻结余额为0元，维护回款金额为0元。

放款人员凭着以往审核电子信息的经验，认为该笔保证金账户金额存在异常情况，极有可能是会计部门未对该保证金账户做全部冻结处理导致。对此，放款人员立即要求客户经理前往账务中心进行查询，并立即通知对该账户做全部冻结处理，从而及时堵塞保证金管理的风险漏洞。

案例11

发现汽车金融业务未及时存入回款保证金

广州本田经销商北京某汽车贸易有限公司申请开立200万元银行承兑汇票。

放款中心经审核台账及保证金回款记录，发现该公司当日银行承兑汇票余额为2000万元，但保证金余额仍为开票时存入的开票金额的20%（首次保证金），前笔银票开出49天来从未存入回款保证金。经查询，上述银行承兑汇票对应汽车合格证也未收押入库。

发现上述问题后，放款中心及时停办了该笔业务，并向支行发出风险提示函，要求查明原因并进行认真的风险排查和整改。

案例12

发现客户经理将450万元保证金重复计算

湖北省K贸易发展有限公司有授信敞口额度4000万元，用于购买钢材。按照“厂—商—银”的模式操作，经销商的回款一律要进入银行指定的回款保证金账户，然后由银行（质权人）签发《降低库存价值通知书》，经销商才能提货。

某日，经销商要求提款500万元，同时往保证金账户中转入450万元，客户经理填写了《库存质物最低价值通知书》。放款人员审核时发现，客户经理在计算时，将经销商转入的450万元保证金做了双重计算：一是计算实际授信敞口时扣除了保证金450万元，二是计算库存质物价值时又将450万元计算在内。放款人员立即予以纠正，要求客户经理重新填写了《库存质物最低价值通知书》。

案例13

发现开票敞口超过三方协议规定额度

新疆A汽车销售服务有限公司办理汽车金融业务，申请向沈阳B汽车有限公司开立银行承兑汇票500万元（30%保证金），敞口350万元。

放款员在审核时发现，本行与A公司、B公司签订的汽车销售金融服务网络从属协议（三方协议）敞口额度为500万元，而该公司在本行已开立银行承兑汇票600万元（30%保证金），敞口达到420万元，若再办理此笔业务将超过三方协议额度。放款员及时与客户经理联系，停止办理该笔业务。

（六）堵截贸易融资风险

风险提示： 贸易融资在银行的经营管理中是专业性比较强的授信业务，它涉及当事人多、授信业务品种多、各类文件资料多、操作管理要求多。放款人员必须做到责任心强，熟悉国家监管要求和银行规章制度，了解业务流程和风险要点，才能切实把关。

案例1

发现客户无法对5.4亿美元贸易背景做出合理解释

福州H实业集团公司申请400万美元进口开证业务。

放款中心放款员在审核中发现，该笔业务提供的进口合同为2年期的大合同，总金额为5.4亿美元，即每月进口量高达2250万美元，这与该公司的进口能力严重不符，且该公司未能提供相应的内销合同，还款来源不确定。因此放款员把大合同提交回信审员确认贸易背景是否真实合理。

信审员重新审核发现，该客户上报信审部门的贸易合同上的付款条款为“先开出400万美元银行保函”，而提交放款中心申请开证的出口合同上的付款条款则为“先开出400万美元信用证”，其他合同要素均相同。

为此，放款员认为该笔业务的贸易背景可疑，要求客户经理对该笔业务的贸易背景真实性重新调查。客户经理在调查过程中发现，客户对此无法做出合理解释。经请示领导同意后，放款中心停止400万美元进口信用证业务放款。

案例2

发现进口信用证受益人非进口合同规定受益人

福建省某有限公司申请开立金额为80万美元的不可撤销进口信用证，10%保证金，开证申请书上的受益人为：Cargotec CHS Asia Pte Ltd。

放款员在放款审批中发现，企业提供的进口合同的卖方（即合同规定的受益人）为MacGREGOR Pte Ltd，与开证申请书上的受益人名称不同，其余要素均与开证申请书一致。经询问客户经理，客户经理回答含糊，放款中心立即暂停此笔业务开证。

案例3

发现授信申请品种与本行管理规定不符

放款中心受理杭州L针织有限公司的一笔出口订单融资业务，折合人民币约

1750万元，融资期限170天，客户提交资料齐全。

但放款人员审查时发现，在这笔业务提交的贸易合同中，约定的付款方式为“L/C 180 days after shipment date”（信用证方式，装船后180天付款）。而根据本行《跨境人民币出口订单融资业务管理办法（试行）》的相关规定，出口订单融资业务应为出口商在备货阶段提出的融资申请，即出货前融资，且融资期限不超过180天，归还融资的款项必须为出口商的回款资金。因此，按照LS公司贸易合同的约定，进口商付款的日期超过了融资到期日。

放款中心认为该笔业务的还款资金来源存在问题，不符合本行的相关业务规定，对该笔业务做了退卷处理。

点评：

在业务品种不断创新的情况下，日常的放款工作不仅要注意法律风险方面的审查，也要注意结合各类业务流程的特点，防范授信期限、授信还款资金匹配风险。

案例4

发现因人民币贬值企业备付资金有213万元缺口

某年6月，济南某铜业有限公司向银行申请开立1216.7万美元远期信用证，首期保证金20%。9月份该笔信用证到期，银行为企业办理了1013万美元的海外代付，企业续存10%保证金，敞口以该笔信用证所买1328.54吨阴极铜做质押担保。12月30日企业又备付了人民币资金，向银行申请解除货物质押。

银行放款中心放款员在审核该笔《解除质押通知书》时，发现当日人民币兑美元汇率为6.68，而企业备付资金是按照半年前开证时的6.47的汇率计算的。如果按照申请解押当天的汇率，企业备付的金额不能覆盖银行业务敞口，少备付了213万元人民币。放款中心随即通知营销机构停止了该项质物的释放。

5天后，企业追加213万元备付金，放款中心才签发了《解除质押通知书》。该笔业务虽为国际业务，但放款中心在质押物释放环节严格把关，在业务的最后关头，保障了信贷资金的安全。

案例5

发现出口退税账户已质押给其他银行

深圳市F股份有限公司向A行申请840万元出口退税前置贷款，期限6个月，以其在A行唯一开立的出口退税专户做质押担保。

A行放款审批人员在质押登记前经查询人行征信系统发现，该公司已于几个月前将其出口退税权益全部质押给B行深圳分行，期限一年。本行已无法取得相应的权益，担保无法落实，放款中心立即停止放款。

A行后来在与客户取得沟通后得知，客户与B行原有的授信业务已经结清，于是要求在B行撤销质押登记后予以放款，避免了风险隐患。

案例6

发现银行标准文本缺少保证金质押内容的条款

6月15日，杭州T经济开发有限公司申请开立金额为184.4万美元信用证，并提交了20%保证金，银行当天审核无误后放款。8月23日，公司提出修改信用证金额，比原证增加138.3万美元，并存缴相应的金额。

放款中心审核相关改证材料后，认为该业务还存在漏洞，即：虽已冻结足额的保证金，但本行标准格式的《改证申请书》上，缺少保证金质押内容的条款，无法确定该保证金性质。为此，放款中心要求客户专门签订了相应的保证金质押合同，以明确为该笔开证的担保，而后给予了改证。

点评：

从此案例可以看出，放款审核工作往往会遇到个性化的细节问题。各岗位人员必须多思考、多钻研，准确分析、判断存在的风险漏洞，及时采取应对措施，把好风险关。

案例7

发现客户之前两笔打包贷款均未正常交单

烟台F食品有限公司申请办理信用证打包贷款61万美元。放款中心在核对国际业务部出具的未结清业务明细表时发现，该客户有即将到期的打包贷款无回款记录。经联系分行国际部，得知该客户前两笔打包贷款均未正常交单。

放款中心立即要求经办客户经理了解客户生产经营是否正常，并要求经办支行行长对该笔业务的安全性出具明确的意见。经支行了解，客户对此前的打包贷款未严格按约定使用，可能形成风险。

放款中心于是拒绝了该客户的提款申请，同时建议支行加强贷后管理，确保前两笔即将到期的打包贷款按时收回。

第四章　授后管理化解风险

第一节　授后管理概述

一、授后管理的重要性

授信业务犹如种庄稼，三分靠种，七分靠管。不能认为只要选好种子，在适当的季节，播种下去就完事了。只有精耕细作，除草施肥，抗害防灾，才能最终获得丰收成果。因此，必须重视授信之后的管理工作（简称授后管理）。

授后管理之所以重要，可从时间和数量两个方面加以认识。从时间上看，对一笔授信的审批可能也就用几天时间，但客户使用授信资金时间长达几个月、一年，时间越长不可预见的风险因素就越多。从数量上看，现在银行每年新增的贷款不多，而存量贷款的规模已经很大，隐含的不确定风险因素很多。因此，授后管理工作应是客户经理日常业务中的主要内容。

没有不变的市场，没有不变的企业。企业和人一样，都会有生命终结期的。正所谓，人无千日好，花无百日红。天下没有不散的宴席。曾经的海枯石烂，不如好聚好散。因此当银行发现企业有不可逆转的风险时，要及早采取措施退出。不可久拖不决，最终造成损失。

(1) 授后管理的理念并不复杂，就是要做到“两个确保”。一是要确保到期贷款按时足额回收；二是要确保未到期贷款不降级或少降级。

(2) 信贷经营像种树一样，树种下去，是死是活，一时是看不出来的。当年活，不算活；当年死，也不算死，要等来年甚至几年后再看。

(3) 客户经理授后管理的职责好比看护一筐苹果。当苹果有一个虫眼时，就要及时发现和报告，赶紧处理。不能等到筐里苹果已经烂掉一大半时，才发现，才去处理，那时已为时已晚。

(4) 对于企业一笔贷款的贷后检查，实际也是对该企业下一笔贷款的贷前调查。

(5) 如果按重要性划分的话，贷后管理的工作量在贷款经营的全过程中，应占2/3的比重。

——专家经验

二、授前是冤家　授后是亲家

银行的授信资金一经发放，使用权即转移到借款人手中，投入到生产经营中。由于可变因素太多，影响着资金的安全性，因此银行要密切关注借款人的生产经营状况，以及授信资金的使用情况，帮助企业把生产经营搞好以保障资金的回收。由于授信放款前银行对借款人近似苛刻的审查，以及授信放款后银行千方百计要帮助企业搞好经营以保证资金安全，因此人们形容银行与企业的关系为"授前是冤家、授后是亲家"。

授后检查作用在于及时发现授信使用中的问题，以尽早采取措施加以解决，避免亡羊补牢的情况发生。对于授后检查的时间、方式、要求等，银行应通过制度规定下来，而不是根据每个客户经理的个人喜好随意进行。

案例 1

授后检查失职，银行面临损失

某家银行对一家企业发放2000万元贷款，用于引进国外的生产设备和技术。项目投产后，企业能正常支付授信利息。在报送的财务报表中，对外投资和经营方面也没反映什么重大变化。客户经理就放松警惕，就不去企业授后检查了。过一阵子企业不能付息了，客户经理到企业去催收时才吃惊地发现，企业用贷款购买的生产线都不在了。赶紧追查才知道，企业和外商在开发区注册了一家新公司，把引进的设备都运到新公司去了，大部分技术人员也去了，生产同样的产品。原来的企业已几乎陷于停产状态。

客户经理授后检查工作失职，中了企业"瞒天过海"之计，银行贷款面临损失的风险。

三、建立健全各项授后管理机制

作为银行高管来讲，要解决"重贷轻管"问题，就应建立一整套完整有效的授后管理机制，以确保授后管理工作的有效运行，包括以下体系：

（1）建立机构人员体系，保障管理效率。当银行信贷资产存量已经很大的时候，就必须设置专门的授后管理部门，设置专门岗位，指定专职人员，做好授后管理工作。

（2）建立文化理念体系，打造百年银行基石。必须提高全行各级人员对加强授后管理重要性的认识，应该形成一套完整的文化理念，以指导日常工作。例如："早发现、早行动、早化解""领导重视、组织到位、分支联动、共同处置""有进有退、有保有压"等。

（3）建立管理考评体系，明确管理目标。要使全行上下心往一处想，劲往一处使，就需要一套完整的考评体系。包括考评指标的设置、年初计划的制订、执行过程的监督、年终结果的考评。做到鼓励先进，鞭策后进，提高整体管理水平。

（4）建立放款管理体系，防范操作风险。放款是授信资金离开银行前的最后一道关口，应指定专门的机构和人员，对放款材料的真实性以及审批条件的落实，进行严格把关。

（5）建立风险预警体系，防患于未然。发现风险苗头是银行化解风险的第一前提。预警体系包括定期的现场检查制度，以及不定期的非现场多渠道风险信息来源。

（6）建立风险化解体系，转危为安。要在风险还没有爆发之前把它解决掉。化解体系包括，年初制订的主动退出计划以及随时发现风险苗头时采取的措施。

（7）建立贷款回收体系，落袋为安。银行每天都有大量的贷款本金和利息到期回收工作，需要一套完备的制度，确保按时足额回收。

（8）建立信息管理体系，提高工作质量和效率。要做到业务制度化、制度流程化、流程信息化。用完备的现代信息技术，对授信业务进行全过程的管理。

（9）建立统计分析体系，用数据说话。要在信息技术的基础上，建立全面、真实、及时、准确的数据统计分析系统，为各方面决策提供有力的数据支持。

（10）建立培训教育体系，不断提高能力。要制订每年的培训计划，对业务条线和风险条线的人员，进行有针对性的培训，以不断提高业务和风控技能。

第二节　授后检查规范

> 明者见危于无形，智者窥祸于未萌。
> 善除害者察其本，善理疾者绝其源。
>
> ——古语

一、授后检查工作原则

“第一责任人”原则。主办项目的客户经理是授后检查的第一责任人。

“按规检查”原则。必须按照银行规定的时间、地点、内容进行检查，不得拖延或减少检查内容。

“三早”原则。即要通过检查，对风险做到“早发现、早行动、早化解”。

“检查与分类结合”原则。要将检查结果与将风险分类相结合，掌握贷款风险度情况，并以此作为拨备的依据。

二、授后检查方式

授后检查可采取现场和非现场检查相结合的方式。

现场检查要实地走访客户，通过与法人代表或财务主管面谈、检查经营场所、进行财务查账、盘点库存等方式发现问题。现场检查应坚持双人经办原则。

非现场检查要充分利用人民银行征信系统、银监会风险客户系统、本行风险管理系统等监控客户的风险信息，并通过社会媒体等多种渠道进行信息收集和风险分析。

三、授后检查的三种类别

授后检查的类别分可为首次检查、定期检查和专项检查。

1. 首次检查

在借款人提取贷款资金一周时间内，检查人员必须进行一次贷款用途的核查，并填写《公司授信业务授后检查表》。检查中发现挪用贷款资金的，检查人员应及时制止并向银行报告，立即采取措施加以纠正。

2. 定期检查

对五级分类不同的客户，银行可按不同期限进行定期检查。

（1）对正常类的客户，至少每三个月检查一次。

（2）对关注类的客户，至少每月检查一次。

（3）对次级以下（含）的不良贷款客户应加大检查频率。

在本行有多笔贷款且五级分类不同的，按照最高检查频率对客户进行授后检查。

3. 专项检查

根据管理的需要，银行可对某一行业、某一区域、某项产品、某个客户及支行或授信部门的贷后管理执行情况等开展专项检查。

专项检查之后，应撰写检查报告，向有关领导汇报检查情况、向被检查机构反馈检查结果，并根据需要向稽核部等相关部门通告检查结果。

各检查人员应根据检查结果，严格按照银行五级分类管理办法和相关规程，进行信贷资产风险分类工作。

四、授后检查的“三查三看”

在授后管理的实践中，有的客户经理总结出“三查三看”的经验，有效防范了风险。

一查授信资金去向，看是否专款专用。如果发现借款人转移银行授信资金，挤占挪用到其他地方的，要立即采取措施追回。

二查企业经营情况，看是否正常运行。如果发现企业在生产经营、市场销售、资金结算、还款能力等方面出现不良苗头，要立即查明原因，判明情况，采取措施化解风险。

三查抵（质）押品状况，看是否状态完好。如果发现有贬值、损坏，或被人暗地转移、变卖等，要立即采取措施追讨和保全。

五、授后检查的主要内容

授后检查的内容主要包括对借款企业基本情况检查、授信用途的检查、重大经营管理事项的检查、财务经营状况或项目进展情况的检查、结算资金往来情况的检查、担保条件的检查等。

1. 对借款企业基本情况的检查

（1）是否按期进行营业执照、税务登记、授信卡等资格年检。

（2）是否按期报送财务报表、年度财务报表是否经资质合格的会计事务所审计。

2. 对授信用途的检查

检查借款企业授信实际用途是否与授信合同上约定的授信用途一致，有无改变授信用途的情况。

3. 对借款企业重大经营管理事项的检查

（1）企业或项目主导产品市场是否发生重大变化。

（2）企业或项目产权结构与经营管理体制有无进行调整，是否发生兼并、合并、分立、停业（产），是否有合资经营以及大额对外权益性投资，授信建设项目是否可能停缓建或进行建设方案的重大调整。

（3）借款企业董事长、总经理、财务经理是否进行调整，新任领导的能力、作风、品质的评价。

（4）有无发生重大财务纠纷或违法经营行为。

（5）有无因意外事件造成重大财产或经济损失等。

4. 对借款企业的财务经营状况或项目进展情况的检查

（1）对企业财务状况的检查：通过测算与比较本期（检查日）与年初、上年同期资产负债表、损益表、现金流量表及主要财务比率的变化，动态地评价企业的经济实力、资产负债结构、变现能力、现金流量情况，进一步判断企业是否具备可靠的还款来源和能力。

（2）对项目进展情况的检查：对固定资产授信，还应检查项目投资和建设进度，项目施工设计方案及项目投资预算是否变更、项目自筹资金和其他银行借款是否到位、项目建设与生产条件是否变化、配套项目建设是否同步、项目投资缺口及建设工期等。

5. 对结算资金往来情况的检查

授信期间借款企业在本行结算量、国际贸易结算量；分析其在本行结算量、存款量占比情况，判断其是否履行了授信前的承诺，并对企业结算、存款潜力进行预测。

6. 对授信担保条件的检查

（1）对保证授信应重点检查：担保合同或担保函的有效性，保证人经营及财务状况是否正常、资产和负债有无重大变化、是否具备继续担保的资格和能力。

（2）对抵（质）押授信，应定期对抵（质）押物进行实地检查和监管，重点是查看抵（质）押物权属有无变动，是否发生出租、转让、赠予，抵（质）物形态是否完整，有无失修、拆迁毁损，抵（质）押物价值是否变动，抵押率是否降低、抵押物保险期是否完全覆盖授信业务期限等情况，确保抵（质）押物形态完好，金额足值、权属完整。若因市场等因素的影响，导致抵（质）押物的价值贬值时，应要求债务人追加抵（质）押物或提供其他合格担保。

第三节　授后管理注意事项

对风险要做到“三早”：早发现、早行动、早化解。

——专家经验

一、加强重点监管工作

1. 加强对重点关注行业和企业的监控管理

主要是国家宏观政策限制的高污染、高耗能和产能过剩的三个行业。还要做好几个主要方面的监控工作，包括大客户管理、不良客户管理、关联客户管理、异地客户管理、票据业务管理、物流业务管理等。

2. 加强对集团客户额度管理和风险预警工作

强化对高风险集团客户的甄别。要充分运用财务预警信息、社会预警信息、多头授信信息、异常关联交易信息等，主动识别高风险集团客户。坚持统一授信，防止对集团客户多头过度授信，强化高风险集团客户授信风险的处置和化解工作。

3. 加强对预警客户的重点管理

对于有风险苗头的客户，要列为预警客户重点加以管理。要定期召开预警客户的支行会议，了解情况，提出催收要求，并采取有效措施化解风险。措施可包括：对分支行实行考评预扣分制；总行、分行、支行实行三级联动催收；由资产保全部门提前介入催收；通报表扬安全回收风险授信的支行和人员。

为将授后管理工作落到实处，将有限的人力资源集中到风险较高的授信客户的管理上，做到对风险苗头“早发现、早行动、早化解”。可制定和实施“信贷项目主监管员管理办法”“信贷项目授后分类管理办法”“风险类客户监控管理办法”和“授后非现场检查管理办法”等。

二、如何发现风险问题

对风险贷款回收立足一个“早”字。在贷后管理中，能够第一时间进行风险排查，对风险苗头做到“早发现”；慎重决策，制定措施，果断实施，做到“早行动”；采取有效手段，或回收风险贷款，或加强担保条件，做到“早化解”。

本章节所述的许多风险贷款回收事例，充分体现了银行领导和员工的信贷风险管理智慧，是授后管理、化解风险的宝贵经验。主要体现在以下几个方面：

一是领导重视，组织得力。日常管理中，领导要高度重视风险管理机制建设，推行良好的风险管理文化。对出现的各类风险事项，领导要果断决策，严密组织，并身体力行，帮助管理部门和经营机构解决疑难问题，切实化解风险贷款。

二是确定重点监控客户。针对经济形势、行业务发展变化，加强对重点监管业务、发展迅速业务、高风险业务的贷后管理，发现问题及时化解。要根据授信调查、审查、放款环节掌握的关键信息，及早确定重点监控客户和监控内容。

三是现场与非现场相结合，努力完善预警机制。要通过非现场监控，多渠道获取风险信息，及时预警；通过现场检查，及时发现风险苗头。通过现场与非现场的有机结合，为风险防范奠定良好基础。

三、风险预警信息的取得

主要方式分为现场检查和非现场检查。

（1）现场检查取得预警信号的方式包括：

客户经理通过实地走访、查看借款人及担保人的主要办公、生产或经营场所、建设工地，与其主要负责人、财务主管直接接触和交流，以及翻阅会计账册、会计凭证，察看存货等方法，对发现的预警信号进行记录和查验。

在对企业的实地走访时，检查人员应采取细致灵活的手段和沟通方式。现场检查完毕应填写《现场检查记录表》。

（2）非现场检查取得预警信号的渠道包括：

通过借款人财务报表等资料入手，纵向比较分析和监测企业各类指标和信息变动情况，如发现异常波动的预警信号，立即进行现场核查，进行核实和查证。

通过多渠道获取和汇总有价值的信息。如从工商、税务了解的验资和纳税情况；从竞争对手、利益相关人（如托管方）、上级主管部门、政府管理部门、金融同业、新闻媒介等方面获取企业相关信息，横向比较分析和监测贷款风险，及时发现预警信号。

通过借款人在本行结算账户，监控贷款账户往来、贷款出账、额度使用中出现的异常情况。

通过人行和银监会信贷预警系统，监测授信企业及担保人在他行贷款卡状态、贷款状态、不良报道等。

四、如何化解风险贷款

授信发放后的情况千变万化，等到合同到期日再去回收时，可能问题已经不可收拾，甚至发生损失。俗话说得好，“先下手为强，后下手遭殃”“当断不断，反受其乱”。因此，对于有风险苗头的贷款客户，银行必须做到“早发现、早行动、早化解”，提前催收和退出。

银行对于发现有风险苗头的客户，主动退出时应注意到以下要点：

（1）退出的认识要统一，对于主动退出的意义，各有关部门和单位经过讨论研究后，认识和态度要一致。

（2）退出的计划要妥当，每年要做好信贷客户结构调整的计划，要求分行支行上报准备主动退出客户的比例和名单，经上级部门审核认可后实行。

（3）退出的行动要坚决，执行时不可犹豫含糊。银行可以根据《借款合同》中的“交叉违约”和“加速到期”条款，要求借款人提前偿还贷款。防止犹豫不决，丧失时机。

（4）退出的方式要讲究，对于不同客户的不同情况，应有不同的退出的时机和方案。有好说好散的方式，有巧施策略的方式，还有强制回收的方式。

（5）对于确实难以全部提前收回的贷款，也应该要求借款人提供更强的担保条件，或者要求借款人提交逐步压缩贷款本金的计划表。

进入要谨慎，退出要坚决。

贷款能否退出来，风险能否化解，往往在于一念之差，一夜之差，一步之差。

——专家经验

五、发现贷款诈骗风险时应做的工作

当银行发现有贷款诈骗风险时，应及时做好以下工作：

（1）尽快查清基本案情，分析判断可能造成的影响损失等。

（2）启动应急预案，采取风险化解措施，保全银行及客户资产。

（3）及时向上级行报告相关情况。

（4）在履行内部报告程序后，按要求向监管机关报告。

（5）据情况向司法机关报案，配合案件调查和处置。

（6）查找本行制度和执行中存在的问题，确定整改方案。

（7）总结发案原因和教训，厘清案件有关责任人，进行问责处理。

（8）做好舆情控制，防范声誉风险，维护案发机构的正常经营秩序。

案例

贷后检查发现诈骗风险，内紧外松收回贷款

2012 年 5 月 25 日，随着青岛某能源公司 2000 万元还款资金到账，该客户风险资产已按期全额收回，某股份制银行青岛分行成功化解一笔存货质押业务风险隐患。

青岛某能源公司主要从事煤炭的批发零售业务。2011 年 5 月银行给予 2000 万元一年期流动资金，以其煤炭存货质押担保，质押率不超过 70%，追加自然人股东连带担保。

分行信贷管理部自 2011 年起加大了对物流融资行业的贷后检查力度，要求各经营机构每月上报检查台账，先后两次牵头组织现场检查，对质押煤炭进行测量计算，并与监管公司对账，该公司质押物足值并超出最低控货值。

在 2012 年 3 月初查验台账中发现，该能源公司自 2011 年 5 月贷款发放以来，其质押在银行的煤炭存货近一年时间从来没动过。这一反常现象引起了银行的高度警觉：该授信客户为流通类公司，下游客户主要为热电公司，每年 10 月至来年 2 月为其销售旺季，其报表显示经营正常，但其存货资产长期不动明显违反常规。

鉴于该公司存货不正常情况，信贷管理部决定再次组织实地检查。检查发现，公司质押在银行的煤炭存放在一个货场，平常大门紧锁，现场煤堆上覆盖着

篷布，煤堆高17～18米，检查人员避开保安爬到煤堆背面7～8米处挖掘，挖到80厘米下发现为沙土（拍了现场检查照片）。客户用假煤堆质押给银行骗取贷款的事实清楚。检查人员电话汇报后，按行领导指示迅速回填煤堆并离开现场。

发现以上情况后，分行决定将该户纳入贷后管理重点监控，并立即成立了由分行风险主管任组长、信贷管理部及经营机构相关人员组成的风险化解小组，制定了风险贷款回收方案，即"在贷款到期前对此事件保密、内紧外松、暂不预警、策略回收"。在贷款到期前的近80天里，经营机构密切关注该公司经营活动，每周上报该客户的业务动态，同时做好了风险突发处置预案。为避免打草惊蛇，经营机构不动声色地要求企业提前落实还款资金来源。5月25日，公司将还款资金按时存到了银行的账户上，此笔潜在骗贷风险完全化解。

第四节　授后管理化解风险实例

在授后风险管理工作中，我们主要应注意三大风险，即借款人方面的风险、担保人方面的风险、抵（质）押物方面的风险。

近年来，借款人方面常出现的风险主要有：企业高管人员出问题、企业管理层出问题、企业违法违规受处罚、生产经营出问题（包括行业衰退、企业开工不足、生产成本上升）、产品销售出问题、为人担保出问题、资金紧张等。

而导致企业资金紧张原因又有很多，包括企业过度扩张、多元化投资失利、投资房地产失败、涉入民间高息借贷纠纷、应收账款出问题、还款资金来源不落实等。

在授后检查工作中，如果发现企业有风险预警信号，应做到"三摸清"，一是摸清企业不能还款的情况和原因；二是摸清是否有可还款的其他资金来源如应收账款、借款等；三是摸清追偿担保人和处置抵押物质押物收回贷款的可能性。

对于借款人可采取"三措施"。一是软措施，对于那些还款意愿好，只是一时资金周转困难的企业，要主动积极为其排忧解难，争取客户主动配合，在适当时机逐步收回贷款。二是硬措施，对于那些还款意愿差，不配合银行收款的企业，就必须采取强硬措施，包括保全资产、查封账户、提起诉讼。三是软硬结合措施，就是对那些抱有侥幸心理企图赖账的企业，晓之以利害关系和告知银行将要采取的行动，迫使企业主动还款。

对于担保人可采取"三策略"，上策是要求担保人出面迫使借款人主动还款；中策是由担保人代替借款人还款；下策是银行处置担保人资产收回贷款。

> 再好信誉的企业都有可能明天倒闭。只有永远的利益，没有永远的朋友。银行对于不好的企业，该退出时就要退出。
>
> ——专家经验
>
> 一次良好的撤退，应和一次伟大的胜利一样受到奖赏。
>
> ——瑞士军事理论家菲米尼

一、化解借款人风险

（一）企业高管人员出问题

风险提示： 企业一把手如果出现死亡、重病、失联、批捕等重大问题，将对企业的生产经营产生重大不利影响。银行人员在授后检查中，在第一时间得知消息后，应立即查清情况，判断风险程度，采取应对措施。

案例 1

法人代表意外身亡后发现生产线停工等更多问题

某分行给予天津市 Y 食品有限公司 3500 万元固定资产贷款，以土地房产抵押，抵押率低于 57%，追加法人代表及配偶连带责任保证。

时隔七个月之后，法人代表意外身亡。获知信息后，分行分析认为，由于法人代表持股比例较高，且参与日常经营管理，预计会给公司经营带来较大冲击，遂将该客户列为重点关注对象。

在对客户进行定期检查过程中发现，企业提供的发票虚假，且 3 条生产线中有 2 条已停工。同时在检查客户房地产权证时，发现该权证在本行银承到期前一天在小贷公司办理了抵押贷款，金额与银承敞口一致，分行推断银承到期敞口资金来源于短期拆借，客户经营压力较大。此后，分行每月 2 次飞行检查，与高管人员频繁沟通，在强大压力下，企业最终通过他行融资提前归还剩余贷款。

点评：

（1）贷后管理要扎实细致，做到明察秋毫。本案就是发现客户生产线停工，发票虚假以及曾在小贷公司办理抵押贷款，推断客户资金紧张。

（2）风险预警化解需讲究艺术和技巧，把握好节奏，巧妙化解。对客户提供虚假增值税发票，未立刻揭穿，以防激起客户警觉心理，对资产回收不利。

案例2

商贸公司实际控制人因个人原因突然自杀

某年7月，兰州某分行给予甘肃A物资有限公司、兰州B金属材料有限公司、兰州C物资贸易有限公司和甘肃D商贸有限公司组成的四户联合互保小组合计4000万元一年期综合授信额度，每户授信敞口600万元，保证金400万元。

贷款快到期前一个月某日晚9点左右，四户联保小组之一D公司实际控制人因个人原因突然自杀。得到消息后，联保小组成员及四家债权银行一并赶到现场（四户联保对外总债务达1亿元）。

凌晨1时许，四家债权银行和四户联保成员紧急对D公司资产进行盘点，得出结论认为，该公司资产状况良好，货币资金较充裕，但家庭成员情绪激动，配合不力。鉴于此种情况，分行提出暂时封存该公司所有资产，并获得一致同意。之后不久，分行通过扣划三户联保成员保证金等方式，将贷款全部结清退出。

案例3

镍合金有限公司实际控制人罹患较难逆转的疾病

某镍合金有限公司注册资本2亿元，生产设备先进，所采用的红土镍矿火法冶炼技术，在行业中处于先进水平，生产工艺达到国家节能减排行业标准。某分行对其授信品种包括流动资金贷款、银行承兑汇票和开立信用证等，授信余额最大时达到8322万元。

某年1月支行通过贷后检查了解到企业的实际控制人罹患了较难逆转的疾病，马上敏锐地察觉到，该企业虽然有比较先进的技术，但该技术主要掌握在实际控制人的手中，一旦实际控制人病情恶化，对企业造成的风险将是不可估量的。

基于以上认识，支行立即着手制订风险化解方案，于5月份收回余额1000万元流贷。数月后企业实际控制人因病情恶化不幸逝世，企业经营陷入困境，10月份申请破产重整。

案例4

五金塑胶制品公司实际控制人突然失踪

东莞某五金塑胶制品有限公司在某分行有贷款余额1600万元，以第三方土地及地上建筑物抵押。

某日该分行在贷后检查时发现，企业实际控制人突然失踪，企业经营暂由其家属接管。企业生产已经下滑，资金明显不足，面临较大经营风险。

其后，分行从企业相关人员了解到，企业拟通过股权转让方式，转让本行抵押物作为还款来源，已与买家签订相关转让协议，并已收到部分款项。分行立刻与买方取得联系，一方面告知买方土地抵押情况，要求将剩余款项优先用于归还本行贷款，另一方面承诺对抵押物的及时释放，保障买方利益，达到三方共赢。经过多方努力与长时间协商，买方与借款人终于达成共识，顺利结清了1600万元贷款。

案例5

药业集团公司法人代表失去联系后企业生产经营受影响

四川某药业集团有限公司是一家正常生产经营十余年，拥有GMP二十余种药品的中型制药企业。某分行给予其综合授信额度4000万元，期限1年，品种包括流贷和银票，贷款利率上浮20%，银票保证金比例不低于30%。由某小企业融资担保有限责任公司和药业集团实际控制人提供保证担保。

某日，经办支行准备实地贷后调查时，发现无法与借款企业法人代表吴某取得联系，在与借款企业（尚在正常生产经营）管理人员、财务人员联系后得知，他们也无法联系吴某。支行立即与担保公司取得联系，并及时到达借款人生产厂区现场检查。得知企业现由股东邢某全面负责，但由于吴某失去联系对该企业生产经营已造成了一定的影响，存在无法按时兑付本行银承的风险。

为此，分行组成风险处置领导小组，经过与担保方上百次电话、十余次不同层面的沟通和磋商，最终在票据到期当天营业日结束前使代偿款安全到账。

> 对于民营企业而言，深入了解老板的人品、性格、嗜好等情况非常重要，因为这些会决定企业的行为和成败。
>
> ——专家经验

案例6

皮革公司法人代表澳门涉赌金额巨大，举家潜逃境外

浙江J皮革有限公司在某分行有一年期流动资金贷款1000万元，由公司法人代表及温州市L制革助剂有限公司提供保证担保，另有全额质押银行承兑汇票500万元。

某年4月7日，分行从其他老板口中得知，企业法人代表因澳门赌博金额巨大已经失踪。经办行客户经理当日即走访企业，发现清明节前还正常经营的企业已暂停生产，法人代表已携妻儿在6日举家潜逃到境外。经了解，被J皮革牵涉到的银行共有10家左右，贷款总额近1.45亿元，另涉及原材料、设备供应商、个人等民间债务1.33亿元。

事发后，经办行立即行动。首先，多途径了解事件真相，盘查企业真实资产负债情况，发现企业资不抵债，向其清收几乎无可能。其次，积极与企业主要股东、当地皮革行业主要企业取得联系，交换对事件的态度，表明银行坚决收回贷款的立场。最重要的是，多次约谈担保企业反复沟通，确保其代偿意愿不变，取得理解与支持。终于由担保人全额代偿贷款本息，成为此次事件中首家全额收回贷款的银行。

案例7

煤业公司法定代表人涉嫌刑事案件被公安机关刑拘

河北某市B煤业有限责任公司是当地煤炭销售行业的龙头企业之一。某分行向该公司发放6000万元流动资金贷款，贷款期限1年，贷款利率上浮20%，担

保方式为保证+质押。该客户为分行老客户，合作期间双方关系良好，且综合收益较高。

正当企业处于良好的发展上升期的时候，该企业法定代表人却因涉嫌刑事案件被公安机关刑拘。分行有关人员在一个偶然机会得知该情况后，立即将相关情况报告分行主管行领导。第一时间启动风险预警工作机制，在经过深入调查并综合分析各方面情况后，做出了提前收贷的果断决策。

为贯彻实施分行提前收贷的策略，营销二部和风险管理部紧密联动，严密部署，多次深入客户，讲明分行立场，并阐述利害关系。同时抓住分行第一个回收贷款的先发优势，最终取得客户的理解与支持，分4笔提前偿还了分行全部6000万元的贷款及本息。

案例8

建筑公司法定代表人涉嫌网络做庄赌博和涉黑犯罪被刑拘

浙江K建筑有限公司在某分行有贷款550万元，由浙江L印染有限公司及K公司法定代表人陈某夫妇承担连带责任保证。

某年8月13日下午3点半，市政府通报了陈某涉嫌网络做庄赌博、涉黑犯罪行为的有关情况。该案件由省公安厅直接督办，陈某被刑拘。市政府要求人行牵头，提出保护金融资产安全的预案，维护金融稳定。

事发后，分行立即行动，一方面着手对所签订合同进行仔细复查，另一方面实地走访企业深入了解情况，密切关注企业经营状况变化，关注其他债权银行对借款单位采取的措施，随时跟踪案件的进展情况。

陈某于9月将股权全部转让给其妻徐某及其小舅子徐某。经办行上门积极沟通，企业承诺尽快转让手头其他公司股份和出让所拥有的一处价值约6500万元厂房土地以归还银行贷款，但要求给予3个月的资产转出让时间。考虑该企业出事后经营始终正常，可变现资产较多，信誉一直来良好，分行同意给其续贷500万元。银行最终通过企业变卖的厂房土地收回了全部贷款，成功退出。

点评：

当银行发现企业出现风险后要一户一策，根据实际情况设计回收方案。在企业自身经营尚可、资产较多较实的情况下，可以有计划地退出，给企业缓冲的时间。

案例9

电机公司法人代表因国企改制遗留问题被市检察院立案批捕

4月28日，郑州某分行给予南阳A电机有限公司一笔开票1000万元，用于购买原材料，期限6个月，由河南B股份有限公司担保。

10月13日，A公司法人代表因国企改制遗留问题被市检察院审查，立案批捕，同时冻结该企业银行资金。此时，距离该公司银承到期只有15天，而分行实际能控制的资金只有550万元，面临着450万元银承垫付风险。

面对这一突发事件，分行当晚制订应急方案。于第一时间把A公司账户53万元划入在分行的保证金账户，并及时向A公司及B担保单位分别下达催收通知书、协助催收通知书。通过多方协调，A公司在他行账户被解冻的资金300万元终于被划回。下游经销商回款40万元。信贷管理部总经理亲自前往南阳A公司具体督办催收，收回资金60万元。至此，分行450万元银承敞口资金全部到位。

案例10

农业物资公司法人代表被检察院批捕

山东J农业物资有限公司主营化肥、农业及农作物种子销售，是济南某分行存货质押业务授信客户，合作七年来经营运作稳定，银企关系良好。企业在分行有未结清银行承兑汇票3笔，金额4000万元，50%保证金。全部敞口2000万元以第三方化肥公司存放在德州平原县的化肥作质押，由青岛中远物流有限公司监管。

分行信贷管理部在年初组织的“风险大排查”活动中，针对质押物化肥数量庞大，品种繁杂，不易盘点计量，且部分存放在露天场所，容易造成化肥变质或失效等问题，专门向业务经办机构下发了贷后检查工作指导意见。

9月份某天，客户经理在现场检查时发现，公司法人代表前一天被检察院批捕。在接到汇报后，分行信贷管理部迅速反应，随即将该公司列为风险预警客户，并制订了应急处置方案：

一是密切关注企业经营变动，及时掌握企业资金周转情况，特别是他行以及各大债权人对企业态度的变化。

二是与借款人、担保人、监管方保持沟通联系，特别是向监管方发送了正式的告知函，要求其提高盘库频率，务必确保每周向银行提交一次质押物清单原件。且一旦遇有企业出入换货频繁的情况，应隔日出具新的质押物清单。

三是及时联系客户，密切关注法人代表被捕后对企业生产经营尤其是高层人员分工以及进、销渠道产生的影响。

四是及时会同大股东代表协商对分行授信敞口的处置。

根据企业9、10月份属于经营旺季，资金周转较快，销售回款与用款需求较多的经营特点，分行在不弱化质押率的情况下，先后两次同意企业使用备付票款资金对外采购，既支持了企业的正常生产经营，又融洽了银企关系。对于分行能够充分考虑企业生产实际的态度，企业大股东代表人表示非常感谢，在与分行制订的还款计划中，给予了积极配合，提前20天全部资金到账，结清了分行授信敞口。

案例11

汽车销售公司实际控制人因涉副市长经济问题被市检察院收审

某市J汽车销售服务有限公司获得银行4000万元汽车金融授信额度，用于向广州丰田汽车公司购车，开票提供20%保证金。

某年8月，客户经理贷后现场检查发现，企业实际控制人不在企业，电话亦无法联系。经多次询问企业高层后得知，因涉及某前副市长的经济问题，已被市检察院收审。企业由实际控制人之子进行经营管理，资金调动出现瓶颈，发生银承垫款的概率较大。经办客户经理立即向分行发出风险预警，并暂停了该客户的额度使用。之后，企业在经办人员的深入沟通下，对分行政策表示理解，并积极配合还款安排，于9月提前结清了全部授信敞口。

案例12

母公司集团董事长被“约谈”人身自由受到限制

A贸易有限公司和B建筑材料有限公司在某分行共有2800万元贷款，由其母公司C集团担保。

2012年4月，分行得到非官方传闻，C集团董事长被“约谈”。针对传闻，分行信贷管理部第一时间对企业进行实地走访和调查，在传闻得到确认后，研究制订了“补强担保，逐步压缩”的风险化解方案。经过数轮谈判磋商，C集团同意追加重庆房地产开发公司的1亿元股权质押，并以北京两家房地产公司的房屋和土地抵押，抵、质押物实际评估价值完全覆盖全部风险敞口。其后8个月时间内，分行通过抵押房产的销售回款逐步收回了全部贷款。

点评：

银行应保持对授信客户信息高度的敏感性，在获得负面消息之后，必须及时做出反应，快速与企业取得联系，搞清情况以抢占先机。

合理确定化解方案，通过追加股权质押和房产抵押等优质担保条件化解授信资产风险，逐步实现贷款回收。

案例 13

织造公司实际控制人涉及高额民间借贷

厦门某分行向福建省某织造有限公司发放流贷1500万元，期限1年，以实际控制人洪某自有房产、自有企业名下工业土地及厂房抵押，抵押率62.4%。贷款发放后，客户每月还息正常。

7月，分行通过社会渠道得知，该公司实际控制人洪某涉及高额民间借贷，借出本金累计余额2.1亿元。分行立即向洪某提出提前还贷要求，洪某表示资金紧张，无法马上偿还贷款。对此分行加强了贷后实地检查，现场暗访结果表明企业经营情况基本正常。

为避免企业资金链断裂风险，尽快全额收回贷款，分行采取大幅提高贷款利率等措施，促使该公司从别处借来资金，还清了分行全部贷款。

案例 14

食品公司因法定代表人变更引起两方激烈冲突

某分行向兰州Z农垦食品有限公司先后发放两笔流动资金贷款500万元和1200万元，以公司自有房产、土地抵押，并追加法定代表人郭某连带责任保证。

某日，省工商管理部门当地报纸上刊发公告称，兰州Z公司的法定代表人由郭某变更为林某，原营业执照作废。对此，郭某一方坚守公司办公及厂房驻地，拒绝林某接管企业，并要求省工商部门撤销变更决定。而林某一方也试图进驻企业，民警及时赶到才避免双方进一步争斗。

企业因法定代表人变更引起的激烈冲突使得分行高度重视，副行长亲自带队，两次对该公司进行实地调研，了解到企业已备足存货，准备在销售旺季（元旦、春节）之前加足马力生产，经营基本趋于正常。

针对企业现状，分行再次召开碰头会研究，认为企业虽然受到很大影响，但基本面向好，如果要求提前还款或诉前保全既不利于企业生产销售，又无法达到企业全额还款的效果。因此决定，严密监控企业各项财务指标，按月核实存货和销售，同时要求企业出具按时还本付息的承诺，追加林某个人连带责任保证，同时将本行列为主要结算行。

随着元旦、春节的到来，企业生产、销售恢复正常，股权之争也尘埃落定。分行加大工作力度，经多方争取，最终收回全部贷款。

案例 15

电器公司中方股东董事长辞职且财务总监也有辞职意向

8 月 30 日，某分行给予天津中外合资企业电气有限公司 2000 万元商票保贴额度，期限 1 年。限定为电气公司对上游客户机械物资总公司开立商业承兑汇票，贴现人为机械物资总公司。

隔年 1 月中旬，临近春节，银行人员拜访电气公司时了解到，中方股东的董事长已经辞职，财务总监本人也有辞职意向，借款人未来现金流较差，资产拟整体出售。2 月 9 日应归还本行 500 万元到期资金压力很大，3 月份到期贴现款尚无还款资金来源，有不良发生的可能。

分行立即制订紧急回收预案，要求借款人积极筹措还款资金，否则在票据到批日前冻结担保人在本行资金。最终企业高管积极配合，想尽办法筹措资金全部归还银行。

对于出现问题的贷款采取果断措施，可以在很大程度上减少损失。采取的措施越早，银行的损失越小。

——专家经验

（二）企业管理层出问题

风险提示：在贷后管理工作中，如果发现企业管理层出现人事异常变动、经营决策混乱、股东关系紧张、股权重大变化等问题时，应该立即跟踪调查，采取风险防范措施。

案例1

电机生产企业改制后经营仍无好转直至陷入停产状态

沈阳某股份有限公司主营电机生产与销售，曾经是我国三大电机生产厂之一，其生产的大中型电机市场份额在30%以上。某银行与其合作，最高时授信额度4000万元，利率执行基准（5.31%），期限一年，由沈阳市某区国有资产经营有限公司提供保证担保。

在政府的主导下，借款人着手进行改制，但由于转制拖期较长和下半年到来的国际经济危机的双重影响，企业在生产经营和融资等方面都受到了较大影响，处于半停产状态。

银行及时成立了以副行长亲自挂帅的催收小组，提前进行清收。由于借款人资金周转全部依赖于区国资办，因此催收小组将工作重点转向了区政府。分行主管行长亲自与区政府有关领导进行了多次协商，取得了区政府和借款人的理解与支持，达成了逐年压缩、最终归还的解决方案，直至贷款全部收回。

案例2

能源公司董事会发布关于中止重大资产重组的公告

山东T国际能源有限公司是某银行新合作客户，信用评级为A，给予一年期5000万元授信额度。由控股股东山东T集团公司提供连带责任担保。

分行贷款管理人员在利用总行“天眼”预警系统进行信息捕捉时发现，中国证券网、21世纪经济报相继发布了关于“山东T国际能源有限公司董事会关于中止重大资产重组的公告”，引起了分行的高度关注，立即进行了实地贷后检查。

检查发现，T能源有限公司的经营尚处于发展期，资产负债率偏高，且资金用途环节繁杂，存在瑕疵。尽管贷款质押的股权足值有效，不至于形成最终贷款损失，但为切实提高思想警惕，防患于未然，银行仍将该企业纳入预警客户进行管理。后来，在企业归还了贷款后，未再予以续做。

案例3

皮塑厂股东之间在策略上产生较大矛盾导致经营混乱

银行向泉州F皮塑厂发放贷款450万元，利率上浮50%，期限1年，以该企业房地产抵押担保。

放款之后，分行领导亲自带队，对经营企业进行现场走访，深入了解企业生产经营情况。结果发现该企业开工率严重不足，管理较混乱。通过侧面了解，股东在经营策略上出现较大的分歧，股东之间产生矛盾，不仅将股权转让与第三方，还准备出售厂房、设备等资产。

对此，分行领导高度重视，立即召开会议，要求经办机构提高贷后检查频率，每周不少于一次进行现场走访，密切关注企业生产经营动态及财务状况，制订授信风险应对预案。最后，通过与企业主多次沟通协商，同意将销售款项直接转入银行账户最终提前结清贷款。

案例4

汽车运输企业股东发布转让100%股权的公告

某分行给予深圳市A汽车运输企业公司贷款额度4500万元，期限一年，以公司自有的106个出租车营运牌照质押。

不久，A公司全资股东B公司发布了《关于转让深圳市A汽车运输企业公司100%股权的公告》，称拟以2.16元价格向A公司员工转让其持有的A公司股权，并将原对A公司的占款与本次股权转让款进行抵扣。

得知该信息后，分行信贷管理部对企业情况进行了分析，认为该企业在短期内除需支付抵扣后的股权转让款8500万元外，还需要支付银行借款7500万元（含本行贷款），合计1.6亿元。按照企业目前每月约500万元的经营收入来看，将会造成巨大的财务压力，而且本行贷款到期日晚于他行，可能会影响本行贷款资金的正常回收。

对此分行高度重视，经研究后决定立即采取措施。一方面积极跟进企业股权转让进展，帮助企业出谋划策，提出向他行融资和分批还款的建议，另一方面主动与企业新股东进行沟通，落实还款来源。经过不懈努力，分行终于提前一个多月落实了还款来源，确保了4500万元贷款到期正常回收。

案例5

欧洲投资银行要求撤回芯片公司股权投资并支付利息

大连L芯片科技有限公司是某支行授信客户，有期限一年的3000万元流动资金贷款，基准利率上浮20%，由某科技集团公司提供连带责任保证。

支行在一次贷后实地检查中了解到，该客户近日发生一起涉外纠纷。具体情况是：该客户成立之初资金紧张，一家欧洲的投资银行看好该企业发展前景，投入折合人民币6000万元的股权投资，但在合约特别条款中约定，该投资银行有权单方面决定撤回股权投资并要求支付利息。

因国际金融危机影响，该投资银行自身发生财务危机，于是起诉大连L芯片科技有限公司要求撤回投资，并支付相关利息。分行了解该情况之后，认为企业全额退回投资本息金额较大，可能影响本行贷款本息的回收，应当抢先抓早采取措施，在案件结案之前收回贷款。分行立即组成工作组，实地走访企业了解事件具体情况和企业应对措施，并落实还贷资金来源。一个月后，企业分两笔结清贷款，银行成功化解风险。

案例6

发现林业公司股东关系紧张，管理混乱且巨额亏损

云南J林业股份有限公司自上市后，资产及经营规模不断扩大，成为当地经济支柱，昆明某分行给予3000万元一年期流贷。

由支行长牵头的检查小组在实地检查中发现，客户未能扭转去年三季度亏损局面，全年年报显示巨额亏损；公司内部股东关系紧张，管理出现混乱；对7月份到

期的信贷资金不能落实；企业高管还出现逾期不还、等待银行展期的消极思想。

面对贷款出现了风险预警，分行采取了化解风险措施：

(1) 对借款人方面，与公司高层多次接触，摸清公司真实的资产实力和还款意愿，多次重申贷款逾期的严重后果；同时提出多渠道融资途径（包括贷款重组）的建议，寻求积极解决问题的途径。

(2) 对担保人方面，一方面做好对其诉讼前准备，另一方面站在担保人的角度考虑问题，最大限度地保障担保人的利益，与其达成抵御风险的共识，结成催债同盟。

(3) 对抵押物方面，由于抵押率较低，抵押手续完备，如果处置有市场需求，这些对迫使借款人还款产生积极作用。

由于发现风险及时、采取措施得力，在人行征信系统中还未出现J公司不良信息时，分行的催收行动已经按步骤开始运作。最终该笔3000万元贷款以借款人自筹资金按时归还1210万元，以代偿及委托贷款方式归还1590万元，以抵押物为保障归还剩余200万元，没有造成逾期和任何损失。

之后当地银监局向各金融机构发出《关于云南J林业信贷风险提示的通知》时，该分行由于提前催收，已成功地化解了即将出现的贷款风险。

（三）企业违法违规受处罚

风险提示：对于国家的法律法规，企业在生产经营过程中，必须认真遵守执行，如有违反必会受到政府部门的查处，进而影响到银行授信资金的安全。对此，企业和银行均不可抱有侥幸心理，即使躲过初一，也躲不过十五。银行人员应熟悉国家的有关法律法规，以及最新政策动向。在授后检查中，如果发现企业有违法违规苗头的，应立即要求整改达标，否则采取措施收回贷款。

1. 违法违规问题

风险提示：国家法律法规是高压线，企业如果触犯轻者缴纳罚款、停业整顿，重者坐牢判刑。对此，企业和银行都必须认识到这一问题的严重性，不可掉以轻心。

> 对于有不良行为的企业，少和他打交道。他今天不出事，以后也会出事。
>
> ——专家经验

案例1

贸易公司涉嫌倒卖增值税发票被公安税务部门调查取证

Z贸易有限公司位于某市中国塑料城，是一家专业经销各类塑料原料、化工原料、金属材料的批发零售企业，公司年交易额在塑料城经营户中位居前列。某分行给予该公司授信5000万元，由宁波某日化制造有限公司保证担保，另由公司法人代表个人名下10套房产抵押。

某年6月14日，分行通过当地网站论坛了解到塑料城部分企业因参与增值税发票倒卖偷税正被公安、税务部门调查取证，第一时间内启动了风险预警机制。

经过全面排摸，发现Z贸易有限公司法人代表的妹妹已被公安部门调查。虽然从表面看，只是她个人业务行为，但随着案子的深入侦办，极有可能累及Z贸易有限公司，给本行信贷资产造成重大损失。针对这一情况，分行根据借款合同中的"交叉违约"条款和"加速到期"条款，立即采取了以下措施：

一是迅速与法院联系，查封Z贸易有限公司法人代表个人名下所有房产，确保抵押物资产不被他行第一查封，以掌握风险资产处置主动权。同时要求保证单位配合银行做好借款人的思想工作，要求提前归还本行贷款。

二是为防止企业法人代表刑拘或失去联系，联系公证部门，上门办理授权委托书。要求企业法人代表夫妻出具委托书，委托由本行指定的他人，可办理其名下的14套房产抵押手续，包括签订合同、办理合同公证、办理房屋抵押登记手续等。

三是更换授信主体，压缩风险敞口，增加强担保。要求Z公司提前归还本行1700万元贷款，同时要求更换授信主体，压缩风险敞口至3300万元。在原有10处房产抵押的基础上，再增加4处房产抵押，全部房产足额担保。同时做好法院、房产抵押登记部门协调工作，确保中途不被其他法院查封。通过相关部门连夜加班，14套房产抵押顺利转至第三方授信企业名下。

通过分支上下联动，齐心协力，动员一切可以动员的力量，顺利化解了Z贸易有限公司5000万元授信风险。

点评：

只有善于捕捉风险预警信息，及时真实反映，才能为制订有效化解方案提供重要依据。同时还要缜密部署，前瞻判断，以最坏的打算制订有针对性的化解方案，采取环环相扣的应对措施，才是化解风险的关键。

案例2

钢贸公司被国税局停开增值税发票导致销售困难

湛江A物流有限公司是B钢铁有限责任公司的一级经销商。某分行给予其1亿元钢铁金融网络授信额度，期限1年，专项用于向B钢铁公司开立银票，30%保证金，先票后货存货质押，由某物流有限公司提供监管。

分行实地贷后检查发现，市国税局对A公司的一个下游客户进行税务检查过程中发现问题，停止了A公司的税务发票办理。因无法开出增值税发票，导致A公司的钢铁销售出现困难，库存货物不断增加，经营压力变大。直至取消地区一级经销商资格，并终止了与B公司的钢铁购销合同。

获悉上述情况后，分行即派人到B公司了解情况，并全面参与双方的货物清算工作。随后对质押物存放仓库进行了细致的实地核库。经过初步核算，质押率仍然为70%，质押物足值。

为降低授信风险，分行一方面向A公司施加压力，要求其保证在银行承兑汇票到期前，完成对剩余质押货物的销售，用以偿还风险敞口；另一方面积极与B公司保持联络，要求在本行银行承兑汇票到期前，将A公司订货未发货物余款退还至A公司在本行的保证金账户，用以偿还授信敞口。

最终在B公司的积极配合下，A公司在该行授信业务全部正常结清。

案例3

物流公司多次违反海关监管规定评级从B级降为C级

某分行给予深圳市T物流股份有限公司授信额度8000万元，用于流动资金贷款，期限1年，由借款人股东公司和企业实际控制人同时提供连带责任保证。

分行信贷管理部贷后非现场检查时，发现该公司因1年内3次违反海关监管规定，海关对其监管评级由B级降为C级。同时在随后的实地走访中了解到，该公司主业向国内煤炭贸易转型进展并不顺利。

根据以上信息，分行认为，尽管该公司在银行信用历史记录较好，贸易上下游企业具有较强实力，且其关联企业即将上市，但鉴于公司自身抗风险能力较低，授信存在一定的风险隐患，仍需保持谨慎态度，最终决定暂停对其发放新的授信，同时积极落实存量授信的还款来源。一方面，通过各种渠道对公司的经营情况和海关记录进行摸查，落实授信资金还款来源，确保出现极端情况下能够及时采取行动保全资产；另一方面，关注其关联企业上市进展及海关评级情况的变化。经过不懈努力，企业在该分行授信全部正常结清。

案例4

药监局网站发布生物公司狂犬病疫苗严重质量问题

江苏某生物科技股份有限公司产品主要为两大类：一类为人用狂犬病疫苗；另一类为流行性感冒裂解疫苗。某年8月某分行给予2500万元信用贷款。

12月，国家食品药品监督管理局在其官方网站上发布公告，宣布该公司之前生产的4个批次人用狂犬病疫苗质量存在问题。随后省食品药品监督管理局对该公司立案调查，责令停止全部产品的生产和销售，所有未出厂的库存产品（成本价3000余万元）在监督下全部销毁，并组织专家对问题疫苗可能造成的风险进行评估。并将视调查结果，依法严肃查处，涉嫌犯罪的将移交司法机关追究刑事责任。

分行贷后管理中心获悉该公司出现重大险情后，立即进行现场检查。公司财务总监介绍，公司将利用停产期间进行生产车间及生产设备的改造，第二年2月份重新向国家食品药品监督管理局申请，重新做GAP认证，争取5月份开始生产，最快8月份可开始产品出厂销售。另外，股东方已免去原总经理职务，委派新的总经理已到位。并向分行承诺，到期归还分行贷款没有问题。

但分行贷后管理中心认真分析后认为：公司产品出现严重质量问题，说明其内部管理存在严重缺陷。如果公司重新向国家药监部门申请未能获批或GAP认证未获通过，则有可能延长停产期限，必将导致银行贷款的逾期归还。

经分支行多次与该公司商讨后，用五个月时间，最终分两次收回了全部贷款本息。其后的该公司处于全面停产状态，其产品生产资格已被国家食品药品监督管理局撤销，已无恢复生产的可能。

案例 5

连锁通讯公司赠送手机吸收会费涉嫌变相高息集资

2012 年 11 月，某分行给予 R 连锁通讯有限公司 6 个月 1000 万元流动资金贷款，由国有背景的担保公司保证担保。

贷后管理中，分行得到消息称该公司在民间以收存 2 万至 10 万元不等的会员费，赠送苹果手机等电子产品。分行随即派人至其卖场进行暗访，确认了该公司变相高息集资的行为。2013 年 7 月贷款到期，客户申请续办业务，分行因其经营模式有违法嫌疑未予以放款。其间担保公司总经理多次前往分行力荐该公司，但分行均以该公司不符合本行客户条件为由予以回绝。

2014 年 1 月，公安机关将该公司收存会费一事定性为非法集资，进行刑事立案。该行因停止放款，成功免受牵连。

点评：

坚守风险底线，对发现经营模式有违法嫌疑的客户，应坚决退出。

案例 6

香港上市公司被媒体连续报道财务数据造假最终倒闭

A 再生资源（天津）投资有限公司于 2010 年 6 月正式成立，注册资本 1 亿美元。出资人 B 金属再生资源（发展）有限公司仅为壳公司，实际控制人为香港上市公司 C 金属再生资源（控股）有限公司。

A 公司 2011 年开始与天津某分行建立合作，获得 1 亿元综合授信额度，由香港 C 公司担保。2012 年申请增加额度至 2 亿元。分行在授信审查时，发现该企业母公司注册地为英属开曼群岛，背景复杂存在担保法律瑕疵；同时该企业经营金属铜等有色金属比例加大，期货交易频繁有套期投机的可能性。信审会最终决定维持上年授信额度不予新增，同时提出授信资金只能支付给上游企业，禁止支付关联企业，监控资金流水等具体要求。批复下发后，借款人正常提款，占用分行授信敞口 8610 万元人民币。

2013 年 1 月底，部分香港媒体报道，周一开市前做空机构 GLAUCUS 指出 C 公司多项财务数据造假，给予“强烈沽售”评级，股价目标价 0 元，后 C 公司紧急停牌。风险管理部第一时间发现此负面信息，立刻上报分行风险总监和分行行长。结合之前C公司的首席财务官上市后仅半年便离职的重大风险信息。分行立即实地走访了企业并多维度了解相关信息，部署授信回收。在2013年6月最后1笔银承敞口补齐后，分行授信资金全部安全收回。

2013年8月，媒体连续报道香港上市C公司的负面消息，包括老板及多名高管人员被捕，企业股票被香港证监会强制执行清盘等。天津本地十几家银行授信资金陆续出现问题，风险持续发酵扩大，2013年12月，借款人正式破产清算。

点评：

本次事件中，分行之所以能提前发现风险苗头并迅速采取有效措施，在其他银行还在大举进入时有序稳定安全回收，成功全身而退。是做到了对风险的“早发现、早行动、早化解”，采取措施不心软，不含糊。

案例7

企业伪造会计师事务所公章以出具虚假审计报告

某分行给予厦门S实业有限公司流贷1500万元，期限一年，利率上浮10%。由公司法人代表和一家包装公司、一家旅游用品公司提供连带责任保证。

某日，分行接到某会计师事务所向公安局举报借款人伪造事务所公章及注册会计师签字以出具虚假审计报告的举报信（抄送件）。分行高度重视并召集紧急会议研究对策。

当天，业务部门立即开展实地调查。尽管当时借款人生产经营仍正常进行，且公司负责人还专门到分行说明公司资金状况和经营前景是好的，还提供了财务报表事件的说明及重新审计的财务报告。但鉴于借款人有关风险因素以及暴露出的诚信问题，分行坚决按照原先确定的退出决策，最终收回了全部贷款。

事后获悉，借款人因涉及民间借贷，供应商上门逼债导致资金链紧张，企业实际控制人声称在外地治病不归，多家银行贷款余额合计1.8亿元出现不良风险。

2. “两高一剩”问题

风险提示：被国家列入“两高一剩”的企业，即使一时有较好的经济效益，也会受到政府主管部门的清理整治，导致银行信贷资金出现风险。对此银行人员不可抱有侥幸心理，而是应该采取措施尽早退出。

案例 1

当地政府对铅蓄电池污染企业实行停电整治

浙江省诸暨市J电器有限公司主营生产销售充电灯及配件、电器机械配件、充电灯用极板、车用极板。在绍兴某分行有综合授信额度1000万元，由第三方物资有限公司保证担保。

某年5月初，经办行获悉，国家对铅蓄电池行业的环保整治力度加大，全国行业面临大规模的整顿。为此立即着手对涉铅的J公司进行风险排查，发现作为小型企业，该公司各方面条件欠成熟，极有可能经不起正规的检查与整顿。继续授信不符合“绿色信贷”政策。经办行当机立断将其列入退出名单，并加大催收力度，提前回收贷款。

不出所料，当地涉铅企业从5月中旬进行了停电整顿，该企业也名列其中，之后处于停业整顿中。而该行已全身而退。

案例 2

空心玻璃微珠生产因有污染性而未获环保评估许可

浙江T实业有限公司是一家研发、生产符合国际标准的节能隔热保温材料及反光材料的生产企业。为提高核心竞争力，公司对“空心玻璃微珠隔热保温胶膜制备高新技术”投入大量资金进行生产基地的建设。某年9月，某分行向该企业发放流动资金贷款900万元，期限1年，由浙江某担保投资有限公司担保，并追加实际控制人夫妇连带责任保证。

第二年4月，客户经理在贷后检查中，通过查对报表、实地查看以及与股东、合作单位人员谈话等了解到，由于空心玻璃微珠的生产带有一定污染性，因此该项目的环保评估未能获得环保局的批准，项目无法正常投产。

此外，借款人在钱江开发区生产基地投入约1.9亿元（其中银行项目贷款6000万元），因项目的环保评估也未获批，未能如期取得投产许可。之后，由于企业自身投资失误和对外担保发生代偿风险，企业资金链断裂，法定代表人采取躲避的方式离开了余杭，企业风险凸现。

案例3

《焦点访谈》对化肥公司违法排污致农田绝收情况曝光

山西某县化肥有限公司获银行综合授信额度6000万元，期限1年，由某焦煤集团有限公司提供连带责任保证。

某日晚，中央电视台《焦点访谈》对该公司违法排污致部分农田绝收情况予以曝光。事发后，山西省政府责成该县政府下发通知，责令企业停产整顿，冻结企业在银行的结算账户，并派出工作组对此事件进行实地调查。受此事件影响，企业经营逐步陷入困境，银行融资逾期，贷款风险凸显。

对此，银行立即启动应急预案，成立“突发事件应急小组”，先后召开七次专题会议，及时掌握事件进展情况。鉴于政府部门难以短期内就该突发事件做出处理决定，借款人短期复产无望，丧失自偿能力，银行最终直接扣划担保人在本行账户内的款项用于代偿借款人全部债务，从而避免了不良贷款的产生。

案例4

不锈钢热轧企业因高耗能停产转型搬迁外地

宁波H不锈钢有限公司是一家大型民营不锈钢热轧企业，经营情况良好，某分行给予3000万元贷款，由某特种紧固件有限公司提供担保。

分行在贷后发现，该企业报表盈利能力急速下降，于是第一时间实地走访，得知为响应国家节能减排政策，该企业作为高耗能高污染行业将进行停产转型，并计划将企业主体搬迁至异地。

对此，分支行迅速联合，主动出击，与企业、所在地政府进行多次协商。考虑到企业整体实力较为雄厚，且有积极主动的还款意愿，分行在其提前归还1750万元贷款的前提下，将剩余1250万元予以展期处理，最终到期结清。

案例5

造纸企业被列入第四轮强制关停淘汰落后产能名单

富阳市H纸业有限公司主营中高档卫生纸和工业用云母纸，拥有造纸生产线15条。在杭州某分行有贷款500万元，由浙江F公司提供连带责任保证。

某年8月，分行在得知该企业有10条生产线被政府有关部门列入《造纸行业第四轮（第二批）强制关停淘汰落后产能生产线》名单后，立即派人进行了实地调查，发现企业为了响应当地政府淘汰落后产能的文件精神，已主动进行设备整合，关停了部分生产线。但企业还计划征地500亩再上3条高档卫生纸生产线。

实地检查后，分行对该企业进行了重点讨论分析，认为：

（1）企业15条纸机都属淘汰关停的机型，而新上生产线的环保批文还没有落实。

（2）从企业计划投资生产规模来看，后续还需要投资7600万元，资金需求大，未来的生产经营尚存在不确定性，发展前景不够明朗。

（3）保证单位保证能力一般，企业与本行的合作效益不佳。

次年1月，企业500万元贷款到期，由于合作效益依然低下，且当时又有其他银行对该企业相继授信，该行择机退出，收回贷款后不再续做。

3. 产品质量问题

风险提示：随着中国产品供过于求以及法制的健全，那些生产假冒伪劣产品的企业，将越来越没有出路，终将会被市场淘汰。银行发现有这种行为的企业，应该立即采取退出措施。

案例1

钢贸商以次充好销售冒牌钢材最终被刑拘

杭州Q金属材料有限公司是一家从事钢材贸易的小型贸易公司，主要是螺纹钢、线材批发。某分行与其合作融洽，给予银票敞口额度1000万元，由另两户钢贸企业和实际控制人承担连带责任保证。

某年年初，经办支行领导在与其他客户交流过程中，了解到Q金属公司代理销售仿冒品牌钢材，进价低，利润空间高，效益好。支行领导随即要求在不惊动借款人的前提下侧面了解核实情况。

业务人员以贷后检查名义走访了钢材市场内几家对Q金属公司比较了解的钢

贸企业，证实其确实存在销售仿冒品牌钢材的情况，主要是从一些小钢厂采购钢材，然后贴牌大钢厂的产品，以次充好。为此，经办支行讨论认为企业存在违法经营的情况，经营风险非常大，决定主动退出，同时要求讲究方法、平稳择机退出。

企业在到期结清授信后，多次来电要求续做，都被经办行委婉拒绝。后来，法人代表因涉嫌销售假冒伪劣钢材东窗事发被刑拘，企业账户被冻结，货物被查封，经营陷入停顿。而此时该行已经安全抽身。

案例2

煤炭经销商向下游客户某发电厂供应掺假电煤

河南博爱县D物资有限公司是焦作一家较具规模的煤炭经销商。某年10月27日，某分行给予贷款380万元，期限1年。担保方式为存货质押加自然人担保，存货由银行指定第三方监管。

贷款快到期之前，该公司因向下游客户山东某发电厂供应的电煤掺假，发热量低于规定值，造成供货合同违约，发电厂对煤炭没收的同时还声称将诉讼索赔。该事件对经销商生产经营造成严重影响，现金流面临断裂风险。

分行知情后随即紧盯企业实际控制人，力争提前落实还款资金。而企业仅筹措到资金110万元，剩余270万元贷款逾期。分行积极与监管公司交涉，要求对方承担监管失职的责任，垫付逾期贷款。经不懈努力，最终收回逾期一个多月的全部资金。

案例3

央视3.15晚会曝光销售公司的轮胎质量问题

某年8月，上海某分行审批给予J轮胎销售有限公司银行承兑汇票授信额度5000万元，授信期限1年，担保方式为信用担保，保证金比例不低于30%。

次年3月15日，央视3.15晚会曝光该公司轮胎质量问题。分行在获悉负面信息后立即于3月16日上午现场拜访借款人，了解事件对公司经营的影响及后续措施。由于当时情况及公开信息并不明朗且公司在他行借款总额较大，分行坚决采取了如下措施：

①密切关注曝光事件的进展情况，客观判断可能对借款人的后续影响。②在取得借款人理解的基础上，要求增加担保，通过存入保证金或质押银票等方式覆盖风险敞口。③每日监控他行授信到期归还、发放情况、五级分类变动情况。④每日查询房产抵押情况、可能的查封情况。

在分行积极沟通下，借款人改变了最初不愿配合的态度，最终同意提供保证担保，并出具保证按期承兑、提供保证担保的承诺函。5 月 3 日，轮胎销售公司最后一批银票 3500 万元按期承兑，风险最终得到化解。

4. 安全生产问题

风险提示：安全生产是企业的头等大事，特别是高危行业，银行尤其应予注意。

案例

县煤矿未取得安全许可证发生顶板大面积冒顶事故

某分行向陕西某县煤矿发放 5000 万元项目贷款用于煤矿技术改造，以采矿权质押，并由 A 煤业镁电（集团）公司和 B 投资有限责任公司提供连带责任保证。

之后，该煤矿发生顶板大面积冒顶事故，因其未取得安全生产许可证和煤炭生产许可证，企业处于停产整顿中。

事故发生后，分行信贷管理部和经办机构立即前往企业，掌握事故发展的最新信息。同时通过多方渠道，积极跟进了解政府对企业的整顿处罚措施以及恢复生产的动态信息。经过不懈努力，县煤矿按照原计划，按期偿还了贷款。

5. 账户冻结问题

风险提示：企业在银行的账户被司法冻结，无论是何原因，都是重要的风险信号。银行人员应该在第一时间获得消息后，立即查明原因，判断风险，采取措施化解风险。

案例1

借款人因工程款纠纷被异地法院冻结账户1000万元

北京A建设工程有限公司从某分行借有一年期流贷3000万元，由城建集团公司提供连带责任担保。

某年12月初，江西省江阴市法院到分行要求冻结A公司账户金额1000万元。起因是A公司承接江阴B开发公司的市体育场项目，该项由江阴市C混凝土工程公司向A公司提供工程原材料，目前工程已竣工。三方施工合同约定，待B公司支付A公司工程款后，方达到结算条件，A公司再按工程量支付C公司货款。

由于A公司认为该项目尚未达到结算条件，因此未向C公司付款，由此C公司到法院申请进行财产保全，金额1000万元，期限半年。

此事件发生距贷款到期仅剩半个月的时间，分行立即研究制订了两套方案。一是，如在贷款到期前可使法院撤销对借款人账户的冻结，立刻安排借款人将贷款本息归还分行。二是，如在贷款到期前无法撤销冻结，支行应及时安排借款人以支票、汇票等形式还款。

在分行各相关部门和支行的全力配合和推动下，12月10日，借款人与原告混凝土公司谈妥了解决纠纷的方案，江阴市法院解除了对分行账户的冻结。最终分行于12月17日安全收回了该笔贷款。

案例2

法院冻结涉案建材企业在银行的开票保证金账户

厦门T建材有限公司主营为石材的制造、加工、销售，某分行2009年给予其综合授信额度5000万元，用于流贷及开银承，由另一家建材公司提供价值1亿元的在建工程及国有土地使用权作抵押，并由企业实际控制人徐某、郑某连带责任保证。

2010年2月，厦门法院对该企业在分行开票保证金账户冻结。虽然金额不大，但分行将此作为风险信号，立即开展调查。结果发现：两年前原公司法定代表人（股东）杨某因个人债务问题，将该企业股份转让给徐某，但在转让股份前将一份加盖公章的空白借款凭证交给他人。现“债权人”持该借款凭证提起诉讼，实际并无真正的债权债务关系。

考虑到企业可能会引发后续的债务纠纷，还发现企业存在多头贷款风险隐患情况，而他行正在营销该企业，于是选择这个时机果断退出贷款。下半年，该企业在他行发生不良贷款，其关联公司资金链断裂也导致贷款逾期。

案例3

省经侦总队到分行对涉案借款人结算账户司法冻结

某分行向鞍山J矿业有限公司发放8000万元流动资金贷款，由本溪某铁选厂、借款人法定代表人及实际控制人承担连带责任保证。

某年11月12日，辽宁省公安厅经济犯罪案件侦查总队工作人员到分行，对J矿业的结算账户进行了司法冻结。经了解，该实际控制人涉嫌经济犯罪，连同其妻子（股东）、儿子（法定代表人）均被警方控制，接受调查。

事件发生后，分行立即对借款人及实际控制人的个人账户资金进行了控制，主动将该客户五级分类下调至关注类，充分警示风险。通过密切关注案件进展情况，动用各方面关系积极与经侦部门沟通，客户分两笔偿还8000万元贷款本息，至此成功化解风险。

（四）行业风险

风险提示：在国民经济中，有许多行业的兴衰是与国家宏观政策和经济周期的变化密切相关的，包括钢铁、水泥、煤炭、电力、运输、制造业等。当经济上行时，这些行业中的企业订单充足，经营和财务状况良好，银行授信风险低。而经济下行时，这些企业就会出现产能过剩，银行贷款就会出大问题。因此，在授后风险管理过程中，掌握行业变化特征，注重宏观经济变化趋势，提前采取措施退出高风险行业，是银行各级人员的重要课题。

从中外金融史看，银行和企业的兴衰基本是关联的。企业经营不佳，必然带来银行的坏账。犹如常言所说：企业今天的困难，就是银行明天的困难。因此，当国家对过剩行业紧缩调控时，银行务必要小心，不要成为盛宴之后曲终人散时最后买单的冤大头。

——专家经验

案例1

欧美双反和国内产能过剩导致光伏行业受沉重打击

无锡尚德集团曾是全球最大晶硅电池组件生产制造商，2005年就成为中国第一家在纽约交易所上市的光伏民营企业，从2010年开始连续两年晶硅电池组件出货量位居全球第一。尚德集团2001年成立时，某分行即与其开始了业务往来，10年间见证了该客户孵化成长、发展壮大，到后来的过度扩张、内外交困。分行从最早的结算行到主办行，从曾经最高予以35亿元授信额度到后来的平稳退出，实现了软着陆。

从2011年开始，受欧美等国对中国光伏产品实施“双反”、国内行业产能严重过剩等缘由导致国内光伏行业受到沉重打击并陷入低谷。无锡尚德饱受成本费用高、产能利用不足、负债率大幅攀升等问题困扰，生产经营和财务状况持续恶化，公司经营严重亏损，大量债务到期不能有效偿还，陷入资不抵债的困境。且尚德集团内部管理问题也逐渐浮出水面，预警信号逐渐出现。

作为多年陪伴尚德发展成长的银行，该分行较早清醒地发现了尚德集团存在的问题，并迅速做了战略部署：即在有效控制授信风险的前提下，通过产品调整，增加担保缓释风险，逐渐压缩授信余额，必要时平稳退出。

具体措施包括：①控制新增敞口授信投放；②存量授信品种以超短期（不超过1个月）出口退税账户质押贷款、贸易背景真实且手续齐备的信保融资，信用证项下相关融资、保函等贸易融资为主；③以国内证议付、银票贴现等低风险业务维持与企业的授信往来；④追加出口退税账户最高额质押，担保覆盖本行所有授信等。

之后分行抓住契机，坚持要求尚德集团落实出口退税账户质押担保，授信以贸易背景真实、手续完备的国际信用证、履约保函等产品为主，并根据产销规模缩减程度逐渐调减授信余额。至2012年10月末，结清了全部授信敞口1.78亿元。在集团资金链断裂，宣布破产重整，500多家债权人追讨170多亿元债务之前，这家合作10年的分行，已全身而退。

案例 2

光伏产品价格下跌迅猛，行业景气度急剧下降

南京某分行与宜兴 A 太阳能科技公司开展合作，发放流动资金贷款 5000 万元，期限 1 年，由大股东 B 公司信用担保。A 公司当时在各家银行已有贷款 10 亿元。

2011 年以来，光伏产品价格下跌迅猛，行业景气度急剧下降。但考虑到借款人大股东是国电集团下属子公司，资金实力雄厚，因此在半年度风险排查时将其按照一般关注类进行管理。

分行在 3 季度贷后检查发现，借款人通过上海产权交易所变更了股权结构，大股东 B 公司将 40% 的股权转让给宜兴市 C 科技有限公司，借款人从国有控股企业变为民营控股企业。同时发现，借款人与其原大股东 B 公司之间产生一系列业务纠纷，导致大股东不愿为其调度资金用于周转，在他行已出现延迟付息的情况。

上述预警信号出现后，分行迅速从人行征信系统中了解到本行贷款是该公司当年各行贷款中最先到期的。根据这一有利情况，分行再次分析借款人现金流情况，认为其已无能力归还贷款，收回贷款的唯一希望在 B 公司身上。

起初 B 公司态度强硬，认为他们已不是控股股东，要求分行通过法律途径向借款人催讨。经办支行行长亲自上门斡旋，经过多次艰难交涉，最后，由 B 公司代偿了该笔贷款本息。

案例 3

发电公司电力供过于求成本上升出现亏损

重庆某发电公司 2004 年就煤矸石资源综合利用发电项目从某分行获得 2 亿元 10 年期项目贷款。两年宽限期后，每年等额归还 0.25 亿元。贷款由其股东市能源投资集团公司提供阶段性保证，投产后以电力收费权质押和项目固定资产作为抵押。进入还款期后，发电公司分别于 2006 和 2007 年按期共偿还 0.5 亿元，尚余 1.5 亿元。

然而进入 2008 年，受金融危机的影响，电力需求下降，供过于求，而原

材料价格上涨，发电成本上升，企业出现亏损，且随时间推移，其亏损愈演愈烈。种种信号表明，企业经营举步维艰，现金流不足，难以按还款计划归还贷款。

在分行领导的高度重视和业务部门的不懈努力下，银行与借款人和担保人进行了多次会谈，过程之中曾出现反复，最后终于达成共识，由担保人安排资金偿还该笔1.5亿元贷款。风险贷款得以化解，而分行与担保人的合作关系并未因此而受到影响。

点评：

本案在确定第一还款来源出现问题后，并不是急于起诉实力较强的保证人，而是充分评估和判断采取各种措施所产生的后果，进而制订出合理的风险化解方案，既要保障债权又要避免影响与保证人的合作关系。

对在保障债权等原则问题上据理力争、决不让步，在实施过程中又采取灵活务实的态度。化解方案到了保证人的认可，从而化解了矛盾和风险。

案例4

煤炭行业市场需求疲软盈利能力不断下滑亏损面扩大

唐山某有限公司是一家贸易企业，基于经营情况正常且合作关系良好，某分行给予4000万元授信额度（其中流贷和开票各一半），期限1年，以自有煤炭存货质押。

2012年，在整体经济增长放缓的背景下，由于市场需求疲软，煤价逐步走低，煤炭行业盈利能力不断下滑，亏损面扩大。客户经理贷后检查发现，该企业经营状况受大环境影响，销售收入同比呈下降趋势，而质押于本行的煤炭亦一直未有出货，企业主要经营动向不明晰，因此分行有意退出该户授信业务。

鉴于煤炭行业不乐观的形势，分行展开煤炭质押客户风险排查。在实地查看煤堆外形、用洛阳铲深层取样、与监管人员交谈、查阅监管台账后，发现问题有：质押煤堆体积过大，影响对其数量的相对准确测算；深入挖掘煤堆并取样后，发现煤质中掺杂有煤矸石；监管流于形式，银行监管员过分依赖企业提供的各项数据，且出现短时间内监管货物数量价值低于本行授信业务敞口情况。

分行基于以上诸多预警信号，将该企业列入重点关注客户群并积极制订回收预案。一方面，经营机构负责人及客户经理继续按常态联络客户，维持良好的银企关系；另一方面，客户经理以为继续深入开展合作、需企业进一步突出存款贡献支持为由，要求企业账户沉淀一部分存款覆盖授信敞口，客户经理按日监控账户流动情况。至当年年底，该企业风险敞口全部补齐，实现安全回收。

案例5

关注焦炭行业价格暴跌风险，提前采取预防措施

山西某股份有限公司主营焦炭、化工，已形成比较完整的产业链，是全国82家循环经济试点企业，属于国内焦化行业的龙头企业。太原某分行给予其1亿元一年期流动资金贷款。

由于2008年下半年以来，受经济危机影响，我国焦炭、钢铁等行业均出现了较大幅度的下滑，特别是山西省作为全国焦炭产业基地所受影响更为巨大，焦炭价格从2008年的3500～3600元/吨下跌至1500元/吨，价格下跌超过一半。在这种情况下，焦化企业大面积亏损，大中型焦化企业纷纷减产、限产，部分小型焦化企业停产、倒闭。

分行自2009年年初就开始对焦化行业进行了跟踪调查。通过实地摸查，分行信贷管理部门注意到借款人作为山西省的焦化龙头企业，2008年的年度财务报表已经出现了亏损；而2009年其生产经营更是遭遇到前所未有的困难。受国际金融危机持续影响，焦炭需求下降，销售价格下滑；受山西省煤炭资源整合、煤矿兼并重组的影响，炼焦煤供应紧张，价格居高不下，造成煤焦价格严重倒挂；受下游钢铁行业不景气影响，公司生产系统长时间处于低负荷运行状态；受铁路运输制约，公司主导产品运输不畅，造成阶段性的焦炭落地，成本增加等。针对该企业出现的种种风险因素，分行领导高度重视，亲自组织相关人员召开了风险控制会议，部署贷款回收事宜。

第一，客户经理密切关注企业经营动态。由于焦化行业的亏损属于行业整体亏损，而借款人在行业内尚处于顶尖地位，因此不能盲目“一刀切”，必须具体问题具体分析。考虑其本身为山西省大型的国有企业，母公司为山西焦煤集团，股东实力十分雄厚，在企业困难时必然会施以援手，因此可以给借款人一个月的观察期，然后视情况而定。

第二，做好两手准备，提前制订贷款回收预案。如焦化行业以及借款人整体情况均有好转，贷款到期后可以足额偿还贷款本息，则可以考虑继续授信。如情

况持续恶化，在贷款到期的前一个月必须严格执行贷款回收预案，确保贷款的顺利回收。

第三，回收预案必须切实可行。由于借款人为国有重点企业且在异地，其母公司山西焦煤集团亦为分行营销的重点客户，稍有不慎则影响颇大，因此回收预案的制订必须通过业务营销部门和信贷管理部门的密切配合才能完成。最终分行制订了以沟通企业为主、其他手段（包括法律诉讼等强制手段）为辅的回收预案。

通过上述措施，分行在对该笔贷款的回收过程中处处走在了企业前面，充分掌握了主动。在随后的调查了解过程中，焦炭行业以及企业的整体经营并未有所好转，其年报公布后由于连续两年亏损且亏损数额巨大，导致股票变为ST，大大影响了其作为上市公司在山西省内的形象，各家银行对其信心也发生了动摇。

为了防止其他银行对借款人可能采取突然的清收措施，分行随即启动了贷款回收预案，指派客户经理及信贷管理人员同企业进行了多次沟通，并以《还款提醒函》等多种形式敦促企业正常还款，最终与企业达成了共识，在贷款到期日前一个星期就足额归还了贷款本息，保持了分行多年来贷款零逾期的良好趋势。

而就在分行贷款收回后两个星期，借款人在另一家银行太原分行的2亿元贷款由于资金周转问题出现了逾期。

案例6

高污染、高能耗水泥企业一直处于半停产状态

T市水泥实业公司前身始建于1958年，注册资本4.28亿元，主要产品为“LT”牌各型号散装普通水泥、矿渣水泥。2009年适逢金融危机，是当地政府帮扶的困难企业。某分行考虑到该企业既往无不良记录，且母公司集团提供保证担保和不低于2500万元的应收账款质押（质押率不超过80%），经反复权衡给予2000万元流贷额度。

由于该公司作为水泥生产企业，属于高污染、高能耗，产品销售受制于销售地区半径，华北区市场竞争激烈，加之部分生产设备较为落后，因此该笔贷款自发放后，分行即将其作为重点关注客户。

借款人在获得分行信贷资金扶持后，曾一度恢复正常生产。但进入冬季后，受水泥销售淡季以及春节期间工程暂停影响，水泥销量急剧下滑。还曾发生两人死亡的严重工伤事故。后来公司处于转型之中，除中高层领导干部以外，大部分

员工均被安排在家休假，企业一直处于半停产状态。

针对借款人出现的一系列预警信号，分行加大了跟踪监督的频度和力度。贷款到期前半个月，发出了贷款到期通知书，要求企业提前备足还款资金。经过艰苦和细致的工作，该公司总经理就归还分行贷款的事宜向市国资委做了专题汇报，并上报其母公司，取得了股东支持，最终还清了贷款。

案例7

船务公司因海运市场低迷船吨过剩，业绩受较大冲击

某分行向福建莆田市X船务有限公司发放流动资金贷款700万元，期限1年，由公司提供自有船舶抵押担保，评估金额1950万元，抵押率36%，并由公司实际控制人提供保证担保。

贷后分行信贷管理人员利用总行的“天眼”预警系统捕捉信息时发现，当年第一季度数据显示，中国沿海（散货）运价指数（CCBFI）同比下跌6%，主要原因一是货运船舶过多，船吨过剩；二是欧美国家经济持续低迷，复苏乏力，贸易需求依然处于低位；三是国内银根收缩，市场对大宗商品的需求萎缩。加上燃油价格又长期处于高位，该公司经营业绩受到很大冲击，货款回笼量比去年同期有明显的减少，同时抵押物的市值也有一定程度的下降。

通过上述一系列信息的分析判断，认为企业的主营业务发展尚能维持，仍有一定的业务量，但该客户规模较小，在未来的两三年内存在停产的可能。为化解风险，相关部门迅速行动，一方面不断走访客户，督促其实际控制人设法还款，另一方面从外围了解各方情况，做好法律诉讼的最终打算。通过与企业实际控制人的多次沟通并达成共识，企业积极配合分行工作，陆续收回应收账款，延长对外付款账期，最终提前收回全部贷款。

案例8

国际干散货运价和国内沿海货运指数急剧下跌

福建Z船务有限公司2007年10月份在某分行获得三年期固定资产贷款2000万元，厦门X船务有限公司于2008年10月也从该分行获得一年期流动资金贷款

2000万元，均由两公司船舶抵押，同时由股东提供个人无限责任担保。

然而，2008年10月以后国际经济金融形势急剧恶化，全球贸易运输量急剧下滑，与其紧密相关的国际干散货运价和国内沿海货运指数也急剧下跌。各金融机构也纷纷减少或停止了对航运企业的贷款合作。某家融资租赁公司中途取消了已批准的融资贷款项目。

两家公司正在建造的两艘1.38万吨货轮，占用了大量的流动资金。当时已累计投入4000余万元，后续不得不全部以自有资金继续投入。在行业利润大幅减少、金融机构惜贷及公司扩大投资三方面因素的影响下，两家公司的流动资金周转出现困难，福建Z船务有限公司本应归还的款项166.7万元，开始出现逾期。

鉴于企业主营业务发展尚可，抵押物价值较好，企业也积极配合银行工作，努力走出困境。为缓解公司的还款压力，分行对贷款进行了重组。2010年后，随着国内外经济形式的好转，航运行业情况也有所上升，两家公司逐渐进入正常周转阶段。分行前后历时三年，最终安全收回全部授信，化解了风险。

案例9

纸制品公司受金融危机影响产销量大幅萎缩

东莞市R纸制品有限公司主要经营牛卡纸和高强瓦楞纸，获得某分行2800万元贷款，期限一年，提供高强芯纸、牛皮卡纸、木浆、废纸和牛皮纸等库存作质押担保，由分行认可的第三方监管单位监管，并提供房产抵押和存单质押。

由于遭受了2008年全球性金融危机的严重影响，借款人一直未能扭转产销下滑的局面，同时，国家对造纸行业的宏观压减措施对借款人也造成了巨大影响，2009年全年产销量大幅萎缩。

鉴于借款人一直按时付息，还款意愿较好，且借款人及其股东的所有资产已提供担保，分行信审会在对贷款余额压缩20%的前提下，为借款人办理了贷款重组，并要求每月归还180万元。

办理贷款重组后，借款人产销量有所提升，分行认为完全退出借款人的时机已经来临。一方面，分行密切关注借款人产销，要求借款人严格执行还款计划，同时确保利息不逾期；另一方面，要求借款人通过他行融资的方式尽快归还借款。

之后借款人在他行融资成功，归还了2310万元贷款，分行解除了部分担保物。此时借款余额尚有490万元，而质押的存货均量为1100万元，虽然质押率未超过50%，风险可控，但分行认为，由于质押存货的品种为纸类，跌价的风险较大，执行还款计划仍有必要。经过不懈努力，借款人最终归还了全部余款。

（五）生产开工不足

风险提示：银行在授后检查中，如果发现企业开工不足，应立即引起警觉。因为没有生产就没有销售，没有销售就没有还款来源。

> 对于未到期的贷款必须加强检查，及时发现风险苗头。如果等到潜在的风险转变为真正损失时，为时晚矣。
>
> ——专家经验

案例1

塑料制品公司受台湾"塑化剂"事件影响生产销售严重下滑

成都某分行2011年年初向双流某塑料制品公司发放流贷1100万元，期限1年，由某投资信用担保有限公司担保。

2011年5月，中国台湾地区有关方面向国家质检总局通报，一种含有毒性化学物质的塑化剂生产加工的食品或者食品原料，已经被销售到中国大陆、东南亚、美国、中东等国家和地区，有卫生专家认为这是人类史上最大的塑化剂污染事件。

分行现场抽查塑料制品企业发现，借款人受"塑化剂"事件影响，生产销售严重下滑，经营出现较大问题，企业拟寻求投资参股资金或部分转让资产维持经营；此外，担保公司正积极促成公司转让、帮助企业寻找合作者、要求企业追加抵押担保等等措施，以减轻担保损失。

针对发现的问题，分行立即启动风险预警程序。依据合同，首先让企业出具了生产经营不利、无法靠经营正常还款的说明，并达成分期还款协议；其次，向担保公司发出提前收贷决议，分行"应急清收小组"3次上门与担保公司商议代偿事宜。迫使担保公司推动、促成企业资产转让。经过3个多月追索工作，终于化解1100万元贷款的潜在风险。

案例2

鞋业公司外销订单减少，鞋业公司6台生产设备中仅有2台在开工

福建莆田市L鞋业有限公司成立于2003年1月28日，注资300万元，主营运动鞋气垫生产销售，拥有生产设备6台，年产值4000万元。某分行给予800万元流贷，以工业用地抵押担保，抵押物估值1641.8万元，抵押率为48.7%。

由于世界经济金融危机影响，外销型制鞋企业订单量出现大幅度下降，作为制鞋行业原辅材料供应商的借款人，受下游需求减少的影响，订单量也大幅减少。

分行在组织开展贷后现场检查工作中，发现借款人6台生产设备中仅有2台在开工，工人数量也大幅减少。未开工的机械设备表面积尘较厚，部分设备上还结有蛛网。综合分析，企业生产开工率严重不足，部分设备停产有较长时间，企业经营出现不正常现象，授信风险已经呈现。

客户发生风险预警后，分行加大了贷后监控与检查力度。多次与借款人、抵押担保人充分座谈协商，告知依据其现有生产状况，企业将被列入调整退出对象，请企业提前安排资金，做好还款准备。分行友好、合理地表明真实意愿后，得到企业充分理解。企业一方面合理安排生产经营资金，另一方面积极通过其他渠道筹措资金，分期、分批陆续归还全部贷款，分行实现该风险授信的有效化解。

案例3

韩资鞋业公司出口订单大幅减少开工率严重不足

福建惠安Y鞋业有限公司为韩资企业，成立于2001年3月，注册资本100万美元，主要从事攀岩鞋、登山鞋、防水鞋、滑板鞋、休闲鞋的生产，产品全部自营出口欧美发达国家，年出口量近1000万美元。

某分行给予该企业授信额度1750万元，期限1年，用于短期贷款、承兑汇票、打包贷款、信用证项下押汇。由该企业提供房地产作为抵押，并由企业实际控制人承担连带责任保证。授信后企业能够按时付息，五级分类为正常类。

某年春节后，为防范因全球经济危机引发的授信风险，分行组织客户经理对

生产企业进行现场走访，全面了解企业开工情况，发现该企业5条生产线仅1条开工，开工率严重不足。原因是受到金融危机严重影响，出口订单大幅减少。另外，该企业原出资2300万元收购当地另一家韩资鞋服公司，导致企业资金严重短缺，拖欠大量货款及租金，涉及诉讼案件。现正准备出售该鞋服公司资产。

分行及时下发风险提示，要求经办机构每周不少于一次进行现场走访，密切关注企业生产经营动态及财务状况。并通过多种途径了解到拟收购该鞋服公司的对象和收购方案（协议转让价2150万元）后，分行动用多种关系，多次与该企业及买家协商，最终签订三方协议，由买家代偿承兑汇票敞口400万元和贷款本金1350万元及利息。

还清授信敞口之后，分行按照协议约定解除抵押，直接将押品退给买家办理过户。几个月后，法院查封了Y鞋业有限公司并冻结其银行账户，企业已停产倒闭。

案例4

浓缩苹果汁公司市场销售疲软订单大为降低

陕西H果汁饮料有限公司为中外合资企业，主要经营浓缩果汁、饮料制造、出口及国内销售等。某分行给予4000万元贸易融资额度，期限1年。

2008年金融危机以后，我国苹果汁的生产量明显减少，国外客商的采购量也大幅减少。果汁作为一种弹性消费品，受总体经济环境的影响很大，经济不景气时，终端消费者购买力降低，导致果汁企业销售疲软，继而对主要原料浓缩苹果汁的需求降低。这些因素的共同作用使得该企业的订单和产量都极大减少。同时分行注意到该企业的主要采购商，主要都是原来的一些老客户，新增客户较少，而且老客户的需求量也在不断下降，企业的出口量明显减少。

因此，分行在对该客户重新授信时充分考虑到企业面临的困难，给予该企业4000万元综合授信额度，以机器设备做抵押，抵押率不超过25%，追加法人代表连带责任担保，另签订果汁监管协议。同时规定，先允许使用的额度2000万元，待果汁行业情况好转、订单增加后方可使用另外2000万元额度。另外在担保方式上增加了存货质押。

之后，分行强化贷后管理，重点关注果汁行业变化，安排信贷管理人员与经营机构坚持按月实地检查，及时跟踪企业经营情况变化，最后该企业清偿了债务，分行成功化解授信风险。

案例5

贷后走访发现食品企业已停产工人已放假

某分行向莆田市T食品有限公司发放贷款650万元，用于生产原材料及日常经营周转，期限1年，以企业自有房地产抵押。抵押物占地面积10亩，总建筑面积6707.4平方米，评估价1088.5万元，抵押率59.7%。

客户经理贷后走访发现，企业已停工，工人已放假，有部分人员在组织发货，清理库存。客户经理迅速报告分行，分行领导非常重视，带领相关部门经理，立即赶往企业并约见了企业负责人和生产经理。企业负责人一再表示，目前属于阶段性停产，公司正在清理库存、催收应收账款，还款资金没有问题，就在近期解决。

了解到具体的情况之后，分行经过分析认为：①企业还款意愿较强；②抵押物足值，市场价格远远超过贷款金额，企业不会主动放弃处置权；③企业不是恶意停产，而是季节性停产。鉴于此，分行依旧加大催收的力度，并给予企业一定压力，包括增强对企业各层面的走访频率、发律师函等。经过近一个月的全力催收，企业终于在贷款到期前归还贷款。

案例6

贷后检查发现塑料制品公司处于半停工状态

福州某分行向石狮市J塑料制品有限公司发放贷款300万元，期限1年，用于向浙江义乌购买原材料，贷款以老板个人房地产作抵押。

分行专项贷后现场检查发现，该公司经营主业不突出，生产规模偏小，且仅有服装扣件产品在生产，五金配件产品已停产，公司处于半停工状态。另外，该公司提供抵押的厂房地处农村，变现价值有限。

分行立即将该公司列入授信客户退出计划，要求支行每周进行一次现场贷后检查，及时掌握企业经营变化及现金流状况，提前向该公司发送贷款到期通知，提前催收。经过不懈努力，该公司通过多种渠道筹集资金，按时归还300万元贷款本息。

点评：

由于小企业经营不规范，主营业务不突出，产品附加值低，市场竞争力弱，抗风险能力差，且银行获取信息不对称，对小企业授信应更加审慎。

要切实将“有保有压、有进有退”的信贷结构调整策略落到实处，在发现风险苗头的情况下，必须下定决心，选择恰当的时机，果断退出。

案例 7

数码科技公司生产厂区有开工率不足的迹象

东莞 X 数码科技有限公司主要从事设计、开发、生产及销售消费电子产品。某分行先后向其发放三笔一年期流动资金贷款 5300 万元、2300 万元及 1900 万元，以房产和土地做抵押，抵押物价值合计约 1.78 亿元，抵押率 53.30%。

分行贷后实地检查发现，借款人生产厂区经营开工率有不足的迹象，但客户报表显示销售量较上年却有所增长，检查人员怀疑客户报表不真实。分行接到报告后立刻进行更深入的实地调查，发现客户经营情况的确有所下降，且资产负债率明显增高。

针对以上情况，虽然客户有充足的抵押物，但出于审慎原则，分行研究决定退出该客户。经与客户进行充分沟通，分几次收回全部贷款，风险得到化解。

点评：

从以上案例可看出，坚持细致的实地调查对发现客户风险有巨大的作用，若经办人员在实地检查过程中流于形式，对风险事件视而不见，很有可能延误了化解风险良机。

案例 8

通过计算陶器公司每天捏制砂锅数量判断难以归还贷款

某分行向山西 X 陶艺有限公司发放流动资金贷款 100 万元，期限 1 年，由担保有限公司保证担保，贷款资金用于购买制造陶器所需的原料“高岭土”。

在分行信管部组织的小企业贷款风险排查过程中，检查人员发现该企业处于停产状态，车间内无一生产人员，生产设备闲置，只少量库存。检查人员多次联系该企业负责人未能见面。后经电话联系，负责人称由于企业车间暖气未通，11月中旬暂停生产，天气转暖后再恢复，目前企业库存产成品已全部销售完毕。

分行信管部获得实地检查记录后，经分析认为该企业属于规模极小甚至接近于家庭作坊式生产的小企业，虽然贷款资金用途以及还息均正常，但其产品的产量较小，无法达到规模效应；产品（主要是陶艺工艺品和砂锅）针对的消费群体单一，且对市场需求的波动十分敏感，经营风险依然较大。再通过对其在本行账户流水的查看，发现几乎没有现金流。除担保人担保能力较强外，种种迹象均表明就借款人本身而言，贷款存在较大风险隐患。

6月份分行再次组织实地检查，检查人员发现企业虽然5月复产，但其工艺技能尚不稳定，由于陶艺工艺品市场较差，目前主要生产砂锅。简陋的车间内有三名陶器制作人员、两名烘焙人员，而企业法人代表长期在山东、河北、河南等地找订单。通过询问陶器制作人员得知，其每天最多可捏制15件砂锅制品，以自5月份复产以来3个人60天测算，最多生产2700件砂锅，按每件50元计算，全部实现销售也只有13.5万元。因此以其现有生产、销售能力根本无法足额偿还贷款。

由于在第一次检查时已将检查结果通报担保人，因此第二次检查后与担保公司再进行沟通时，由担保公司代偿100万元贷款本息。

点评：

对小企业贷后检查必须深入实地现场，不能盲目听信借款人一面之词。客户经理本身必须熟悉生产型企业“采购→生产→销售”的各个环节，对生产能力、经营成本、利润来源等进行数字分析，通过准确计算发现企业内在问题。

案例9

高级工艺画框生产车间虽在运转但开工率已显不足

福建D实业公司主要生产高级工艺竹木画框、油画框以及集装箱底板等，产品大部分出口欧美地区。福州某分行给予授信额度3500万元，以其工业厂房及土地使用权作抵押（评估价5021万元），并由公司实际控制人提供个人连带责任保证。

由于该公司地处另外一个城市，贷后管理半径较长。因此经办行十分重视贷后检查工作，定期对该公司进行明察暗访。一次，经办行多次约见企业实际控制人未果后立即到企业走访，发现该公司虽然生产车间都能正常运转，但开工率已显不足。在出口下滑的情况下，该公司仍投资上马6条集装箱底板生产线，存在较大市场风险。通过对该客户近年来贷款卡信息分析对比发现，该公司没有稳定的合作银行，且当地几家在收贷后都相继退出。此外，该公司在本行账户的资金回流量仅为160万元，与授信额度不匹配。

发现上述问题后，分行立即组织专题会议，制订贷款清收措施。不断督促该公司筹集还款资金，并阐述企业在人行征信系统中保持良好信用记录的重要性。

授信到期前，企业资金周转困难，在分行工作人员多次催促下，该公司将3140万元资金转入银行还款账户。当该公司打算放弃归还剩余360万元贷款时，分行反复强调按时还款的重要性，最终该公司同意继续筹措资金归还贷款。当天晚上8点，剩余360万元资金全部到账。

（六）生产成本上升

风险提示：企业生产所需原材料价格的上涨，必然导致利润减少甚至亏损，经营难以为继。虽然不至于一下造成银行贷款的风险，但也必须引起重视。

案例1

包装公司原材料价格大幅上涨致资金紧张

杭州J包装有限公司主要从事PP、PE、CPP、CPE等塑料包装制品及材料的生产销售。在某分行有授信额度2000万元，其中1500万元系土地使用权抵押，500万元由某塑胶有限公司担保。

贷后检查发现企业当年的盈利能力较去年有较大幅度的下降，主要因为原材料价格较大幅度的上涨。同时该企业对下游客户谈判地位较低，大量应收账款被占用，其他大量应收款又被关联企业占用，存货占用也偏高，种种因素导致企业现金流非常紧张。且该企业抵押的近100亩工业出让用地，由于企业自身资金短缺根本无力按计划开工建设，闲置土地面临被政府收回的可能。

经办机构对此非常重视，认为该企业虽未形成现实风险但潜在风险信号已显现，应尽快收回贷款以化解风险。企业在贷款到期日前多次要求续贷，并以提供国际结算、存款等条件加以诱惑，经办机构始终坚持“风控优先”原则，通过积极的沟通协商，最终令企业归还全部贷款。

案例2

纺织公司原料价格波动大经营成本大幅上升

苏州H纺织有限公司销售对象主要为浙江地区，与某分行建立信贷关系已有5年，总体合作情况良好，无不良记录。有贷款余额390万元，由苏州某担保投资有限公司担保

在贷款发放后，原料价格猛涨，纺织品市场购买坯布全部需现款交付，资金需求量大，市场融资利率屡创新高，这些均导致企业经营成本大幅上升。分行经办人员在贷后检查中发现，公司由于上述原因，以及产品没有特点且谈判地位较低，许多订单不敢接，每月销售收入已下降到只有几十万元，利润被严重压缩。经营步入困境，且情况持续得不到改善。

分行注意到这方面预警信息后，决定退出该客户，收回贷款。在方案选择上，决定和担保公司协商，共同向该企业施加压力，催收贷款。经过多次和客户谈判、沟通，企业最终通过股东筹资及收回部分货款的方式归还了全部贷款本息。

（七）产品销售出问题

风险提示：企业的产品销售能否成功，是能否获得还款资金的最重要环节。当企业的订单开始减少时，银行就应该引起重视，判断严重性，采取措施帮助其扩大销售渠道。

案例1

玩具出口企业因金融危机导致订单和利润严重下滑

佛山市南海Z玩具有限公司主要是为国外大型玩具品牌如迪士尼、金堡、克诺、达宝斯贴牌生产高档软体玩具及相关用品，产品以出口为主。广州某分行给

予1200万元综合授信额度，期限1年，可用于流贷和开银承（40%保证金），土地抵押担保。该公司能按时支付利息，信用记录良好。

随着2008年全球金融危机的爆发，中国出口型企业面临了严峻的考验，玩具行业更甚，国内方面在涨薪潮、人民币升值以及出口退税政策等因素的冲击下，代工企业所赚取的利润不断摊薄。在上述大环境下，借款人开始出现了订单和利润严重下滑但银行负债仍保持增加的情况，企业经营出现了明显的预警信号。

分行从2008年下半年开始，通过业务分析会等形式对该客户的行业风险及经营风险进行了重点分析，出于审慎考虑，决定采取退出措施。经过几个月时间的沟通，借款人提前一个月归还了贷款。

案例2

发现购物广场公司投入大销售慢收支严重失衡

某市分行向某购物广场有限公司发放流动资金贷款1000万元，以第三人房产抵押担保600万元，担保公司保证担保400万元，并追加公司实际控制人连带责任保证。

某购物广场公司与当地奥特莱斯购物公司同属一个实际控制人。分行在对两家企业贷后检查时发现较大问题：① 借款企业由于广场建设、宣传招商的前期投入大、见效慢，导致经营收支严重失衡；② 高档奢侈品牌进价偏高，折扣力度不大，市场营销局面未能有效打开，资金回笼速度慢；③ 仅依赖削减房租、争取税收优惠等措施，企业现金流严重不足；④ 与开发商、租户出现经济纠纷；⑤ 企业股东之间的合心力出现较大问题等。

为保证信贷资产安全，分行抓住企业新股东进入契机，经过多番谈判，先说服企业偿还600万元房产抵押贷款。当新股东进入后未能彻底改变企业现状，分行又多次联络担保公司协商到期代偿事项，最终收回了剩余400万元贷款。

案例3

发现台商橡胶公司的销售和盈利逐年下降

H橡胶（中国）有限公司是台商独资企业，主要生产、经营各种规格的自行车、摩托车、汽车内外胎。苏州某分行给予授信额度3000万元，由其关联公司保证担保。企业授信还款及还息记录均正常。

分行贷后走访发现，企业经营情况较为一般，销售收入呈逐年下降趋势，盈利水平大幅下降，且母公司高层人事变动频繁。针对这一情况，分行果断采用“逐年压缩授信额度+增强担保条件”的方式进行风险控制。后将公司授信压缩至600万元，且全部落实了房地产抵押。

之后，分行人员对企业又进行了多次实地走访，又发现值得注意的问题：①母公司对该公司引进新的投资人、调整管理团队后，经营情况并未得到明显改善，在业内的地位不升反降。某年营业收入为3.78亿元，较三年前下降近40%，而利润为负1644万元，且无扭亏的迹象。②公司存货水平居高不下，经营周转效率很差。分行多次派人实地进行库存盘点，发现数量与金额均与财务报表有很大出入，且公司的解释不能令人信服，存在的隐性问题较为明显。

鉴于以上情况，分行认为企业经营情况不佳，存在潜在授信风险，收回剩余600万元贷款后不再续贷。

（八）担保出问题

风险提示：有些企业生产经营很好，但问题就出在过度担保上。当被担保人出问题时，担保人就要承担代赔责任，由此引起的连锁反应，就会导致贷款银行资金的风险。

案例1

A能源公司为B电厂过度提供3.9亿元债务担保

广州A能源有限公司与某分行业务合作已3年多时间，有授信额度1亿元（流动资金贷款和开承兑汇票），专项用于为电厂采购燃料油。

5月，分行发现A公司销售量大幅下滑、负债率升高，虽盈利能力尚可，但应收账款持续增加。尤其是对B电厂的销售量仅1.4亿元，但应收账款高达3.6亿元，存在资金大量外流的嫌疑。更重要的信息是，A公司为B电厂提供了3.9亿元的债务担保。

经进一步了解，B电厂正在筹备资产重组，其财务状况较差，长期依靠各家银行借款以及占用A公司资金维持生产，偿债能力弱。且有关银行已要求A公司承诺不得向B电厂追讨应收账款。

考虑到B电厂经营及偿债能力弱，而A公司自身资产负债率已高达82%，巨额应收账款以及对外担保存在较大风险隐患。一旦B电厂爆发财务危机，将直接影响到A公司自身的正常经营，从而影响分行贷款的安全。

为此，分行果断决定对该客户采取暂时退出的措施，成功收回最后一笔授信敞口业务。同时，分行密切跟进B电厂的重组进展，一旦相关风险信号解除，重新考虑与该客户的授信业务合作。

案例2

打火机企业担保3亿元已有代偿赔付风险隐患

W企业是以生产打火机起家，年销售收入曾达3亿元左右，位居国内一次性打火机龙头地位。2005年因看好冰箱行业在国内三、四线城市存在巨大的市场机会，从而进入冰箱行业。2008年起受惠于国家扶持家电下乡的政策，企业冰箱销售收入呈爆发性增长（销售额超6亿元）。企业最终形成日产100万支打火机、45万台冰箱的生产能力，销售收入多年超过10亿元，成为当地龙头企业。

宁波某银行与该企业合作十余年来，一直是积极扶持。授信额度由最初的500万元到后来的1亿元，以工业房地产等集团核心资产抵押担保。

但企业在某年申请1.2亿元集团授信（新增2000万元）时，被分行信审会否决。原因是：

（1）分行从行业中了解到，国家取消扶持家电下乡的政策后，中小家电生产企业受制于品牌效应弱和产能低（年产30万~40万台）等因素，在同业竞争中基本处于劣势。加上海尔、美的等国内一线家电大品牌放下身段，主动抢占三、四级市场，使众多品牌弱、规模小的冰洗生产企业雪上加霜，企业主营收入增长乏力。

（2）企业对外投资增加但效果不好，其中在秀山岛开发房产投资近1亿元，由于房产形势较差，合作股东实力较弱，后期无资金投入，开发面临停工。为此与其他企业成立投资公司，高息借贷。

（3）企业过度担保余额超过3亿元，已经有代偿赔付风险隐患。其中担保近1亿元的A火机公司负债过高，实力较弱。担保3000万元的金属制品公司资金紧张，经营困难。

之后，随着不良信息的越来越多，同时了解到当地有金融机构有意对其增加授信的信息，分行采取内紧外松策略，通过压缩授信额度及控制提款的措施，一年内全部退出。10个月后，企业因主营收入严重缩水且涉房投资无法正常收回，投资公司失败及对担保圈风险出现资金链断裂，在当地10余家金融机构共5.7亿元贷款本息出现实质性风险。

案例3

借款人担保的企业老板跑路而产生代偿风险

温州A特种钢有限公司在杭州某分行有授信敞口金额3000万元，由浙江B人造革有限公司和实际控制人提供连带责任保证。

某年6月，在温州多家企业老板跑路风波中，温州C流体设备科技有限公司法人代表也跑路了。而A公司由于为C公司借款提供了3500万元担保，由此产生代偿风险。因此，分行将A公司纳入重点风险监控客户名单。

一方面，某分行多次派人前往温州企业现场走访，了解C公司出逃事件具体情况，评估A公司为跑路企业保证可能形成不良后果。另一方面，要求企业尽快更换担保条件，提供新的抵押物。但由于企业无法变更担保，分行与企业协商，通过多次分笔还款的方式，在半年内全部结清企业授信。由于分行早于他行了解到被担保企业出逃情况，较早与授信企业沟通，最终全额收回本息，风险事件完全化解。

案例4

借款人资产因关联企业担保而被法院冻结

扬州A宾馆投资管理有限公司在某分行有房产抵押贷款950万元，还本付息正常，无不良记录。

某日，公司大股东陈某控制的B置业公司为南京C公司贷款提供担保而被判承担连带责任，A公司名下资产被法院冻结（不包含抵押给分行的房产），现金缺失超过2000万元，导致企业资金周转困难。

在第一时间发现企业的预警信息后，分行立即将其纳入预警客户管理。考虑到企业本身的生产经营尚能正常进行，分行认为立即诉讼不利于清收，决定采取内紧外松、分期压缩的清收措施。

经若干轮的艰苦谈判，A 公司找到合适的第三方投资人愿意提供 3000 万元的融资，前提是所有抵押权人（对应近 3000 万元债务）提前释放抵押权。

在这种情况下，分行一方面明确表示无法接受“先解押、后还贷”的模式；另一方面主动上门与融资、重组双方接触，表明积极支持的态度，争取对方“先还贷、后解押”。经多日反复拉锯，在借款人还清全部贷款本息后，分行予以了解押。

案例 5

借款人母公司为关联企业 3 亿元担保官司败诉

四川 A 化学建材有限公司在成都某分行有贷款余额 6000 万元，以厂区土地抵押，外加 B 母公司集团担保。

支行长偶然在一份内部刊物中看到一篇行业报道，其中提及借款人外围 C 关联企业的负面信息，立即敏锐地感觉到企业的风险信号。分、支行两级高度重视，提高了贷后检查频率。经多次对企业进行飞行专项检查得知，C 关联企业可能非正常歇业，B 担保集团公司面临着巨额银行担保诉讼。分行明显感觉到 A 公司也会受到牵连而产生不良贷款，因此果断决策，争取在贷款到期时限内全额回收。

鉴于客户为当地知名企业，在银企关系中一直比较强势，分行以真诚的态度把握谈判的分寸，同时积极为企业出谋划策，为其充分缓释和转化整体负债压力提出了许多建设性意见，得到企业的认可和肯定。经过不少于 20 次的沟通与谈判后，企业筹资 6000 万元提前清偿全部贷款本息。不久之后，B 集团 3 亿元银行担保官司败诉，面临赔偿风险。

（九）资金紧张

风险提示：借款人还不了款的直接重要原因就是资金紧张，而导致资金紧张的原因有多种，包括企业过度扩张、多元化投资失利、投资房地产失败、涉入民间高息借贷纠纷、应收账款出问题、还款资金不落实等。

> 预防风险是防火，化解风险是救火。事前的预防，重于事后的补救。
>
> ——专家经验

1. 过度扩张所致

风险提示：企业如果在与自身可承受的范围内，适度负债可加快企业发展。但是如果过度扩张造成负债剧增，经营风险就会急剧增加，资金就会面临断裂的风险。

对此银行人员必须关注企业过度扩张的风险，当发现企业准备大规模扩张的时候，贷款银行一定要参与可行性研究的论证，防止无效和失败投资的风险。跟踪新投资项目的进展情况，资金落实、施工进度、完工时间、验收试产、产能达标、销售情况、资金回收等。一旦发现有问题，就必须立即采取退出措施。

另外，对于准备搬迁的企业，也要论证其搬迁后生产经营的风险。

> 要特别防范“三过”企业：过度扩张、过度负债、过度担保。这些迅速膨胀的企业，往往死得最快。
>
> ——专家经验

案例1

汽车润滑油生产企业规模扩张过快资金链紧张

河南D油品公司是当地一家规模较大的汽车润滑油生产企业，某分行给予开票额度6000万元，担保方式为存货质押加自然人担保，存货由银行指定的第三方监管。

但该企业一方面由于规模扩张过快，上马项目靠银行融资满足不了，涉及大量民间借贷，多为短期，且成本高；另一方面，该企业成立时间较短，尚未建立起稳定的销售渠道，经营性现金流非常少，资金链紧张。

分行在贷后检查中发现上述情况后，认为可能存在到期无法还款的风险。于是要求第三方监管单位增派现场人员，严控质押货物。并由经办支行派驻一名客户经理24小时驻厂，关注公司是否有生产、销售及员工异常行为。

后来发生担保公司围堵企业讨要欠款事件，分行债权面临极大威胁。分行果断采取强硬措施，严控存货，同时对进出油品进行逐罐测量数据，取样送检，确保质量合格，货物足值，且要求企业每出一车货物，必须缴存相应保证金至分行。经过近半年多的艰苦清收，随着客户最后一笔还款资金到账，风险化解工作画上圆满的句号。

案例 2

重机公司未接到订单即生产一批常用型钻机致销售困难

湖南 A 重机股份有限公司由深圳中小板上市的湖南 B 高压开关集团公司控股。长沙某分行向 A 公司贷款 200 万元，期限 1 年，由 A 公司股东王某提供个人连带责任保证担保。

贷款快到期前，客户经理检查发现该公司生产经营不太正常，可能无力按期归还贷款。分行立即再次派人对公司进行现场检查。了解到，B 集团公司自控股 A 公司后，已投入资金 1700 万元。但因对基建市场发展趋势盲目乐观，在未接到订单的情况下，生产了一批 20 ~ 60 吨常用型钻机，销售困难。加上工程机械行业普遍存在的赊销模式，几年来近 700 万元应收账款占用了企业大量资金，员工从高峰期的 150 余人裁减至 30 人，公司生产经营陷入困境。

了解到企业真实情况后，分行研究制订了详细的多管齐下的风险化解预案，重点是说服 B 集团公司代偿此笔贷款。但 B 集团公司领导明确表示，A 公司是集团的子公司而非分公司，集团已投入 1700 万元，极可能成为损失，集团不会再为 A 公司的任何债务买单。

为此，分行多次派员沟通，希望集团考虑双方良好的合作关系，在年底前归还该笔贷款。否则，银行将通过法律程序解决，势必对 B 集团公司带来一定影响。与其通过查封和处置资产还贷，还不如由集团公司内部自行处理为妥。经共同努力，终于在年底前成功收回了该笔贷款。

案例 3

服饰有限公司过度投资和高额民间借贷致资金紧张

某服饰有限公司与杭州某分行建立合作关系，获得流动资金贷款 2750 万元，信保融资专项额度2000万元，由第三方提供保证和厂房抵押担保。

分行在全面风险排查时了解到，企业由于过度投资固定资产，流动资金已十分紧张，且涉及民间高息借贷近千万元。同时其担保圈均为小企业，抗风险能力及稳定性较差。对此，分行及时制订化解方案，逐步退出了风险授信。

一是落实抵押，强化担保。在得知企业部分房产权证已办出后，分行立即要求其落实抵押。由于其土地使用权已全部抵押在分行，分行在谈判中占据了主动地位，成功追加了抵押物。

二是先易后难，逐步退出。当时信保融资业务仍是各家银行为争取外汇业务而重点拓展的业务之一，分行以本行受专项规模限制为由，建议其转从他行融资，全部成功地退出了信保融资业务。

三是坚持原则，彻底清退。得知贷款未予续贷后，企业主通过言语威胁、让员工到市政府及分行游行闹事等方式，不断施压。对此分行自上而下始终坚持原则，最终全部结清授信，风险得到彻底化解。

在分行贷款全部收回后一个月后，该企业因涉及高额民间融资无力偿还，信保融资业务逾期，风险全面爆发。

案例4

有线电视光纤网络公司快速扩张风险显现

四川H科技发展公司主营业务为有线电视光纤网络建设，在省内同行业中处于龙头地位，市场占有率占据了绝大份额，发展前景良好。某分行与该公司建立授信合作的6年间，企业信誉记录良好，无逾期欠息等不良发生，企业经营情况稳定。

但从2006年开始，企业前期经营快速扩张的风险开始显现。由于光纤网络行业改革滞后，投入大、收费低、回款慢，尤其地方广电部门与经营公司均为“两块牌子一套人马”，欠款现象非常突出，使得企业的应收账款居高不下，资金链逐步出现问题，制约了业务的继续开展。2007年起，企业的经营状况仍未得到好转，主营业务日益萎缩，至2008年上半年已基本陷入停滞状态。分行4300万元贷款已无法正常回收。

分行通过变更授信主体、重组贷款、追加抵押物、逐步压缩本金，出售新抵押物等措施，经两年多不懈努力，终于收回全部不良贷款。

案例5

牛仔织造公司大量征地建厂开工却未达设计产能

南京某分行向常州市H牛仔织造有限公司发放流动资金贷款400万元，以公司自有土地厂房抵押担保（抵押率60%），同时追加常州TY钢制品公司连带责任保证。

在对企业的贷后管理中，分行发现企业出现了对贷款回收不利的因素：

（1）企业近几年的固定资产投入很大，先后征地17.2亩和39.4亩建厂房扩产，使大量的日常周转资金被投入到固定资产中。

（2）企业开工率没达到扩产设计的产能，市场订单量有一定减少，无法满足正常的生产节奏。

（3）企业生产的牛仔系列产品技术含量较低，生产规模一般，市场竞争实力不强。随着金融危机对实体经济的影响加剧，纺织服装企业总体抗风险能力逐渐下降。

（4）企业销售规模缩减明显，经营效益逐渐下降。受原材料价格波动影响，企业现金流减少，日常周转困难。

为此，分行积极与客户协商贷款按时归还问题，同时准备采取一些必要的资产保全措施。最后协助企业通过资产出让的形式，把抵押的土地厂房转让，按时归还了贷款，未形成风险损失。

案例6

包装集团公司新建包装设备生产线投入大产出少

浙江L包装集团有限公司主要从事瓦楞纸板、纸箱的生产，产品主要用于包装饮料、食品等。该企业在某分行有1000万元开银行承兑汇票额度，由W印刷包装机械有限公司保证。

分行信贷管理部门在非现场分析时发现：①企业一段时期以来包装设备固定资产投入较大，与自身资金实力不匹配，资金周转压力加大；②本行授信额度已基本满足企业现有需求，可又申请3000万元贷款用于扩大再生产，与企业成长性不匹配；③该企业财务报表中“货币资金”金额长期较低，与其经营规模周转所需不匹配，存在资金紧张的可能。

于是，对该企业进行实地检查，发现：①借款人与担保公司、投资公司资金往来频繁，且资金进出时间与各银行授信到期时间相吻合，说明企业的还款资金基本是靠“拆东墙补西墙”；②企业生产基本正常，库存保持在经营控制线中，但仍以传统普通包装为主，水印和柔印尚处试生产阶段，尚无符合生产能力的产品订单，大批量投产还需一段时间；③通过与企业代表和财务总监交流，基本判断企业资金较紧，需银行更多支持。

分行做出的判断是，企业正处于发展期，在各家银行还在介入的情况下，短期内不会有资金断裂风险；企业是开发区的重点扶持企业，新产品虽未批量生产，但已与几家知名企业签订了小批量供货协议；目前企业大的投入已基本结束，如企业订单量有突破，可继续支持，否则退出。

于是，分行在否决企业新增3000万元授信申请后，加强贷后管理，高频率实地了解企业近况。一段时间后，分行发现该企业在各家银行的资金结算量远低于报表中反映的主营业务收入量，存在美化报表、虚增账面销售数字的可能，说明企业经营无增长变化趋势，于是在1000万元授信到期后不再续做。几个月后，分行对抵押物查询时了解到，企业机器设备抵押已被法院查封，风险已经凸现。

案例7

发现企业新建反射炉炼铅项目未如期正常投产

昆明某分行向宣威市J经贸有限公司发放贷款600万元，期限1年，用于向其上游企业购买粗铅、铅精矿、锌精矿等产品，贷款担保方式为房产抵押，同时追加公司法人个人连带责任担保。

经办机构贷后检查发现，该公司位于宣威的反射炉炼铅项目并未如期正常投产，造成其与云南某公司签订的粗铅供应合同未能如约履行，公司盈利能力受到较大影响。同时还了解到，借款人有意将宣威反射炉炼铅项目转让，并在云南楚雄新建反射炉炼铅加工厂，由此项目资金占用将影响贷款归还。此外，通过监控该公司在分行开立的结算账户资金流转情况，发现其现金流量流转规模、频率较为有限，判断该公司经营出现异常。

发现企业经营出现异常后，经办机构积极行动，多次约谈公司法人代表，阐明本行对该笔贷款的关注，说服其提高还款意愿，公司承诺以应收货款偿还贷款。

贷款到期后，借款人偿还了200万元贷款，另外400万元贷款逾期。分行立即联系客户，要求通过异地网银划转资金，最终结清了贷款本息。

案例8

发现企业已将纺纱车间从江苏搬迁至河南

某分行给予江苏常州市S纺织有限公司700万元授信额度，由公司厂房抵押担保（评估价值917万元，抵押率82%），同时追加当地另一家纺织有限公司保证担保。在日常贷后管理过程中，分行发现该公司如下问题：

（1）企业已经将纺纱车间整体搬迁至河南周口地区郸城县，由于该县对外来投资企业有政策优惠，所以短期虽会给企业带来一定的好处，但分行将难以掌握日常经营情况。

（2）分行贷款仍以常州市SS纺织有限公司为主体，但事实已经成为空架子，不具备偿还贷款本息的能力。

（3）受到纺织原材料价格大幅波动影响，企业日常经营资金链周转紧张，随时可能出现断裂。

（4）分行还发现借款人给一家规模较小的纺织企业提供500万元的借款担保，而该纺织企业已经处于半停产状态，存在较高的代偿债务风险。

针对上述情况，分行决定提前收回贷款。通过法律手段（不安抗辩权）宣布贷款提前到期并提起诉讼，法院判决后分行通过拍卖处置抵押资产，全部收回贷款本金和利息，未形成贷款风险损失。

案例9

发现担保人计划重组并准备搬迁到外地

深圳某分行给予F国际供应链公司授信额度5000万元，期限1年，用于煤炭及塑胶贸易，由其母公司广州F运输有限公司及实际控制人提供连带责任担保。

分行客户经理赴担保企业贷后检查过程中发现，办公室仅约30平方米，仅有一个财务人员。在与公司办公人员有意识的闲聊过程中发现，F运输公司经营情况发生重大变化，企业仅剩4辆运营大巴。由于车辆运输行业竞争激烈，公司已计划重组，转向其他行业，办公地点也准备从广州搬迁去深圳。

了解到以上情况后，客户经理迅速向分行进行了汇报，引起了分行的高度重视并通过其他渠道核实了上述信息。经研究，分行决定在F运输公司经营出现重大转型、后续前景暂时不明朗的情况下，暂停对借款人的新授信，最终逐步收回原授信。

2. **多元化投资失利**

风险提示：在经济快速增长期，容易导致企业多元化投资欲望膨胀。但在本行业做得好的企业，多元化跨业投资未必就能做得好。因为对于新行业，除了资金之外，还面临管理人才、生产经营、市场营销等方面的问题。多元化、跨界投资失败的案例很多。

冒险是企业家的生命，而谨慎则是银行家的生命。银行家不能跟着企业家后面瞎跑，必须要有自己的判断。

——专家经验

案例1

工矿公司转入煤焦光伏酒店等多元化经营致资金紧张

L工矿股份有限公司某年总资产84.8亿元，总负债52.3亿元，总收入9.9亿元，净利润2.0亿元。在某分行1.6亿元贷款到期，申请续做。分行审查发现该公司存在以下四个方面的问题：

一是多元化扩张趋势明显，新建煤焦企业和光伏玻璃生产线，参股酒店经营等。二是刚性负债增加明显，总额达31.5亿元，一年内仅长期借款就增加了12.2亿元，应付票据增加了10.2亿元。三是对外担保13亿元，或有负债增长较大。四是保证人（母公司）山西某能源集团公司及其下属并表企业对外担保总额123.4亿元，而煤矿行业进入寒冬期，经营状况持续恶化，担保能力存疑。分行信审部门综合考虑上述因素后，审议决定不再对该公司续做1.6亿元授信。

一年后，该公司因负债较大，拖欠贷款和参与民间借贷，资金链断裂，银行贷款出现逾期，发生了近百人群体讨债事件。且人行征信报告显示，该公司已累计发生19笔未结清银行承兑汇票垫款，金额合计1.6亿元，同时欠息金额达到432.3万元。而该行此前主动退出该公司授信，有效避免了1.6亿元损失。

案例2

洗衣机企业新投入冰箱、电视机、投影仪等生产线导致资金困难

D电器实业有限公司已与宁波某分行合作多年，有贷款额度3800万元，以公司自有房地产抵押3500万元、担保公司保证300万元，全额追加企业法人代表夫妇连带责任保证。

公司原以专业生产洗衣机为主，由于竞争激烈导致企业利润较大幅度下滑，迫使企业进行产业结构调整。分行贷后检查发现企业新增投入了冰箱、电视机、投影仪等生产线，导致资金周转困难。但由于当地政府将该企业列入重点帮扶对象之一，其他银行授信额度仍在增长，分行只加强了对该企业的严密监控。

之后，发现该企业运营没有明显改善，但各行授信规模已远远超过企业实际经营需求，存在贷款资金挪用风险。分行领导高度重视，组织相关部门制订了逐步退出的时间表，通过采取收回临时额度、提高贷款利率、释放部分抵押物用于他行授信等多步走的办法，全额回收3800万元贷款。

案例3

纺织有限公司转投资高耗能行业项目处于半瘫痪状态

某分行向吴江O纺织有限公司发放流动资金贷款500万元，由另两家纺织品公司提供连带责任保证，同时追加公司法定代表人夫妇个人无限责任保证。

分行贷后在与担保人沟通中发现，借款人与朋友一起投资不熟悉的行业，且属于高耗能国家限制类行业。由于估计不足，前期投入金额大，又无法取得银行融资，只能通过股东进一步追加投资，但股东实力一般而无法追加投资。在股东之间出现分歧后，项目处于半瘫痪状态。

为此，分行将该客户列为重点关注对象，通过多次反复沟通，借款人同意将该项目中的股份退出并归还借款，最终贷款本息全额收回。

案例4

油脂公司生产亏损转而跨行业投资铝锭项目致资金紧张

山东Y油脂有限公司主营食用植物油加工、销售，棉籽收购加工、销售。正常生产年销售收入5亿元，利润约4000万元，是分行多年授信合作客户，有两笔合计2000万元流贷，由铝业公司和滚动轴承公司提供担保，历史履约情况正常。

借款人地处产棉区，属于县里产能较大的棉油生产企业。但作为棉油加工企业，其日常经营受原材料棉籽影响明显。某年，受国内棉花产量下降、棉农惜售等因素影响，棉籽采购难度增加。且原材料价格大幅上升，与产品价格倒挂，导致企业盈利能力明显下降，甚至出现亏损。

受此影响，企业选择暂时停产，仅维持棉籽采购，挣取部分原材料差价。同时，该公司为了扭转单一行业容易受到淡旺季供应等市场行为的限制，开始跨行业投资铝锭项目，加工废铝生产铝锭。

在元旦期间分行检查过程中，部分生产设备已到位，处于调试阶段。但分行认为，该公司目前正处于主业转行阶段，新上项目与原有行业差别较大，投资规模超过5000万元。如果企业挪用原有流动资金贷款新上固定资产建设项目，将导致企业的流动资金紧张，风险状况进一步上升。

对于企业经营状况暴露的不利变动，分行未贸然行事，在多次与企业沟通后，认为企业还款意愿正常，如立即进入清收阶段，势必引起其他金融机构的恐慌，造成企业还款压力增大和不必要的麻烦。对此，为降低企业还款资金压力，分行在收回企业第一笔1000万元到期贷款后，未要企业提前归还另一笔1000万元贷款，直至5个月后到期回收。

3. 投资房地产失败所致

风险提示：在企业多元化跨界投资中，投资房地产是重要的一个方面，因此在这里单独写一段。房地产行业是资金密集型、生产密集型、技术密集型的企业，具有政策风险、行业风险、资金风险、建设风险、销售风险等，一般企业还做不了这些项目。因此在授后管理中，如发现企业有转投房地产的倾向，一定要引起重视。

案例 1

江苏纺织公司投资 6000 万元到江西购买土地开发不顺

江苏 H 纺织公司主要生产各种规格的尼丝纺、春亚纺、涤塔夫、桃皮绒等，是一家集纺、织、染一体的中型民营纺织企业。

2007 年，某分行给予 1500 万元授信额度，期限一年，用于流动资金周转。担保方式为：某担保公司和某织造公司分别保证担保 500 万元和 570 万元，抵押担保 430 万元。担保部分利率上浮 20%，抵押部分上浮 15%。

2008 年，企业投资 6000 多万元在江西某地购买 93 亩商住用地和 150 亩工业用地（含 1 家服装厂），全部办妥房地产权证，准备开发房地产并融资。

但不久发生次贷危机，一方面项目开发和融资并不顺利；另一方面整个纺织行业跌入谷底。担保公司为应对危机，缩减对该企业的担保额度，甚至到期后不再续保，导致企业到期续借困难。而该公司在江西的投资款中，部分为民间借贷，一时讨债者云集。当时的情形完全出乎该民营老板的意料之外，企业至此出现了资金链断裂。

分行人员通过仔细调查和测算，并且多次到江西实地查看情况。总体认为公司经营有困难，但并不至于资不抵债或倒闭，在江西的房地产开发进度正常，逐步形成销售。故在政府部门的牵头下，会同其他两家银行共同采取逐步压缩的办法，并要求其同各方民间借贷债权人签订分期还款协议，以帮助企业渡过难关。经与企业经过多次协商和沟通，公司终于自筹资金分两次归还了全部不良贷款。

案例 2

物资再生公司连续置土地购设备再融资风险显现

苏州某分行给予苏州 K 物资再生有限公司一年期 600 万元贷款，由苏州 C 担保有限公司担保。

分行贷后检查发现，公司业务规模没有达到投资预期，基本停留在原有水平。而银行贷款急剧增加到 6500 万元。主要原因是公司在北桥新厂旁又置地 20 亩建设新厂房二期，进口焚烧炉一台。在总投资已达 1.2 亿元的情况下，公司计划再向银行融资 3000 万元。

分行认为，该公司固定资产投资过快过大，相对于1.5亿元的销售规模来说，负债规模过大，自身现金流不足，今后的还款来源必然大量依靠再融资。因此分行研究决定退出该企业。在企业如期归还贷款后，不再续做授信业务。

案例3

贸易发展有限公司挪用票款投资别墅用地资金被套

南京某分行为江苏H贸易发展有限公司签发银行承兑汇票7500万元，敞口3000万元，期限半年，存货质押，由上海中远物流配送有限公司监管，追加借款人资产浮动抵押担保。

客户经理贷后检查发现，该公司经营状况出现异常，存货增加，账面资金走向疑点较多，银行借款大幅上升。于是通过外围渠道多方调查发现，该公司股东投资注册了一个房地产公司，购买了太湖边价值9000万元的别墅建设用地，由股东自有资金投入6000万元，另从H公司抽资3000万元。公司原乐观估计该地的市场估值将达到2亿左右，但由于国家对房地产行业进行调控，该别墅地块未能按预期通过规划审批，企业及股东资金被套牢。

鉴于企业“短款长用”挪用资金的风险，分行做出了到期收回授信资金的决定，并制定了以下措施：一方面与物流监管公司达成一致意见，加强对库存钢材的监管力度；另一方面监控企业的资金往来，密切关注其他金融机构的授信政策变化，督促企业及时打入还款保证金。在该公司授信7500万元全部正常结清后，分行以提高授信条件和监管要求等为由婉拒了企业的续贷请求。

> 贪婪是商人的天性，也是商人的天敌。
>
> ——专家经验

案例4

饮业公司购买了工业用地待变商业用地最终失败

四川K饮业有限公司注册资本和实收资本均为8000万元，为法定代表人的独资企业。经营范围：生产加工销售果蔬植物、饮品、食品、含乳饮料等。公司占地面积36亩，拥有员工约300人，已建成榨汁生产线、罐装生产线。

某分行给予2500万元贷款，担保方式为厂房及土地抵押。还本付息情况良好，一直是分行的优质中小企业客户。

某年年底，客户经理对企业进行定期贷后抽查，在现场发现企业与往常情况有较大不同。作为劳动密集型且主要原材料为胡萝卜的企业，应该在秋冬大量采收囤货，而现场反倒是工人较少，存货数量也不多，运货车辆停运。询问企业生产负责人，解释是正常设备检修所致。

在收集了企业最新的季报后，客户经理回到银行将可疑情况汇报给部门领导。领导核对了财务报表，发现企业损益表显示财务销售收入有大幅增加，同比刚性负债也有很大幅度增加，且均为近期新增流贷。于是电话询问企业财务负责人，解释是下游市场广阔，目前企业产能已经饱和，需要新添3条生产线扩大产能，此解释与现场生产负责人的解释完全不一致。

次日，业务部门负责人率领客户经理再次来到企业核实情况，特意询问了在场的工人以及大门门卫。了解到企业实际最近半月都很少往外发货，工人也大多都回家休息。根据此情况，业务部门向企业实际控制人展开深入核查，了解该企业以扩能改建为由，用大量营运资金购买了当地一块工业用地。

真实的原因是企业控制人通过所谓的小道消息，了解到该区域土地即将调规变性（土地用途从工业土地变为商业用地），预期有大幅增值，故动用大量资金购入土地。

在考虑到该贷款将在次年3月到期，为确保贷款成功回收，业务部门负责人一面安抚企业收取银行流水、财务报表、出入库单等资料，另一方面向分行风险管理部及信贷管理部汇报相关情况，积极提前部署贷款回收。每日核查企业银行账户变动情况，在贷款到期前2月即开始分次催收贷款本息，并于贷款到期前15天将企业本次贷款本息全部催回到账，化解了风险。

之后，该企业因大量举债且经营恶化已严重资不抵债，关门停业。而A银行给予该企业1亿元贷款、B银行800万元贷款、C银行2300万元贷款、当地信用联社2650万元贷款、农商行2400万元贷款，均已确定无法收回。

点评：

本笔贷款安全回收，有如下几点启示：

（1）必须加强对客户的深入调查。尤其是民营企业，隐蔽关联公司较多，民间借贷随意性较强，客户对问题往往刻意隐瞒，对优势则着力夸大。经办机构必须保持清醒的头脑和高度的责任心，通过多种内外部渠道尽可能摸清企业真实状况。

可通过调阅银行流水、查看原始单据等方式核实企业经营真实性。通过各种有效途径多方面了解企业及实际控制人的资信情况及其涉及行业，确保企业资金投向主营业务。

关注企业刚性负债与其经营的匹配性。企业注重眼前利益，容易盲目扩张或分散投资，导致企业资金流断裂的情况发生。应加强对企业的实地调查深度、增加检查频率，通过对其主营业务的特点及行业特征的深入了解，实地判断企业存货、生产、管理、销售是否正常。

（2）对于可能发生的风险，做到“早发现、早行动、早化解”，贷前调查及贷后管理不流于形式，真正把风险防范落实到日常工作中去。在当前外部市场不景气的情况下，提前发现企业风险隐患苗头，在其他金融机构尚未采取措施的情况下主动退出，是保全信贷资产安全的重要措施。

（3）切实落实分支联动，保持预警信息高效畅通。发现风险预警后分支行要分工合作、协同配合，确保风险的彻底化解。即使在授信批复下达后，如果经办机构发现借款企业提供的资料不真实，或发现其他风险隐患而不同意企业提款申请时，应及时将相关情况报告分行信贷管理部和风险管理部，并对已下达批复进行废止。此种反馈机制，可对分行后续审查审批工作和贷后管理工作提供有效参考。

案例5

批发市场开发公司转投房地产项目不成功

浙江某市批发市场开发有限公司主要从事市场设施建设和服务，并从事建筑材料、五金材料等批零业务。公司原开发经营的农贸市场与综合市场成形较早，租金收入稳定，现金流良好。绍兴某银行与该公司已有10余年合作关系。

后来公司投资开发了“和风名都”项目，因开发时间较长，融资总量快速上升，一年内贷款余额由2.31亿元上升到3.3亿元。而开盘当年销售1.4亿元（预计总销售额4亿元），第二年全年仅实现销售962万元。

银行在审批客户2200万元续贷授信申请时，分析认为企业主业萎缩，房地产投资超过企业承受能力。虽然公司有大量的房地产等固定资产，但已全部抵押，且公司已在通过借户贷款方式增加融资，公司实际融资能力已较差。

另外，由于房地产开发占据企业经营者大量精力，公司主业经营一块实际仅剩市场租金收入一块，虽相对稳定，但也难有较大增长，全年税后租金收入仅为1500万元左右，无法覆盖银行借款利息。公司资金链情况主要取决于房地产后期的销售情况。

为此，银行审批要求压缩500万元额度，追加了关联企业A房地产公司、B毛纺织公司及公司法人代表夫妇的保证担保，予以1700万元续贷一年。

又过一年贷款到期，分行审批认为企业房地产销售不佳，资金链过紧，存在较大风险。同时，原担保企业之一B纺织公司已提出撤保，更加认定企业资金链已十分紧张，因此以担保条件弱化为由，在收回贷款后不再续贷。

案例6

县纺织服饰公司全部资金转投房地产和矿山出现困难

浙江某县纺织服饰有限公司是一家生产、经销纺织坯布的生产型企业，拥有100多台意大利喷气织机及配套的倍捻机、空压机、浆纱机设备等。2007年与某分行建立信贷关系，贷款额度不断增加至3506万元，合作关系一直良好。

2008年，由于该县有多家商业银行新机构的进驻，使企业的融资渠道十分畅通，加上受县里一些纺织企业进军房地产后取得良好经济利益的驱动，企业也跃跃欲试想进军房地产市场一搏。分行在多次贷后检查中向企业说明跨行业经营的风险、利弊及外地投资所存在的各种不利因素，劝说企业谨慎经营，以主业为重。但企业仍通过上游客户的牵线，拍入山东某沿海市5万平方米开发面积投资建设。

分行根据项目的可行性、企业自身实力以及周边房产市场的分析，认为企业进行适度的房产开发投资，信贷资金风险仍可控。2008年下半年楼盘的一期开发基本成功，销售情况良好。分行与企业的合作基本保持原状。

2009年下半年，企业又进行了新一轮的楼盘投标工作，并提前获得6000万元的预收房款，大量的现金流吸引了多家银行的上门营销，致使企业转行投资的信心大增，决定把主业承租给其他企业经营，将所有精力投入到房地产、矿产的投资上。企业在南方两城市先后达成300亩土地的房地产开发项目和8000万元的矿山开发项目，企业自认为该两项目只需投入1.4亿元即可开发运作。

但分行经调查测算，认为企业如果想要顺利运作上述两个项目，资金的需求量远非企业估算的1.4亿元，而是2.4亿元，企业现有的资金远不能满足项目正常的经营开发需要。

在此期间，分行开展了多次碰头会议，对企业的过度投资和对国家房地产市场政策调控置之不理的态度给予剖析，行领导统一思想，果断决定在企业目前整体风险尚未暴露的情况下，应先于其他银行退出授信、控制风险。

2010年1月到期收回644万元，2月到期收回1197万元，3月提前收回1665万元，至此企业在分行的3506授信全部收回。由于国家房地产调控政策不断出台，该企业存量房产滞销，新矿业项目投入超过自身实力，资金链十分紧张。而分行由于判断准确，措施得力，时机把握准确，在企业风险暴发前已成功退出。

4. 涉入民间高息借贷纠纷

风险提示：客户如果借入高利贷，说明其资金紧张和资信下降，从正常渠道已经融借不到低息资金了。高利贷对于债务人而言，轻者大幅增加经营成本，重者涉及人身安全，进而导致跑路失联的案例也不少发生。因此，当银行发现借款人有涉入高利贷的情形时，应立即查明情况，采取应对措施。

案例1

市农业龙头企业因涉及民间借贷纠纷最终停产

浙江Q棉脂有限公司为市农业龙头企业，受到市政府的重点扶持。在某银行有短期贷款680万元，其中房地产抵押480万元，保证担保200万元。

某年12月，该公司在当地另一家合作银行的续贷未成功，导致企业资金链趋紧，同时因涉及民间借贷纠纷，最终停产。贷款行信管部获悉风险信号后，快速派员实地了解事态发展。经了解，企业出现风险后，当地市政府和人民银行已召集各债权银行开了几次协调会，要求各家银行支持企业重新恢复生产。

但贷款行根据现场调查和走访了解的情况，认为企业恢复生产较难，且已有民间债主起诉。经紧急磋商后确定了风险化解方案：尽快与担保单位谈妥，促其履行担保职责。对于拟处置的抵押物文件尽快找企业实际控制人签字，防止其突然失踪导致延长法律程序的处理时间。最终多方寻找到买方，在资产顺利拍卖后收回全部贷款。

点评：

平时要深入了解企业经营情况和资金流，关注企业各种信息动态。对投资过度、参与银行过多、政府干预的农业企业贷款要慎重。与客户保持良好联系，确保其在诉讼、执行时能积极配合处置。发现风险需在其他债权人起诉之前第一时间起诉，有利于缩短诉讼、执行、贷款收回的时间。

案例2

针织公司高管涉及民间借贷引发集中上门讨债

海宁某公司是一家从事针织袜生产、销售的台港澳法人独资企业，产品出口量占其年销售的90%。公司在杭州某分行的授信敞口为1000万元，由海宁市某包装有限公司保证。

某年12月初，因公司法定代表人和主要财务负责人涉及民间借贷，引发供应商及加工单位集中上门追讨债务。企业正常经营受到冲击，资金链断裂，直接影响银行贷款到期归还。

分行获悉企业发生危机后，立刻组织人力对借款人及保证人向法院提起诉讼，采取诉讼保全措施。保证人由于自身生产经营状况较好，诉讼将对其产生不良影响，因此主动寻求协商，请求撤诉，于12月中旬代偿了新全部贷款本息。

案例3

煤炭公司涉及民间借贷和经济纠纷诉讼

福州某银行为泉州T煤炭有限公司办理40%保证金银行承兑汇票5000万元。由泉州市某家具有限公司、公司实际控制人提供担保，同时追加第三方个人财产抵押（评估价值553.8万元）。

经办机构贷后日常监控发现，该公司两个月来账户资金往来极少，于是保持高度关注。之后当地媒体爆出，该公司涉及民间借贷和经济纠纷诉讼3000多万元，实际控制人“跑路”的报道（后经查实并未跑路），银行资金面临较大风险隐患。发现风险信息后，分行立即采取措施。

首先，以上级行票据检查发现贸易背景存在问题为由，要求公司配合整改，提前归还了承兑汇票敞口资金2040万元。其次，多次约见担保企业迫其筹集资金代偿了960万元授信敞口，最终成功化解授信风险。

案例4

物流公司法人代表民间高息借贷购置个人房产

某银行向江苏H物流有限公司发放1000万元贷款，以公司自有工业用地及厂房抵押担保，并追加法定代表人夫妻个人连带责任保证。

贷款到期后，客户提出续做申请，同时要求增加至2000万元并尽快提款。但该行从此前贷后检查及报表数据来看，该公司经营并未大幅增长，且公司也无固定资产投资计划，没有增加一倍流动资金的理由。

银行对上述疑点高度重视，计划对客户进行现场走访。走访之前，对账务调阅、库存查看、四单收集、高管约谈等各走访小组任务进行了明确分工。实际走访过程中分头并进、紧凑展开调查，并注意避免对客户造成惊扰。

走访结束后，通过各小组汇总获取的信息发现，该客户存在较多风险状况，如财务造假，实际营收大幅下降；应收账款管理混乱，坏账大幅增加；法定代表人个人诚信存在问题，对自身经营情况过度夸大。

为进一步掌握情况，该行通过对该企业内部职工私下走访、民间关系网调查、企业上下游联系等方式，确认该企业经营存在严重问题，主要为该企业法人代表存在民间高息借贷行为，用于个人房产等固定资产购置，加上经营下滑，不良应收账款增加，导致资金链骤紧。

针对上述情况，该行并未断然拒绝企业新授信要求，而是要求其及时还款，防止贷款逾期造成人行征信出现不良记录影响授信申报，最终安全收回1000万贷款，遂彻底退出了该风险客户。

点评：

非现场分析发现疑点，现场实地调查确认问题，再深入调查发现实质问题，最后采取稳妥方式安全退出。这家银行有理有序、沉着冷静的工作作风，值得学习。

案例5

马口铁空罐龙头企业老板儿子涉入高利贷资金被骗

某市制罐公司是当地生产出口马口铁空罐的龙头企业之一。某银行向其发放一年期流贷2000万元，由当地一家实业公司及制罐公司实际控制人提供连带责任保证。

某年2月，当地某信用社营业部主任庄某某大肆高息非法集资后携款潜逃，很多企业资金卷入其中。得此消息后，银行领导高度重视，要求发动社会力量进行调查。经查，制罐公司实际控制人的大儿子被骗，高息借出资金近3亿元。

对此银行紧急召开会议，要求深入客户实地检查，明确授信退出的风险化解方案。一是约谈公司实际控制人，提出提前还贷的要求。二是多次约谈担保人，要求准备资金代偿，否则将影响到其控制的企业融资和上市进程。

4月份，在得知实际控制人拟将一公司股权转让并取得实质性进展之际，银行抓紧时机，迫其以首笔股权转让款2000万元还清了贷款。

5. 应收账款出问题

风险提示：如果企业的应收账款金额大，必然导致周转资金困难，进而影响正常的生产经营活动以及归还银行贷款本息的资金来源。因此，银行应该帮助这类企业查明情况、分析原因、采取措施、回收资金，保障生产经营的正常进行。

案例1

特种气体公司应收账款收回困难资金被严重占用

某特种气体股份有限公司与成都某分行建立合作关系，共获得流动资金贷款3500万元，分3笔发放。

贷款期间，分行通过总行天眼预警系统得到信息，借款企业销售收入持续下滑。于是赶赴企业，对企业经营、财务、管理情况进行深入检查。了解到企业主要是应收账款收回困难，资金被严重占用，致使企业资金链紧张，企业正常经营遇到困难。分行将该客户列入重点关注对象，持续加大定期走访频率，每周进行约访，每2~3日进行暗访，通过社会渠道收集信息，定期查询该公司人行征信信息，掌握他行授信变化情况。

由于分行坚持风险监控不放松，客户按时归还了贷款1500万元，且随着企业经营情况的好转和应收款的回收，将2000万元贷款归还。

案例2

变压器公司“低比例、长账期”的销售政策导致周转资金困难

C变压器有限公司与杭州某分行建立授信关系，获得一年期500万元流动资金贷款，由浙江某气动有限公司和企业法人代表提供保证担保。

发放贷款后，温州地区频繁发生公司倒闭及企业主出走事件，且风险不断蔓延，经济趋势越来越恶化。为此分行加大贷后管理力度，发现该公司为急于吸引客户，扩大销售份额，采取“较低的预付款比例、较长的应收账期”等销售政策，导致流动资金周转困难。于是将该企业纳入风险监控客户范围，重点跟踪、监测其风险变化趋势。

一日，客户经理得知该公司在其他银行、小额贷款公司的贷款出现暂时性逾期，且企业财务经理突然离职。这些迹象引起该行高度警觉，通过各种方式找到离职的财务经理，经深入沟通，得知该公司由于管理不善导致应收账款难以收回，大部分账款账龄较长，并且有社会不明身份人员上门讨债。

在得知该线索后，分行再次对企业进行多方面的深入调查，从公司内部知情人士处了解到法定代表人涉及民间借贷可能不少于1500万元的重要情况。其后，分行立即对企业资产、负债状况进行全面摸底。发现借款人名下48亩土地及厂房均未被抵押。而且担保人经营正常，现金流充沛，有能力偿还本行1000万元。

鉴于以上因素，为迅速化解预警，分行第一时间与借款人、担保人取得联系，要求担保人权衡利弊，在获得借款人名下48亩土地处置权的前提下，分期代偿银行贷款。经过多次谈判，方案终于得到借款人和担保人的同意，于贷款到期前全部代偿完毕，银行信贷资产得以保障。

案例3

混凝土公司应收账款已达到销售收入的97%

南京某分行向H混凝土公司发放一年前流动资金贷款1250万元，以苏州某酒店房地产抵押，房产评估价值1325万元，土地评估价值1190万元，抵押率49.7%。

客户经理贷后检查发现，企业销售情况一般，应收账款占比大幅上升，已达

销售收入的97%，较年初提高了25个百分点，存货较年初增长42%，种种迹象反映企业流动性下降、资金链趋紧。

经办支行对于企业出现的预警信号非常重视，通过实地走访、核查企业纳税申报系统、获取外围信息等多种渠道了解到以下情况：该公司主要为当地住宅建筑工程类工程提供混凝土，由于账款结算周期长，工程垫款情况较严重，企业资金链断裂的风险极大。

鉴于此情况，支行立即将上述情况上报分行，并制订了周密的方案：一方面密切关注企业的生产经营及资金往来情况，加大贷后走访频度；另一方面实地查看核实抵押资产的抵押及查封状态，为资产诉讼保全做好准备工作。最终在收回到期贷款后不再续贷。

案例4

下游钢厂拖欠铁矿石款致使借款人还款困难

重庆C公司主要从事金属和金属矿批发，某分行给予1400万元流动资金贷款，期限1年，以土地使用权抵押（抵押率56.68%）。

鉴于该公司为中小商贸企业，抗风险能力不强，经办机构贷后密切关注企业销售和资金回款、库存等变动状况。检查发现，贷款发放两个月后，该公司未向本行回笼货款。分行就此及时到下游客户处了解情况，发现由于某钢厂经营出现不利变化，已不能按时向该公司支付铁矿石款。

发现这一情况后，经办机构对客户现状进行分析，认为在短期内其下游钢厂经营情况难以好转，对该笔贷款的归还存在较大的不确定因素。但从长远来看，待钢厂经营情况正常后，其资金问题将迎刃而解，或许该公司将成为一个有潜力的客户。

据此，分行制订了相应的贷款回收预案，一方面积极与该公司下游客户钢厂进行联系，协助催收货款。另一方面积极帮助企业拓宽新的融资渠道，为其联系信托公司、担保公司等。一系列的措施，得到了企业的认可，表达了积极的还款意愿，先提前归还600万元，余下的800万元也于到期日按时足额归还。

6. 还款资金不落实

风险提示：授后管理的一项重要工作，是要提前检查落实客户还本付息的资金来源，实行还款资金提前到账制，不能等到还款日当天，再去向客户追讨资金。因此，客户经理在日常工作中，应深入企业了解其资金运作情况，发现问题及时解决。

案例1

商务大楼的智能化系统未完工验收工程款没回笼

成都J投资管理有限公司在某分行获得流动资金贷款2400万元整，期限一年，由其关联公司的写字楼提供抵押担保，抵押物足值。

贷款发放后，分行人员通过实地贷后检查发现以下预警信号：

（1）公司继续承包了“城市之心”高级商务大楼的智能化系统工程，但因为尚未最终完工验收，工程款没有回笼，造成企业资金紧张，还款压力较大。

（2）公司在资金方面对其股东依赖性较大，但关联公司实际投资主要集中于资本市场和商业地产的开发，自身现金也较为紧张。

针对企业出现的预警信号，分行按照“早发现、早行动、早化解”的原则，快速做出反应。在了解到四川有家公司有意购买部分抵押物后，立即派专人跟踪出售进展情况。在收到买楼预付款项900万元后，同意释放抵押物并跟踪产权过户事宜。最终分两笔700万元和800万元收回了全部贷款。

案例2

工程队承接市政项目较去年增多而资金紧张

某分行向重庆市J路桥工程公司发放贷款500万元，期限1年，由H担保公司提供担保，并追加全体股东及法定代表人连带责任担保。

贷款到期前一周，客户经理落实还款事宜时，发现该公司所承接的市政工程类项目较去年增加较多，可能出现周转资金紧张而不能还款的问题。分行分析，该公司为市政工程施工小型企业，工程回款被拖欠是行业特点，现金流保障程度不高。虽然有担保，但落实还款资金来源不能有丝毫放松，因此要求提前准备还贷资金。客户承诺将有笔600万元资金回笼，可按时归还。

贷款到期前一天，该公司项目回款果然出现困难。分行及时向客户发出《逾期贷款通知函》，向担保公司发放《逾期贷款协助催收函》，要求借款人在6个工作日内偿还全部贷款本息，否则将要求担保公司履行代偿责任。最终该公司在逾期几天的情况下，将所欠的贷款本息全部结清。

点评：

银行对于企业的还款资金，应该建立“提前到账制”。即在《借款合同》中，应有一条款：“借款人应于每期还本付息前N个工作日，将应还本息金额，汇入借款人在银行的还款账户内。”这样当银行发现账户上没钱时，可以在到期日之前提前追索。

案例3

客户将还款资金转用于新增粮油储备订单的收购资金

贵阳某分行向遵义Z粮油收储有限公司发放流贷3000万元，期限1年，用于向上游企业采购散装菜籽油。由两家担保公司分别对贷款金额的60%和40%提供连带责任保证。贷款期间，公司账面现金均较为充足。

但在贷款到期前半个月，客户经理现场检查发现，该公司已将还款资金转用于新增政府粮油储备订单的收购资金。客户经理随后对公司11个月来付款记录、进出货记录及库存进行了核查，且与该公司多次沟通，要求从其他渠道筹集资金还款，但贷款还是逾期2413.1万元。

贷款逾期当晚，客户经理按照分行风险主管指示立即对公司库存进行核查，且支行全体员工在公司储备库附近轮流值班，监控存油出入库情况。次日上午，分行领导亲赴公司现场谈判，打消公司的还款疑虑。同时银行派客户经理驻场清收，每天到公司监督还款资金落实情况。最终公司从下游经销商渠道筹集到资金，将逾期贷款本息全部结清。

案例4

木业公司连续三个月在银行的结算金额大幅减少

天津某韩国独资木业公司，主要从事木地板的加工生产，产品出口由韩国总部进行销售。某分行贷款金额1600万元，利率上浮10%，以其自有厂房抵押，抵押率50%。

分行信贷管理部在贷后检查中发现，公司连续三个月在分行的结算金额大幅减少，且销售收入出现下滑，到款还款可能要出现问题。而客户解释系分行年底给予的出口押汇额度不够用，从而变更了主结算行。

发现此情况后，分行高度重视，3月中旬转贷时将贷款余额压缩到1400万元。9月2日预警资产小组兵分两路，一路实地拜访企业商谈贷款偿还方案，并邀请分行合作房地产评估师实地察看了抵押物；另一组前往异地查看关联企业名下的土地。在韩国母公司董事长亲自到分行商讨还款后，从预警到逾期的贷款历时半年后全部收回。

案例5

住宅项目已全部销售完而账上无销售回款

某分行向北京某房地产公司发放3亿元开发贷款，期限3年，利率下浮10%，由集团公司保证担保。该公馆项目紧邻地铁线，交通较为便利，共14栋住宅楼，总可售面积约20万平方米。

分行高度重视房地产贷款的贷后管理工作，设立专门的贷后监控岗，按月对开发贷款的工程进展、资金使用、销售回款进行监控。监控人员发现，6个月来项目住宅部分已全部销售完毕，成交均价18000元/平方米，累计签约2319套，签约金额31.9亿元。但本行账户上没有销售回款。

由于此笔贷款的项目未抵押给分行，且项目为多家银行资金拼盘而成，销售回款无法全部归集至本行账户控制，存在资金被挪用的风险。对此，银行人员不敢懈怠，紧盯公司直至到期归还了全部贷款。

案例6

不锈钢制品厂账户没有销售回笼资金

某分行给予江苏某镇不锈钢制品厂500万元综合授信额度，以公路旁的门市房作抵押（建筑面积1841.5平方米、评估价值1200万元）。

分行在贷后管理中发现，企业经营出现异常情况，具体表现：

一是分行要求销售回款直接回笼到本行账户或办理借记卡作为回款账户。而由于公司经营状况恶化，销售收入大幅下降，在本行办理的借记卡基本上没有资金回笼到账。

二是该厂实际控制人在主营业务经营状况恶化后，利用本行授信资金在当地收购其他企业持有的未到期银票，以此赚取利差收入。

针对以上风险状况，分行领导高度重视，采取内紧外松的策略，在该厂贷款到期归还后，分行没有续贷，成功退出该客户授信。

二、化解担保风险

风险提示：授信担保包括保证、质押、抵押，是银行的第二还款来源。在授后管理工作中，必须定期和不定期检查担保条件是否发生不利于银行的变化。

（一）担保人风险

风险提示：在银行接受的保证人当中，有一类是担保公司。担保公司可能发生的风险在于，快速扩张、过度担保、违规经营、挪用资金等，最终丧失担保能力。因此，银行必须定期了解和检查担保公司的经营状况。

案例 1

担保人经营快速扩张致风险集聚现金流紧张

长沙某分行向 A 小额贷款有限公司发放流动资金贷款 2000 万元，期限 1 年，由大股东株洲市 B 置业有限公司和法人代表提供连带责任担保，追加 A 公司股权作质押，质押率不超过 50%。

分行贷后检查得知，担保人 B 公司有转移资产迹象。分行立即对担保人进行专项检查得知，B 公司经营扩张速度太快，对外担保相对集中，风险集聚，现金流非常紧张，但未发现转移资产情况。

分行领导高度重视该笔贷款回收工作，在贷款到期前一个月，讨论制订了有效的化解方案。要求客户在还款 600 万元的前提下，剩余 1400 万元展期半年，但利率上调 10%，同时在原担保条件的基础上，追加足值房产抵押，并签订每月还款 200 万元的协议。这样既成功收回部分贷款，又使展期贷款风险可控，同时给客户一定的缓冲期，避免了诉讼清收的方式。

由于催收工作做得扎实，公司从未出现贷款本息违约的情况，分行最终成功收回2000万元风险贷款。

案例2

北京市知名担保公司涉嫌违规经营丧失担保能力

某投资信用担保有限公司是北京市知名担保公司，受到各合作银行的重视和认可。有了该担保公司提供担保，贷款很快就能办妥。担保费率一般为2.5%左右。

北京某分行分别向北京A现代家具公司、B商贸公司、C阳光医院管理公司、D管业公司发放流动资金贷款1500万元、850万元、600万元、400万元，合计3350万元，期限1年，均由该公司提供担保，保证金比例为10%。

2012年龙年春节前夕，该公司出现媒体负面报道，涉嫌违规经营导致资金链断裂，丧失担保能力。卷入该公司事件的债权企业数量有近300家，债权金额约为13亿元。

分行在第一时间闻讯后，立即采取措施化解风险：①对该公司项下小企业客户进行实地风险排查，了解小企业购买该公司理财产品金额，对该事件影响进行风险评估；②统一下调该公司担保项下小企业客户在本行贷款级次；③追加小企业实际控制人的个人连带责任担保，测试老板的还款诚信度和增加其违约成本；④提高贷后检查频率，每月实地检查一次；⑤要求客户提前落实还款资金来源，对个别小企业客户实行上门催收；⑥对于优质小企业客户，在提供足值抵押物及有效担保的前提下，继续给予信贷支持，化解担保风险。

通过上述措施，上述某担保公司担保项下四家小企业客户均按期归还了分行贷款。

案例3

东莞某分行成功压减90%互联担保和担保公司贷款风险金额

东莞某分行的小企业联保贷款业务在2009—2010年经历了迅猛发展时期，

至2011年6月已累计批准金额23.5亿元，敞口余额17.7亿元，处于联保贷款业务规模与效益的最好时期；担保公司担保的贷款余额达9149万元，处于分行历史较高位。也正在此时，国家货币政策缩紧，中小企业资金链日益紧张，大型担保公司挤兑事件频发，风险苗头隐现。

分行立即开展了充分的市场调研，发现问题：①在分行的客户中，成熟产业集群、专业市场客户占比较低；②大量的联保授信集中于制造业及其他贸易为主的中小企业。这些企业的资金链趋紧，经营成本上升，订单下滑；③联保企业成员的行业和跨区分布复杂，贷后管理难度大；④企业成员良莠不齐，银行往往看好联保成员中那些实力强、经营好的，而忽略对那些差企业的管理，在经济下滑时很容易导致大面积不良；⑤担保公司基本为民营，管理不规范，抽逃资本现象普遍，利用通道优势，虚设空壳公司套取银行资金，参与民间融资，大举扩张，资金链危险浮现。

在掌握充分的市场调研依据后，分行做出科学准确的判断，精心部署，制订实施了详细的分期逐步退出或转化联保业务的方案：

(1) 完善退出机制，采取有计划的压缩贷款、到期逐步退出的策略。

由于分行预判时间早，为化解风险赢得了充裕时间，因此并未采取“一刀切”整体压缩贷款的方式来化解风险，而是采取有保有压、有计划地逐步压缩与退出技巧。分行与市场部门充分协调沟通，通过风险程度排序制订出需要压缩转化的客户名单，制订了三年按40%、30%、30%分步骤压缩的计划。

(2) 在风险敞口不增加的前提下适当增强担保条件。

鼓励联保客户接受种子基金担保方式，通过由种子基金担保与其他辅助担保措施实现了多方的风险分担，并积极推广存货质押等供应链金融与种子基金结合的模式，有效地缓释了授信风险。

(3) 明确联保授信市场定位，提高联保授信门槛。

分行对联保授信采取只减不增的政策，提高联保授信准入门槛，有选择性地支持专业市场客户，保留客户多为木材市场、皮革市场、塑胶市场、毛织市场等成熟产业集群市场的优质客户。

通过一系列的压缩退出及转化措施的实施，2013年度该分行仅剩下较为优质的联保贷款客户，敞口余额约1.6亿元，退出比率达67.8%，联保贷款风险得到有效控制。同时，分行已全面退出存量担保公司担保贷款，有效避免了担保业“地震”对本行资金安全的影响，担保公司担保贷款的不良余额为零。

案例4

厦门某分行果断解除36家担保公司合作关系避免风险

从2011年开始，福建多家担保公司出现资金链断裂问题，其中一家担保公司在各家银行的担保余额达20多亿元，而厦门一家担保公司涉及债务高达37亿元。

归结这些担保公司资金链断裂的原因，主要都是由于违规收储放贷，投入高风险项目，在银行抽贷后引发资金的多米诺骨牌崩塌效应，招致企业和银行的多方面追债。

厦门某分行面对复杂的经济形势和担保公司屡屡暴露的风险隐患，及时对担保公司进行了重新梳理和准入，果断退出了36家担保公司，仅保留几家背景和实力强的担保公司合作，担保额度也从2011年年初的51.9亿元压缩至21.2亿元，担保贷款余额仅剩10.1亿元。当时有家担保公司是福建省第二大的担保公司，各家银行给予的担保额度很大，但分行通过实地走访和多渠道调查，认为该担保公司所担保的企业多为福建某地客户，信用记录不佳，资金用途多流入房市和民间借贷。基于这些理由，分行顶住多方面的压力，果断退出与该公司的合作。在后来多家银行对担保公司集体“讨债”的窘境中，该分行得以独善其身。

（二）质押风险

1. 质押物出问题

风险提示：以大宗物资为质押物的，在授后管理中，应该定期或不定期进行检查，防止不法企业以掺假、调包、转移等偷梁换柱的方式偷盗质押物。

案例1

将2.4吨质押煤堆顶部开挖后裸露出大量沙土石砾

山东C实业公司是市煤炭运销的重点企业，是淄博某分行合作两年的客户。有1000万元贷款，全部以企业自有存货煤炭质押，由银行指定的第三方监管，并由法定代表人提供担保。

分行在例行贷后检查时发现，该公司质押给分行的煤炭第一年在监管仓库累计入库17062吨，出库11838吨，质押货物总量充足，价格也控制在低于市场价的750元/吨。但自第二年7月份以来，尽管煤炭价格已上涨至近900元/吨，客户却没有再办理质押物出入库。针对这种异常经营行为，分行立即将该客户列为贷后重点关注对象。

11月中旬，分行信贷管理部先后两次接到匿名电话举报，称该公司质押煤炭以次充好，存在较大问题。对此，分行在不惊动企业的情况下，以贷后抽查名义到企业实地检查，在盘库过程中发现质押的2200吨煤炭垛中含有较多煤矸石，另外24000吨的主煤垛并未发现异常。11月30日，分行对全部质押煤炭进行深度采样，并在采样前要求监管机构出具最新质押物清单，办妥相关出质查询手续，以防其逃避法律责任。其后，在采样时发现24000吨主煤垛煤层下20厘米左右含煤量很少，在煤堆顶部开挖后裸露出大量沙土石砾等。

为了能够稳定客户，分行以当前信贷规模紧张为由，促使该公司提前还款，银行续做。企业向分行电汇款后，分行将企业提供的支票办理转账，扣收全部贷款本息，同时告知不再合作。针对分行的清收措施，企业法定代表人反应强烈，威胁分行人员，采取了过激措施。对此，分行将企业以次充好的欺骗行为，以现场照片予以揭露，并阐明了骗取贷款要负刑事责任的严重后果。最后，企业法人承认了自己的不良行为，认识到银行采取行动是企业自身违法在前的后果。至此，该笔业务彻底结清，成功化解了风险隐患。

案例2

叫来铲车深挖质押煤堆发现大量煤矸石等杂物

郑州某分行向鹤壁某煤业公司发放流动资金贷款3000万元，期限1年，以自有煤炭存货质押并追加股东担保，第三方监管模式，质押率不高于70%。

某年10月20日，分行启动为期一个月的“排雷行动”信贷风险专项排查。通过翻阅监管台账，发现该企业质押本行的存货始终是处于静态模式。为核实质押物质量，现场检查人员不顾雨天湿滑，爬上煤堆查看，并叫来铲车深挖，发现该客户质押的存货中，有大量的煤矸石等杂质，发热量达不到本行质押要求，且质押物存在与其他公司煤炭交叉存放的问题。

查实企业情况后，现场检查人员立即向分行领导汇报，分行领导高度重视，召开紧急会议研究决定，采取了以下措施：

一是做实证据，争取主动。会同当地公证处、企业负责人以及监管公司人员共同现场取证、化验，就地公证，当天拿到公证处的公证函，保证了诉讼权。

二是优化担保，规避风险。该客户场地内存货数量较多，分行要求客户将所有煤炭质押分行，并将整个货场标注质押标识。同时，追加公司实际控制人关联企业、实际控制人的儿子以及会计连带责任保证，要求企业书面承认质押物存在瑕疵事实。

三是提前还款，有序退出。分行同时要求企业出具承诺函，承诺全部资产质押给分行，并将所有销售回款打入分行账户并进行分笔提前还款。

四是督促监管，确保质权。要求监管公司出具情况说明，承认监管货物中存在不达标事实，书面画出监管示意图，标注货物监管范围以及特别标注出存在瑕疵的质押范围。要求监管公司将存在瑕疵的质物圈住直到贷款结清为止。

在采取措施的同时，分行现场检查人员一直坚守企业现场，并积极与企业负责人沟通，说明问题的严重性，督促企业采取补救措施保证银行债权安全。

由于分行快速反应，行动及时，措施得当，在公证事实面前，企业认识到后果的严重性，先行还款510万元，在一个月内又偿还了1650万元，剩余贷款资金也全部归还，分行最终化解了全部风险。

案例3

定期挖开煤堆取样鉴定品质逼退不法企业犯罪行为

G洗煤厂是唐山某分行合作三年的客户，5000万元综合授信一直以客户自有焦煤存货质押。分行逐年加强对存货质押业务的贷后管理，尤其是对于质押物真假难辨的煤炭质押业务，要求在贷后检查时要挖开煤堆，取样进行品质鉴定。

鉴于该分行贷后管理检查措施较严格，客户担心其煤堆掺假作弊行为被发现，主动还清该分行的贷款后不再合作。在此之后，有多家银行向其提供授信。

三年后该企业老板跑路，资产去向不明，其融资业务被发现重复质押、质押物实际是煤矸石等问题，最终被认定为贷款诈骗，有六家银行3.2亿元的信贷资产形成损失。

点评：

银行严格贷后检查手段，能起到逼退不法企业骗贷行为的作用。

案例4

借款人在上海保税区2000万元木材货物被担保公司扣押

福州某分行给予福建S实业有限公司综合授信额度4900万元，期限1年，用于开立国内或国际信用证，由借款单位提供自有进口材料质押，质押率控制在60%，由中外运福建公司监管，并追加实际控制人连带责任担保及评估价值80万元的房产抵押。

某日，银行客户经理接到中外运福建公司人员电话，报告说福建一家担保公司到上海保税区仓库提取S公司的货物（木材）。原因是S公司以其在上海保税区2000万元货物向担保公司抵押借款1700万元，现在借款到期，担保公司与S公司联系不上，于是就到上海保税区仓库准备扣押和提取货物。得知这一情况后，客户经理立即与S公司联系，但电话已打不通了，估计其已因欠款潜逃。

通过进一步了解，S公司抵押给担保公司的货物原先评估价格偏高，担保公司即使处理货物也不足以偿还其借款。另客户在某国有银行以存货质押开立进口信用证尚有余额600万美元，敞口480万美元，估计也将形成一定的损失。

虽然福建S公司在分行办理的业务没有风险敞口，但为避免事态发展可能对本行形成的风险，在分行领导安排下，信管部、风险部、国业部、资金资本部共同协作，提前将客户在本行的美元贷款、跨境人民币信用证，以及客户全额存款资金全部结清，分行在此次事件中未受任何损失。

点评：

这家银行全程风险措施到位，表现为：

授信审批时，考虑到宏观经济形势较为严峻，货物价格波动较大，分行派专人从福州到上海货物监管点实地考察质押货物。

授信批准后，分行风险部与信贷部人员根据存货质押业务的风险点，向支行就具体操作进行了风险提示，一是要明晰货权，抵押货物必须为直接从国外进口货物，需向监管人提供货运单据；二是要明确价格，木材价格要以海关关单为依据。根据分行要求，支行也向客户明确提出了要求。

正是以上这两点要求，让客户感觉到无空子可钻。而其他银行由于审批条件较松，没有以海关关单作为定价依据，而是以网站木材价格作为依据，因木材种类繁多，为客户虚高货物价格提供了机会，最后形成了损失。

案例5

多点采样红土镍铁矿交专业机构化验发现品位下降50%

云南X冶金有限公司为经营金属矿批发的私人控股企业，昆明某分行向公司发放2600万元流动资金贷款，期限1年，以总量控制模式下存货质押担保。质押物为红土镍铁矿，质押率不超过50%，同时明确要求，质押红土镍铁矿中含镍量为1.6%~2.0%，并由自然人股东提供个人连带责任保证担保。

放款10个月后，分行实施授信押品专项检查。检查小组对该户质押本行的货物进行多点采样，并交第三方专业机构化验，结果发现样品检测结果与贷款前相比有较大差异。贷款前抽检质押物红土镍铁矿的含镍量为2.01%，而本次抽检含镍量仅为0.98%，质押物品位下降达50%，质押物价值出现大幅缩水。

风险预警发生后，分行迅速做出反应，分支联动制订风险化解方案。首先与监管方取得联系，对质押物价值重新评估；其次调查质押物品位下降的原因；三是要求企业落实整改措施。

经调查，公司将红土镍矿混入其他原料搅拌冶炼，是导致质押物品位下降的主要原因。虽然经重新测算的质押物价值按质押率50%计算，仍能覆盖本行风险敞口，但质押物品位已与银行原先批复条件不符，使银行处于质押物价值缩水、贷款风险上升的不利境地。因此分行要求企业，一是确保贷款到期前两周还款资金要到位；二是对品位不合格的货品及时清理置换；三是要求监管方加强货物监管并和银行及时沟通情况。在分行有力措施的保障下，该户贷款最终按期结清。

2. 监管方出问题

风险提示：银行质押的大宗物资，一般都交由第三方仓储物流公司监管。监管公司常见的问题是：监管能力不足、内部管理混乱、账务不清、账实不符、银行押品没有单独分堆摆放、有的甚至与借款人勾结、多开仓单、私自放货。对此，银行应该加大实地查库力度，加大核实押品力度，对存在较多问题的监管企业应坚决退出。

案例 1

煤炭监管公司记账混乱且未按银行要求进行动态监管

郑州某分行向鹤壁市 T 物资有限公司发放 6 个月期流贷 1500 万元。该客户主营业务为煤炭运销，故贷款以煤炭存货质押，质押率不高于 60%，监管方为中外运 J 储运有限公司。

分行贷后检查发现，该客户存货除有小部分经常出入库外，存放在库中大部分煤炭不流通，经营模式很不正常。检查了解到，由于下游客户当地电厂及焦炭厂经营困难，占压供煤户货款较大，造成很多煤炭经销商因煤款难于回收而破产。再查看第三方监管公司的情况，发现质押监管记账混乱，且未按银行要求进行监管，对库存煤炭的变化没有随时记录。

为避免打草惊蛇，分行检查人员并未当场指明质押存货存在的管理问题，而是迅速向分行领导汇报情况并采取措施。由信贷管理部总经理带队，对该公司存货进行实地检查，会同当地公证处、企业负责人、监管公司人员共同现场取证、化验，就地公证，当天拿到公证函，有力地保证了银行对该客户追索的主动权。

由于分行快速反应，措施得当，在公证事实面前，企业认识到事态的严重性，最终积极配合分行提出的各项要求。之后一个月内，经办客户经理每天驻点企业跟踪客户资金流向，并陪同客户到电厂、焦炭厂要账。最终，客户提前一周归还贷款本息，贷款风险成功化解。

案例 2

钢材仓库方和监管方存在“账账不符”“账实不符”严重问题

某分行给予上海 A 实业公司、上海 B 金属材料有限公司等 4 户钢贸企业开票额度合计 2.09 亿元，敞口 1.39 亿元，其中 2 户钢贸企业质押钢材已部分入库。某日分行对上海某钢材现货市场进行“飞行检查”，重点检查该库内质押钢材的保存情况和监管公司尽责情况。结果发现以下问题：

（1）仓库账户系统中没有分行代 A 公司、B 公司的库存账户。

（2）通过监管方某物流公司提供库存清单与仓库系统对账，发现 A 公司质押物被记在上海 C 实业有限公司库存账名下。对此仓库管理人员解释为两企业为同一控制人，所以将A公司质押物记为C公司名下。分行检查人员指出，本行的质押物为静态控制，C公司与A公司为两个各自独立的法人，质押物绝不可换货混淆。

(3) 仓库账户系统中既没有分行代B公司账户，又没有B公司自己名下的账户。对此仓库管理人员解释为B公司名下质押的钢材和账户均在另一处仓库监管。而银行人员立即赶到该仓库检查，该仓库管理人员却说此地无B公司钢材账户。

通过实地检查，质押物监管中存在“账账不符”“账实不符”的严重问题得以暴露。鉴于该钢铁市场和监管方某物流公司在仓储管理和监管中存在较大风险隐患，分行马上停止涉及该钢铁市场的6家钢贸企业的新开票业务。同时对支行下发《风险管理督导函》，指出支行在日常查库工作中存在的失职问题，要求马上整改，同时要求钢贸经销商马上进行移库操作或打入保证金封闭授信敞口，最终将上述风险授信业务全部结清。

案例3

粮食仓储监管公司内部管理混乱监管措施不到位

J粮油有限公司在大连某分行有两笔流动资金贷款，金额分别为2350万元和3150万元，用途为收购粮食玉米。担保方式是粮食质押，由银行指定的仓储公司监管，质押率不超过60%。

根据总行存货质押贷款的操作流程、合同约定及监管要求，分行人员坚持每月走访借款企业，现场核实质押物，做好质押物三方确认工作。实时关注玉米的价格，确保抵押物足值。

年初，分行在贷后检查中发现，借款企业经营发生变化，现金流紧张。特别是质押物仓储监管公司的内部管理较为混乱，异地监管措施不到位，没有全面履行监管合同中约定的职责。分行风险管理部根据以上情况取消了该监管单位的监管资格。同时认为该笔贷款已经暴露了风险隐患，要求支行到期回收贷款后不再续做。

该客户与支行合作多年，对银行承兑汇票、对公存款等联动业务贡献较大。支行接到上级行文件通知后，高度重视，放弃眼前利益，坚决执行分行决策。一方面积极与客户沟通，维护关系稳住借款人，另一方面控制账户资金、调查客户的财务情况，落实还贷资金。派专人现场监控质押物，确保质押物不出现问题。通过分支行的共同努力，顺利回收5500万元贷款本金及相应利息，化解了风险。

3. 应收账款出问题

风险提示：如果企业的应收账款出现问题，银行的还款资金来源就成了无水之源。在授后检查中，客户经理必须确保应收账款资金都进入到专门的结算账户，防止资金流失和挪用。另外，如果账户被司法部门查封，也应立即协调解决。

案例1

贷后检查发现客户销售款和租金未归集本行结算账户

深圳某分行审批同意给予某投资管理有限公司流贷额度1900万元，限1年，专项用于向某粮食集团公司油脂分公司采购多喜油茶籽油。以经营性物业大楼抵押担保。

为控制还款资金风险，贷款条件是：①要求销售款按授信份额回款至本行结算账户；②抵押物的出租收入回款至本行账户且比例不低于30%；③放款后两个月内补交交易对应的增值税发票。

放款3个月后分行检查发现，借款人的销售回款和抵押物租金收入尚未归集本行结算账户，交易所对应的增值税发票也未补交。企业负责人解释，企业尚未进入销售回款大规模流入的阶段。分行实地走访油品仓库，盘库结果库存价值仅为1320万元。

在分行的重视和督促下，借款人最终从其他银行借款提前归还了分行贷款。

案例2

应收账款项下借款人一再拖延递交应质押发票

A鞋业有限公司成立时间已有10多年，主要为B投资（集团）有限公司“达芙妮”品牌女装鞋代工。东莞某分行为其续做了3000万元授信额度，审批条件包括：借款人与分行签定应收账款质押协议，分行凭借款人提供的增值税发票

（出票人限定为B集团公司）等资料给予发票贴现融资；回笼款要求进入本行保证金账户管理；同时，由A公司实际控际人提供连带责任保证担保。

一个月后，分行信贷管理部在按月执行应收账款质押业务例行检查时，发现A公司质押发票即将到期，即催促尽快补充发票进行质押。但后续跟踪发现，拟补充质押本行的发票一再拖延，最终质押仍未足额。

信贷管理部立即提起风险预警，与经办人员共同对企业进行实地调研，并核实具体情况及企业账目，得出如下风险诊断：一是企业主要代工“达芙妮”品牌鞋，销售量占70%以上，合作客户相对单一，受B集团经营状况影响较大。且其时B集团正实施裁员，可能对A公司造成不利影响；二是A公司提供的B集团应收货款质押，担保条件有限，且提供发票的频率并不稳定。经从人行征信系统查实，该客户已将7月份发票合计2362万元质押另家银行，如果本行应收账款回笼不及时，担保存在悬空的可能；三是企业新投产四川工厂处于投产初期，尚未达到盈亏平衡，资金占用紧张，潜在资金链断裂风险。

结合如上判断，信贷管理部将A公司判定为近期风险类问题客户，暂停了该客户对授信额度的使用，同时向经办支行做出风险提示如下：

① 密切跟进借款人应收款回笼状况且必须回笼本行，要求客户按时对账，提交对账单；② 提高对客户在人行应收账款质押登记系统中信息的检查频率，防止重复质押风险；③ 继续关注客户与B集团新签加工订单情况，预防大幅缩减订单风险；④ 关注客户资金流状况以及从他行融资状况，核实经营性现金流是否充足。

鉴于企业对本行效益的综合贡献度一般，行业风险高发，投新厂后资金占用增大，他行融资增多，下游需求减弱，本行未有强担保条件，分行要求对该客户进行逐步压缩。

经过经办人员与企业的深入沟通，企业对分行政策表示理解并积极配合还款安排，最终提前结清了全部业务。

案例3

发现付款方粮食贸易中心并不知晓粮油回购协议

石家庄某分行给予河北A粮油储备有限公司2500万元流贷，期限一年，采取静态存货质押的担保模式。由河北B粮食贸易中心（分行粮食金融业务中指定的回购方）对质物进行回购。

贷款发放后2天后，分行人员对客户进行贷后回访时，突然了解到B粮食贸易中心并不知晓对A公司的粮油具有回购责任，引起警觉并立即回到分行比对《回购协议》中回购方的印章和签字，发现与预留印鉴有细微出入，确定借款人存在重大欺诈行为。在行领导的紧急部署下迅速查询客户账户，发现该笔贷款资金仍在分行账户暂未使用，立即要求会计部将客户账户冻结止付。随后强制该公司提前结清了全部贷款，使得业务欺诈风险成功化解。

点评：

此案例中借款人伪造的虚假印章和签字，在银行前期的调查、审查、审批、放款四个环节均未被发现，在贷后检查中才被发现。一方面说明前期风险管理漏洞很大，另一方面说明贷后检查工作不是可有可无的，也是银行防范风险的重要环节。

案例4

法院冻结高速公路经营收费权账户里的资金

某分行三年间向西安A高速公路发展有限责任公司累计投放5亿元长期专项贷款，用于西蓝高速公路建设，以高速公路经营收费权作为质押担保。

分行把该客户作为重点客户进行管理和维护，按月组织不定期检查和贷后走访，及时了解企业项目建设情况及收费状况情况等。监控客户全部收费资金，实行开源节流收支两条线，严格执行按年分期还款计划，贷款余额压缩至2.8亿元。

项目执行10年后，借款人股东B集团公司涉及民事纠纷，被法院强制执行。执行中某县法院违反正常手续，先行将分行A公司质押收费账户中的70%资金冻结，拟用于清偿B集团债务。

获此消息后，分行领导高度重视，信贷管理部联合法律部快速行动，向县法院提出异议，要求撤销错误执行行为。经过分行不懈努力和多次参加听证会，阐述银行正当权益，并敦促借款人与有关各方联系协调，最终质押账户里的收费资金得到解冻，分行陆续回收贷款。

（三）抵押风险

风险提示：在一些特殊情况下，银行会先放款后办理抵押手续，在授后管理工作中，对这些问题要跟踪落实。抵押物存在的重大风险，就是被司法机构查封，还有抵押物损坏以及改变形状，对这些问题银行在授后检查中，都必须及时发现。

银行对抵押物管理的标准是：管得好、评得准、押得住。

——专家经验

案例1

第三方土地抵押的办理手续过程中存在问题

某分行3月向邯郸市A物资有限公司发放贷款1000万元，以B服装公司名下土地抵押，同时追加自然人股东连带责任保证担保。

贷后分行从有关方面获得信息，该土地抵押的办理手续过程中存在问题，分行立即组织开展实地检查，发现企业法人代表已变更，且在进一步对贷款抵押物实地核保时，当地国土资源局不配合。为此，分行立即将该户纳入贷后管理重点监控对象，并积极采取多项措施。

一是领导高度重视。立即成立了专项小组，制订风险化解方案，安排实地检查，停止企业新增授信。

二是及时完善法律手续。7月份分行历时两天对企业法定代表人、借款合同签订等情况现场核实，并到市工商局核实企业提供资料与工商局备案的一致性。要求企业重新签订借款合同、保证合同，并出具承诺书等法律文件，确保法律文本真实有效。

三是再核实抵押担保手续。7月和8月，分行多次到县国土资源局核查企业土地抵押手续，对此国土局相关部门之间相互推诿。但在银行人员锲而不舍的坚持下，最终出具了抵押权证真实的保证声明。随后，分行多次到现场查看抵押土地与土地证记载位置的一致性，并留存了土地证原件的复印件。同时针对借款人法人代表变更问题，核实B公司担保意愿，出具核保书。

四是追加多人连带责任保证。分行在实地走访中及时追加了B公司实际控制人、新股东的个人连带责任保证。

五是择机提前退出。业务经办人员按月实地检查，了解到企业近几个月回款资金较多，同时又新获取两家银行授信，日常周转资金较为宽裕，经与企业反复沟通，借款人提前归还了全部贷款。

分行继续坚持紧抓贷后风险监控不放松，确保时刻掌控客户风险状况，最终该户贷款全部结清，授信风险得到有效化解。

案例2

抵押土地因受政府地块规划影响迟迟不能办理抵押手续

某分行3月向青岛A投资有限公司发放4000万元流动资金贷款，期限18个月，利率上浮10%，由山东B置业有限公司提供担保。

根据银行审批时要求，借款人必须在放款后6个月内将竞买的全部土地房产办妥权属证明并追加贷款抵押。但因受当地政府对该地块整体规划影响，借款人迟迟未能从土地房产部门取得土地证及房产证原件，不能办理抵押手续。因此分行要求借款人出具书面承诺，签订相关协议，明确办妥房地产权属证明后即抵押给本行。考虑受政策影响项目迟迟未启动，该公司又无其他经营，分行判断该笔贷款到期时，企业正常还款会有问题。

贷款到期前5个月，分行多次到借款人公司及担保人公司商谈还款事宜，企业均表示还款没问题，请银行放心。但借款人公司在分行开立的账户一直没有资金进入，分行8月份向借款人发出律师函。但两家公司负责人在贷款到期前一天还表示还款没问题，直至9月29日产生逾期。

贷款逾期后，分行行长高度重视亲自督办。在给借款人发“律师函”后，其负责人以各种理由躲避不见，直至最后拒接电话。经分析认为担保人在当地房地产业品牌较好，资产较大，直接与其商谈还款更有把握。B公司负责人表示愿意代为偿还本息，但由于其账面资金为开发贷及按揭资金，支付有一定的难度，再加上9月30日为季度末，各银行基本都不准“走款”，提出在10月10日前一定将本息一次还清。考虑到B公司所说困难确实存在，分行领导同意该公司的要求。

10月10日，担保人公司将500万元打入借款人的还款账户，但又提出因没有董事会决议暂时不能支付该笔借款，提出再给予其一周的宽限期，保证本息一定偿还。针对担保人提出的各种拖延还款理由，分行领导考虑到该项目的特殊性及该阶段房地产市场的不景气，若通过法律手段解决，可能拖延的时间会更长，于是决定再给一周的宽限期。

10月11日，分行在给担保人发“律师函”后，银行贷款回收小组人员几乎天天电话或到B公司督促还款事宜。10月17日又一次约见了B公司的法人代表和财务负责人催促还款事宜。10月18日上午，担保公司将所欠本息4021万元一并偿还，至此全部逾期贷款问题终于圆满解决。

案例3

抵押土地及房产他项权利证书均未在国土部门登记

石家庄某分行向河北X物流公司发放流动资金贷款1000万元，期限1年，用于购买企业经营所需要的备件、机械设备等，以企业物流大酒店的房产及相应土地抵押。

贷后首次检查期间，分行领导在询问主办客户经理办理抵押登记情况时，发现办理过程存在一定漏洞，立即要求经办单位进行核查。经办机构立即指派专人前往登记机关核查。核查发现，公司抵押土地及房产他项权利证书均未在国土部门登记。

对于贷款出现的风险状况，分行各部门和经营单位迅速行动，在提款15天后，要求企业增加1000万元银行承兑汇票质押，有效缓释了授信风险。5月份，随着追加质押本行银票的到期，分行把握时机，将托收到账资金作为还款资金提前回收，授信风险得到有效化解。

此例风险事件发生后，分行不是就事论事地解决了事，而是举一反三，亡羊补牢，按照对风险“早发现、早行动、早化解”的原则，立即组织开展全行实地检查和再次核保，特别是对抵押登记的关键环节进行再次实地查询。12月份，分行领导决定专门设立核保管理部，从源头上堵截类似风险的再次发生。

案例4

抵押给银行的两处房产因他行不良贷款被法院查封

A贸易有限公司是一家以经营煤矿石灰水泥建材等为主的民营企业，与东莞某分行开展授信业务，贷款余额1.6亿元。由企业实际控制人及B实业投资集团公司、C电脑科技公司提供保证担保，并由D镇房地产开发公司、E海外企业集团公司、F海外房地产开发公司及G大型商业广场开发公司提供各项土地及房产抵押，合计评估价值3.31亿元。

贷款发放两个月后，客户经理定期检查发现，该笔业务抵押人之一E海外企业集团公司抵押给本行的两处房产被法院查封，原因是该抵押人在他行贷款形成不良。为避免抵押人被清收导致借款人资金链断裂，分行立即采取了应对措施：

一是成立问题贷款化解小组，与借款人、抵押人沟通了解事情进度，并与本行律师及法院等部门协调解决方案。二是要求借款人追加G大型商业广场开发公司价值3800多万元房产抵押。三是要求借款人和抵押人增加现金流，包括提高在其他银行资产的抵押率以获得更多的贷款现金。加快商场装修以吸引招商的方式获得现金流。四是要求借款人提前结清8000万元贷款，同时释放相应的问题抵押物，消除了他行诉讼、查封抵押物等风险事件对本行贷款的影响。

12月份，G大型商业广场在引入国美及沃尔玛后顺利开张，出租率超过9成，部分解决了现金流问题。抵押人E海外企业集团也顺利归还了他行不良贷款，释放大量物业，为借款人下一步解决问题提供了良好基础。之后，借款人经营正常，现金流比较充足，剩余8000万元贷款对应抵押物实际价值超过1.2亿元。

点评：

该分行在整个风险化解的过程中，领导重视、部门得力、情况清楚、措施到位，积极保持与各方面的有效沟通，通过增加担保物、逐步压缩等一系列措施，在银行风控要求与客户资金需求之间取得了平衡，最终化解了部分抵押物被查封的风险，值得肯定。

案例5

抵押商铺因租金纠纷被法院查封

Y印刷包装有限公司在厦门某分行有2600万元综合授信额度，期限1年，用于流动资金贷款（利率上浮15%）和开立银行承兑汇票（50%保证金）。以评估价值4015.4万元的第三方W公司商业房地产抵押，并由股东提供连带责任保证。

在授信即将到期之际，分行对抵押物状况再次进行实地检查。结果发现，抵押物中若干店铺大门紧闭，并粘贴了法院封条。经了解，被查封原因是抵押物权属人W公司与租户因租金发生纠纷而向法院提出诉讼，法院责令租户停止经营并对其店铺查封。由于借款人资质一般，贷款马上就要到期，而法院的正式判决书尚未下发，抵押物仍处于查封状态，如果贷款出问题，银行将很难处置抵押物。

为避免潜在法律风险，分行决定逐步压缩该公司授信。但如果在短时间内退出该公司全部授信，公司资金压力巨大，甚至可能触发风险。为此，分行一方面要求借款人在偿还300万元后，予以2300万元展期三个月。另一方面，向借款人提出建议向他行申报授信。经过分支行及客户的共同努力，借款人在其他银行授信申请顺利获批，分行提前收回了贷款也规避了潜在的法律风险。

案例6

抵押船舶因股东资金纠纷和拖欠油款被海事部门扣押

J海运有限公司主营国内沿海及长江中下游普通货船运输，宁波某分行给予短期综合授信2500万元，以公司名下散货船抵押，抵押率37.75%，并由东莞市Y电脑科技公司提供保证担保，追加全体股东个人连带责任保证。

分行贷后走访发现，企业实际经营情况与报表反映数字出入较大，引起警惕。经对中国船讯网实时查询，抵押船舶因股东资金纠纷，拖欠油款被海事部门扣押，船舶已停运。同时申请新授信时，原担保公司以拟上市为由，要求退出担保。

针对上述预警信息，结合航运市场现状，分行判断该企业未来现金流严重不足，当即做出退出方案并采取了以下措施：对该企业续授信时减少授信额度800万元；在落实担保企业变更手续时，抓住原担保企业拟上市契机，主动沟通。最终由新担保企业代偿，提前收回全部贷款本息。

案例7

抵押船只运输途中与外轮刮擦造成较大损坏

S航运有限公司在宁波某分行有流动资金贷款750万元，由企业自有的多用途船舶抵押担保，并追加法人代表夫妇担保。

借款人主营国内沿海及长江中下游普通货船运输，受总体航运行业行情低迷影响，企业业务量和营业额已有减少趋势，经办支行加大了对该企业的检查频度。

不久，企业主要的运营船只（即分行抵押物）在运输过程中与外轮发生刮擦并造成较大损坏，影响船只的正常运营。分行得知此事后，立即召开专题风险会研究分析。考虑到船只停用和修理期间，企业无经营收入，而船只的大修及重新运营又需要支付一笔较大费用（修理费、船舶怠工期间工资、重新运营所需的燃油费用等），企业已无实际支付能力。

分行核实后立即将该企业列入退出客户名单，并立刻组织法律保全部展开资产保全工作。经银企双方多次商讨决定，最终通过申诉程序对抵押船只进行拍卖，提前全额收回贷款本息，成功化解了风险。

案例 8

抵押的厂房被擅自改扩建后经营餐饮和洗浴

天津市 Y 棉麻有限公司是一家收购、加工、销售棉花为主的小企业。某分行给予 200 万元流动资金贷款，专项用于棉花收购，期限一年，利率上浮 20%，以公司实际控制人唐某名下的土地及地上建筑物（工业厂房）抵押，并追加了个人连带责任担保。

放款 6 个月后，分行进行抵押物专项检查时，意外发现借款人已将厂房改扩建，经营餐饮和洗浴，并开始试营业，但土地及建筑规划性质等审批手续尚未办理完毕。经了解，由于抵押物周边区域增建了商品房小区，一些政府部门也搬迁到附近，唐某遂将闲置厂房和办公楼进行扩建，以盘活固定资产，增加经营收入。

分行分析认为抵押人在未征得本行同意的情况下擅自变更抵押物用途，并进行了改扩建，且审批手续不全，已经构成违约。于是责成支行加大定期检查频率，跟踪抵押物变性进度，确保按期回收贷款。通过努力，借款人提前结清了分行贷款。

三、化解专项风险

（一）化解政府平台风险

风险提示：政府融资平台授后风险主要发生在这几个方面：一是行政区划、

机构、人员要变更，容易出现新官不理旧账的问题；二是资金使用方向不明，银行难以控制；三是还款来源出现问题。对此，银行人员必须加强授后管理，不可掉以轻心。

> 地方政府五年一换届，一届有一届的经济思路，由此形成当地的一个经济小周期。政府领导换届或调动，银行业务不可能跟着换。过度依赖政府，银行的经营将不可避免地发生波折。
>
> ——专家经验

案例1

行政区划变更导致债务悬空风险

A区建设投资公司系县级政府融资平台，大连某分行向其发放流动资金贷款1亿元，期限1年，以临港工业区土地抵押担保，抵押率不超过50%，同时由新区财政兜底还款。

放款半年后，A区行政区划发生变更，被并入新成立的开发B区。而借款人作为原区政府平台何去何从，还款资金从哪里来，当地政府无明确安排，出现债务悬空风险。与此同时，抵押给分行的土地划入C区管委会管辖，虽然抵押足值合法有效，但B区对该地块的实际控制力已经变弱，第二还款来源可靠程度降低。

由于分行通过多渠道了解到了行政区划变更情况，意识到该平台贷款问题的严重性，多次研究化解风险措施，制订回收方案。分行领导直接参与，顶住各方压力，落实到期还款事宜。经过多方努力，全部收回该平台贷款本息。

案例2

县公路建设总公司因撤县并区导致财政无法拨款还贷

某公路建设总公司是A县地方政府融资平台公司之一。重庆某分行向其发放4900万元项目贷款，期限一年，用于支付龙铜公路大足段项目的工程款。由A县城乡建设投资公司提供连带责任保证，并以县土地储备中心估值1.18亿元的储备土地抵押，抵押率41.64%。

放款半年后，市政府对 A 县行政区划进行了调整，将原 A 县和 B 区进行撤并，成立 A 区，领导班子的调整面较大，不确定性因素增加。鉴于以上因素，借款人函告分行：因撤县并区，相关领导更换、财政无法拨款，公司无法按时归还 12 月 12 日到期的贷款，申请贷款展期。

根据银行监管部门相关文件规定，平台贷款一律不得展期和借新还旧，该笔贷款面临无法到期回收的风险，势必形成逾期。分行行长立即召开紧急会议，商量解决办法，拟定贷款回收预案。随后，银行人员一同与企业沟通，并到政府拜访原分管副县长等相关领导，一是向其汇报该笔贷款的具体情况，二是宣讲监管部门对平台贷款的相关政策和管理办法，并说明事态严重性，请求县政府及财政部门配合，协助公路建设总公司按时归还该笔贷款。同时向担保人进行了通报，以期其协助催收贷款。

通过多次协商，终于取得了企业及政府相关部门的理解和支持，提前足额收回该公司 4900 万元贷款本息。

案例 3

客户的回答只有一个“不是不还，现在没钱”

某市某区第二人民医院是该区最大的综合性医院，某分行向其发放 5000 万元三年期流动资金贷款，主要用于医院外迁至开发区兴建的中心医院。还款来源主要由区财政预算统筹计划安排。

放款后，由于事业单位管理体制、人员变更的原因，财政预算拨款一直未到位。贷款到期前经办机构多次以口头或书面形式提示客户还款，但客户的回答只有一个“不是不还，现在没钱”。

眼看贷款即将逾期，经办机构与分行信管部及法律保全部协商向借款人上级机构区财政局请款。最初该局对分行的请款要求搁置一旁，不予处理。在这种不利情况下，分、支行通过多方协商，多次上门协调（包括动用市政府针对行政管理机关不作为的“治庸、治懒”相关治理条例），终于通过不懈的努力，区财政局同意拨款用于偿还借款人先到期的 1000 万贷款，后续到期的 4000 万元贷款也会按时归还。

案例4

产业园供排水公司主要股东变更

某产业园供排水有限公司主要业务为投资新建城市应急供水工程，享有政府特许经营权，自主收取自来水水费和排污费。某分行向其发放9000万元项目贷款，用于区城市应急供水工程的项目建设，期限9年，分年还款。

按照分期还款计划，客户最后一年应还款5000万元。鉴于还款量较大，靠客户自身经营现金流将无法覆盖到期贷款，分行风险管理部对该客户进行重点关注，定期组织走访检查，并提出由股东增加还款2000万元，以减少客户到期还款压力。

后来，分行得知在市政府的主导下，该客户主要控股股东将变更。为使银行债权在股权变更过程中得到有效保障，分行行长高度重视，亲自到市政府反映情况，促成市政府召开专题会议，商议解决借款人股权变更及归还本行贷款相关事宜。主管副行长多次与收购双方有关领导会谈，协商具体还款方案和计划。

风险管理部和经办支行密切跟踪、狠抓落实，多次派人与借款人及其新老股东、担保人等各方积极沟通，并举证《借款合同》中有主要股东变更时保护银行权益的条款，积极主张银行权益，提出追加落实还款计划要求。在分行积极努力下，借款人新股东航城水务公司向分行出具了还款承诺函，并按期落实了还款资金。

案例5

港城建设投资发展中心建设项目规模过大

某分行向市港城建设投资发展中心发放一年期贷款3100万元，以另一家公司的土地抵押担保。

根据总行对政府平台贷款全面彻底排查要求，管理小组通过贷后实地走访发现，借款人存在多项风险隐患，包括：建设项目规模过大、后续资金难以及时到位（治湖工程项目总投资50亿元）；公司还款年份较为集中、还款压力大；未来融资形势不容乐观，以借新还旧方式还款不易；以第三方土地抵押的抵押权实现较难。为此，将该中心列入退出企业名单进行管理。

由于该笔贷款尚未到期，强行退出易引发矛盾，公司部门一直密切关注客户最新经营情况，在获知有土地出让收入款进账信息时，敏感地意识到这是一个难得的退出机会。通过加强与地方政府、企业主要负责人的沟通，争取理解和支持，为该笔贷款的提前回收赢得了先机。

案例 6

发现某区国有资产管理中心贷款存在多项风险

某区 A 国有资产管理中心是一家政府融资平台企业，获得某分行一年期 4500 万元流动资金贷款，用于区内危旧房改造，以企业 7000 万元房产抵押，同时由 B 城市建设投资公司提供连带责任保证，以及区人大决议通过，由区财政局出具《还款承诺函》。分行在“解包还原”检查中，发现以下风险信号。

（1）用途风险。根据区政府管理模式，各家融资平台要将所取得的贷款资金全部划至财政局统一监管使用，并在每年年初统一安排还款。这种资金监管和使用模式，使银企双方信息不对称，存在银行信贷资金被挪用的风险。

（2）还款风险。银行所支持的项目在资金上能否得到有效的保证尚未可知，项目能否按时完工并投入运营产生收益也已然成了未知数。第一还款来源有可能存在不足的风险。

（3）担保风险。虽然该国资管理中心提供了自有房产作为抵押，但该房产为区财政局的办公大楼，变现处置难度大。而 B 公司也是一家平台，属于平台企业互保，保证能力弱化，授信风险不能有效缓释，且存在交叉违约的风险。

（4）合规风险。根据对平台贷款的全面清理和自查，该平台企业的管理模式与国发 19 号、四部委 412 号文件的监管要求不符，同时信贷资金的划转和使用有违“三个办法一个指引”的有关规定。

（5）监管风险。根据统一分析定性，该国资管理中心的现金流被确认为“无覆盖”，分类处置结果为“仍按平台处理的贷款”。如若该笔贷款到期不能按时收回，将成为监管部门重点监管的对象，监管风险凸现。

根据国资中心的实际情况和存在的风险，分行采取措施。一是借对平台贷款进行全面清理的契机，进一步了解和掌握其运作模式、经营情况、财务状况，尤其是现金流情况；二是与企业和政府部门进行积极有效的沟通与协调，以取得其理解、支持和配合；三是对企业进行政策宣讲，晓以利害，如若贷款逾期或形成不良将对企业及政府信誉带来不利的影响。同时分行领导也不失时机地与区政府相关领导进行沟通。

通过上述一系列扎实、细致的工作，分行的工作取得了国资中心及区政府相关部门的理解和支持，并于到期日全额收回该笔贷款本息，成功地化解了信贷风险，妥善地处理好了与当地政府的关系。

> 对于不良贷款而言，最好清收的是有房地产抵押的项目。最难处置的抵押物是厂房设备，不值钱了。最麻烦的是有地方政府关系的项目，因为法院会不受理你的起诉。
>
> ——专家经验

案例7

投资公司对项目资金使用和建设没有决定权

某投资有限公司为某分行新开发客户，获得6000万元流动资金贷款，期限1年，利率为基准利率。借款人实质是西岗区政府的区级融资平台，虽由区财政局出具还款承诺函，但对项目资金使用和建设没有实质的决定权。

贷后检查中发现，虽然企业正常经营，但按照财政部的政策导向，对于无现金流的政府融资平台即将开始进行整顿，该公司基本上属于上述情况。加之平台属县区级，财政实力较弱，贷款无实际抵押物，存在的风险已经比较突出。

年初，分行将该公司列为重点关注客户，在当时企业现金流相对充裕的前提下，争取提前退出。分支行领导亲自牵头与有关政府部门反复沟通，企业最终全额归还了分行贷款，并不再续做。

案例8

“解包还原”发现贷款资金无对应项目

宁波某县A交通投资集团有限公司是县交通建设的投融资平台。某分行自2006年予以贷款3000万元，由B城市建设集团公司保证。

在对融资平台贷款“解包还原”及清查过程中，分行发现问题：

(1) 贷款资金无对应项目，存在挪用情况。分行贷款发放后，企业划至其他银行账户，由于信息不对称，后续使用情况较难查实。

(2) 经营性现金流较少，第一还款来源不足。2009 年车辆通行费收入为 6920 万元，而银行贷款达 7.6 亿元，只能依赖当地财政及他行融资滚动还贷。经测算，企业现金流覆盖情况为半覆盖。

(3) 担保方式较弱。贷款由同为融资平台的 B 公司保证，而该公司银行贷款也已达 19.3 亿元。自身无主营收入，主要依赖市财政及土地出让收入还贷，保证能力较弱。

基于贷款清查中发现的问题，分行决定暂时退出该企业贷款。由于政府融资平台项目的特殊性，在贷款退出上如简单从事，可能会引发一系列的不良后果，因此分行在贷款退出过程中，也采取了有效的方式。

一是做好与企业的沟通解释工作，动之以情，晓之以理，取得充分的谅解；二是做好与企业上级主管部门的通报沟通工作，取得支持；三是积极协助企业合理安排资金，防止因本行退出原因造成企业资金链断裂。最终于 2010 年 9 月全部安全退出。

案例 9

5 家平台资金全部归集财政局，银行无法监控用途

某市有 5 家融资平台公司与某分行建立信贷关系，获得 1 年期流动资金贷款合计 2.35 亿元，其中 A 国有资产管理中心 4500 万元、B 新农村建设投资有限公司 5000 万元、C 交通基础设施发展有限公司 2000 万元、D 建设开发有限公司 4000 万元、D 城市建设投资有限责任公司 8000 万元。贷款到期日分布在 3 ~ 5 月，时间较为集中。

根据市政府对融资平台“集中管理、统一支付”的管理模式，各家融资平台获得的信贷资金全部要归集至财政局账户，每笔资金的具体用途由财政局监管使用。每年年初，由财政局统一调度安排当年的还款资金。

在这种模式下，银企双方信息不对称，银行无法对信贷资金进行有效的监控，存在信贷资金被挪用的风险。而平台企业又相对比较强势，更是加大了管理上的难度。此外，由于 5 家平台公司实施交叉互保，授信风险难以有效缓释，存在第二还款来源不足的风险。

面对风险，分行通过大量的工作，取得了企业及相关部门的支持与配合，贷款未出现过一笔逾期或拖欠利息的现象，到期结清后不再续贷。

案例10

平台投资公司将贷款资金挪用于轻工公司购买原材料

某省国有资产投资控股有限公司在某分行有流动资金信用贷款1.5亿元。分行开展贷后检查，发现该公司将贷款资金挪用于下属企业省轻工业供销总公司对外购买原材料，未用于融资平台项目。而且企业对分行提出的追加有效外部担保的提议一直推脱不议，工作进展陷入僵局。

对此，分行首先积极向省银监局反馈，希望能够将该笔贷款不计入政府融资平台贷款统计范畴之内，但由于该户企业已经确定为省级融资平台，银监局对分行的请求未予认可。另外，分行得知该企业的资金流存在无法达到全覆盖标准的可能，会面临很大的政策性风险。在这种情况下，分行充分向企业说明面临的监管政策要求及分行的工作困难，希望能够提前结清贷款。由于当时其他银行尚在政策观望期，没有采取紧缩行动，企业的资金流较为充裕，在分行良好的沟通协调下，企业提前近2年的时间全部归还了1.5亿元贷款。

案例11

高新区科技产业基地公司贷款担保条件差

西安某分行给予高新区科技产业基地公司1亿元流动资金贷款，用于基地配套设施建设，担保方式为信用担保，还款资金纳入高新区财政预算，由高新区财政局出具承诺函。

国家收紧地方政府融资政策以来，该项目无抵押物、无企业担保、平台融资规模过大的风险隐患逐渐显现出来，同时该企业现金流无法完全覆盖贷款，虽然政府财政收入稳步上升，但是无法保证在多家银行贷款同时到期的情况下借款人不出现逾期。

根据以上考虑，分行决定先行收回贷款，化解风险隐患。为了保证按期完成政府融资平台项目退出工作，落实总分行有关整改保全方案，分支行领导亲自牵头与有关政府部门反复沟通，并动员全行员工利用各种关系做好有关方面的协调工作，向客户解释原因，争取客户理解，并多次与客户上级领导进行沟通，以获取最大帮助。同时，在组织开展实地检查、核保的基础上，追加了实际控制人连带担保，并要求增加抵押担保。经过不懈的努力，借款人到期一次性偿还了全部贷款。

案例 12

开发公司完全依靠区级财政收入缺乏稳定的现金流

某经济开发区资产经营公司主要负责开发区内的基础设施建设。苏州某分行予以 6000 万元 1 年期过桥贷款，用途为文昌路延伸段道路建设工程的建设。

2010 年国家开始对政府平台贷款进行清理。分行感到该平台存在如下问题：公司完全依靠区级开发区的财政收入来源，缺乏稳定的现金流；公司承接项目仅有高新区发改局的批文，不能提供其他相应的政府批文，面临合规性风险；银监会对该平台的认定分类为半覆盖。为此，分行领导多次开会研究，决定本笔贷款应到期收回，但要努力做好各方面工作，维护客户关系。

从 2010 年下半年开始，分行积极与客户进行沟通，耐心讲解平台清理的相关精神，表达此笔贷款到期不能续借的原因。同时表明今后继续合作，将对符合条件的项目继续予以支持。在此基础上，积极联系开发区财政审计局领导，明确提出该笔贷款到期要回收，让客户及时做好准备。

经过 3 个多月的持续沟通，客户逐步将还款资金划入分行，到期全部偿还。由于前期的良好沟通，分行与开发区虽没有授信业务，但仍保持着良好的合作关系。

案例 13

投资有限公司被银监局认定为现金流无覆盖融资平台

A 投资有限公司是旅顺口区政府融资平台，主要经营范围是市政公共设施管理。在某分行有流动资金贷款 5500 万元，期限 1 年。资金用于工业科技园区基础设施工程建设，由 B 投资有限公司提供连带责任保证。区财政局出具还款承诺函，区人民代表大会同意将还贷资金纳入对应年度的财政预算内支出。

放款之后，政府融资平台的行业风险开始暴露出来。该项目是区县级平台项目，且担保方式属于平台互保，以政府财政收入为还款来源，虽然有政府出具的还款承诺函，但被银监局认定为现金流无覆盖政府融资平台贷款。分行结合监管意见，重新审视了该贷款的风险情况，决定按照银监会34号文件的要求，提前回收该笔贷款以化解风险。

分行设计好退出方案，加大对该公司其他业务的支持力度，提高服务质量，特别是分行领导班子参与沟通，安全退出了该笔贷款并维持了与政府良好的合作态势。

案例14

取消二级公路收费权使公路管理处失去还款来源

武汉某分行向市公路管理处发放贷款5000万元，期限1年，由市城市建设投资有限公司提供担保。贷款纳入了国家取消二级公路收费银行债务锁定范围，还款来源为中央及地方财政补助资金。

市公路管理处属于严格执行收支两条线管理的事业单位，隶属省公路管理局和市交通局双重领导，其主要资金来源为市级财政拨付经费、燃油税转移支付、建设项目省补资金。

贷款发放后，由于国家取消政府还贷二级公路收费权，而中央及地方财政用于偿还银行债务的补助资金一直不能落实到位，使客户失去了最重要的还款来源。同时，该公司还被银监部门列入了政府融资平台客户名单，现金流覆盖被划分为半覆盖类，加重了分行风险资产的占用压力。监管部门规定平台贷款到期不得展期或借新还旧，如果分行贷款到期后续做，将承受较大的信用风险和合规风险。

尤其是财政补助资金落实的时间无法确定，全省公路行业贷款的系统性风险开始显现，个别客户已经发生逾期欠息，一些银行将公路行业贷款下调为不良类，该分行贷款也面临降级的风险。

针对以上情况，分行决定尽量采取措施将5000万元贷款予以收回或转化，经过大量艰苦的工作，压缩了该客户贷款1000万元。同时，耐心细致地向市政府宣传政策以寻求帮助，由市政府协调交通系统经济实力较强的经营实体市路桥工程公司承担剩余的4000万元贷款，最终成功化解了5000万元政府融资平台的贷款风险。

点评：

由于国家政策调整和地方政府行为的不确定性，极易导致银行贷款的回收风险。因此，银行必须顺应变化，及时应对，抓住机会，主动出击，采取消化或转化措施，做到既有效化解贷款风险，又维持与地方政府、企业良好合作关系。

案例 15

公路建设公司通行费收入比去年下降 20%

2004 年某分行给予西安市 A 公路建设有限公司 6000 万元贷款，期限 11 年，利率为基准利率，以该段公路收费权质押。至 2010 年年初，贷款余额 4100 万元。

该企业是分行重点关注客户，分行高度重视贷后管理工作。贷后管理小组在多次实地走访 A 公司及其上级单位市交通局时了解到，企业的公路通行费收入比去年同期下降超过20%，特别是收费较高的大车减少更为明显，预计当年收费量可能仅维持在 800 万 ~900 万元之间。该企业单纯依靠收费收入已不能满足还款要求。

分行专门召开贷后专题会议，认真分析该企业通行费收入，现金流量等经营情况，最终认为该企业经营困难较大，尤其是 B 快速干道预计年内通车，与 A 公路有 1/2 以上的路段重合，A 公路的收费站极有可能被撤站合并，贷款潜在风险不断加大。

为彻底化解风险，分行风险主管亲自带队，多次拜访市交通局主要领导，有理有据地阐述分行态度，最终达成一致，由市交通局协调资金，A 公司当年提前归还全部 4100 万元贷款，成功化解风险。

案例 16

城建投资开发公司虽有营业收入但两年均为亏损

西安 A 银行给予异地某城建投资开发公司 1 亿元流贷，期限 1 年，利率基准，由市财政局出具还款承诺函，并以该公司拥有的土地使用权及地面附着物作抵押，抵押率不超过 50%。

2010年6月起，银监会开展了密集的融资平台贷款清查，分行立即成立清查领导小组，对城投公司进行自查。发现借款人虽有一定的营业收入，但两年均为亏损，现金流情况远远不能覆盖全部贷款，而且进行大量的对外投资，资金支出较大，并且投资项目均为在建工程，不能产生任何现金收入。财政局出具的承诺函不具有法定执行效力，只是表明了上级单位的一种还款意愿，不具有实质的担保效用。

获悉风险预警信息，分行立即与城投公司协商，要求提前收回贷款。但公司以借款合同未到期、资金周转困难等理由拒绝提前还款。为化解风险，分行积极协商、反复沟通，借款人7个月后提前偿还1000万元贷款，但剩余9000万元坚称要到期后才归还。

2010年10月，在各家债权银行、借款人及市政府参加的政府平台贷款集体约谈会上，B银行（贷款金额1.84亿元）、C银行（贷款金额3.61亿元）分别将其贷款划分为无覆盖和半覆盖，纷纷要求借款人增加抵押或提前还款。

此时形势紧张，已经影响到分行提前收贷事宜。时不我待，分行领导立即统一安排，组织贷后管理小组人员进行驻点催收，每天与借款人高管人员同时上下班。为强化催收效果，贷后管理小组四赴到借款人所在城市，与企业、政府主管部门进行面谈，利用各种社会关系进行沟通，在分行不懈努力下，最终在贷款到期前15天收回该笔贷款，化解潜在风险。

案例17

建设投资有限公司应收账款出现问题

南京某分行先后向A建设投资有限公司发放贷款3000万元、5000万元，期限均为1年，以区管网建设工程2.5亿元应收账款质押，并追加上海B投资有限公司担保。贷款资金用于区生活污水管网建设项目建设。

对于管网建设工程的最终审计，A公司高管与政府沟通时，双方在工程最终价款上存在较大分歧：公司觉得审计结果偏低，但政府态度比较坚决，表示必须按照审计结果付款，且公司相关负责人必须签字认可审计的结果，才可以完成最后付款，付款采用一次结清方式，即一次性将所余账款约1.7亿元全部结清。双方互相沟通多次未果，使得区建设局没有按应收账款监管协议支付工程款，直接造成分行8000万元贷款逾期。

贷款逾期后，分行立即通过相关渠道与区领导取得联系，获得了“区政府态度较为坚决，在审计确定的金额方面没有让步余地”的信息。为此，分行拟定了措施：一方面准备了应收账款债权的拍卖方案，并与区财政局积极沟通。另一方面，对公司其他应收账款和往来款等资产开始排查，为可能采取的司法措施做好了准备。

其间，分行多次约谈公司法定代表人、大股东，主办客户经理每天走访建投总公司，督促其拿出解决方案。在分行坚持不懈的努力下，建投公司负责人改变思路，逐步接受政府的方案，由政府完成一次性付款。分行密切跟踪政府划款路径，应收款到达企业在本行的账户后，立即扣收贷款，最终全部安全收回。

（二）化解房地产风险

风险提示：对于房地产开发贷的授后风险管理，主要应关注：项目工程是否能按期完工；开发商是否多处拿地造成资金紧张；销售进度是否理想；销售回款是否进入银行监管账户。

案例 1

开发商连续拍卖拿地，多楼盘开发资金链异常紧张

A 能源投资公司、B 投资公司主营业务均为钢材销售，某年销售收入分别为 24 亿元和 23 亿元，在广西区域钢材经销市场排名前列。南宁某分行分别给予开立银行承兑汇票 7140 万元、1 亿元，保证金比例为 30%，期限 6 个月，银行承兑汇票敞口额度为 1.2 亿元。由广西 C 投资有限公司提供足值土地抵押。

上述三家公司的实际控制人具有家族关联关系，且组建了覆盖广西、广东、云南等省的庞大的钢材销售网络。

在国家对房地产进行趋紧的宏观调控背景下，B 投资公司以总价约 16 亿元、楼面地价 11033 元/平方米的价格拿下某一地块，成为了当地新地王，在当地房地产行业影响巨大。

在第一时间获得该信息后，分行风险主管就多次指示需高度警惕该企业资金断链，要求对上述三家公司的经营情况进行全面调查和风险分析。通过排查，分行发现许多问题：B 投资公司在近年连续拍卖拿地，多个楼盘一起进行开发，“短款长用”，存在资金链异常紧张的现象；开票贴现资金存在挪用于房地产开

发的嫌疑，分行开票后被他行进行多次查询；原抵押的土地在未经分行同意就擅自开发；三家公司关联交易频繁，相互之间资金往来密切；当地各家银行都在压缩或退出该企业的授信业务等。

分行在掌握上述情况后，风险主管立即召开了风险分析会，对上述三家公司的经营情况进行了全面风险分析和判断，防止因资金链断裂造成分行开票逾期垫款的重大风险隐患，立即制订了详细的回收方案并实施，采取的主要措施有：

（1）立即追加了3万吨库存钢材质押并办理相关手续，质押钢材按当时的市场价格计算，追加的钢材质押基本能覆盖分行授信敞口，同时指定专人严格监管，出库必须经分行专人签字，销售钢材货款必须回笼到分行指定的还款账户，确保销售货款不被挪用。

（2）多管齐下，充分利用法律手段维护本行合法权益。分行先后多次派专人上门向上述三家公司发送还款提示函和律师函。在函件中明确要求三家企业于银票到期前逐步回款，否则将采取多种清收措施：一是向当地银行监管部门、银行业协会通告该企业集团在分行的授信以及风险情况，建议各家银行联合采取行动，全面清收和暂停其授信业务；二是在当地主流媒体发布公告，告知社会企业已将销售楼盘的土地已抵押给分行，购买该楼盘的个人将面临产权不清、购房权益无法有效保障的风险；三是如一旦逾期，分行将立即起诉企业，同时刊登公告进入法律程序，全面查封现有资产和银行账户，并向当地人行申请列为黑名单客户。

分行清收小组人员在清收过程中，多次上门与该公司的高管人员进行沟通，晓之以理，动之以情，详尽阐述分行的立场和措施，并清楚地告知企业一旦一意孤行将产生的严重后果。该公司的高管人员因此产生了极大的心里压力，担心分行采取措施势必影响其声誉及全部房地产销售，从而加剧其资金断链的危险，势必造成整个关联公司全面崩盘的危险，多年的苦心经营将全部化为乌有。

由此，该企业积极配合分行办理了钢材质押手续，并根据派驻监管人员的驻点监控掌握的情况及时回笼货款，同时从其他关联公司抽调资金补充开票保证金。由于分行回收方案详尽、组织得力、实施到位，最后如期清收1.714亿元。

后来不久，当地银监局对该企业违规贴现套取信贷资金风险进行了风险提示，查出其套取资金约14.2亿元，其中违规流入房市约8.37亿元。而该分行通过“早发现、早行动、早化解”，成功结清企业授信，避免了重大信贷风险。

案例2

项目建设期遇到国家宏观调控，资金、工程、销售均出现问题

青岛某分行向山东新锦国际公寓有限公司发放2.14亿元房地产开发贷款，期限3年。该项目在建设期间，遇到国家对房地产行业的宏观调控，相继出台了房地产新政、房地产税、限购政策等一系列紧缩措施，控制房地产的过热状况。

分行项目管理小组在贷后检查中发现，随着国家调控力度的加大，公司再融资难度增加，资金链较为紧张。该项目南区主体已经竣工，但销售缓慢，北区工程进度与原计划相比严重滞后，工程基本处于停工状况。

为此，分行进一步强化了贷后管理工作，提高了项目现场检查频率，并深入企业了解项目管理情况，多次联系约谈公司高管，督促公司对下一步项目发展制订切实有效的方案，同时停止了尚未发放的1.4亿元提款。经分、支行等多方努力，最终由该房地产公司的集团总部筹措资金，提前归还了2.14亿元全部贷款。

案例3

房地产开发公司销售困难管理混乱

大连某分行针对“豪茗”项目向LT房地产开发公司发放5.2亿元房地产开发贷款。项目建设期适逢我国房地产行业低谷，商品房销售困难，回款缓慢，致使出现项目工程进度缓慢，竣工延期等情况。另外，分行日常贷后管理中发现，公司经营管理混乱，施工、销售管理均处于无序状态，资金链相对紧张，并且随着国家对房地产市场的调控，企业再融资难度较大。借款人无法按照原定还款计划归还分行贷款，该笔业务出现较大风险。

为此分行信贷管理部和经办机构对项目共同加强贷后管理，严格控制贷款资金和抵押物，对借款人施加持续压力。经多方努力，中国某资产管理公司沈阳办事处向分行表达了合作的意向，希望能够整体买入借款人的债权。经过多次沟通洽谈，各方在贷款两年后签署债权转让协议。在资管公司将收购资金转入分行账户后，分行成功收回了全部贷款本金及利息，提前化解了风险。

案例4

销售回款资金未及时扣划到还款保证金账户

北京某分行给予新时代房地产开发公司1亿元贷款，期限3年，以项目建设用地使用权及现有在建工程抵押担保，同时由北京某集团公司连带责任保证担保。同时要求，开发项目的销售回款必须全部进入本行销售回款账户，并转入还款保证金账户。项目销售进度达到70%时，保证金账户内余额必须覆盖本行贷款余额。

分行信贷管理部在贷后检查时，通过查询北京市房地产交易管理网发现，该项目上年年底销售率接近100%，销售回款账户余额有7993万元，而保证金账户余额仅2283万元，说明借款人未按银行管理要求及时划转保证金。而且项目已基本销售完毕，本行抵押权益实际逐步减少。虽然销售回款账户和保证金账户余额合计数可覆盖贷款余额，但仍存在客户从销售回款账户挪用资金的风险。

信贷管理部发现此问题后，立即要求经办支行进行整改。当时贷款余额为1亿元，两个账户余额相加为1.03亿元，可覆盖贷款余额。如果要求客户立即还款，经办支行的存款和贷款数均将下降，但支行并没有完全从自身利益考虑，而是从全局着眼，积极主动地与客户进行沟通，及时收回了此笔贷款。

点评：

银行要高度重视房地产开发贷款的贷后管理工作，可设立专门的房地产开发贷款的贷后监控岗，组织各主监管员按月对开发贷款的工程进展、资金使用、销售回款进行监控。通过对房地产市场数据的分析统计，在支持业务开发客户的同时，有效识别和防范市场风险。

（三）化解钢铁金融风险

风险提示：在钢铁金融业务中，授后主要的风险点包括：借款人生产经营出现风险、与涉及业务的钢材和账号被查封、授信资金被挪用、银行对钢材失去控制、还款资金不落实等。

案例 1

迅速核实有期货投机巨额损失传闻的钢贸企业

上海 H 金属材料有限公司经销河北、宣化多家钢铁集团公司的螺纹钢、线材、中板等，为上海钢材贸易前 50 强企业。某分行给予 6000 万元授信敞口，期限 1 年，用于开展“厂商银”开票业务，初始保证金比例 30%，由公司实际控制人夫妇承担最高额连带责任保证，货物委托第三方仓储公司监管。

某年 11 月 10 日，分行客户经理得悉公司实际控制人进行期货投机炒作造成损失的传闻，马上上门进行核查。实际控制人表示公司经营正常，市场传言不实。客户经理不敢大意，与监管方部门经理一起赴监管仓库对账查库，落实质押货物的安全性。并要求监管方采取相关措施，对现有货物进行控制，不得有误。

11 月 16 日客户在分行开立的银行承兑汇票余额为 7500 万元，开票保证金加赎货保证金为 3573 万元，银票敞口 3927 万元。仓储公司已收到监管钢材 6724.62 吨，按 4500 元/吨折算价值约 3026 万元。分行要求客户提前回笼资金，弥补分行 901 万元敞口。

11 月 25 日分行风险管理部门得到信息，该公司进行期货投机炒作造成巨额损失，部分银行已对其提起诉讼，实际控制人已失踪。分行高度重视，一方面向相关银行核实情况，一方面联系经办支行要求其采取有效措施控制风险。经办支行反映已听到有关信息，目前实际控制人没有失踪，仍在岗经营，已要求公司安排资金封闭授信敞口。

分行贷后管理人员没有放松警惕，继续排摸线索。在查阅公司授信报告时发现有实际控制人的房产信息，马上在房地产权籍查询系统进行查询，发现实际控制人名下房产已被两家银行查封。分行根据查实的情况，马上向支行下发督导函，提示风险的严重性，要求即刻采取有效措施，封闭授信敞口，同时向分行领导报告风险预警及处置方案。

支行得知他行已诉讼查封资产信息后，高度重视，加大催收力度，告知其利害关系，迫使公司实际控制人下定决心，在第二天打入分行保证金账户 3927 万元，封闭了全部授信敞口，分行授信风险最终得以化解。

点评：

银行信管部日常要注重对物流行业、客户风险信息的归集，对授信风险要做到敏感性强、警惕性高，对风险苗子紧抓不放，想方设法调查核实，及时识别风险，坚决果断督导支行化解风险。

风险情况发生后，银行要及时采取控制质押物、要求追加保证金等风险控制措施，对公司紧逼催收。对借款人、实际控制人房产等资产信息的掌握十分必要，在遇到授信风险时，会对风险的化解起到关键作用。

案例2

钢贸公司因关联企业逾期而发生5202万元垫款

广州B钢铁国际贸易有限公司在当地某银行有承兑汇票敞口额度为1.3亿元，期限1年，30%保证金及存货质押。

银行在贷后查询贷款卡信息时发现，B公司在其他银行出现融资垫款5202万元，于是与公司管理层迅速取得联系，了解垫款业务发生的原因，并实地检查本行质押监管货物的管理情况。经实地盘库，质押货物账实相符，质押标签及摆放货位清晰，符合本行质押监管的管理要求。

经实地了解情况为，B公司和珠江C钢铁公司同属广州A钢铁集团。由于C公司在银行贷款陆续出现逾期，各家银行均收紧对C公司的授信，从而影响到A集团其他正常运作的企业授信。为此，A集团牵头与各家债权银行洽谈C公司债务重组事宜，并要求下属公司在债务重组协议签署前，对已到期授信业务延期归还。B公司遵照集团统一安排，暂时停止归还陆续到期的授信资金，造成银行融资垫款5202万元。

对此，银行信管部召开专门讨论会进行风险评估，初步判断本行到期授信回收问题不大。但制订了风险化解措施如下：一是督促B公司加快赎货进度，争取赎清在途运输货物，加快销售资金回笼，确保提前补足授信敞口；二是加强与监管公司日常沟通密度，确保监管货物账账相符、账实相符；三是向首钢销售公司及时通报情况，要求按照协议约定，一旦B公司出现销售不畅时，由首钢总公司负责调剂销售。通过采取上述措施，B公司提前一个月补足所有授信敞口，银行成功化解风险。

点评：

只有提高定期检查专业化和精准化的水平，才能真正做到授信风险的“早发现、早行动、早化解”。

案例 3

银行质押的螺纹钢被法院诉前财产保全

北京某分行给予上海 A 商贸有限公司 7000 万元授信额度，用于向上海 B 钢铁贸易公司采购钢材（且其有回购责任），期限 1 年，开票期限 6 个月，融资所购钢材全部质押，由分行指定北京 C 物流管理公司执行监管。

不久后，分行接到监管方 C 公司消息称，A 公司存放在上海 D 仓储有限公司且已质押给分行的一批螺纹钢，被上海市宝山区人民法院进行了诉前财产保全。法人代表也因其他事项已被公安机关带走协助调查。得知这一消息后，分行立即组成应急小组，紧急制订处理对策，并派出两队工作小组赴上海现场处理。

经第一小组现场排查发现，上海 A 公司在本行融资敞口为 3780 万元。其中 780 万元为贷款，对应的质押物钢材实际不属法院查封范围。另外 3000 万元敞口为银票，对应的货物尚未发货，分行立即通知 B 公司中止发货，并且根据合同条款要求企业退款。工作小组实地调查初步判断，该事件不会对本行信贷资产造成损失。

第二组与上海 B 公司高层面谈，争取对未发货部分资金退回及未查封质押物处理的最好条件，以降低信贷资金风险。之后两次向 B 公司发出《退款通知函》。而 B 公司称由于需要与上游供货商宝钢国际公司谈判，不能立即退款。直到融资款到期当天，对方仍以律师意见为由拒绝承担未到货退款责任。经多番交涉，B 公司最终同意承担回购责任，并于融资到期日当晚偿还了全部资金。

点评：

存货类产业金融的风险要点在于质押存货货权清晰和对货物的控制。而物流合作监管方在一定程度上扮演了银行货押业务风险管理代理人的角色，因此来自合作监管方的现场预警至关重要。

银行在选取合作监管方及仓库时，应制定完善的资质准入标准，通过挖掘第三方监管信息，提高风险预警和对突发事件的及时处理能力。

在实际操作中，从签署协议、入库手续、质押监管，都要做到流程规范，货权清晰。监管方要能够向银行提供自质押物入库管理后，质押监管物存放地每日变化的货位图以及现场照片。

案例4

发现钢铁公司套用银行资金深涉房地产

武汉某钢铁有限公司是实际控制人依靠钢铁贸易起家，旗下有12家全资子公司，从事房地产、钢铁贸易、旅游、物业等多元化经营，钢铁贸易和房地产是其业务重点。

武汉某分行给予7000万元流动资金贷款，期限1年，利率为基准利率，由实际控制人提供个人无限责任担保，追加其关联企业名下土地、房产抵押，抵押率不超过45%。

分行在贷后检查中发现了以下风险信号：一是该公司的上游客户以中小钢厂为主，下游客户以房地产开发企业为主，这两个行业都受国家政策调控影响较大；二是该公司大部分营运资金未在本行结算，难以了解其经营风险状况；三是公司近年来在房地产业涉足较深，有多个项目在建，而这些房地产项目均未直接获取银行授信资金，而是企业通过关联交易、赊销钢材等方式变相套用银行资金。

发现以上风险后，分行将该客户列入当年主动退出客户名单。一方面要求客户增加在本行的资金结算量，加强对资金支付的管理和控制，同时在授信额度即将到期时，有意提高续授信门槛，迫使客户寻找其他融资渠道。最后，抓住其关联客户一座楼盘开盘销售、资金集中回笼的时机，结清了全部7000万元授信。

点评：

对于多元化、集团化经营、扩张较快的民营企业，应全面评估其授信风险，对风险的隐蔽性、传染性以及放大效应保持高度警惕。一旦发现风险苗头，应果断实施信贷退出，避免因企业的冒险和冲动造成银行的风险损失。

案例5

钢贸公司擅自提货且不配合银行贷后检查要求

昆明某钢贸公司在分行有5000万元银行承兑汇票授信额度，30%保证金，期限3个月，操作模式为昆钢“网络先票后货”模式。

贷后管理过程中，分行信贷管理人员发现该公司未按三方所签《厂商银协议》规定的方式提货，而是不经过监管公司就直接从昆钢（厂商）擅自提货。分行根据协议规定，要求客户到期押货，客户也不予配合。不仅未履行回款承诺，还阻挠分行与昆钢对账，致使分行迟迟未能成功对账，无法掌握已发货数量。分行每次与该客户协商，客户都能找出各种理由和借口推诿。

分行觉得不对劲，经多渠道打听得知，该客户除了钢材贸易之外还有其他投资行为。经多次和客户沟通未果，从风险控制角度出发，分行认为继续与该客户深入合作难以有效控制风险，于是2月初决定退出对该客户的授信业务，并在最早一笔银票到期前20日开始了对客户的催收工作。

3月10日，客户在分行的1500万元银行承兑汇票到期，而1050万元授信敞口资金次日才汇达银行。由于接下来的10天内还有3500万元银承到期，敞口额度大，分行领导积极部署，及早筹谋，对于每天的未到款项都要落实对方行是否已经受理汇款，并要求客户传真受理凭证至本行。

为了防止客户恶意逃脱还款责任，在催收过程中分行人员每天上门到客户办公场所陪同客户人员上班，了解客户经营情况，并告知客户恶意违约的各种严重后果，提醒客户及时偿还银行授信的重要性。最终，在分、支行的共同努力下，3月24日顺利收回全部银票资金。

案例6

钢铁经销商擅自提货且销售回款未进入银行账户

某年10月25日，北京某分行给予首钢钢铁经销商徐州某钢贸公司承兑汇票授信敞口额度3150万元，存货质押模式，初始保证金35%，期限1年，由公司实际控制人提供个人无限连带责任担保。单笔开票期限不超过4个月，首钢总公司承担调剂销售责任。

第二年11月29日，北京某物流有限公司通知分行产业金融中心，11月28日夜至29日凌晨，该钢贸公司从“徐州铜山库”擅自违规出货2900.7吨，约1358万元。且销售回款未进入分行保证金账户，严重违反银行钢铁金融赎货业务的操作要求。截至12月1日，该公司在分行未结清银票三张，票面金额3778万元，风险敞口2385万元。

得知此消息后，经办支行和产业金融中心立即召开紧急会议，进入应急预案执行程序：一是当天即派客户经理赶赴徐州对库存质押货物进行盘点，并拍照保留影像资料。二是对企业两个质押仓库进行封库，要求北京某物流有限公司加派监管员加强监管。为防止监管方履约执行不力，导致质押货物再被违规出库，在质押物处置完毕前，产业金融中心派人在北京某物流有限公司监督执行情况。三是产业金融中心及支行配合立即启动质押物处置流程，计划一周内处理完毕，包括要求徐州公司自行销售质押物，销售款项全部用于归还分行敞口（先打款后给货）。同时，分行寻找买家，低价销售全部质押货物（低于市场价100元/吨，买方较多），款项用于偿还分行敞口。未补足部分分行将向北京某物流有限公司索赔。

同时，分行信贷管理部立即向上级上报了《关于徐州某钢铁有限公司违规提货的紧急报告》，核实库存质押货物价值能够基本覆盖风险敞口，对风险水平进行了评估，并与产业金融中心一起加强钢铁经销商的赎货进度控制。

通过客户自行销售及分行主动联系买家，12月14日提前将风险敞口补足，成功化解了授信风险。

案例7

银行开票两个月后仍未收到钢材货物

某年6月初，广州分行给予广州A国际贸易有限公司授信8000万元敞口额度，用于“先票后货”业务模式项下向山东B钢厂采购不锈钢钢材，由C仓储管理有限公司负责监管质押钢材。

根据《银、企、商合作协议书》对发货的相关规定以及银行贷后管理要求，截至7月28日，分行仍未收到以本行为收货人的指定货物，于是分行立即联系该A贸易公司和山东B钢厂，确认发货和收货情况。

支行负责人亲自带队前往山东B钢厂实地了解企业生产情况，B钢厂给予全力配合，总裁反映了钢厂当前的生产和运营情况，财务部承诺可将余额退款，保证分行信贷资产安全。

最终，在与广州A贸易公司沟通未果的情况下，经分行不懈努力，银承到期前两个月及时通过山东B钢厂的余额退款，化解了银承到期无保证金的风险。鉴于此次开票业务中，A贸易公司与B钢厂的谈判地位较弱，销售渠道不完善，分行决定停止授信业务。

点评：

本次事件反映出对物流金融业务操作风险防范的重要性。银行应对现有钢铁金融及汽车金融业务操作环节进行全面梳理，对可能出现问题的环节进行规范。同时，要注重与监管公司的沟通，至少每月实地核库一次。

案例 8

不锈钢企业资金未能到位导致银承发生垫款

温州 Y 钢业有限公司是主营不锈钢的批发零售，在某分行有 3100 万元开票额度，担保方式为 35%保证金和存货质押，存货由宁波某物流有限公司监管。

由于不锈钢市场疲软，分行加大了对该公司的贷后检查力度，密切跟踪企业经营和库存监管情况，特别是资金回笼情况，要求该公司尽早落实好还款资金。

6 月 24 日是该公司在分行的银行承兑汇票到期日。当天下午 3 点，公司负责人来到分行，告知原先已经落实好的还款资金未能到位，银承将发生垫款。

分行获悉后，为防止出现更大风险，立即再次实地查库，掌握库存情况，并上网查询了存货的当日报价，对库存价值进行了估算，总价值为 5000 万元左右。同时通知监管方从当日起对存货要求“只进不出”。随后，在扣除 1085 万元保证金和结算账户中的 135 万元后，分行给该公司银承逾期垫款 1880 万元。

当晚，在联系到公司高层后，客户经理、分管行长及信贷管理部负责人前往该公司谈判，传达了分行对此事的坚决态度，要求公司高管尽快提供可行的解决方案，尽早归还银承垫款。

分行同时对银承逾期的原因进行了细致的分析，以便制订有针对性的对策。发现企业资金不能及时到位的原因：一是近期不锈钢市场较为疲软，圆钢和管坯价格连续下跌，导致公司库存囤积较多，短期内资金周转较为困难；二是公司和买家较多的是通过银承方式结算，资金回笼存在滞后性；三是公司的应收账款较多，且大部分账龄过长，影响了公司的资金周转效率。

针对以上问题，分行制订了相应的对策：一是督促客户加大对应收账款催收力度，加快货款回笼，尽量要求买家用现金方式来还款；二是将持有的银票尽快在分行或他行贴现以获得现金；三是要求公司尽早联系好买家，如果在一周内未能落实全部还款来源，要将部分存货进行销售。谈话一直持续到深夜，公司方面表示将以积极的态度，尽快筹集还款资金。在接下来的 6 天中，分行各部门互相配合，积极催收，终于使得企业分四次将垫款全部还清。

（四）化解汽车金融风险

风险提示： 对于汽车金融业务，银行在授后管理中，应关注的风险点较多，主要有：经销商以虚假资料骗取授信、经销商销售困难甚至倒闭、经销商回避银行私下售车、库存车辆短缺、经销商因涉入民间借贷出问题、经销商因担保出问题、经销商被法院查封等，因此加强授后检查十分重要。

案例1

发现经销商私刻公章伪造背书套取银行资金

山东省某汽车技术服务有限公司系长城系列汽车经销商，济南某分行给予其1000万元长城品牌汽车金融网络业务授信额度，由厂家承担回购责任，由银行认可的第三方监管公司监管车和证。

授信后，支行分管行长亲自带队实地检查，同时走访该客户在当地的其他合作银行及长城品牌区域经理。在走访中得知，客户曾在当地某银行办理银行承兑汇票用于向长城厂家购车，但票据经厂家背书后被用于其他支付。此信息立即引起支行重视，疑点在于既然银承是用于向长城厂家购车，厂家为何会配合背书？支行检查人员立即当面与客户沟通，客户最终承认其私刻厂家公章，利用假印章完成背书。

该事件表明，客户在道德、信用方面存在重大风险隐患，并有可能存在资金链紧张的问题。支行立即采取对策，一是清查客户所有在库的车、证，及时与厂家沟通，确保本行授信对应的质物足值、安全；二是要求监管公司必须双人监管，严密监控车辆；三是停止该客户办理新业务，并要求其按本行规定及时备付现有敞口。经过妥善处理，风险敞口提前1个月完成备付，分行安全、成功地退出了该客户。

点评：

（1）强化风险意识，避免麻痹大意。不能认为是汽车金融客户，风险可控，就降低对客户日常风险的防范和现场检查的频率。

（2）注意检查方法，多渠道了解客户，捕捉预警信号。本案例支行从大区经理处发现客户业务疑点，继而发现客户道德风险，最终退出客户。

（3）及时确认厂家收到银行承兑汇票，避免授信风险。汽车金融业务的一大重要保证就是厂家的回购责任，如发现厂家在规定的时间内未能寄回回执或通过其他方式通知银行已收到银承，应立即与厂家联系，落实银承去向。

（4）关注客户负面消息，及时采取措施化解风险。当汽车市场行情冷淡，经销商销售收入和开票频率均有一定幅度下降时，各机构应保持审慎原则，密切关注客户经营变化和实际控制人的情况。发现有关客户及其控制人或高管的负面新闻时，应予以重视，查清原委，做到“早发现、早行动、早化解”，确保授信安全。

案例2

经销商被举报涉嫌骗贷和挪用贷款

某年12月，广州某分行接到总行核查通知，反映收到义乌市G汽车销售服务有限公司及其关联企业涉嫌以虚假资料骗取融资、挪用贷款等的举报。分行立即采取有效措施，成功将该客户2327万元银行承兑汇票业务敞口压缩为0，具体情况如下：

义乌市G汽车销售服务有限公司在分行有授信额度2500万元，期限1年，专项用于广汽丰田汽车金融网络业务，采用“委托总行认可的第三方公司合格证监管”的业务模式，由分行认可的监管公司对其进行驻店监管，同时借款人大股东提供连带责任保证担保。

从银行管理台账上看，借款人销售回款较快，期限3~4个月的银行承兑汇票一般1个月左右就能够存足保证金。事发后经办支行要求监管员现场对质押合格证及车辆进行拍照，发送电子邮件给分行确认，经检查剩余的三台质押车辆安全，未被挪用。

经贷后进一步核查，发现该客户确实与关联企业存在互保关系，并为关联企业提供了1918万元的对外担保。由于该客户及其关联企业身处异地，相关情况难以短期内了解清楚，为防范风险，分行立即暂停了该客户的所有放款业务。并要求经办支行若打算继续给予该客户授信，应赴实地详细调查该客户及关联企业的具体经营管理的情况，并重新上报分行审批。最终，年底前客户存入全额保证金，其项下所有授信业务风险敞口为零。

案例3

发现客户存在以假合格证质押的情况

济南D汽车集团有限公司旗下拥有上海大众、北京现代、广汽丰田、上海斯柯达、MG名爵、华晨中华等4S店。济南某分行与其开展了汽车金融业务合作，开票敞口余额共计4511万元。

分行在贷后检查时发现，部分金融机构正逐步压缩对该公司的授信额度，集团资金面较为紧张，分行立即追加了监管公司驻店监管，同时增强了贷后检查频率。之后在对集团4S店查库时，经与驻店监管员沟通，发现客户存在以假合格证质押的情况。

分行迅速组成调查小组，制订应急退出方案，并采取了以下措施逐步退出：

一是立即停止对该客户的后续授信审批和提款业务，并纳入预警客户管理。

二是约见监管公司负责人，要求其进一步加强监管力度，及时反馈给银行。

三是及时与厂家区域经理沟通情况，取得厂家的理解配合。

四是提高现场走访频率，每日与驻店监管人员沟通，每周进行现场查库。

五是及时了解集团及公司经营情况及投融资情况。

由于预判准确、措施得当，最终风险得以成功化解。

点评：

银行应敏锐捕捉风险关注点，当了解到客户的负面信息后，尽管一时还无法判断信息真伪，但仍应采取追加监管等措施。事实证明，预判及措施对于识别和防范风险至关重要。

案例4

地区全面实行汽车限购政策致汽车销售困难

北京D汽车销售服务有限公司为重庆某分行汽车金融网络客户，有银行承兑汇票敞口授信额度3000万元。该公司在分行开票并贴现后，向主机厂（长安福特马自达汽车有限公司）支付购车款，再通过融资车辆的销售回款，支付银行到期票款，汽车销售是其最大、最主要的还款来源。

2011年1月，北京地区全面实行汽车限购政策，使得汽车销售市场，特别是中低端汽车销售市场面临重大销售危机。分行经过市场分析和实地调查，得知北京D汽车销售服务有限公司2011年1月后汽车销售量骤减，还款能力变弱，经营和资金出现一定的困难。

针对该种情况，分行迅速研讨并实施应对措施：一是严格监控经销商到期票据，随时联系经销商了解经营和款项回笼情况；二是停止对该经销商开立新的票据；三是采取积极措施督促经销商自己回笼承兑过往票据。

通过以上措施的实施，截至当年3月17日，该经销商19张、余额5429万元、敞口额度3000万元的银行承兑汇票全部按期承兑，相对应的融资车辆也全部解押出库。通过风险部门和业务部门的共同协作、共同努力，分行将此次政策性风险完全化解，同时巩固了分行汽车金融业务的发展。

点评：

在贷款管理中要加强各类信息的收集工作，针对特定信息进行分析，发现涉及本行授信业务风险的，要及早采取行动。同时，各部门应分工合作、协同配合，确保风险的彻底化解。

案例5

汽车销售困难以及部分车辆脱离监管

武汉某分行对鄂尔多斯某汽车销售服务公司有汽车金融项下银票余额3500万元，首次保证金750万元，回款保证金650万元，监管车辆134台，价值2198万元。

分行信贷管理部安排专人对该公司进行了飞行检查，包括现场访谈、清点监管车辆数量、逐一核对车辆合格证数目及对应车辆、随机设置验证条件、清点发往异地的车辆等。结果发现该公司业务存在以下问题：

一是销售困难，库存量大，直接导致分行销售回款率低和到期承兑的风险。某年1~3月汽车销售额明显低于上年同期水平；检查当日库存车辆134台，价值2198万元，库存量大。未来四个月月均到期银票超过1500万元，承兑垫款可能性较高，虽然客户采取了降价销售、违规跨区销售等措施，但效果欠佳。

二是监管方缺乏有效的监管手段，导致部分车辆脱离控制。实地查库发现，有9台质押车辆脱离监控，客户违规跨区销售。其中，车、证发往北京地区6台，价值109万元；呼和浩特地区3台，价值47万元。而监管公司对此未采取任何控制措施。

针对飞行检查发现的问题，信贷管理部第一时间向本行汽车金融部发出风险提示，要求该部进行专项贷后检查，形成书面报告，同时针对风险预警及时采取有效措施化解风险。

汽车金融部通过调查分析，要求公司实际控制人承诺，如果在兑付前5天资金仍不能到位，由其本人以自有资金补足差额。针对监管公司的管理问题，经汽车金融部核实，监管方派驻人员业务不熟，未完成系统审核就将合格证交与公司销售人员，属严重违规行为。监管方已更换经验丰富的人员进驻，脱离监管的9台车辆合格证已于4月1日划回分行指定账户。

点评：

此案例成功化解风险的经验在于：

（1）捕捉风险信号，有的放矢开展专项检查。

（2）行动迅速，从检查当日发现问题到解决问题只用了三天时间。

（3）强化监督第三方监管企业的行为规范，可有效降低操作风险。

案例6

经销商无法解释销售较好但报表亏损的现象

H汽车有限公司是济南某分行新开发的汽车金融客户，给予该企业1200万元汽车金融额度，期限1年，用于向上海大众厂家购车，由上海大众厂家承担调剂销售责任。

业务开展初期，企业经营情况较好。但过半年后，客户经理在贷后检查中发现该企业报表出现亏损，净利润显示为负值。该情况引分行高度重视，立即对企业经营情况及报表数据进行分析，同时了解济南地区其他上海大众经销商的销售和利润情况。经对比判断，该企业在济南上海大众品牌销售中经营最早，且当年销售情况较好，不应出现亏损。

在随后进一步实地调查时，企业对于其主要财务数据不利变动情况无法做出明确的答复，特别是无法合理解释销售较好但报表出现亏损的现象。同时，该企业因资金较为短缺，希望分行继续为其出票。

根据实地检查情况，并基于对企业经营核心品牌的信任，分行研究决定：一是通知监管公司加强对借款人的监管；二是同意继续出票，但总敞口控制在该企业存入主办行240万元保证金之内；三是继续调查该企业的财务情况，了解清楚报表与实际情况不符的原因。直至年底，分行按照既定方针有计划地为企业开票，帮助其完成了全年销售任务。

进入次年 1 月，由于无法准确把握企业经营变动的情况，分行决定对其停止出票。此后，企业在不通知分行的情况下，未将随车的合格证转交监管员，而是将分行未到期银票对应的车辆擅自销售，并将销售回款作为自有资金进车再销售。

对此，分行立刻由经办支行分管行长及主办客户经理实地与企业进行沟通，现场盘点车辆和合格证，协助监管员将合格证及时入库，并督促企业及时备付分行授信敞口。同时，分行及时将企业实际经营现状向上海大众厂家进行反馈。

2 月 24 日，企业备足了在分行最后一笔 200 万元银行承兑汇票敞口资金。综合考虑企业潜在的信用风险和资金链问题，分行最终停止了与该企业的合作。

案例 7

企业股东之间出现经营矛盾最终关闭汽车店

厦门 L 汽车贸易有限公司为北京现代汽车有限公司的一级授权经销商，某分行予以授信 480 万元流动资金贷款，担保方式为房产抵押及保证担保，银企关系良好，经营情况及利息偿还情况均正常。

半年后分行在贷后监控中，通过侧面了解得知该企业股东之间出现一定的经营矛盾，考虑到公司实体经营出现一定的不稳健因素、管理层出现经营争议，企业总体未来持续经营能力出现重大不确定等因素，在其内部矛盾并未开始实质影响公司实体业务之前，分行立即暂缓了其新增业务申请授信的受理。

由于股东间经营理念的不同，一旦有股东不配合还款，将影响贷款的顺利回收。为此，分行一直派人积极走访各主要股东进行沟通、催收，向他们灌输企业信用重要性理念。此外还向股东宣传，即使企业结束经营，股东对外也应承担还款责任，而该部分债务若由个别股东偿还，该股东偿还后仍可向其他股东追偿相关债务。

在得知股东会决定结束实体经营的第一时间，分行加快与客户的沟通，多次上门进行催收工作，最终顺利回收该笔信贷资金。

点评：

该企业的成功退出，无疑证实了贷后管理工作的重要性。日常要经常关注授信客户信息，对于非恶意因素引起的风险因素，更应重视客户的关系维护，做到安全退出。

案例8

发现经销商擅自销售车辆并挪用资金

某年4月，青岛某分行给予S汽车销售有限公司800万元汽车金融网络业务额度，初始保证金比例不低于20%，车辆合格证交由银行监管，并由该公司法人代表提供无限连带责任保证。该客户办理业务前期，缴存保证金以及回款、领取合格证等方面较为正常。

当年年末，由于公司法人代表参与经营项目较多，出现了资金链紧张问题，加之车辆销售情况较差，有的票款至到期日最后一天才补足。对此分行加大了贷后检查力度、频次。

次年1月19日，客户经理例行核库发现，2辆已售出车辆未在银行领取合格证。经询问经销商财务人员得知，相关销售资金已被公司用于其他经营项目，客户经理马上将该情况向分行进行了汇报。

行领导立刻通过社会关系对该公司进行全方位了解，得知公司去年年末急于扩大经营规模，自行筹资2400万元收购一家"江淮汽车"4S店。但收购前其他银行许诺的贷款资金未发放，导致公司高息集资无法还清，分行车辆销售款项已被公司临时用于偿还社会集资。由于公司他行借款陆续到期，分行未到期承兑面临垫款风险。

分行随即成立了风险贷款化解小组，并制订了"先客户、再厂家、最后司法介入"的整体方案。由于当时正值春节假期，春节上班后第一天，小组人员与企业进行了当面交涉，但客户坚持只能到期当天还款，均衡还款要求无法满足。为防止车辆被转移，分行及时向法院申请财产保全。在分行的坚持下，厂家也意识到问题严重性，派人前来协调解决问题。在分行与总厂代表历时3天的反复多层次的工作下，经销商最终于2月10日提前9天将原本计划偿付其他借款人的资金汇入分行，风险敞口归零，风险完全化解。

点评：

该事件的圆满解决主要得益于以下几点：一是客户经理警惕性高，核库时抓住可疑点不放，为银行能够在第一时间采取行动赢得了时间；二是行领导风险意识强烈，在得到客户经理的汇报后，立即成立风险化解小组并制订出较为完善的处置预案；三是平时与厂家协调交流较为连续，事件发生后，分行充分分析后坚决依靠厂家协调，同时做足司法准备，最终使风险得以全额化解。

案例 9

经销商私自售卖银行质押车辆 26 台

广州某分行给予 L 汽车销售服务有限公司广汽丰田项下汽车金融业务额度 2500 万元，期限 1 年，单笔开票最长 6 个月，20% 保证金。担保方式包括：以融资车辆质押、大股东个人连带责任担保、采用银行认可的物流公司驻店监管融资车辆和合格证、广汽丰田公司负责调剂销售等。

某年 2 月，经办支行接到监管公司关于 L 公司私自售卖车辆的信息，立即与监管公司巡回员前往了解情况，发现其私自售卖银行质押车辆 26 台，金额达 553 万元。剩余的质押车辆已不足值，不能覆盖授信风险。分行信管部立即决定对借款人停止开票，并要求其在最短时间内以现金偿还私售车缺口。

客户经理实地了解到，出现该情况的原因主要是由于企业集团购置 2 块地及新建一汽大众和上海通用别克 4S 店，过度扩张导致资金链断裂。

2 月 16 日，由于借款人运营资金链断裂，银承逾期。分行信管部迅速成立事件处理小组，并提出风险化解方案：一是引入广汽丰田厂家出面协调，由银行、广丰厂家、L 公司和监管公司四方磋商解决问题；二是客户出具《还款承诺书》和《同意出质书》，承诺 3 月 10 日前归还私自售卖车辆，同时，按照分行法律部审批通过的出质书和要求，将银行原有质押车所剩的车证齐全的全部纳入《同意出质书》范围，转为银行质押物；三是与监管公司协商，至开票敞口全部结清前派驻两人监管，提高查库及二网盘点频率，加大监督力度；四是要求广汽丰田厂家停止发车，必要时提前调剂。

经分行不懈努力，在各部门配合下，提前收回了 L 公司所有银票敞口资金。

点评：

有效经验如下：

（1）应控制经销商开票频率，密切监控汽车经销商保证金的回款情况。经销商一旦出现频繁开票且开票时间较短，而保证金回款不及时或回款率不达标，均可视作重要风险预警信号，该信号一旦出现应立即采取风险化解措施。

（2）出现风险信号时应分支联动，迅速行动。在发生风险预警信号后，分支行应高度重视，通力合作、有效联动，制订风险化解方案，有序开展授信风险化解工作。

（3）重视与厂家沟通，联合向企业施压。一方面根据情况决定是否要求厂家停止发车，另一方面积极寻求调剂销售等有效方法降低企业库存，实施切实可行的风险化解方案。

案例10

飞行检查三家经销商发现仓库少了129辆车

A、B、C三家汽车经销商为上海某分行汽车金融业务客户，分别主营“东风悦达”“北京现代”及“广汽丰田”系列品牌汽车零售。3户汽车经销商合计在分行办理银行承兑汇票余额7740万元。

根据银企业务合作协议，质押车辆存放于借款人4S店自有仓库内，合格证由分行保管，借款人在质押车辆销售前应及时将销售回笼款存入分行保证金账户，并申请释放对应车辆合格证。银行以此防范授信资金被企业体外循环、循环开票。为此，分行供应链贷后风险监控人员高度重视质押车辆挪用、合格证晚赎风险的监控。

某年11月18日，分行风险管理部门检查人员对A、B、C三家汽车经销商质押车辆销售情况进行实地“飞行检查”，逐一核对质押车辆的车架号。检查结果令人震惊，上述3户汽车经销商在分行授信票据项下质押合格证对应车辆应为273辆，而实际盘点发现，上述对应车辆仅为144辆，盘缺129辆，盘缺率达47.25%。截至11月21日，盘缺车辆中仍有96辆未向分行申请赎回合格证。

检查人员回行后立即通知分行供应链金融业务操作中心和放款中心，停止对上述3户汽车经销商的新放款业务，并督促经办支行立即调查整改，要求经销商立即回笼挪用的质押车辆销售款。

11月30日，A汽车经销商反馈称，盘缺车辆中部分存放于多家二级经销商处，且仓库分布较为分散。检查人员不轻信，而是果断决定立即抽查部分二级经销商，并电话核实未抽查部分。再次检查结果显示，存放于二级经销商处的银行质押车辆均已基本销售。

经银行对经销商的紧追不舍、揭露谎言、晓以利害，截至12月15日，上述3户汽车经销商挪用车辆的销售款均已全部回笼。

点评：

（1）有些汽车经销商内控能力弱，资金易被实际控制人抽调挪用，如遇年底生产商压货、库存压力较大、现金流趋紧易断裂，极易对银行授信资金带来巨大风险隐患，所以日常贷后查库制度尤为重要。

（2）有些银行业务经办机构“重贷轻管”，实地查库不仔细、不到位，少了许多辆车还不知道，暴露了风险防范意识薄弱等问题。上级管理部门必须加强管理，不可放任自流。

案例 11

合格证虽在监管中，但 33 辆车已被销售不在库中

上海某分行给予山东省 L 汽车销售有限公司 3530 万元上海大众汽车金融网络业务开票额度，由上汽大众承担调剂销售责任，并由银行认可的第三方物流监管公司驻店监管融资车辆及合格证，同时由企业最大股东即实际控制人提供连带责任保证。

某年 10 月 31 日某市举行车展，有 33 辆分行的车在车展上签署了购车订单，部分客户缴款后直接将车开走。11 月上旬，分行客户经理接到驻店监管员的电话，得知该 33 辆车（价值 411.7 万元）均未办理赎车手续，且销售款项没有及时回笼，出现合格证虽在监管之中，但车辆已不在库的状态。

获悉上述情况后，分行第一时间启动风险预警。

（1）联系 L 公司管理层，要求马上回笼所售 33 辆车的销售款（合格证监管中），同时停止对该公司的开票业务。

（2）联系第三方监管公司总部相关业务管理层，要求立即全面严格控制分行融资项下所有车辆（包括二级网点的车辆）。做到 L 公司如果要移动车辆（包括正常销售赎车等情况），都必须得到分行同意后方可操作。为此第三方物流监管公司的总部立即调派了 8 人入驻 L 公司（包括二级网点）实施实地监管措施。

（3）向上汽大众公司预警，了解 L 公司的实际经营情况，并请上汽大众停止对 L 公司的后续发车。冻结 L 公司的返利资金，以保证分行融资资金的及时回笼。同时申请提早启动调剂销售措施。

（4）客户经理前往 L 公司再次进行实地查库，并将二级网点车辆全部调回

4S店，将所有在库车辆纳入分行监管控制范围。

(5) 前往该市工商局办妥其他库存车辆抵押登记手续。

(6) 追加办妥借款人稳健经营的另一家关联企业长安福特4S店保证担保手续。

通过上汽大众对区域内经销商的相互调剂销售和L公司对库存车辆的促销努力，第二年1月16日，L公司的3530万元银票业务提前16天全部结清。

点评：

(1) 分支联动，迅速行动。发现预警信号后，支行高度重视，分行相关部门和异地分行全力配合，多渠道调查走访，完善质押手续，追加担保手续，有序开展回收工作，最终顺利化解了借款人的授信风险。

(2) 要加强与第三方监管机构的业务沟通，操作风险信号出现时及时预警并快速反应。本案例监管方虽然监管着车辆合格证，但在驻点监管模式下，汽车、仓库是由经销商控制，银行和监管方对汽车有效监管存在一定难度，发现问题容易滞后。

(3) 在汽车销量增速放缓的形势下，银行更应重视和提高汽车金融业务操作风险的控制能力，深入开展贷后检查，提高实地检查频率，关注经销商风险隐患。

案例12

经销商所属集团涉及民间借贷致银行收贷

北京某分行给予北京某汽车贸易有限责任公司3600万元授信额度，其中银行承兑汇票2600万元、流动资金贷款1000万元。由公司实际控制人和上级集团公司提供担保。

下半年，市场传出借款人所属集团涉及民间借贷、部分合作银行终止合作以及实际控制人从事高风险投资等负面信息。分行领导对此高度重视，信贷管理部迅速协同相关支行进行紧急检查和实地调查。经调查评估，借款人负面传闻已蔓延至各汽车厂商和金融机构，各厂商和银行均对其采取了不同程度的监控措施。面对较大的信誉风险，其还款能力迅速下降，分行1718万元敞口授信，尤其是1000万元流动资金贷款面临较大的风险。

针对调查结果，分行召开风险预警会议，对该客户整体风险状况进行分析判断，决定采取切实有效的措施化解风险，包括：提前收回1000万元流动资金贷款、暂停新的承兑业务，密切监控借款人在分行账户资金，防范其使用假汽车合格证抽逃资金等风险，尽快摸清其资产情况，掌握有价值的资产线索等。

会后支行行长亲自落实提前收回1000万元贷款工作，多次与借款人会谈督促其提前还款，分行风险主管和信贷管理部负责人也先后2次赴实地督促借款人落实还款资金。经过分、支行半年多的联动配合，第二年成功回收1000万元流动资金贷款，2600万元票款也得以结清。

案例13

借款人涉及民间借贷最终跑路

安徽Y汽车销售有限公司是合肥某分行授信客户，授信700万元，由H担保公司提供担保。在分行陆续开立银行承兑汇票，累计敞口700万元。

某日，客户经理在社会上了解到借款人涉及民间借贷信息后，立即报告分行制订了紧急回收预案，限制了该户在分行的大额资金转出，并每日走访该客户。

一周后，借款人店面被法院查封，法人代表跑路。分行立即按照合同约定要求担保企业H代偿。但H公司在发现Y汽车提供的反担保物汽车合格证是伪造的之后，已向公安机关报案，并以合同欺诈为由拒绝向分行代偿。

分行分析认为，担保公司拒绝代偿理由虽不一定成立，但刑事侦查的漫长过程必将影响本行资产质量。经研究决定采取以下措施：一是向法院提起诉讼，要求借款人和担保人承担责任；二是扣划担保公司在本行账上所有现金用于偿还借款人欠款；三是与担保公司股东某区政府交涉，要求其维护政府形象，履行担保责任；四是暂停担保公司一切业务，对于尚未到期的业务，要求借款人提供其他担保或提前还款；五是向各家银行通报该担保公司拒不代偿的行为。

经过分行的不懈努力，数次交涉，担保公司迫于各方压力，最终履行了担保义务。

点评：

（1）信息渠道十分重要。通过渠道提前了解借款人出现的险情，使银行得到充分的准备处置时间。否则公安机关介入调查后，将是一个漫长的等待时间。

（2）多元化风险化解措施。鉴于借款人没有还贷的可能，分行将清收重点定为担保人。尤其是分析担保人十分重视社会声誉对其业务的影响，以此入手，而非通过法律途径，击其软肋，化解了风险。

案例14

企业连环担保出现问题

苏州市A汽车销售服务有限公司在苏州某分行获批2000万元汽车金融网络业务额度，银票保证金比例20%，以90%汽车合格证质押，追加公司法人代表个人连带责任保证，东风本田汽车有限公司承担调剂销售责任。

某日晚，分行获悉苏州市B汽车服务有限公司有他行当天到期200万元贷款出现逾期。B公司在他行总贷款余额2300万元，其中500万元是由分行客户A公司担保。而B公司出现资金链断裂主要原因，是其对苏州市新城C汽车贸易有限公司的融资承担了830万元的连带责任保证。

分行立即对借款人A公司采取以下措施：立即停止开立银票；保全敞口所质押合格证对应的18辆整车；尽量说服A公司提前补足银票敞口；到A公司现场对抵押给本行的18辆车逐一盘查，确保18辆车均在库，状态完好；每天督促经销商回款。最终在2笔银票到期前，经销商把敞口补足。

点评：

（1）目前，很多企业采取相互担保的方式在银行取得授信，形成担保链。这种担保链非常脆弱，一旦其中一家企业出现问题，链条上的其他企业也会受到牵连。本案例中，A公司出现风险的信号就是由于其担保的企业发生风险。

（2）出现风险预警时，要立即采取行动。首先采取保全措施，保证授信敞口下相关抵（质）押品的安全。其次停止企业继续提款，防止风险扩大。

案例15

企业所担保的企业因破产被起诉

温州某分行给予温州A起亚汽车销售有限公司汽车金融三方专项授信2500万元，用于采购汽车，初始保证金20%，采取合格证监管的模式，由厂家按融资车辆采购价格90%承担回购责任，追加借款人大股东个人连带责任保证。

某年6月份，浙江B便利连锁有限公司破产，A公司作为该企业保证人被另一家银行起诉，涉及金额500万元。出现预警信息时，A公司在分行授信余额1725万元。分行立即联系经销商，评估事态影响，判断后续各家银行可能对企业授信进行压缩，造成企业资金链断裂。

鉴于以上情况，分行立即采取了以下措施：一是根据汽车金融担保方式和业务操作的特点，对该经销商质押库存再次进行实地盘点；二是通知汽车厂商给该经销商施压，要求其尽快消化库存以回笼资金；三是通过与经销商销售人员沟通，优先销售本行质押库存车辆。

在分行的全力催收和汽车厂商的压力下，业务逾期10天后，经销商结清全部欠款。而当日该公司在他行贷款2791万元逾期，银行承兑汇票垫款424.3万元，表内外欠息89.94万元。而企业在他行授信形成不良。

点评：

（1）要多渠道掌握客户风险信息。在本案例中，分行始终保持高度的风险敏感性，在风险排查中善于捕捉包括涉诉信息在内的各项风险信号，在发生风险预警之初就已全面掌握经销商动态，并据此制订有效的风险化解方案。

（2）要严格执行总行制度规定，充分利用产品优势。在汽车销量增速放缓的形势下，特别重视和提高汽车金融业务操作风险的控制能力，有效控制了车辆合格证，使得风险得到有效控制。

（3）要重视与厂家沟通，联合向企业施压。通过深入研究汽车金融业务相关协议，特别是对上游厂商和经销商协议和“关系”的深入解读，联合厂商施压，进一步加快了风险化解进度。

案例16

经销商投资失败涉诉账户被法院冻结

义乌市Z丰田汽车销售服务有限公司是武汉某分行一汽丰田汽车金融网络经销商。分行给予2000万元敞口银票额度，期限1年，保证金比例20%，由公司大股东胡某、吴某提供个人无限责任担保。

某年10月28日，Z公司因在义乌当地涉及司法诉讼，其在分行开立的保证金账户被义乌当地法院冻结资金300万元。此时该客户在分行银票余额3892.6万元，保证金存款2895.5万元，敞口997.1万元，银票最后到期日为12月

18日。

事件发生后，分行立即和一汽丰田公司相关人员一同赴义乌了解情况，得知此次司法纠纷主要是公司第二大股东吴某以原公司的名义在当地民间借贷进行房地产开发，但投资失败导致大量欠款所致（吴某原为Z公司实际控制人，后经股权变更，胡某为第一大股东）。公司现在的实际控制人胡某愿意配合分行解决问题。分行现场检查表明公司经营尚属正常。

鉴于Z公司涉及司法诉讼，分行决定暂停与其业务合作，并与一汽丰田公司相关人员商定实施调剂销售，将该公司未销售融资车辆调剂给义乌L丰田汽车销售服务有限公司，以确保分行信贷资金安全。其后分行又几次赴义乌协调办理调剂销售和股东洽谈等工作，最终事件得到了妥善解决，即12月7日，法院解除了冻结资金，同时调剂销售款全部回到分行，分行敞口全部填平。12月18日，Z公司全部银票到期结清。

点评：

对于民营企业授信、特别是异地汽车经销商授信，经办行在授信调查时不可忽视对其股东背景、经营历史的调查，尤其在民间借贷活跃的地区更应如此。调查时可派人实地前往，或借助当地已有合作的经销商、汽车厂家商务代表进行，尽量规避因选择客户不当带来的风险隐患。

案例17

汽车集团旗下7家4S店的库存车全部被法院查封

济南D汽车贸易服务有限公司是武汉某分行北京现代汽车金融网络授信客户，是济南D汽车集团下属的全资子公司。分行给予该公司2000万元银票敞口额度，三方模式，期限1年，保证金比例不低于10%，第三方监管单位是中信信通监管公司。截至10月8日，该公司在分行银票敞口1570万元，库存车95台，价值1182万元。

该公司与分行开展业务以来，日常操作比较规范，未发现有异常情况，同时中信信通监管公司每日报出的销售未回款名单中也没有该客户。

某年国庆假期期间，监管员因放假而未查库，节后第一天发现80台车销售未回款，并且在当天，济南市市中区法院将该集团旗下7家4S店的库存车全部查封。

事件发生后，客户经理迅即向部门领导报告有关情况，向信贷管理部提供书面说明，分行相关部门共同参与并启动风险预警，同时以最快时间与厂家联系。部门领导带队，客户经理、厂家领导和区域经理一起赶到济南，与该公司实际控制人会谈。经了解，济南D北京现代4S店经营正常，销售未回款的主要原因是资金被集团抽调挪用。为偿还银行到期贷款，集团从民间短期高息借贷。但由于银行信贷政策紧缩，集团偿还贷款后无法获得续贷，导致资金紧张，直至被民间债权人起诉，由此法院查封库存商品车。

了解有关情况后，分行相关部门会同厂家一起，迅速研究制订了方案，并采取了以下措施：

一是通知北京现代厂家，将已发出在途的车辆紧急撤回厂家，同时冻结该公司提车账户和配件账户，确保一部分资金安全。

二是迅速前往法院，同相关执行庭负责人面谈，经过协商法院同意查封车辆在实现销售后，可以凭销售发票、缴款记录及银行还款证明，解除对已售车辆的查封。

三是在厂家配合下，和周边一家同样在分行融资的经销商达成协议，将济南D公司在库的59台车，按扣除利润和任务返利之后的成本价，调剂至该经销商销售，该经销商直接将车款回款至济南D公司回款账户。

四是了解到D公司的债主之一，某担保公司已迫使其签订经营权转让协议后，在北京现代厂家的积极配合下，经过艰苦谈判，最终四方达成初步协议：由担保公司归还销售未还款的风险敞口部分，之后D集团和D北京现代4S店配合其完成经营权转让及重新授权事宜。

五是充分利用分行掌握所有合格证的这张牌，利用厂家、4S店和担保公司所面临压力不同的特点，引导消费者向4S店、担保公司以及厂家施压。

最终担保公司还清了所有敞口部分。至此，济南D公司风险事件在前后短短一个月左右时间内，比银票到期日提前一个月时间圆满解决。

点评：

（1）行动早、动作快、方案细。从风险发生到圆满解决只用一个月左右的时间，各部门密切配合，解决方案思路清晰，环环相扣，没有拖泥带水、相互推诿，保证了事情顺利解决。

（2）总、分行之间，各分行之间应该加强对授信客户风险预警信号的相互传递，防止客户在一个区域发生问题并隐瞒风险后，跨区到另一家分行继续获取授信。

案例18

主动退出问题汽车经销商11户及压缩开票2.24亿元

在日常贷后管理中，广州某分行根据总行的相关管理办法并结合不同网络业务的风险特点，利用自行研发的“汽车金融业务管理系统”，科学地规范了对客户日常开票频率、保证金均衡回款以及均衡赎证的监控及管理措施。重点做好以下几方面工作：

(1) 加强与监管公司的紧密合作和信息沟通，要求监管公司每周出具《物流周报》，报告经销商进、销、存情况和日常经营情况。

(2) 后台人员每周统计超过7天未赎证或未开票的客户名单，对开票、回款、库存出现异常情况的客户中止开票。

(3) 加大实地核库的频率，每年由信贷管理部、风险管理部、公司银行部、业务主办行、协办行组成联合检查组，对汽车金融业务进行系统的、全面的现场检查，检查面覆盖所有汽车融资业务，实地考察经销商的经营情况和市场环境，根据检查情况及时调整客户授信策略、完善业务操作、堵塞风险漏洞。

通过上述有效的风险监控措施，分行主动退出了多户出现风险预警信号的汽车经销商授信业务，其中：

(1) 因库存超本行规定上限，销售情况不理想，退出2户，敞口合计5400万元。

(2) 因未能按本行要求均匀回款，退出1户，敞口3000万元。

(3) 因客户融资规模偏大，存在资金链断裂风险，退出1户，敞口2000万元。

(4) 因发现客户存在挪用他行贷款的情况，退出1户，敞口2000万元。

点评：

面对激烈的市场竞争，有些银行在汽车金融业务中，大量推出“以证换证”“免保证金”等多项优惠措施，虽然靠降低风控条件抢占了部分市场份额，但在严酷的市场环境下已暴露出风险，甚至出现了不良。

而本案例中的分行始终坚持严谨稳健的风险管理态度，追求“滤掉风险的效益”，不轻易放过任何风险预警信息。对于出现风险预警信号的客户，即使其仍具备偿还能力，也要慎重考虑与其继续合作的风险和收益是否匹配。在风险难以把握的情况下，立即采取退出措施，在最佳的时机收回贷款。

（五）化解贸易融资风险

风险提示：对于贸易公司（无论是国内还是国际的）的授后管理，在检查中都应注意以下问题：销售量是否在下降？库存是否在增加？商品质量是否有问题？销售回款是否及时？是否存在贸易纠纷？进出口企业是否存在汇率变动风险？企业经营决策是否正确？企业提供的发票真实性如何？

案例 1

纺织品公司出现销售规模下降和延期交单等异常情况

江苏某纺织品有限公司是一家以纺织品外贸加工为主营业务的中小型企业，南京某分行给予 1000 万元综合授信额度，由泰州市 H 置业有限公司土地使用权及商业用房提供抵押担保，并追加实际控制人、财务负责人连带责任保证。公司在分行银票余额 4400 万元，敞口余额 1000 万元。

随着企业经营受全球金融危机影响，分行在日常与企业接触过程中以及贷款管理过程中发现企业经营出现异常情况，具体表现为以下三个方面：

一是企业销售规模较去年同期下降较多，应收账款增长较快，达到 2500 多万元人民币，资金周转效率差；二是企业在分行国际结算量较以往有大幅下降，且合同交单存在拖延现象，清偿部分合同项下的借款不是靠出口回笼资金，而是依赖借入外部资金；三是企业管理层非理性占用企业流动资产，购置不必要的高档消耗品，且存在涉足房地产行业的情况。

针对以上风险状况，分行领导班子高度重视此事，由分行长亲自挂帅，相关部门多方联动，采取内紧外松的策略，制订了合理的清收计划，最终顺利化解风险，成功退出该客户。

案例 2

企业囤积铬矿库存造成大额亏损

S 物资有限公司是一家经营铬矿、焦炭、镍矿、钢材等原料的国内贸易企业。杭州某分行给予授信敞口 920 万元，担保方式为个人住宅及写字楼抵押。

经办行贷后管理过程中，通过上、下游市场调查、现场检查、客户访谈等方式，发现企业经营存在以下问题：一是主营产品铬价格波动大，企业惜售、囤积库存造成大额亏损；二是企业对外投资占用大量资金并涉及民间借贷，资金链存在断裂可能。

当时S公司在分行融资敞口730万元。客户经理在贷款到期前半个月对企业进行催收，充分考虑企业到期无力偿还的可能，拟定两套应急方案，做足了准备工作。

12月14日，经办行连夜联系企业法定代表人进行协商，约定了还款计划，但次日被告知未能如期筹得款项。经办行判断借款人还款意愿较差，立即实施第二方案，火速赶赴抵押担保人处积极沟通协商，要求筹款代偿，否则银行将付诸法律处置抵押物。

抵押人考虑到拍卖抵押物的不良后果，至12月23日，两位抵押人分别筹措资金代偿了借款人730万元授信敞口，分行信贷风险得以控制。而S公司在他行贷款已出现欠息，企业资金风险凸现。

点评：

（1）高度关注企业主营产品的市场风险，不能掉以轻心，通过及时调整抵押物强化担保措施。

（2）风险凸现时判断果断，在借款人无力还贷的情况下，及时启动第二应急方案，与抵押人进行沟通和劝说，最终达到代偿的目的。

（3）领导高度重视，客户经理措施得力。支行行长每天听取汇报和落实化解工作，客户经理通过每天坚持到抵押人家中接送其上下班，加大了抵押人的压力，最终落实代偿方案。

案例3

粮贸公司购买的1.2万吨玉米因北方强降雨发生霉变

深圳市A粮食贸易有限公司主要从事玉米贸易，某分行给予8000万元开票额度，期限一年，专项用于向北镇市B粮食购销有限公司采购玉米，保证金30%，公司实际控制人提供连带保证。货到海星港后由C公司对货物监管，同时以提货单质押，质押率不超过70%。B公司承担开票后4个月内发货的责任，A公司在开票后4个月内以保证金赎货。

额度快到期前，A公司出现了两个重大预警信号：一是由于北方强降雨，从B公司发出的约1.2万吨玉米发生霉变，且未到分行指定港口。二是因其实际控制人家属涉案，A公司在分行的保证金账号被法院冻结900万元。由此A公司经营出现实际损失，周转资金极为紧张。

经办支行及时向分行书面反映了上述预警情况，分行立即召开紧急协调会，研究并采取了以下措施：

一是立即停止对A公司授信。要求A公司出具还款计划承诺书，承诺按进度回款保证金，如未回款分行可宣布贷款提前到期。

二是向B公司发送《履约通知函》，要求及时发货并承担相关履约责任。

三是法律保全部门做好准备，如果A公司未及时回款，随时准备前往B公司查封其仓库，主张要求其垫款的权利。

四是及时掌握了A公司下游未收款项情况，每周与实际控制人会谈，实时把握付款来源。

经历时两个月的紧张工作，A公司分四次回款，分行银行承兑汇票均逐笔正常解付结清。

案例4

出口农用塑料编织袋出现质量问题导致国外退货

宁波A国际贸易有限公司、B塑料制品有限公司为同一控制人关联企业。以生产销售农用塑料编织袋为主，产品大部分出口至欧美及南美地区。与宁波某分行建立合作关系，综合授信650万美元，专项用于出口信用保险项下的出口押汇，追加两家企业实际控制人夫妇个人连带责任保证。

授信半年后，企业开始出现收汇延迟、押汇逾期等情况。分行会同经办支行多次到企业实地了解，发现原因是两家企业因出口业务量增长过快，将部分生产外包，而外包产品的质量问题是引起国外客户退货的主因，导致企业收汇资金未能按时到账，造成押汇逾期。

分行召开专题风险分析例会，考虑到出口信保项下的出口押汇业务因产品质量问题较难获得保险理赔，但企业负责人仍有积极还款意愿。为了不影响企业在他行的融资能力，决定对两企业采取“押一笔收两笔”逐步地退出方案。经过分支行上下齐心努力，一次次到企业实地鼓励和劝说企业负责人，将一笔笔到款回收。随着最后1笔292万元人民币的入账，两家企业授信敞口最终全部结清，并成功退出。

点评：

虽然出口信用保险项下的出口押汇业务在银行风险资产考核方面属于零风险资产占用业务，但也会发生保险公司免赔和拒赔的情况。因此，在实际业务操作中，对客户准入和贸易背景要求也不能放松，且在授后发现问题时也要迅速处置。

案例5

钢材经销商回款困难垫款严重现金流紧张

重庆市D经贸发展有限公司系一家从事建材批发的商贸企业。重庆某分行于2010年11月向其发放500万元流动资金贷款，期限1年，主要用于向钢厂购买钢材。以借款人自有商业用房抵押，抵押物评估价1258万元，抵押率39.74%。

2011年二季度以后，钢材市场价格逐渐下滑，市场未来走势不明，加之国家对政府融资平台贷款的清理，一些基建项目出现资金短缺、支付困难等情况，进而对该公司造成回款困难、垫款严重、现金流紧张。而且借款人的企业规模较小，抗风险能力较弱，经营风险凸现。

对此支行领导高度重视，与业务部门进行研究，拟提前收回该笔贷款。同时，经办客户经理与企业进行了适时的沟通，以取得公司的理解和支持。在该公司收到一笔货款后，提前足额归还银行贷款，潜在风险得以化解。

案例6

保税区国贸公司因涉诉被法院冻结5000万元

天津港保税区H国际贸易有限公司具有丰富的贸易经验和众多的国内外优良客户。天津某分行给予1.2亿元综合授信额度（流动资金贷款和开立承兑汇票），期限1年，用于经营国内煤炭贸易，担保方式以第三方房地产抵押。

放款四个月后，山东省高院根据诉讼财产保全《裁定书》，以贸易合同纠纷为由，将该客户在分行的账户冻结金额5000万元。

在企业出现上述预警信息后，分行第一时间开会，采取细致、有效的化解风险措施。

（1）要求客户提前将本季度的贷款利息划入银行中间账户，保障利息收入。

（2）要求客户经理实时掌握与案件有关的材料，向企业负责人和其委托律师随时了解案件情况的进展，密切关注案件的后续审理进程，探察对方及其委托律师与分行合作的态度。

（3）搜集企业近期业务合同（包括与下游客户签订的硫磺买卖合同）、目前业务量、财务报表、相关法律文书等。

经过分、支行多方面的工作努力，借款人通过中间账户办理了提前还款，贷款本息全部结清。

案例7

借款人产生贸易纠纷致合同履行停滞

张家港保税区A贸易有限公司主要从事纺织原料、纺织品、纺织面料的购销，经营方式上以代理经销为主。苏州某分行向其发放流动资金贷款550万元，期限1年，由江苏B投资担保有限公司提供保证担保。

放款一个月后，经办支行贷后检查发现，企业贷款资金流向并未按照借款合同约定对象支付，贸易合同履行处于停滞状态，当即引起支行客户经理警觉，并向行长室汇报。按照行长室指示，支行立即召开信贷会议，拟订化解方案。同时将该信息告知担保单位，要求其加强保后管理，共同关注借款人的授信风险。

春节过后，企业经营仍无好转，贸易合同依然无法履行。支行通过多方了解，借款人已与贸易对手发生纠纷并遭对方起诉。支行要求客户经理每周至少一次催促借款人提前归还贷款，并及时与江苏B担保公司保持联系。

经过近半年时间对借款人的反复施压，借款人始终无法偿还贷款。为此支行向借款人和担保人发出了《要求提前偿还银行贷款的函》并宣布该笔贷款提前到期。在分行多方坚持不懈的努力下，担保公司最终代偿了借款人的550万元贷款。

点评：

（1）重视对借款人的风险预警工作，在出现预警信号时，提前采取措施，主动出击。

(2) 重视与担保公司的良好合作。该笔贷款能够成功化解，担保公司的代偿起到了至关重要的作用，对小企业授信依托有实力的专业担保公司担保，对风险缓释能起到非常有效的作用。

案例8

受理以外币计价的备证担保要防止人民币升值风险

广东省台山市A织业有限公司及B制衣有限公司均为外商独资企业，实际控制人为同一人，与广州某甲分行有贷款业务合作。2008年年底，借款人受国际金融危机、人民币对港元升值较大以及自身投资失误的影响，经营状况急转直下，主营业务收入萎缩，营运资金紧张，甲分行为此于2009年考虑退出该公司。

经与香港乙商业银行协商，甲行同意在乙行为借款人开出6200万港元备用信用证担保的情况下，在短期内为借款人办理5300万元的贷款重组。重组后，甲行发现借款人经营情况每况愈下，多次拖欠贷款利息，甚至因人民币对港元的升值令乙行的备用信用证金额不足以覆盖本行的人民币贷款本金。

为此，甲行多次催促借款人尽快偿还到期贷款本息，但借款人仅出具书面文件表示无力偿还。根据当时的港元兑人民币汇率，乙行开出的6200万港元备用信用证仅折人民币5257万元，无法全额覆盖5273万元贷款本金及35.3万元欠息。

为此，甲行决定不再给予借款人宽限期，直接向乙行索偿，以避免损失进一步扩大，主要采取了以下措施：

一是要求乙行增加备用信用证担保金额，最终获得新增金额152万港元，同时通过择期远期结汇方式锁定了结汇汇率，最终于2011年1月份收回全部本息。

二是积极与外管局沟通，协助借款人办理外债登记和结汇手续。于5月6日收到广东外管局同意索偿款结汇的批复，5月9日办理结汇，成功保全了信贷资产的安全。

点评：

在本次业务从索偿到办理结汇还贷的全过程期间，甲行需面对汇率波动风险。化解风险的启示主要有：

（1）应尽量要求境外担保（备用信用证）以人民币计价，以规避汇率波动风险。如采用外币计价，应在收到赔付款当天提交远期结汇交易，锁定外汇风险。

（2）对资产规模较小，或经营状况不理想的客户，应尽量要求该客户先办妥相关外债登记，以缩短从索偿到结汇的时间。

案例 9

外贸企业股东在国外投资铅锌项目面临重大风险

厦门某分行给予厦门 A 进出口贸易有限公司综合授信额度 2000 万元，期限一年，专项用于开立国内信用证，20%保证金，国内信用证受益人限制为厦门 B 抽纱进出口贸易有限公司。由公司主要股东及关联企业厦门 C 运通进出口有限公司承担连带保证担保，并追加厦门 B 抽纱进出口有限公司保证担保。

分行贷后管理了解到，企业股东和港商在尼日利亚共同投资约 1 亿元的铅锌矿发生纠纷，投资可能面临重大风险；进口的部分铅精矿品位可能与合同相差较多，特别是硫含量很高，市场接受度不好，价格低；非洲周边局势近年来持续动荡，投资环境恶化。同时，根据日常监控及结算部门反馈，该企业在分行单笔业务到期时，还款资金到账很晚，出现无法提前筹备还款资金现象。

以上风险预警显示该企业经营出现重大风险隐患，资金链较为紧张，且授信为贸易公司保证担保，第二还款来源能力较弱。意识到这些特殊预警后，分行采取“内紧外松”策略，密切监控企业的资金往来情况、单笔到期前的到账情况。在最后一笔国内信用证到期结清后，不再续做授信，实现成功退出。

案例 10

公司始终无法提供相应增值税发票

福州某分行给予泉州市 A 服饰有限公司综合授信额度 1400 万元，期限 1 年，用于办理银行承兑汇票，50%保证金，其中：400 万元额度由晋江市 B 制衣厂提供工业房地产作抵押，1000 万元额度由 C 担保有限公司提供连带责任保证，并追加A公司实际控制人个人连带责任保证。

贷后支行要求该公司提供增值税发票。公司回复收款方发票尚未开出，暂时无法提供。经屡次催促，该公司始终无法提供相应增值税发票，支行及时向上级分行领导报告。

分行领导高度重视，多次组织人员走访企业，并通过侧面了解企业经营情况，证实该公司贸易背景不真实。分行立即将该公司列入黑名单，停止其开票业务，同时将该公司列入授信客户退出计划，要求支行整改退出该客户。通过分支行客户经理的积极配合，密切跟踪企业，督促企业提前落实资金。在该公司按时归还最后一笔银行承兑汇票敞口后，顺利结清授信业务。

点评：

（1）领导重视，组织到位，退出决心坚决是成功回收风险贷款的关键。

（2）业务机构在票据承兑或贴现前，应对贸易背景真实性和企业生产经营、财务状况进行深入调查，确保票据业务贸易背景真实。

（3）业务机构应严格按照监管要求，在银行承兑汇票开出后2个月内，及时向企业收集相应的增值税发票等税务发票。对于未能在规定时间内提供发票的客户，应督促其尽快补齐。对超过规定时间未能提供发票的客户，应严禁继续开票，果断退出。

案例11

保兑仓模式中的税票归集严重滞后

天津某分行给予A贸易有限公司8000万元银票敞口额度，参照保兑仓模式操作，保兑方为天津市B制钢有限公司。

半年后，分行贷后管理人员发现该公司半年来在本行累计出票1.62亿元，但仅归集了4100余万元增值税票，其余部分迟迟未见进展。彼时A公司在分行银票余额为1.02亿元。

此前，分行贷后管理人员已发现A公司税票归集严重滞后，并多次要求经办客户经理调查情况，但均解释为厂商发票尚未开齐。鉴于此，支行行长亲自约见了A公司实际控制人，了解到由于市场价格的原因，下半年A公司已很少从B公司购货，反而主要是为其提供原材料，双方真实的贸易背景与银行银票支付方向相反。除已归集增值税票的部分，银行保兑仓项下的银票无真实贸易背景支撑。

对此，分行分析认为，A 公司自身情况尚好，但双方的商品交易行为不能支撑保兑仓业务模式，于是确定了“暂停出票、分期归集保证金、稳步退出”的方案。同时，分行审批部门对保兑仓模式操作的贸易背景从严审核，退回了部分经销商类似的授信申请，从源头防范利用保兑仓业务套取信用的风险。随着 A 公司最后一笔银票 2570 万元按时结清，分行平稳退出该客户。

该案例启示我们，贷后管理人员需要持续不间断的跟踪，以通过细节发掘实际情况，了解客户，洞察风险。

案例 12

发现客户提供的是假发票

广西 J 置业公司主营业务包括钢材、白糖、水泥及煤等矿产品的批发业务及房地产开发。某年 2 月至 7 月，南宁某分行向其发放流贷 1000 万元，签发银行承兑汇票 4600 万元，用于向非关联方支付采购钢材及白糖款项，以自有土地抵押。

分行在 8 月份开票业务风险排查中发现，当年 1 月至 5 月，分行为公司签发银行承兑汇票 5060 万元，企业只提供了 258 张金额 2494 万元发票复印件，其余发票均未提供，且发票均系已停用的旧版普通发票，发票票面的开票单位与南宁市税务局系统中的实际购票单位不符。表明公司提供的发票均为假发票，银票无真实贸易背景。

分行在掌握上述情况后立即召开风险分析会，确定该公司有违法违规行为，涉嫌挪用银行信贷资金投向房地产开发，存在高风险，必须强力清收。为此，分行采取了以下措施：一是立即成立整改工作小组，制订了详细的收回方案，并切实落实清收工作，责任到人；二是停止企业提用额度；三是采取“态度坚决、施以重压、迫其还款”的催收策略，多次派专人上门向公司发送还款提示函，明确表示分行将采取多种清收措施，要求企业限期结清授信业务。

整改工作小组人员在清收过程中，多次上门与公司高管人员沟通，详尽阐述本行的立场和措施，清楚告知企业违法后果，如不归还将承担“骗取贷款罪”的刑事责任。公司高管人员因此产生了极大的心理压力，积极配合结清授信业务，最后如期归还 5600 万元。

案例13

多张税票密码区一致明显系假票

天津某分行为天津市A有限公司签发银票2000万元，保证金比例50%，由天津B投资担保有限责任公司、公司实际控制人提供连带责任保证担保。银票开出后经办支行收集了增值税票。

分行贷后管理人员阅卷过程中，发现开立银票后收集的税票多张密码区一致，明显系假票；同时对审批资料重新阅卷时发现，该客户在审批过程中提供用以证明其贸易背景真实性的增值税发票均系伪造或变造，贸易背景的真实性存疑。

鉴于上述情况，分行信贷管理部立即与支行进行沟通，要求支行对上述问题做出解释，并对已开出银票的资金去向进行追踪调查，同时将此情况向主管行领导汇报。经过分析认为，该客户自身经营情况一般，且其实际控制人名下企业众多，关联交易频繁，资金监管难度较大，信贷资金被挪用的风险较大。分行最终确定了“暂停出票、尽早退出”的风险化解方案。经与客户多次沟通，客户提前一月归齐保证金，风险敞口全额覆盖。

点评：

该案例启示我们，对于在审批环节有疑虑的客户应是贷后需要重点关注的客户。贷后管理人员应与审查审批人员沟通，提高贷后管理的针对性，同时需提高自身业务能力，善于从细节追根溯源和发现问题。

案例14

在税务局网页上查不到企业提供的发票信息

深圳某分行给予广东某建设（集团）股份有限公司综合授信额度4000万元，以其股东名下写字楼抵押，追加申请人大股东个人连带责任保证担保。

分行信贷管理部在配合深圳银监局对授信业务开展全面检查中发现，该公司所提供的“深圳增值税普通发票”，在广东省国家税务局网上办税大厅和深圳市国家税务局网站上查询结果显示为：“税务登记号有误”“该发票为非法领购发票”“对不起，您所查的纳税人没有领购过以下发票”。

发现该问题后，根据银监局的检查意见，分行信贷管理部及时下达了整改通知书，要求企业限期出具税务部门对其增值税发票验证为真的证明或提前归还贷款。在分行的重视和督促下，经办支行经多次与公司协商，借款人最终提前归还贷款资金。

第五章　不良清收化解风险

在清收保全方面，要牢固树立“向不良资产要效益”的思想，保持清收队伍的良好战斗力，扎扎实实推进各项清收工作。每个清收项目的回收、每个经济纠纷案件的胜诉，都凝聚着清收人员的心血和汗水，同时也体现了清收人员在困难面前的智慧和技能。

第一节　全力以赴清收不良贷款

一、清收不良贷款的经验

正常贷款最终演变成坏账往往会经历一系列过程，而在各个阶段贷款的损失比例各不相同。银行清收人员如果能够抓住时机，在每个阶段都有机会控制和降低不良贷款的比例。越早发现问题并采取措施，银行贷款遭受的损失就会越小。

为总结清收经验，进一步探索新的清收途径和方法，本章中将许多典型案例提供给大家。这些典型案例从不同侧面反映出不良资产清收过程中的艰辛和曲折，以及银行广大清收人员不畏艰险、迎难而上的拼搏精神。更为重要的是这些典型案例是经办人员结合清收实际工作，化解风险的经验与心得。通过案例分析不仅可以揭示授信风险隐患、提出风险控制措施，还为提升清收工作水平提供有益的经验。

能够成功回收不良贷款的经验包括：

（1）要鼓励一线部门和客户经理在发现问题的第一时间上报，以使上级能争取时间研究和采取措施，不要让一线部门因害怕而压报、瞒报。

（2）在发现有风险苗头的前期，要尽可能地从多方面了解情况，对风险程度做出判断。

（3）设计轻重缓急、压力不同的清收方案，选择后加以实施，法律保全部门要提前介入。

（4）领导要随时召集有关部门会议，研究不断出现的新问题和新情况，调整清收方向和措施。

(5) 风险当前先不要忙于内部的责任追究，而是要调动各方面力量和积极性化解风险，待解决问题后再分析原因和认定责任。

(6) 贷款回收后对有功部门和人员要通报表扬，总结经验、吸取教训，正向激励清收的积极性。

对已划分为不良的贷款，要由业务部门划转给有专业经验的法律保全部负责清收。对于清收保全工作，一方面要做最坏的准备，另一方面要做最大的努力。多准备几种方案，争取最好的结果。

进入要谨慎，退出要坚决。

贷款能否退出来，风险能否化解，往往在于一念之差，一夜之差，一步之差。

——专家经验

二、对付不同类型欠款客户的方法

银行人员在催收贷款时，能看到不同客户嬉笑怒骂、不同神态的脸面，从中体味到世态炎凉、人间百态的各种滋味。欠款人面对到期的银行贷款，心态复杂、变化不定，行为也是五花八门、无奇不有。客户经理应掌握不同类型客户的状态，施以有效措施清收贷款本息。

(1) 犹豫不决型。有的客户到还款期时，所表现出来的行为是犹豫不决、举棋不定，认为还款吃亏，唯恐还款后再借不出来钱，存在暂时拒绝和拖延还款的心态。这样的客户主要是心理上的原因，客户经理应通过摆事实讲道理，打消其顾虑，督促其正常还款。

(2) 拖延不还型。有的客户当遇到客户经理上门催讨贷款时，迎笑脸、说好话，也拍胸脯保证还款，也可以写还款计划书，但过了几个月还是没动静。对于这样“千年死赖、万年不还”的客户，客户经理不能老听他讲故事，必须暗中摸清他的家底，采取措施强制收款。

(3) 自以为是型。有的客户态度傲慢，居高临下，甚至对客户经理表现出无理言行，他们或者认为钱在谁手上谁就是大爷，或者认为后台硬关系深，或者以客大欺店心态自居。对于这样的客户，客户经理应该以柔克刚，可多说些赞美感激的奉承话，或讨教成功经营的秘诀，拉近距离后再提及还款问题。还可找些他的上级和朋友劝说他还款。

（4）不断诉苦型。有的客户一见客户经理上门催款就诉苦，既是对自己生意的抱怨，又希望获得你的同情。对于这样的客户，客户经理也要诉苦，唤起同情心，督促其尽快采取还款措施。

（5）讨价还价型。有的客户在银行的坚持下，同意还款了，但还要在免除罚息、免除复利，甚至免除正常利息和本金问题上讨价还价。对于这样的客户，客户经理报银行同意后可以适当让步，但是要有底线，坚持本金和利息的回收。

放债如施，收债如捡。

放账如舍账，讨账如修仙。

放账如失脱，讨账如撮得。

——古语

三、清收不良贷款三十招

在不良贷款清收时，要全面分析借款人各种影响因素，从中找出有利因素和不利因素，有的放矢地采取有效措施以达到目的。以下清收不良贷款的招法，供实践中参考采用。

（1）主动出击法。主动出击法是指客户经理应主动深入到借款人经营场所了解情况，催收贷款的方法。客户经理应经常深入到自己管辖的客户中研究实际问题。将客户群体分类排队，在“好、中、差”的类别中突出重点开展工作，本着“先易后难、先好后差、先小额后大额、先近程后远程、先重点后一般”的工作思路，寻找切入点。坚定信心，反复多次地开展工作，并在所到之处一定要签发催收通知书和办理相关合法手续，以达到管理贷款、提高质量、收回不良的目的。

（2）感情投入法。对于出现不良贷款的客户，不要一概责备或训斥，不要使用强硬语言，激化矛盾，以依法起诉相威胁。而首先应以一份同情心，倾听对方诉说苦衷与艰辛、困难与挫折。站在借款人的观点，换位思考，分析问题，查找根源，寻找出路，使自己的观点与客户相融合，以获得其同情，被对方所接受，在工作交往中融入感情，建立友谊。在此基础上，引导对方适应自己的工作观点，即清收不良贷款的观点，入情入理地细说不良贷款给借款人带来的不利影响，这些影响会使借款人诚信遭到破坏、形象受到损失、朋友之路越走越窄、经营困难越来越多。如能及时归还贷款，既能表现实力，又能申请再借；既是遵守合同，又是信守承诺，使信用度得到提高。信用度的提高，就是自己的无形资产。通过有利因素和不利因素的分析使借款人产生同情与理解，以达到自己工作的目的。

（3）参与核算法。贷款管理人员与客户的工作关系，应当是合作的、友好的、知心的。应当经常深入到客户中去，掌握客户的经营状况，帮助客户客观分析经营中出现的问题，找出问题的主要原因，使客户能欣然接受，进而参与到经营核算中去。通过真实的会计账目做出进一步研究，提出增收节支的具体措施，提高客户盈利水平，降低客户的经营成本。并关心客户的措施落实情况，力争取得成效，促进不良贷款的收回。

（4）帮助讨债法。客户在经营中大多存在应收账款不能按时收回而且数额越积累越大的现象。面对这种现实，客户经理应当准确掌握应收账款的笔数、金额、拖欠时间及对方的基本情况。深入分析、仔细研究，将应收账款按易难程度，先后顺序分类排队，按先易后难的基本思路，亲自参与和帮助客户去清理应收账款。清收成果以归还不良贷款为先，或部分归还贷款，部分用于经营，而后对客户应继续提供帮助，不能放手不管。

（5）出谋划策法。面对不良贷款，客户经理不能就事论事，而要由表层深入里层，由浅入深，寻找切入点，有针对性地帮客户出谋划策。要多支着儿，支实招，帮助客户弥补管理上的漏洞与不足，调整经营方向上的偏离，找到畅通的市场信息渠道，介绍一些相关的法律知识以及防止上当受骗的技巧等。通过为客户出谋划策，力求扭转其经营中的困难局面，使不良贷款尽早收回。

（6）资金启动法。对不良贷款要进行深入实际的调查和认真仔细的分析，从中找出症结的根源，以便对症下药。当认定借款人属于人品好、肯吃苦、具有一定的经营能力和管理能力，只因某种外部自然灾害原因影响了按期归还贷款本息，在这种情况下，不仅不能催要贷款，还应立即采取资金启动法，向受灾受损严重户提供一定数额的贷款支持，使其精神上受到鼓舞、经营上得到帮助。通过尽快恢复生产，走出困境，进入常规营运轨道。待时机成熟时，逐步收回不良贷款。

（7）借助关系法。对借款人的配偶、儿女、亲属、朋友要进行详细的调查了解，从中选择出有重要影响力的人物，请其单独与借款人谈还款问题和利弊分析，劝其归还贷款，也可以共同与借款人讨论还款的可行方法。

（8）请人调解法。在拒绝归还贷款和即将依法起诉的矛盾相持中，不急于采取依法起诉的方法，而应当拓展新的思路，寻找新的方法。可请政府领导、司法干部等作为第三方以中间立场出现，帮助分析利弊，拉近双方距离，化解矛盾，进行有效调解，使借款人在依法诉讼前归还贷款。

（9）多方参与法。要深入研究借款人的薄弱环节。如借款人很好脸面，千方百计掩饰自己，生怕自己欠款的事外露，影响形象和生意。在多次工作无效的情况下，应考虑动员亲朋好友、同学、同事、上级领导多人一同参与工作，"你一言我一语"，发起攻势，促使贷款归还。

（10）群体进攻法。客户经理一个人的能力和智慧是有限的，但应尽职尽责。面对难点，应当考虑多名客户经理共同参与工作，深入研究，认真分析，寻找突破口，选择出最佳时机，发起群体进攻，一气呵成，不可间断，直至取得成果。

（11）人员交换法。总是一副面孔、一个套路，难免使个别借款人习以为常，不按期归还贷款本息。此时应考虑人员交换或针对某一问题，选择得力人员专题提供帮助。

（12）领导出面法。每项具体工作都由领导去做，那是不可能的。但在现实中，确有很多工作出现困难，不好推进时，领导一出面就真的解决了，清收不良贷款也是如此。

（13）组织干预法。有些借款企业的领导，不仅是党员干部，还有很多头衔，如：政协委员、人大代表、优秀企业家等。对借款人的上级组织和授予其头衔的有关部门发出信函，告之不良贷款事由和归还贷款要求，请求组织出面干预，必要时应派人员前往商谈，以求问题的解决。

（14）信息捕捉法。对于借款人的经济往来信息、产品销售信息、应收账款信息、资产处置信息等必须高度重视，密切关注，发现有利因素，立即采取措施。如一旦发现银行有进账款项，立即展开工作或依法冻结账户。

（15）刚柔相济法。面对不同脾气秉性的借款人，应当采取各自不同的方法。有吃软不吃硬的、有吃硬不吃软的，这就需要在实践中体会摸索。避其强，攻其弱，采用刚柔相济法，或先柔后刚或先刚后柔。论情、论理、论法层层深入，使借款人先从观念上转变，愿意归还贷款，然后再进一步开展工作。

（16）"黑白脸"法。"黑白脸"是由甲乙客户经理各自扮演不同角色开展清收工作。"黑脸"以强硬的姿态出现，清查账目、盘点资产，对借款人公开阐明观点，拟将主要资产设备采取拆卸、封存、扣押、拍卖、冻结等手段进行处置。

而“白脸”则应在“黑脸”与借款人之间协调周旋，时而以温和姿态劝说借款人归还贷款避免事态严重，时而与“黑脸”协商给借款人宽限几天时间。最后与借款人商定出还款时间和还款金额，继而进一步配合清收。

（17）分担法。如果借款人因体弱多病，劳动能力降低，或意外伤害致残致使贷款形成不良，而且贷款额不是很大，在这种背景下，应细心研究其儿女亲属分担还款问题。或平均分担或不平均分担，达到一致意见，各自分担贷款的偿还义务。

（18）转让法。经营项目如果已经上马，设备已安装调试或进入生产状态，但因某种事先未预测到的因素，导致生产无法连续进行或生产产品越多亏损越多，或主要经营者因病、意外事故、涉嫌犯罪，使经营项目不能继续进行。应考虑项目整体转让，寻找经营管理能力强，实践经验丰富的同行业商谈全面接收问题，包括接收不良贷款，力争取得好的结果。

（19）债权抵顶法。对于存在应收账款的情况，要认真仔细研究，准确评估借款人的债务人的还债能力后，可考虑以债权抵顶不良贷款方案，如果可行，应与借款人、借款人的债务人三方以书面协议形式加以确认，确保抵债工作的合法性和可操作性。但在贷款还清前不可免除借款人的还款义务。

（20）化整为零法。不良贷款往往是本金归还不了，利息也越欠越多，困难越来越大。在这种情况下，不要坚持要求贷款本息一次归还，应当化整为零，分期归还。

（21）先本后息法。如果借款人品质不错，也能配合银行工作，只是能力欠缺，利息越累越多，陷入困境。调查认定后，应当采取先收本金后收利息的方法，使之不再产生利息，从而减轻借款人的负担。这样对借款人的还款意愿是一个鼓励，对其还款能力是个帮助，给点时间是能够还清不良贷款的。

（22）保险受益清偿法。凡与信用社有信贷关系的个人客户，均应动员其参加人身意外伤害或其他品种的保险。如参加保险，可以获得一定的补偿，而这种补偿在提前约定的情况下，应优先归还贷款。

（23）担保责任追究法。在现实工作中，重视借款人而忽视担保人的现象较为普遍。贷款一旦形成不良，一定要对借款人与担保人一并追究。当借款人不足以归还贷款时，不能忽略对担保人的追究，直至贷款本息全部还清。

（24）抵（质）押品处置法。把握抵（质）押品的核心是评估和变卖处置现值一定要大于贷款本息。当贷款不能按期归还时，一定要及时按合法程序处置抵（质）押品，以确保贷款资金安全。

（25）以物抵贷法。当借款人的经营状况已走向下坡，无力以货币资金归还贷款，经深入调查确认后，要果断地采取措施，不可拖延时间，一旦拖延可能错过有效时机。应立即协商以借款人物品抵顶贷款本息问题。首先应考虑价值大的物品，如土地使用权、房屋设备的所有权、出租权或使用权，大宗产品、商品、材料、办公设备、汽车等，双方协商评估作价或由中介机构评估作价后抵顶贷款本息。

（26）折扣法。当借款人面临的多家债权人迅速以各种不同方式发起进攻时，将出现其资产相继被抵顶债务的局面。如不采取果断措施，贷款行将面临一无所有。在这种背景下，应被迫考虑折扣法。即以借款人尽可能多的物品、尽可能低的协商评估价格，先抵顶贷款本金，后抵顶贷款利息，能抵顶多少算多少。借款人提出的协商价格可能过高，僵持无果时，银行适当的退让可能是明智的。

（27）黑名单公示法。人是有尊严的，单位是有形象的，借款方也是如此，我们应尊重他们的尊严与形象，同时也必须强调尊严与形象应是建立在诚信的基础上。对于经常赖账不还的客户可采取黑名单公示法，可在报刊、广播电台、电视台等多方位周期性公示，对其施加社会影响，促其归还贷款。贷款本息还清时撤销公示。

（28）限制法。首先，在本银行停止各种方式的新增贷款。其次，函告本地区其他金融单位，请求对不讲诚信且贷款已经逾期的当事人不予贷款支持。最后函告本地区相关的工商、税务、环保等部门，特别是党政机关、各种协会及相关组织，请求提供法律范围允许的限制方法，如取消各种荣誉称号、获奖资格等，促使贷款归还。

（29）公证转执行法。根据中华人民共和国民事诉讼法的相关规定，“对公证机关依法赋予强制执行效力的债权文书，一方当事人不履行的，对方当事人可以向有管辖权的人民法院申请执行，受申请的人民法院应当执行。”这就减少了一些环节和费用，因此，工作实践中一些单位采取了办理公证以取得具有强制执行效力的债权文书的方法。凡经办理公证的贷款出现不良，经银行或公证处催收无效后，可以直接转入执行程序，申请法院执行庭依法强行收回贷款。

（30）依法起诉法。在以下情况下，应重点考虑依法起诉：①依法保护债权的时间即将超过诉讼时效期；②以土地、使用权、房屋、机器设备所有权进行抵押并登记的贷款逾期时间较长；③借款人死亡或失踪；④反复协商达不成一致；⑤需冻结、查封、扣押债务人资产及相关物品时；⑥恶意逃废债务。依法起诉相对于其他方法而言，应当是最后的方法，选择此方法要权衡利弊，把握时机，务求诉必胜、胜必果。

总之，事物是变化的，清收不良贷款的方法也应多种多样。要让更多的好方法服务于不良资产的清收工作，保全银行资产不受损失。

> 作最坏处准备，向最好处努力。遇到问题不要慌张，先把可能出现的最坏情况考虑到，同时采取有效措施，争取获得最好的结果。
>
> ——专家经验

四、贷款催收十二条技巧

催收欠款难，这是公认的事实。现在就贷款催收的相关经验分享给大家，对于小额贷款公司等民间借贷机构的逾期不良贷款催收，也有一定的借鉴意义。

（1）直截了当。要想取得良好的催收效果，自己就必须摆正自己的位置。见到欠款客户的第一句话就得确立你的优势心态。通常应当强调是“我支持了你，而且我付出了一定的代价”。如：“你老兄这倒是成了没事人似的，当初我费了多少口舌才说服审批部哟”，尤其是对于还款情况不佳的客户，一碰面不必跟他寒暄太久，应赶在他向你表功或诉苦之前，直截了当地告诉他，你来的目的是来讨债的，而且是专程前来。

（2）断其念头。要坚定信心，打掉欠款客户任何拖、赖、推、躲的思想。有些客户做梦都想空手套白狼，认为欠账是一种本事，是能力强的表现。面对这种情况，不下狠心是收不回来欠款的。所以，在向客户初次催款时，应当将银行对于欠款管理的高度重视及催收手段的多样化等强势地展现出来，以坚定的口气告诉对方：宁可花两万也要收回欠款一万。

（3）把握时机。根据客户偿还欠款的态度，把握好催收时机。对于还款准时的客户，约定的时间必须前去，且时间一定要提早，这是收款的一个诀窍。否则客户有时还会反咬一口，说：“我等了你好久，你没来。”还有可能致使原本该还的资金，被客户挪作他用。

（4）心中有数。事前上门催收时要先在银行内部做足功课，与信贷管理部门、会计部门对好账，确认对方所欠贷款的所有金额，包括本金、利息、复利、罚息、费用等。如果对方总是说没钱，你就要想法安插“内线”，必要时还可想办法让对方的人员为自己所用。在发现对方手头有现金时，或对方账户上刚好进一笔款项时，即刻赶去，逮个正着。

（5）不给面子。到客户公司登门催收贷款时，不要看到客户有另外的客人就走开。你一定要说明来意，专门在旁边等候，说不定这本身对催收欠款还有帮助。因为客户不希望他的客人看到债主登门，这会让他感到难堪，在新来的朋友面前没有面子。倘若欠你的款不多，他多半会装出很痛快的样子还你的款，为的是尽快赶你走，或是挣个表现给新的合作者看。

（6）不为所动。有时欠款客户一见面就百般讨好你，心里想赖账，见面了却表现得很积极。他会假意让你稍稍等候，说自己马上去取钱还你。但跑一圈回来，十有八九是两手空空。这时他会向你表示对不起，另一方面还说自己已经尽力了，让你不好责备他。这是客户在施缓兵之计。这时你一定要不为所动，再三强调今天一定得拿到欠款，否则绝不离开。

（7）不听解释。在催收欠款时，如对方有钱故意吊你的胃口，那一定在准备下一步有扯皮之事发生，应及时想出对策。一般不能在此时去耐心地听对方说明，如客户确实发生了天灾人祸，在理解客户难处的同时，让客户也理解自己的难处，你可说就因没收到欠款，银行已让你有三个月没领到奖金了，连部门老总的奖金也扣了一半。诉说时，要做到神情严肃，力争动之以情、晓之以理。

（8）不谈条件。不能在拿到钱之前谈新的贷款。此时对方会拿“潜在的条件”做筹码与你讨价还价。若你满足不了其要求，他还会产生不还钱“刺激”你一下的想法。此时一定要把收欠当成唯一的大事，如这笔钱不还，哪怕有天大的好事也免谈。

（9）收钱走人。假如你这天非常走运，在一个还款本不积极的客户那里出乎意料地收到欠款，最好提起包包赶紧离开，以免他觉得心疼反悔，或者觉得对你有恩而向你要好处。

（10）闻风而动。有一种说法是：客户经理在把客户当上帝一样对待的同时，也要把他当“贼”一样地防。时刻关注一切异常情况，如客户资不抵债快要倒闭了，或是合伙的股东撤资转为某人单干了。一有风吹草动，得马上采取措施，防患于未然，杜绝呆账、死账。

（11）加收罚息。可打银行规定的牌，对欠款客户加收罚息。事先发出有效书面通知，声称银行规定过了还款期限要加收罚息，将增加客户多少的成本。如此一来，一般欠款客户容易还款。

（12）适时催收。就是要掌握好打催收欠款电话的时机。在欠债人情绪最佳的时间打电话，他们更容易同你合作。例如下午 3：30 时开始打电话最好，因他们上午一般较忙，给欠债人留下上半天做生意是个好主意，这样他们有足够的时间进入正常的工作状态，下午是他们精神较为放松的时候，一般心情都会比较好。此时催欠容易被接受。此外，应避免在人家进餐的时间打电话。

五、银行依法收贷十六忌

（1）忌主体不明，乱点鸳鸯。打官司首先要确定诉讼主体——被告，这是依法收贷的前提。债务人及保证人的分化组合，企业的关、停、并、转等经济活动都可能引起诉讼主体的变化。银行在诉讼前一定要依据有关法律规定，正确甄别义务方中的一般和重点、有效与无效的关系，弄清哪些当事人是民事法律关系主体，把哪些主体列为重点有利于案件审结。

（2）忌程序不清，吃亏上当。有的银行认为自己是原告，借债还钱，天经地义，不好好研究和应用程序法，导致有理而诉讼失利。因此，银行一旦进入诉讼，从法院管辖、诉讼时效、诉讼保全到督促程序、执行程序等，均要熟练掌握和运用，以最小的代价最大限度地挽回损失。

（3）忌不善调解，偏执诉讼。打官司也好，协商调解也罢，都是为了收回债务。二者相比，可以说依法收贷是银行最无奈的选择。银行要摒弃那种动辄就“法庭上见”的不良做法。就是诉讼后，在法庭上也要积极寻找和解机会，在不丧失原则的基础上，主动配合法院调解，争取早日结束诉讼。

（4）忌后果不明，强攻硬上。在诉讼前，金融机构一定要作充分的调查研究，发现被告可能转移财产的，就要果断采取措施，实施财产诉讼保全。那种一味强攻硬上，结果“赢了官司输了钱”的事应尽量避免。

（5）忌时效过期，乱放“马后炮”。我国民法规定，民事诉讼时效为 2 年，从知道或者应当知道权利被损害时计算，若超过这个期限，就意味着权利者放弃了法律的保护。由于历史原因，银行陈债很多，银行想收回这些老贷款，就要利用诉讼时效的中断来保证其信贷资产的安全。具体说就是要通过发催收单、发逾期通知书、办理贷款展期、重新换据、办理担保手续等手段来中断诉讼时效。万万不可有“你欠我的，白纸黑字写在纸上，官司打到天边也输不了”的想法。否则诉讼时效期限一过，在未采取补救措施中断诉讼时效的情况下，被告一旦在法庭上提出诉讼时效问题，银行就处于极为被动的地位。对于其他时限，如上诉期限、申请执行期限、破产中的申报债权期限等也都要准确掌握并行使权利。

（6）忌投鼠忌器，护短遮丑。不可否认，一些信贷资产的丧失，也是由于银行决策失误造成的，甚至有的就是经办人员违法乱纪造成的。在依法清收这些贷款时，司法部门经过认真调查，肯定会“拔出萝卜带出泥”。这就要求银行清收人员乃至领导层要不怕得罪人，不怕丢丑，不怕遭牵连。如果投鼠忌器，怕丑事曝光，怕问题扩大，遮遮盖盖，不敢深究，甚至包庇责任者，阻碍办案，案子的审理只能不了了之。

（7）忌贪图省事，取证不详。证据是诉讼的灵魂。民事诉讼有一个重要的原则就是“谁主张，谁举证”。这就要求银行的诉讼代理人或委托人在办案时要做细致艰苦的调查取证工作，尤其是对一些时过境迁的陈年老债，办案人员一定要有“打破砂锅问到底”的精神，扎扎实实地调查取证。如果贪图省事，调查时敷衍了事，在法庭辩论时就会由主动变为被动，甚至败诉。

（8）忌无专门队伍，频换清收人员。有些银行没有专门的法律队伍和专门机构，要打金融官司就临时从现有人员中抽派代理诉讼，这对维护银行合法权益十分不利。

（9）忌走漏风声，打草惊蛇。如果诉讼还没开始，被告就已经知道了内情，必然会抢在诉讼之前转移财产，销毁证据，甚至让当事人或知情人溜走，为诉讼设置种种障碍。因此，金融机构在诉讼前的调查取证一定要严格保密，对被告可能转移的财产和销毁的证据要果断采取诉讼保全措施，确保诉讼案件的顺利进行和执行。

（10）忌辩论斗狠，恶语中伤。原告方要紧紧依据法律用事实对被告方予以层层驳斥，做到以理服人。切不可对被告冷嘲热讽，甚至对其进行人身攻击和侮辱，激化矛盾。这不仅不利于案件调解、审理和执行，也会授柄于人，使自己陷于被动。

（11）忌心慈手软，无原则退让。在众多诉讼案件中，债务人在诉前总是千方百计地逃债、废债、抗债，而一旦诉诸法律，又大都哭丧着脸，诉说自己是如何困难，企业是如何不幸……对此，银行方面一定要心明眼亮，不要被假象蒙蔽。退让要有原则，不达目的不收兵，千万不可心慈手软，受“感动”而擅自答应对方要求。这不但容易引起执法部门的反感，且后患无穷。

（12）忌惧怕压力，半道撤梯。在实践中，债务纠纷一旦立案，就会立即遭到来自四面八方的压力。面对种种压力，诉讼者一定要有股铁面无私、宁折不弯的精神，切不可畏畏缩缩，怕这怕那，一吓就软，一软就妥协，否则官司打了半天，什么目的也没达到。

（13）忌组织不力，贻误战机。诉讼如同打仗，必须组织得力，各方配合，根据案件进展情况，随时调整诉讼策略。例如在诉讼中，一审意外败诉，就要立即组织人员分析败诉的原因，总结教训，重新确立突破口，设计新的诉讼方案，进入二审。切不可原封不动地把一审理由再搬至二审，直至彻底败诉，酿成定局。

（14）忌浅尝辄止，虎头蛇尾。胜和败只是对某一程序而言，是相对的不是绝对的。一审败了再打二审，二审胜了才是终审。但这也不是说完全胜定了，还可能进入审判监督程序进行再审。因此，在金融诉讼中，切忌一审胜了就得意忘形，不积极备战二审，结果在二审中被对方击败。

（15）忌执行不力，前功尽弃。“执行难”是困扰司法界的一个“老大难”的问题。如果银行畏惧执行难就不积极申请督促法院运用法律的威力来强制义务人履行义务，一旦超过执行期（公民一年，其他组织半年），就使前期的诉讼变得毫无意义，银行的贷款本息也将损失殆尽。

（16）忌与司法部门关系不协调，影响案件审理。金融机构作为诉讼的原告，一定要尊重法律、尊重法官，理解审判人员，配合法院工作。第一手资料要及时、客观、公正地递交给法院，不懂的问题要虚心向法官请教，并力所能及地为办案提供工作便利。银行领导要经常过问案情，并要出面做好说服解释工作，为办案人员撑腰。总之，与法院保持良好的关系，有助于案件的审结。（摘自2005年第1期《金融经济》）

第二节　不良资产处置的法律分析

近年来，受国内外经济金融形势复杂和经济增长放缓影响，全国银行业信贷资产质量面临不良贷款额和不良贷款率“双升”的巨大压力。而不良资产上升必然带来不良资产处置的问题。银行不良资产处置有多种方式，如直接催收、协议处置、借新还旧、实现担保物权、法院诉讼、不良资产转让、贷款损失税前扣除等。在此对这些方式的法律问题进行分析。

一、直接催收方式

这是银行针对逾期贷款的普遍做法，但直接催收应注意以下问题。

（一）应在诉讼时效内进行催收

诉讼时效是指权利人请求人民法院以强制程序保护其合法权益而提起诉讼的法定有效期限。因此诉讼时效首先是法定有效期间，一般诉讼时效为两年，该期间可以中断（重新计算）、中止（继续计算），但当事人不得约定延长或缩短；其次未在诉讼时效期间主张权利，权利人丧失的是胜诉权，即请求人民法院以强制程序保护其合法权益的权利，但并不丧失实体权利，即如果债务人以超过诉讼时效为由，要求银行返还已支付的欠款，法院一般不予支持。

（二）注意催收的方式

根据《最高人民法院关于审理民事案件适用诉讼时效制度若干问题的规定》（法释〔2008〕11号）第10条的规定，银行发送催款函时应注意以下问题。

首先，催款函可以信件，也可以数据电文，数据电文包括但不限于短信、电子邮箱、微信等电子方式。这就要求银行在借款、担保合同中应明确借款人、保证人等债务主体的联系方式，如单位地址、手机号码、传真号码、电子邮箱等。

其次，即使借款人等债务主体未在催款函上签字或盖章，但有证据证明该文书已到达对方，那么银行的催收也能产生诉讼时效中断的法律效果。对方当事人为法人或者其他组织的，签收人可以是其法定代表人、主要负责人、负责收发信件的部门或者被授权主体；对方当事人为自然人的，签收人可以是自然人本人、同住的具有完全行为能力的亲属或者被授权主体。邮件送达应注意在有关邮寄凭证上注明邮寄物件，同时也要注意邮件的投递情况（邮寄回执单）；数据电文为文书达到对方的数据终端（如电子邮件显示“发送成功”等字样）即为送达成功。

再次，金融机构可以依照法律规定或者当事人约定从借款人等债务主体账户中扣收欠款本息，但前提是“法律规定或当事人约定”，因此金融机构可在相应借款、担保合同中约定上述内容，并用加粗、下划线或打星号等字体格式予以明示。

（三）催收主体的问题

《最高人民法院关于贯彻执行〈中华人民共和国民法通则〉若干问题的意见》中规定：“权利人向债务保证人、债务人的代理人或者财产代管人主张权利的，可以认定诉讼时效中断。”因此银行在诉讼时效期间向保证人主张权利，主债务诉讼时效同时中断。但是银行对债务人主张债权时，对于保证人是否免除责任就要分情况来判断。根据《担保法》第25条、第26条的规定，一般保证中，银行在保证期间未对债务人提起诉讼或仲裁，保证人免除保证责任；在连带责任保证中，银行在保证期间未要求保证人承担保证责任的，保证人免除保证责任。

因此，在连带责任保证中，银行在保证期间向债务人主张权利的同时，也要向保证人主张权利，才能保证保证人“不脱保”而使银行债权得到有效保障。

（四）超过诉讼时效的问题

如果银行主张的债权已经超过诉讼时效，可以通过以下方式进行催收。

(1) 双方就原债务达成新的还款协议。新还款协议的产生，能达到诉讼时效中断的效果，使诉讼时效重新计算。

(2) 债务人在催收单上签字、盖章或摁手印。《最高人民法院关于适用〈中华人民共和国合同法〉若干问题的解释（二)》第 5 条规定：“当事人在合同书上摁手印的，人民法院应当认定其具有与签字或者盖章同等的法律效力。”因此债务人在催款函上签字、盖章、摁手印视为对原债务的确认，诉讼时效重新计算。但是保证期间届满，单纯的催款函对于保证人就不奏效了。《最高人民法院关于人民法院应当如何认定保证人在保证期间届满后又在催款通知书上签字问题的批复》规定：“保证期间届满债权人未依法向保证人主张保证责任的，保证责任消灭。保证责任消灭后，债权人书面通知保证人要求承担保证责任或者清偿债务，保证人在催款通知书上签字的，人民法院不得认定保证人继续承担保证责任。但是，该催款通知书内容符合合同法和担保法有关担保合同成立的规定，并经保证人签字认可，能够认定成立新的保证合同的，人民法院应当认定保证人按照新保证合同承担责任。”因此，如果保证期间届满，银行应在催款通知书上注明保证人同意继续对原合同承担保证担保责任等字样，并由保证人签字确认，由此确保保证人继续承担保证担保责任。

(3) 债务人自愿履行。诉讼时效届满，债权人丧失的是胜诉权，但实体权利并不丧失，因此债务人不得以超过诉讼时效为由要求债权人返还已支付的欠款。

(4) 行使抵销权。《合同法》第 99 条规定：“当事人互负到期债务，该债务的标的物种类、品质相同的，任何一方可以将自己的债务与对方的债务抵销。”该条约定的债务不以未超过诉讼时效为前提，法定撤销权作为一种形成权，其行使无须征得对方同意，只需通知对方即可，因此银行可以通过抵销权的方式化解不良贷款。

二、协议处置方式

《物权法》第 195 条规定：“债务人不履行到期债务或者发生当事人约定的

实现抵押权的情形，抵押权人可以与抵押人协议以抵押财产折价或者以拍卖、变卖该抵押财产所得的价款优先受偿。”第219条规定：“债务人不履行到期债务或者发生当事人约定的实现质权的情形，质权人可以与出质人协议以质押财产折价，也可以就拍卖、变卖质押财产所得的价款优先受偿。”因此，银行在借款、担保合同中可以约定：“当借款人未按合同约定履行债务的，银行有权以抵（质）押物折价或者以拍卖、变卖该抵（质）押财产所得的价款优先受偿。”协议处置有以下特点：一是银行与债务人、抵（质）押人协商一致、达成共识；二是不需通过法院等司法程序，从而达到节约时间和成本的效果；三是抵（质）押物的处理方式有三种，即折价、拍卖、变卖。

折价，相当于以物抵债，即债务人将抵（质）押物作价转让给债权人。《商业银行法》第42条规定：“商业银行因行使抵押权、质权而取得的不动产或者股权，应当自取得之日起二年内予以处分。”财政部《银行抵债资产管理办法》第18条规定：“以抵债协议书生效日，或法院、仲裁机构裁决抵债的终结裁决书生效日，为抵债资产取得日，不动产和股权应自取得日起2年内予以处置；除股权外的其他权利应在其有效期内尽快处置，最长不得超过自取得日起的2年；动产应自取得日起1年内予以处置。”第19条规定：“抵债资产原则上应采用公开拍卖方式进行处置。”因此，抵债资产应在规定时间内处置，并且应采用公开拍卖的方式处置。

拍卖，即通过公开拍卖的方式出卖抵（质）押物，以出卖的价款抵偿债务。

变卖，即将抵（质）押物以市场价格转让给第三人，转让价款用来清偿债务。为避免不合理转让的道德风险，应通过第三方评估公司对抵（质）押物进行估价。实践中，变卖方式存在两个问题，一是担保物解押后才能办理转让手续；二是担保物解押后至转让给第三人名下前，担保物为“真空”状态，未设定抵（质）押权，且名义权属还在原抵（质）押人名下，存在被其他债权人“抢”查封或者抵（质）押登记的情形，如果出现此种情形，则面临担保物权无法转让给第三人的后果。

针对以上问题，应由银行、债务人、抵（质）押人及受让第三人签订四方协议，同意担保物在转让予第三人名下之前，担保物一直处于抵（质）押状态，待担保物权属转让至第三人名下后，再办理解押手续，做到担保物“带押转让”的“无缝连接”。这种做法在部分地区已有成功案例，但需要当地房管部门的协助配合。实践中还存在一种情况是，第三人要求担保物转让至其名下后，继续保持抵（质）押状态。对此有的地方明确个人与个人间的债权是不能办理抵押登记的，但有的地方已经放开，如有的地方房屋登记中心已出台《关于规范房屋抵押登记工作的通知》明确："个人与个人之间为保障其债权的实现，提供房屋设定抵押的，可以办理抵押登记。"

三、借新还旧方式

借款人因临时周转困难无法偿还银行贷款，有的银行通过借新还旧、无还本续贷、债务重组等方式盘活不良资产。但这种方式应重点注意两个问题。

（1）保证人。《担保法》第 24 条规定："债权人与债务人协议变更主合同的，应当取得保证人书面同意，未经保证人书面同意的，保证人不再承担保证责任。保证合同另有约定的，按照约定。"因借新还旧贷款对原合同用途、还款期限等主要条款进行变更，实为新设合同，一般都需要原保证人继续承担保证责任，但在实践中会存在两个问题：①保证人不同意借新还旧，不愿意继续承担保证责任；②保证人在外地无法回来或根本联系不上。对此，银行可经友好协商，在充分告知保证人的前提下，在保证合同中约定："保证人承诺如主合同发现任何变化，仍承担相应保证责任。"并用加粗、下划线、打星号等突出字样标明，提醒保证人予以注意。

（2）担保物。借新还旧合同为新合同，因此原对主合同的担保物要重新签订抵（质）押合同，抵（质）押登记也要重新办理，保证债权担保的延续性和有效性。

四、实现担保物权

《物权法》第 195 条规定："抵押权人与抵押人未就抵押权实现方式达成协议的，抵押权人可以请求人民法院拍卖、变卖抵押财产。"第 220 条规定："质权人不行使的，出质人可以请求人民法院拍卖、变卖质押财产。"因此，如果银行无法与抵（质）押人达成书面处置协议，可以通过法院拍卖、变卖拍卖、变卖抵（质）押物实现担保物权。

《民事诉讼法》及《最高人民法院关于适用〈中华人民共和国民事诉讼法〉的解释》（以下简称《民事诉讼法解释》）对实现担保物权都进行了有关规定，在此着重强调以下事项。

1. 担保物权管辖法院

《民事诉讼法》第 196 条规定："申请实现担保物权，由担保物权人以及其他有权请求实现担保物权的人依照物权法等法律，向担保财产所在地或者担保物权登记地基层人民法院提出。”《民事诉讼法解释》第 362 条规定：“实现票据、仓单、提单等有权利凭证的权利质权案件，可以由权利凭证持有人住所地人民法院管辖；无权利凭证的权利质权，由出质登记地人民法院管辖。”因此银行应按照法律规定向有管辖权的法院申请实现担保物权。

2. 担保物权顺序

《民事诉讼法解释》第 365 条规定：“依照物权法第一百七十六条的规定，被担保的债权既有物的担保又有人的担保，当事人对实现担保物权的顺序有约定，实现担保物权的申请违反该约定的，人民法院裁定不予受理；没有约定或者约定不明的，人民法院应当受理。”因此银行在借款、担保合同中可以明确，借款人逾期不履行债务的，银行有权就担保物实现债权，同时要求保证人承担担保责任。

3. 担保物人失踪的问题

《民事诉讼法解释》第 372 条规定：“人民法院审查后，按下列情形分别处理：（一）当事人对实现担保物权无实质性争议且实现担保物权条件成就的，裁定准许拍卖、变卖担保财产；（二）当事人对实现担保物权有部分实质性争议的，可以就无争议部分裁定准许拍卖、变卖担保财产；（三）当事人对实现担保物权有实质性争议的，裁定驳回申请，并告知申请人向人民法院提起诉讼。”实践中存在债务人或者抵（质）押人失踪、联系不上的问题，如果出现此种情形，法院将无法充分了解双方当事人对实现担保物权是否有实质性争议，因此实践中法院遇此情形一般较为审慎，需要通过公告送达，甚至要求通过民事诉讼方式审判解决，这对银行来说就增加了时间和金钱成本。笔者认为在认定事实清楚，经过登记的担保物权实现条件成就时，无论债务人或者抵（质）押人是否失踪，都可以实现担保物权，理由如下：

（1）经过登记的担保物权已经通过公示的方式予以明示，而且根据《民事诉讼法解释》第 363 条“同一财产上设立多个担保物权，登记在先的担保物权尚未实现的，不影响后顺位的担保物权人向人民法院申请实现担保物权”的规定，即使同一担保物设立多个担保物权，并不影响后顺位的担保物权人实现担保物权。

（2）《民事诉讼法解释》第 365 条规定：“被担保的债权既有物的担保又有人的担保，当事人对实现担保物权的顺序有约定，实现担保物权的申请违反该约定的，人民法院裁定不予受理；没有约定或者约定不明的，人民法院应当受理。”因此，除相关合同对实现担保物权顺序有特别约定外，法院应当受理实现担保物权的申请。

（3）担保物权条件成就，意味着债务人未按照合同约定履行合同义务。《合同法》第 107 条规定：“当事人一方不履行合同义务或者履行合同义务不符合约定的，应当承担继续履行、采取补救措施或者赔偿损失等违约责任。”因此，合同法规定的义务为无过错责任，即义务人未按照合同约定履行义务的，应该承担相应责任，无论义务人主观是否有过错。合同的无过错责任，立法目的是保证市场交易的安全和效率。因此银行有证据证明借款人未按照合同约定履行还款义务，实现担保物权条件就已经成就，法院应当受理银行的申请。

五、法院诉讼方式

通过法院诉讼追偿不良贷款是银行的惯常做法，重点强调以下问题：

1. 注意诉讼时效

银行应注意在诉讼时效期间主张债权。《最高人民法院关于适用〈民事诉讼法〉若干问题的意见》第 153 条规定：“超过诉讼时效的法律后果是丧失胜诉权。如果超过诉讼时效起诉的，人民法院应当受理。受理后查明无中止、中断、延长事由的，判决驳回其诉讼请求。”因此，如果银行超过诉讼时效起诉，将丧失胜诉权，债权无法得到法院的司法救济。但是《最高人民法院关于审理民事案件适用诉讼时效制度若干问题的规定》第三条规定：“当事人未提出诉讼时效抗辩，人民法院不应对诉讼时效问题进行释明及主动适用诉讼时效的规定进行裁判。”也就是说，如果银行超过诉讼时效提起诉讼，对方当事人未提出诉讼时效抗辩，法院不能主动对诉讼时效问题进行解释，不能主动适用诉讼时效规定判决银行败诉。

2. 应及时申请查封抵押物

有的银行认为，只要抵押物办理登记，依法享有优先受偿权，起诉时无须申请法院查封抵押物，其实不然。《关于人民法院执行工作若干问题的规定》（以下简称《执行规定》）第 91 条规定：“对参与被执行人财产的具体分配，应当由首先查封、扣押或冻结的法院主持进行。首先查封、扣押、冻结的法院所采取的执行措施如系为执行财产保全裁定，具体分配应当在该院案件审理终结后进行。”《民事诉讼法解释》第 36 条规定：“两个以上人民法院都有管辖权的诉讼，先立案的人民法院不得将案件移送给另一个有管辖权的人民法院。”第 39 条：“人民法院对管辖异议审查后确定有管辖权的，不因当事人提起反诉、增加或者变更诉讼请求等改变管辖，但违反级别管辖、专属管辖规定的除外。”《民事诉讼法》

第33条规定，法院专属管辖是指“（一）因不动产纠纷提起的诉讼，由不动产所在地人民法院管辖；（二）因港口作业中发生纠纷提起的诉讼，由港口所在地人民法院管辖；（三）因继承遗产纠纷提起的诉讼，由被继承人死亡时住所地或者主要遗产所在地人民法院管辖。”因此，银行因借贷合同纠纷实现担保物权的诉讼不属于专属管辖的范畴。如果抵押物被其他债权人先行申请查封，并先行提起诉讼，那么银行将处于被动的地位，因为将由首先查封、扣押或冻结的法院主持被执行人财产的具体分配，且具体分配在该院案件审理终结后进行。因此即使享有抵押权，银行也应及时查封抵押物，有效实现担保物权。

3. 担保物权人申请直接参与执行分配

根据《民事诉讼法解释》第508条关于“对人民法院查封、扣押、冻结的财产有优先权、担保物权的债权人，可以直接申请参与分配，主张优先受偿权”的规定，抵（质）押权人可以直接申请执行法院参与分配，而不用经过法院判决，取得执行依据（生效判决书或者民事调解书），为银行处置担保物节约时间和金钱成本，提高处置不良资产的效率。

六、不良资产转让方式

不良资产的转让主要有两种方式，一是打包（批量）转让，二是单户转让。无论是批量转让还是单户转让，都是一种债权转让方式。根据《合同法》第80条规定“债权人转让权利的，应当通知债务人。未经通知，该转让对债务人不发生效力。”因此，债权转让未通知债务人的，对债务人不产生效力，但不影响债权转让协议的效力。如果未通知债务人，债务人有权直接向银行清偿债务，之后银行根据债权转让协议将相应款项支付给受让方。这一方面节省了批量转让债权后一一通知债务人的时间和成本，另一方面也避免了债务人的道德风险，认为银行把债权打折卖了，债务人的债务也可以“打折”偿还。因不良资产的批量转让和单户转让的法律依据、受让主体等方面不同，笔者现分别进行粗浅分析。

首先，不良资产的批量转让问题。笔者认为应扩大不良资产批量转让的受让主体范围。《金融企业不良资产批量转让管理办法》第3条规定：“批量转让是指金融企业对一定规模的不良资产（10户/项以上）进行组包，定向转让给资产管理公司的行为。”因此，目前金融机构的不良资产主要批量转让给华融、长城、东方和信达4家金融资产管理公司，还有一些地方性的资产管理公司。但资产受让范围还是很有限，且近年经济下行压力增大，信用风险呈阶梯式扩散，产生“供大于求”的现象，特别对于中小银行来说，议价能力低，打折程度“狠”，不良资产的批量转让成为“鸡肋”，不转让，不良资产难处置；转让了，收益不见得好，也许待债务人或担保人还钱了，收益还比批量转让高。但金融机构受到不良资产考核的压力，必须在一定时间化解和处置不良资产，因此有时不良资产只能“贱卖”，导致银行不敢放款，放款后产生不良又难处置。因此，笔者建议扩大不良资产批量转让的受让范围，如受让主体为符合一定条件的金融机构，通过增加受让主体和完善转让流程，形成良性的议价空间和市场交易。

其次，不良资产单户转让的问题。根据《金融企业不良资产批量转让管理办法》第 8 条的规定，个人贷款不能批量转让，对于个人贷款只能通过单户或在 10 户/项以内非批量方式转让。实践中，受让不良资产的主体一般有三种类型：①担保驱动。保证人根据法律规定和合同约定应对债务人的债务承担偿还责任，保证人受让银行债权后，一方面免除了保证责任，另一方面通过追偿有可能减少损失。②利率驱动。银行贷款利率加上罚息，利率远远高于普通理财收益，因此买受人为了获得高收益，会向银行购买不良资产。而且有的借款人、保证人临时资金周转困难，或者抵押物受政策导向一时卖不出去，只是银行受不良资产考核压力，清收时间受到限制，因此买受人可以通过购买不良资产获得预期高收益。③资产驱动。有的买受人看重银行抵押物，认为有升值空间，通过购买不良资产作为低价取得抵押物的一种手段。无论出于何种目的购买不良资产，为避免道德风险，通过非批量方式转让应采取公开合规的流程操作，如全额转让、拍卖、挂牌出售等。

七、贷款损失税前扣除方式

《国家税务总局关于金融企业涉农贷款和中小企业贷款损失税前扣除问题的公告》（国家税务总局公告 2015 年第 25 号，以下简称《贷款损失税前扣除公告》）规定：金融企业涉农贷款、中小企业贷款逾期 1 年以上，经追索无法收回，应依据涉农贷款、中小企业贷款分类证明，计算确认贷款损失进行税前扣除。贷款损失的税前扣除应注意以下问题：

1. 保留催收证据

《贷款损失税前扣除公告》规定：“单户贷款余额不超过 300 万元（含 300 万元）的，应依据向借款人和担保人的有关原始追索记录（包括司法追索、电话追索、信件追索和上门追索等原始记录之一，并由经办人和负责人共同签章确认），计算确认损失进行税前扣除”。因此对于 300 万元以下的贷款，银行应在诉讼时效内及时追索，追索方式只要提供司法追索、电话追索、信件追索或上门追索其中之一的证据证明，并由经办人和负责人共同签章确认，产生的贷款损失可以进行税前扣除。

2. 司法追索

《贷款损失税前扣除公告》规定："单户贷款余额超过300万元至1000万元（含1000万元）的，应依据有关原始追索记录（应当包括司法追索记录，并由经办人和负责人共同签章确认），计算确认损失进行税前扣除。"司法追索是指，国家司法机关及其司法人员，根据申请人申请，依据法定职权和程序向债务主体追索债务的行为。"司法机关"是指法院和检察院，公安机关不属于司法机关，而是行政机关。笔者认为司法追索一般应为法院追索，包括但不限于经过法院判决的判决书、调解书，以及未经（不需经过）法院判决的支付令、实现担保物权，甚至法院查封、扣押、冻结等，这些都属于申请人通过司法途径追索债权的方式。

3. 资产损失确定证据

《贷款损失税前扣除公告》规定："单户贷款余额超过1000万元的，仍按《国家税务总局关于发布〈企业资产损失所得税税前扣除管理办法〉的公告》（国家税务总局公告2011年第25号）有关规定计算确认损失进行税前扣除。"根据《企业资产损失所得税税前扣除管理办法》第三章关于"资产损失确认证据"的规定，明确资产损失确认证据为具有法律效力的外部证据和特定事项的企业内部证据，其中外部证据是指司法机关、行政机关、专业技术鉴定部门等依法出具的与本企业资产损失相关的具有法律效力的书面文件，如法院生效判决或裁定、工商部门的注销或吊销证据等；内部证据是指会计核算制度健全、内部控制制度完善的企业，对各项资产发生毁损、报废、盘亏、死亡、变质等内部证明或承担责任的声明，如有关会计核算资料和原始凭证、资产盘点表等。

（《中国农村金融》2015年第16期，张洁著）

八、向借款人清收

对于每笔不良贷款的回收，都充满着风险、压力、焦虑和担心，都是责任、努力、智慧和决策的结果。每笔风险贷款从出现不良苗头，到最终的回收，都是可以写出一篇情节扣人心弦、故事跌宕起伏的纪实小说。每一位参与其中的客户经理，必然都有着深深地感受和体会。

案例1

落实有效担保后续贷最终收回贷款

A特种纸业有限公司注册资本3500万元，在杭州某分行贷款余额1500万元，分三笔500万元分别于2009年1月、2月和11月到期，均由浙江B纸业有限公司保证担保。

2009年1月2日，一条爆炸性的新闻在当地传开：借款人的财务总监跑了，涉及企业财务资金3500万元。企业已引起部分投资人与单位债权人的围攻，出现重大风险信号。

事发后经办支行立即行动起来，召开专门会议商讨应对方案，最终果断决策：①由行长亲自上门与法定代表人面谈沟通；②组织风险线人员参与对特种纸业的调查，并指派专人监控企业资金流向，摸清该公司在各家银行的贷款与到期情况；③由公司业务分管行长马上与保证人进行联系，明确告知其要做好提前还贷准备；④指定管户客户经理进驻企业，密切关注企业经营和事态进展情况；⑤摸清掌握具体情况后，立即预警并向分行信贷管理部汇报。

2月，财务总监被捕。公安检察机关最终认定其属“个人诈骗行为”，与A公司无关。但由于借款人A公司和担保人B公司为同一实际控制人，与财务总监是亲戚关系，已造成很大的负面社会影响，企业的后续发展前景不明，分行决定逐步退出授信。

贷款到期后，由于正值案件审理，市政府正在协调处理该事件，为保障企业正常生产，要求各家银行不得随意收贷。为不与政府冲突并配合处理好此事件，分行在落实有效担保的前提下，又进行了续贷。事态平息后，支行收回1000万元贷款，余500万元考虑到企业经营尚属正常，周转至2010年1月20日全部收回。

案例2

积极主动为借款人介绍合作客户后收回贷款

无锡市A金属贸易有限公司为闽商钢贸企业。2011年11月，该公司在无锡某分行办理国内信用证代付业务，敞口1600万元，钢材存货质押，追加企业法定代表人及实际控制人陈先生保证担保以及企业资产浮动抵押。

2012年4月，无锡地区钢贸行业系统性风险爆发。分行立即组织对当地钢贸企业全面风险排查，将借款人列为预警客户。

经办支行行长了解到企业质押物质量尚好，企业实际控制人回笼资金愿望迫切，因此积极为企业介绍购货单位。虽然分行基本控制了货物回笼资金，但截至5月23日仍然有690.49万元信用证垫款。

分行在贷款回收过程中未像其他银行只是一味催讨贷款，而是积极主动为企业介绍买家客户，想方设法解决困难，最终感动了企业实际控制人陈先生，答应将自己名下两套别墅房产以第二顺位抵押给银行，设定权利价值为1215.59万元，贷款最终风险得到控制。

经办支行在清收中，发现一条有价值的信息，即A公司的实际控制人陈先生同时还拥有一个B物流园。而本支行的另一客户江苏C金属有限公司的股东江苏D公司，正有意与B物流园业务合作。支行长立即开展联系、协调，最终促成江苏D公司与B物流园的正式合作。8月29日江苏D公司为A公司代偿了近700万元的全部垫款本息。

点评：

（1）早发现、早行动、早化解。分行加大风险排查和贷后管理力度，发现A公司的销售量明显下降，且有低价出货获取现金流的倾向，即第一时间启动预警管理机制，制订切实可行的化解措施，将风险控制到最低。

（2）对退出风险客户要有奖励机制。分行对支行实施了主动退出风险客户享受考核优惠的政策，包括减少对应的存款和利润指标等，因此支行对于风险客户的退出没有业绩的压力，不会跟分行讨价还价，而是一旦发现预警，即会毫不犹豫主动退出。

（3）要有锲而不舍的清收精神。支行长亲自对企业实际控制人做了大量的沟通工作，积极帮助其寻找合作伙伴。获得企业实际控制人的配合，用个人房产追加抵押，并以现金归还贷款，为最终化解风险起到了积极作用。

案例3

迫使企业从他行融资收回本行贷款

宁波某分行给予宁波A针织工贸有限公司项目贷款2000万元，期限三年，贷款利率基准（按季浮动），由慈溪B林实业有限公司和慈溪C塑料制品有限公司保证，并追加该企业法人代表夫妇的个人连带责任保证。

分行在贷后风险排查中，发现企业存在项目投入过大，设备开工不足和企业负债过高的风险。

针对公司出现的风险状况，分支行联动，当即召开专题会议研究化解风险方案，部署采取了以下措施：

（1）对该企业控制授信总量，确定不再新增授信。利用企业资金紧张，急于增加银行融资的需求，明确告之其本行因信贷规模紧张等原因不能增加授信，迫使企业转向其他银行寻求融资。

（2）维持正常的银企合作关系，考虑企业项目建设未能产生预期效益，允许企业将到期的2000万元项目贷款作展期处理，但要求企业落实房地产抵押承诺，避免了收贷导致企业资金链断裂的后果。

（3）掌握时机，果断退出。在企业取得另一家银行授信后，一次性收回2000万元授信，成功实现退出，有效规避风险。

案例4

要求借款人向保证人拆借资金还贷款

A软件股份有限公司为北京某分行老客户，核心业务发展潜力不大，规模较小，存货周转缓慢，对银行借款依赖性较大。但考虑到担保人B出版社担保能力较强，北京某分行2009年给予流动资金贷款1500万元。但一直将其列为重点监控客户，同时逐步压缩额度。

2010年4月13日，分行信贷管理部在贷后监控时了解到，借款人拟更换担保方。但由此产生的问题是，分行无法采取“借新还旧”的方法发放新授信。借款人也难有自有资金偿还贷款，而原担保方也表示贷款未违约，无法提前代为偿还。此时距贷款到期仅剩9天，分行1500万元贷款面临极大的逾期风险。

经追查，分行了解到担保方为本行某支行存款客户，账户余额约为1亿元，为此准备了冻结担保人账户资金的方案。后经分支行的联动配合，多方协调，借款人终于通过担保人拆借到还款资金，还清了分行1500万元风险贷款。

案例5

抓住企业重组机会收回贷款

青岛某分行2009年6月给予某化工股份有限公司一年期贷款5000万元，由公司自有原料油和产成品质押（质押率70%），由某物流国际货运有限公司做为第三方监管。

2010年3月初，经办机构在对借款人进行实地检查时发现，企业处于全面停产状况，正在筹划进行资产和股权的重组。分行马上组成专项检查小组，再次对企业存货进行了实地盘点，经查货值能够覆盖分行授信，但是发现公司存在继续出货的现象。

行领导立即做出决定，检查小组与监管公司一起，现场对公司十几个出油口进行封锁，法律保全部迅速启动法律程序，查封和保全了公司质押物，确保能使分行信贷资产损失降到最低。同时加强了与当地银监局和区政府有关部门的密切沟通，及时了解公司重组的真实信息和进展情况，为分行争取有利的谈判条件。

2010年6月1日，重组方将资金存入借款人在分行账户，按期全额归还了分行贷款，使此笔风险贷款成功得到化解。

案例6

抓住借款人母公司重组之机收回贷款

L半导体（东莞）有限公司主要生产和销售半导体，于2009年4月获得东莞某分行综合授信额度8750万元人民币，用于贸易融资，以房地产及机器设备作抵押。

2010年上半年银行经办人员发现借款人因所在行业不景气导致经营利润下降，并且每年需为其母公司偿还1500万元的外债利息，有可能影响分行信贷资金的回收。

经分行分析判断，由于借款人财务状况不佳，难以一次性收回贷款。针对这种情况，分行采取“边压边谈”的回收策略，一边逐步压缩到期授信，一边努力寻找退出机会。终于，分行抓住借款人母公司重组之机，与借款人以及新引入的投资者多次谈判协商，最终达成由新引入的投资者负责偿还分行债务的方案。

分行于2010年5月12日成功回收全部到期授信。

点评：

对不良贷款久催无果时，不能灰心。要注意等待时机，一举解决。

案例7

以破产企业抵押土地的拆迁补偿款收回贷款

X刃具有限公司为私营企业，主营生产销售量具、刃具等仪器仪表产品。无锡某分行给予其700万元流动资金贷款，以公司自有房地产抵押，评估价值1415万元，综合抵押率49.46%，担保物无瑕疵。

该公司原为国企破产后“带资安置”转制而来。后有公司员工因事查询个人社保账户，发现公司一直未为员工交纳社会保险费。随即，政府部门介入调查并查明：公司欠缴各项社保及公积金总额为1136万元，并存在大股东挪用公司资金的行为。公安部门据此对法定代表人批准逮捕，对公司另3名大股东取保候审，对公司银行账户进行了查封，公司被迫停产，进入强制破产清算程序。

在预警处理过程中，分行了解到：由于公司所在地域已划入新城建设规划，按拆迁补偿标准，公司可获拆迁补偿款逾3000万元。根据上述信息，在分支行大量卓有成效的工作的基础上，最终由市土地储备中心对公司土地进行收购，并以预付款的方式向法院交纳收购款。经法院认可，在破产分配之前，管理人将变现707.5万元支付给分行，用于清偿抵押债权，分行顺利全额收回欠款本息。

案例8

寻找好的借款人放款后收回不良贷款

2007年10月，广州某分行向从化市某房地产开发有限公司人发放了1.5亿元开发贷款，用于当地花园别墅建设，期限2年，基准利率。2008年3月，再发放了一笔2亿元开发贷款，用于当地珠江国际城项目建设，期限2年，基准利率。

两个贷款项目均位于广州市郊，户型是连排别墅，购买者的需求非刚性，因此受房地产市场调控及全球经济危机的影响较大。2008年及2009年出现了销售进度缓慢，导致借款人出现财务状况不佳、现金流紧张的情况。会计师事务所因此在2009年年终审计中将贷款余额2.14亿元全部下调为关注类。

贷款到期前半年，分行了解到，借款人销售仍没有改善，预计仅依靠项目实现的现金流难以按期归还分行贷款。但与此同时，广州市区的房地产市场逐渐走出低迷，成交量有所放大，借款人母公司广东Z投资股份有限公司在市区的项目SJ家园已开发成熟，受到的冲击较小。

分行于是考虑通过给予借款人母公司SJ项目贷款作为条件，要求借款人及母公司筹集资金，归还花园别墅和国际城两个销售情况不理想的项目贷款。通过上述一系列操作，截至2010年4月，分行实现了全部2.14亿元贷款的回收。

点评：

凡是商品基本上都是能够移动的，可从一个地方运输到另一个地方去销售。而房产具有不可搬移到异地销售的特性，但对于同一开发商，银行可以向销售好地区的楼盘发放贷款，从而收回销售不好地区的开发贷款，从而达到“桃僵李代”，左手放款、右手收款，化解风险的效果。

案例9

通过更换资信强的借款人收回贷款

2013年7月，南京某分行的四户联保钢贸小企业3000万元贷款，多次出现逾期付息的预警信号，此时距离贷款到期只有不到2个月的时间了。面对这一紧急情况，分行上下齐心合力，因势利导，创造性地运用了债务重组方式，在贷款到期前成功化解了风险，取得了多方共赢的成效。

一、项目基本情况

四户钢贸小企业以联保的方式借款各1000万元，共计4000万元，担保方式是除共计缴存的1000万元保证金外，授信敞口由四家小企业和各自股东以及A公司提供保证担保，另外由B海华公司全资控股的下属C宁储公司名下房产抵押。

2013年7月，四户联保钢贸小企业贷款已多次未能按期付息，级次已下调为关注，出现预警信号，此时尚有敞口余额3000万元。对此，分行清收人员紧锣密鼓地展开工作，经过走访调研，发现四户企业亏损严重，基本处于停业状态。更有甚者，提供担保的B公司实际控制人在银行贷款发放后，将四户钢贸小企业的自有资金全部抽走用于投资不动产。

综合以上调查分析，基本可以得出结论：依靠该四户企业自身清偿贷款的可能性为零，而唯一可以依赖的抵押房产，也因为种种原因实现抵押权存在一定难度。

二、项目清收情况

（一）对初期方案的论证与否定

预警信号出现初期，贷款经办支行曾提出方案，建议由B海华公司关联的九个茶叶经营户为借款主体，仍以原有抵押物提供担保，通过分行发放个人经营贷款的方式归还原有贷款。

分行法律保全部介入后，分析认为该方案并不可行。首先，对贷款的实时监控难度更大，风险隐患实质上有所放大；其次，九个自然人承接3000万元的贷款敞口，分摊到每个人300多万元，而这些茶叶经营户实力迥异，难以保证所有人都能正常还本付息，一旦其中一个不能偿还贷款，启动抵押物的整体拍卖也难以实施，且会引起连锁反应，再次引发严重危机。再次，这些茶叶经营户都具有一定的流动性，会对今后开展联络、催收等清收工作增加了工作量和难度。

（二）深思熟虑后的方案确定

经过重新讨论，认为可行方案有两个。

方案一：立即起诉借款人，通过法律解决。这样做虽然力度大，但效果可能有限。第一，该四笔贷款自然人保证多，如果诉讼，每笔贷款涉及的被告人数都超过十人，光提供给法院的起诉材料对应每笔款项就达到百份之多，不仅需要花费大量的人力物力准备诉讼材料，还有可能面临部分被告无法送达、法院必须多次公告的情况，诉讼进程将会相当缓慢。第二，虽有抵押担保，但由于在抵押登记时受业务操作的局限，采取的是间接抵押的方式，即抵押人为B公司，而抵押物属于C公司。有可能在行使抵押权时因为法律关系过于复杂而遇到障碍，而且抵押给分行的是第二层楼房，处置起来也将面临困难。第三，除了上述抵押物，在这四户借款企业及相关保证人名下几乎没有发现其他有效资产。

方案二：更换主体借款人，争取重组升级。就是以4家借款人的实际控制人B公司作为新的借款主体进行债务承接、贷款重组。同时要以原有的抵押物继续提供担保，而且重组后的贷款必须逐年压缩。

分行决定将工作重点放在方案二上，同时也做好诉讼准备，一旦方案二无法达成，随时启动方案一。

（三）艰难的重组历程

七八月份的南京，酷暑难耐，空调都发挥不了作用，但清收人员顶着炎炎烈日，不厌其烦，一趟又一趟地前往企业与实际控制人进行谈判。起初，实际控制人态度不是很积极，提出了苛刻的重组条件，分行坚决予以拒绝，坚持底线不动摇。

艰难的拉锯战就此拉开序幕，清收人员一方面耐心地向实际控制人分析所面临的现实，向其表明银行不仅是在解决自己的贷款问题，也是在帮其解决债务危机，最大限度地向其展示银行的诚意，表达银行希望取得双方共赢的意愿。

另一方面，分行也向其暗示一旦无法重组的后果，即银行将不得不采取法律措施，查封资产、银行账号等。不仅抵押物将被法院查封拍卖，还势必引起其他银行纷纷收贷的连锁反应，有可能对其造成灾难性的后果。

一次又一次的登门拜访、一遍又一遍的推心置腹、一轮又一轮的正式谈判，量变引起了质变，坚持产生了成效。最终分行与债务人达成了债务重组方案，由B公司代为偿还原有贷款全部本息，分行则相应向B公司发放3年期贷款3000万元，仍以原有贷款的抵押房产提供抵押，新发放的贷款逐年压缩本金。

2013年8月22日，随着最终一笔偿债资金的到账，标志着本次债务承接、贷款重组工作的顺利完成，3000万元的风险资产得以成功化解。所有工作人员紧悬着的心此刻才最终放下，心情也像窗外的天气明朗开来。守得云开见月明，1个多月来的辛苦劳动终究换来了成功的喜报。

点评：

本次风险成功被化解的经验在于，银行不是简单直接地采取法律诉讼、处置抵押物的方式来解决问题，而是考虑借款人利益，从实际出发制订合法合规的债务重组方案，有理有节，多措并举，各部门通力合作，最终才能在短短不足2个月的时间内取得了法律诉讼都无法达到的最佳结果。

案例10

以“逐步压缩、到期清偿”收回贷款

江苏C机械有限公司主要生产销售0.5~3立方米微小型空压机。该公司于2006年12月与南京某银行建立合作关系，至发生预警信号为止，在银行敞口余额3000万元。以第三方土地抵押，用途为商业用地，评估价值为5894万元。

2009年11月，受美国金融危机影响，江苏C公司合作银行之一——美国联合银行申请破产，在没有先兆的情况下提前收回给予江苏C公司的人民币2000万元。C公司由此出现流动资金紧张、生产半停顿的情况，并于2010年1月15

日向银行提出贷款展期要求。

银行考虑到江苏G公司具有多年的生产积累，在出现预警信号时，资产为4亿元，资产负债率保持在40%，还没有达到资不抵债的窘境，企业高管仍在组织生产经营进行自救。因此银行同意其展期，并提出“逐步压缩、到期清偿”的处理方案。经过不懈努力，最终该笔贷款于2010年7月2日提前归还银行。

案例11

采取按月收款方式减轻企业负担

近年来受行业影响，某借款企业资金链吃紧，且一直未能提供足值抵（质）押物。银行采取逐步压缩授信额度的措施。但该企业实际负责人对此有一定的抵触情绪，贷款快到期时也未能及时备好还款资金，银行需多次提醒、督促后才到账。

为此，银行多次派人以正面访谈、侧面了解等形式跟踪企业发展态势，以诚恳的态度对企业负责人进行思想劝导工作，保持银企之间关系的和谐。同时，考虑到企业现金流方面虽存在不足，但仍在经营中，若持续经营是有能力偿还贷款的，银行经过讨论决定给予其一定的缓冲空间，以确保贷款安全。

从2009年年底开始，银行采取按月回收部分贷款的措施，以免贷款集中到期或遇到与供货商结算的付款高峰时，企业无法及时备足款项还款。采取该项措施后，企业较为配合，按月偿还银行贷款。此外，银行派人经常走访企业，密切关注企业的经营情况。最终收回了长达3年的全部贷款。

点评：

有时银行采取压缩措施，企业在还款意愿上会较为抵触，对此不要急于求成，而是要耐心做好企业的疏导工作，充分沟通，循循善诱，安抚实际负责人的情绪，并灌输企业遵守信用的重要性。同时要探讨符合企业可行的还款方案，避免因资金压力过大而对企业经营造成不利影响，确保贷款资金的安全回收。

案例12

组合清收出奇招，模式创新结硕果

4900万元的不良贷款通过“债权转让并债权管理+第三方债务人代偿”模

式一举收回，这是成都某贷款银行践行“突破常规、整合资源”工作思路、构建“组合式现金收贷”的新模式所结出的一枚清收硕果。

一、项目背景情况

借款人J集团系一家民营集团性企业，主营大口径压力管道的生产和销售。不良贷款总额4900万元，保证人均为其关联企业或业务合作企业，之后贷款银行又追加了该集团一家下属制药公司1800万元最高额抵押担保（以药厂厂房为抵押物）。

2011年年底，受地铁工程影响，债务人资金链断裂，其资产陆续被法院查封，贷款银行亦于该年年底向法院提起诉讼。受债务人提起管辖权异议影响，截至2012年12月银行方才取得一审判决。

二、项目清收情况

（一）清收难点

银行启动司法收贷程序之初，面对的现状是：债务人负债累累，债权银行众多，实际控制人已“蒸发”，几乎无现金类资产，公司厂房、土地、设备、银行账户被法院近十轮查封，十余个案件集中在同一法院集中处理。

该类项目，受理法院一般会强调将多个案件整体处置，故司法进程相对缓慢，节奏谨慎。若按常规方式被动等待法院四步骤“判决—执行—资产评估—资产拍卖”，银行一方面收债时间被动，另一方面，按债务人整体资产及负债情况，查封资产变现预计受偿款项远不能覆盖4900万元贷款本金，该笔贷款面临终极损失的风险！

（二）清收过程

面对“企业资不抵债、有效财产被多轮查封、执行程序难启动”的困局，银行领导要求清收人员拓展思路，不固守原有方式，多方借鉴并深入挖掘、分析借款人集团现状，争取出奇招致胜。

“数据就是钥匙、信息就是资源”。清收人员充分分析了企业三年间的财务报表和J集团业务构成，发现其最盈利的主体为该集团下属的制药公司（即该笔贷款的抵押人，银行享有对药厂厂房1800万元抵押权），同时也获悉了市场上有相关企业意欲收购该制药公司的宝贵信息；另一方面，清收人员了解到J集团对外尚有数千万元应收账款。但是，欲收购制药公司的买家遇到的障碍是药厂厂房已被法院多轮查封，如何绕开？如何将不确定的应收债务回笼为代偿资金？清收人员必须面对这些问题。经研究措施如下：

（1）发挥最高额抵押债权优势，清收人员设计了“转让1800万元债权及对应抵押权+一揽子后续债权管理”的整体方案，一举对外转让银行债权1800万元。

既然转让物权有障碍，那能不能在转让债权上做文章？此时，最高额抵押权发挥了巨大作用：清收人员从4900万元的本金中“切割”出了1800万元的债权，随即设计了“转让1800万元债权及对应抵押权+一揽子后续债权管理”的整体操作方案，同时还一并配套了《债权转让协议》。准备充分后，银行开始寻找机会。谈判进行了多轮，对手换了多个，僵持、对抗、反复……在大半年的时间里，撞了墙又折回来重新找路；行领导亲自参与谈判并一直鼓励清收人员不能放弃、一定要坚持到底！

功夫不负有心人，2012年11月，银行与某家大型医药集团谈判成功，以1800万元的价格转让了银行本金债权（含厂房对应的全部1800万元最高额抵押权）。

（2）通过深入挖掘债务人对外应收债权线索，提出了由第三方债务人代为清偿部分贷款的方案。

尽管已实现1800万元受偿，但银行“组合式清收”的拳头没有停下。清收人员还要将J集团对外应收债权的线索变为实实在在的现金。在分析债务人提供的数家第三债务人的基础上，重点确定了4~5家作为重点突破口。又是十数轮艰苦的谈判，对重点债务人一家一家走访、一家一家谈。僵持、对抗、反复……在近大半年的时间里，清收人员只有一个信念，多谈一家就多一个清收机会，多谈一次就离成功多近一步。从2012年12月起，贷款银行陆续与多家第三债务人达成一致，通过代偿已收回本金2260万元。

4900万元的不良贷款，通过债权转让收回1800万元，第三债务人代偿收回2260万元，剩余840万元按代偿方案在2014年一季度也收回，该不良项目的终极风险已得到有效化解，“债权转让并债权管理+第三方债务人代偿”的组合式清收在实战中获得重大胜利。

案例13

迫使借款人变卖银行查封物后收回贷款

S有限公司是一家规模较大的钢铁贸易商，是大连某分行钢铁金融业务授信客户，授信总敞口为1亿元，核心厂商是抚顺某钢铁有限责任公司。

2013年7月5日下午，支行通过贷后实地检查了解到借款人受市场因素影响，企业经营的情况出现恶化，在他行的授信业务到期后可能无法偿还。

企业当时在分行仍有4笔银行承兑汇票业务尚未到期，其中两笔4000万元和一笔1000万元的保证金均为100%，已无风险隐患。但还有一笔1700万元票据保证金为510万元，风险敞口1190万元，对应的质押钢材货物的当时价值约为1714万元，质押率70%。

收到支行的预警上报，分行迅速组成由风险总监为组长的风险化解小组，召开会议进行风险分析、制订风险化解方案。

（1）要求小组成员做好保密工作，避免消息流出，防止他行及相关企业捷足先登采取措施。

（2）分行第一时间派员前往监管库进行质押物确权，通知监管机构履行监管职责，保证分行质押物完整足值。经多次与监管单位核实，货权得到确认。

（3）立即成立专项清收小组，首先清点分行质押物，指派专人每日对质押物进行严密看管，同时摸排借款人其他资产、准备诉讼材料。

（4）为防止借款人财产被其他债权人先行查封或转移，正式向法院提起诉讼，同时提起诉讼保全，非常及时地保障了分行对质物的法律控制。

在与债务人清收谈判过程中，清收人员多次受到债务人发来的人身安全的恐吓威胁短信。面对此种情形，清收人员临危不惧，据理力争，一方面积极推进法院诉讼程序，另一方面没有停止向借款人施压，提醒其若拍卖款项不能覆盖分行债权，将立即申请执行已查封的其他资产。

随着形势的变化，分行的谈判地位显著上升，核心资产被查封给借款人带来的压力愈来愈大，迫使借款人同意变卖分行查封物，与一家下游企业达成资产转让意向。分行清收人员全程监督了转让过程，了解确为真实贸易背景的交易，并提出的前提条件是，转让款项必须第一时间打入分行指定账户并要确保时效性。

经过多轮谈判，借款人同意分行提出的所有条件。通过与债务人多轮艰难谈判、为其寻找买家、通过法律手段给其制造威慑力等多种途径手段，最终债务人在变卖查封物后全部偿还所欠分行债权本金、利息及诉讼费用，分行针对该不良项目清收取得全面胜利。

点评：

在静态监管模式下的存货质押业务，虽然允许质押物流动、置换，但在实际操作中若管理不到位，细微的瑕疵（例如权利公示不明）将有可能造成质押物被第三方主张权利，直接导致银行债权脱保。

银行质物必须存放在签约监管机构仓库内，并确定具体的专门区域，做到“单独存放”“区分标识”。防范监管公司监管不到位，或与出质人串通勾结私下调包。严格执行贷后管理，尤其在每次调整货物后，必须重新形成质物清单，并标注具体存放位置，确保权属绝对清晰。

案例 14

查封借款人应收债权收回贷款

S 科技有限公司为 D 国外商独资企业，主要经营半导体和太阳能硅片制造行业化工废液、废渣的综合利用、技术开发、处理和处置。

2012 年 7 月，无锡某分行对 S 公司发放半年期流动资金贷款 1000 万元，担保方式为信用免担保。

2012 年 12 月，借款人的母公司向 D 国当地法院申请破产保护，但因迟迟未能做出破产方案，导致借款人在分行 2013 年 1 月到期的 1000 万元贷款逾期。

鉴于光伏市场整体不景气及企业出现经营恶化的形势，支行经办客户经理加强了关注。在贷后管理策略上制订了如下方案：压缩并调整对企业的授信产品结构与期限；将其三家关联企业的经营情况纳入贷后管理范围，定期向其索要集团内所有企业的财务报表进行分析；加强对企业的走访频率；定期对其母公司在国外开立的英文版及德文版网站发布的相关信息进行搜集等。

由于 S 公司母公司在 D 国申请破产保护时，对债权人做出了不减少子公司贷款水平的承诺，如该承诺无法兑现，将遭到债权人对公司管理人个人的起诉。因此，S 公司管理层坚持待 D 国母公司重组完毕后再对银行贷款进行处理的决定。随着贷款到期日的临近，分行提出的各种过渡方案均遭到对方的拒绝和忽略。

2013 年 1 月 14 日，该笔贷款到期未能归还，分行当日即向法院提起诉讼。1 月 15 日，分行在法院的帮助下，将 S 公司对无锡 G 公司的应收债权 1200 万元进行了查封冻结，并查封了 S 公司的机器设备，以起到震慑作用。

无锡 G 公司被分行查封冻结了 1200 万元应付账款后，当即停止了对 S 公司的货款支付，并向 S 管理层表示，若由于此桩银行债务纠纷而影响正常货物供应，将考虑由其他供应商替代。

至此，分行采取的诉讼保全措施，对借款人 S 公司起到了反制效果。S 公司管理层迫于未来经营性现金流被分行掐断的压力，同时为维护自身在客户方面的商业信誉，主动向分行表示了愿意用被分行所查封的到期应收账款归还逾期贷款的意向。之后，分行1000万元贷款的所有本息在短短的两个多月的时间内全部收回。

点评：

（1）多渠道了解企业信息，及时发现预警信号。该笔贷款的经办客户经理风险防控意识较强，贷后检查到位，积极关注借款人及关联企业的相关情况。通过国外官方网站，第一时间了解到企业国外母公司的破产信息，并且细心搜集、掌握了企业的重要财产线索，为后续清收措施做好了充分的准备。

（2）清收过程中，巧妙地通过企业的交易对手，向企业施加压力。鉴于该企业为外商独资企业，较为重视商业信誉，分行一方面通过法律手段依法清收，另一方面通过其交易对手向企业施加压力，引起企业管理层重视，为最终化解风险打下了良好的基础。

案例15

抵押物被他人先行查封后并案处理

2012年2月，厦门某银行给予A糖业有限公司1.3亿元授信，以南安市B房地产（大酒店）作为抵押，并由该公司实际控制人及福建南安市C大酒店有限公司公司提供连带责任保证。A公司在额度项下提用6000万元流贷，开票1.4亿元（50%保证金）。

2012年9月，借款人企业因资金链紧张出现风险预警，11月由于企业资金紧张，已无力归还贷款本金，11月银票到期后出现垫款。

在分行向法院申请查封抵押物时，发现B酒店已被借款人的另一债权人某担保公司在异地（同省不同市）申请查封。后分行经过艰苦努力，通过请省高院从中协调，将两处查封并案处理，最终化解了风险。

点评：

毋庸置疑，作为第二还款来源的抵押担保对风险防控可起到积极的保障作用，抵押物可以是土地、房屋、专业设备、船舶等。但在实践中对于有抵押担保的贷款也不能高枕无忧，因为处置抵押物时常会面临各种变数。

银行在不良资产处置过程中，常会遇到已为本行设定抵押的资产被其他债权人申请法院先行查封、扣押的情况，尤其是在抵押人对外负债较多的情况下，抵押物被多轮查封的情况也很常见。在这种情况下，银行对抵押物的优先受偿权虽不因查封而受影响，但处置的主动权掌握在第一查封人手中，在处置时间、效果方面会产生诸多不确定性。

首先，抵押物被先行查封后，银行与抵押人不能再通过协议方式处置抵押物。通常，在抵押人配合的情况下，协议处置比通过法院处置效率更高、成本相对较低。但如果抵押物已被其他债权人申请法院查封，那么银行只能通过法院的处置途径才能实现抵押权。

其次，先行查封的法院在程序上取得了优先处理抵押财产的权利，银行只能通过采取首封的法院处置抵押物。抵押权的实现受制于首封法院对债权人债务的诉讼、判决及执行进程。

再次，有时抵押人会串通关联企业对抵押物抢先进行恶意查封，将债权诉讼过程复杂化，使银行优先受偿权无法有效实现。

银行对此可采取的防范措施如下：

（1）银行作为抵押权人在通过法律手段追偿债务时，应果断地抢先于其他债权人进行财产查封，包括在诉前果断采取诉前保全措施。

（2）银行应加强对抵押物的监控，如果发现被其他债权人查封后要及时主张权利。应积极核实其他债权人的申请查封行为是否符合法律规定，程序是否合规，并及时向查封法院主张权利，加强与查封法院及申请查封债权人的沟通与协调。对查封法院怠于处置抵押物或申请查封债权人与抵押人恶意串通的，可以向法院提出异议，依法维护本行合法权益。

案例 16

多管齐下，全身而退

A 公司在宁波某分行有 6000 万元开票额度，企业提供钢材存货质押担保 5000 万元，企业法定代表人以自有的别墅抵押担保 420 万元，B 科贸公司提供保证担保 580 万元。银行将质物交由 C 监管公司监管。

贷后某日，客户经理了解到 A 公司资金链出现重大问题，立即将该情况上报。分行法律保全部立即向借款人宣布所有授信提前到期，当日马上找 A 公司。经过艰苦的谈判，A 公司同意将质押的存货转让给 C 公司，转让款直接支付给分行。为避免节外生枝，分行法律保全部连夜起草好质物转让合同并连夜签署完毕，同时连夜将剩余的质物办理出库交接手续。这一处置措施，为分行及时避免了5000万元风险损失。

此时授信敞口还有1000万元。分行取得生效法律文书后，通过积极做通B公司的思想工作，使其主动代偿了580万元的债务。剩下的420万元，分行申请强制执行A公司法定代表人的别墅。

分行在申请执行抵押别墅时，发现该房屋已与相邻的另一套他人（法定代表人之子）房屋（已抵押给另一家银行）打通，事实上该两套房屋已被改造为一个大套房（连体别墅），共用一个大门，内部结构也无法分割。更令人头痛的是，当时国家正实行限购令，而这套大别墅却拥有两个房产证，同时别墅的价值高达800万元，有能力购买此类别墅的人一般都已有了房产，很难符合购买人资格。

为了抵押房产能顺利拍卖，分行与另一家银行协商，决定将两案合并执行，即房产合并评估拍卖，两家银行按各自房屋建筑面积所占比例，对拍卖款进行分配。为了增加拍卖的成功率，还申请网上司法拍卖。

在拍卖过程中，第一、二次拍卖均以流拍告终。银行清收人员积极应对，在第三次拍卖前，走访了抵押物所在地的所有房产中介公司，说明将进行网上拍卖的情况，要求房产中介公司能对潜在客户进行宣传。结果三拍成交了，该成交价比二拍的保留价还高出200多万元。事后了解到，最终竞拍成功的买主，正是通过银行走访过的中介公司了解到的别墅要拍卖的信息，真是功夫不负有心人啊。

点评：

（1）在处置质押钢材时，第一时间与企业谈判，促使出质人自行将质押物处置，而不是简单地采取诉讼保全措施，从而避免以冗长的诉讼程序去处置质押物。

（2）在处置抵押房产时，发现房产现状发生变化且不利于处置时，积极采取有力措施，尽可能地争取网上司法拍卖，扩大买家范围，促进高价成交。

（3）与第三方担保人保持密切联系，一方面可以通过其了解借款人更多的财产情况或现状，另一方面还可以争取其代偿。代偿后银行应为其出具代偿证明，有利于其尽早向借款人追索。

案例 17

拍卖处置抵押房产

Q 金属科技有限公司是一家从事钢压延加工生产的有限责任公司，注册资本 3000 万元，公司主要生产扁钢和轻轨。企业在杭州某分行有贷款 950 万元，其中 500 万元为厂房抵押担保、450 万元为业主个人的营业房抵押担保。

Q 公司自 2007 年开始先后投资 2400 万元扩大生产规模，但由于受 2008 年亚洲金融危机影响，原材料市场价格变动较大，下游企业市场需求逐渐萎缩，企业销售锐减，加上有些银行连续收贷 900 万元，致使企业流动资金更加趋紧。此后，企业一直得不到其他银行的融资，最终导致资金链断裂并正式停产。

知悉企业停产信息后，经办支行马上在当晚组织召开专门会议商讨对策，一是指派专人对企业资产进行盘查摸底，了解当前资产与负债情况；二是行长亲赴现场踏勘两处抵押物，掌握抵押物质量与状况；三是对授信资料与抵押资料进行审核，做好诉前准备；四是及时预警，立即向分行信管部报告，并指派专人蹲点企业，掌握企业与法定代表人的动态。

随后，分行对企业抵押的两处房产进行了查封并起诉。但由于企业法人代表已出逃国外，执行程序无法按时进行。经过多方努力、协调，分行对厂房进行了拍卖，并成功收回 500 万元贷款。而对企业主的个人营业房，数次拍卖都因竞买人报价未到保留价，或者竞买人数未到法定人数而流拍。此后法院又进行了两次变卖，还是未能成功。最后，分行多方联系，自寻竞拍人，最终由一企业以 545 万元的价格竞得该标的。至此，分行剩余 450 万元不良资产也得以顺利回收。

点评：

本案中客户用于抵押的个人营业房地理位置商业氛围不浓厚且长期闲置，导致抵押物拍卖处置阶段非常艰难，最后只能依靠银行多方联系，自寻竞拍人才顺利处置成功。因此，银行在事前选择抵押物时，一要现场实地查看，二要重点分析抵押物的变现可能性，闲置的营业房不宜接受抵押。

案例18

拍卖借款人资产收回贷款

A领带服饰印染有限公司自2002年12月开始与杭州某分行建立授信关系，有授信额度1000万元，由浙江B科技有限公司担保。

2009年年初全球经济金融危机，企业面临国外需求下降、人民币升值、行业竞争加剧等不利因素，领带、面料出口销售比上年同期下降约30%。

2009年6月末，企业法定代表人突然出国外逃，并中断了一切通讯，去向不明，公司原料商停止供货，各方债权人纷纷上门逼债，并依法查封了有关资产及账户。企业无法再维持正常生产经营，出现了经营及财务危机，随后被迫停产。

企业停产后，政府在公告受理各类债权债务申报登记中，发现企业老板个人有2000万元的账外隐性民间债务。由此事后推测，这也许是老板出逃的主要原因。遭此变故，分行贷款自2009年7月开始欠息，本金到期后产生逾期，风险由此产生。

事发后，分行立即行动，成立了风险管理工作小组，果断采取了切实有效的应对措施：

(1) 立即向当地政府部门报告、沟通，取得政府的支持。企业所在的工业区政府部门和当地镇政府立即采取接管企业、清理资债等应急预案。

(2) 积极推动企业整体拍卖进程。经查企业共有债务1.2亿元，而可处置的资产估计4000余万元，与实际的债务相差较大。为此分行及其他债权银行共同与当地政府商讨方案，指定案件由一家法院统一审理，对企业实施整体拍卖重组。利用绍兴地区印染执照及排污权的稀缺性，政府再出台对重组后企业优惠配套70亩出让土地及部分地方税收优惠等政策，切实提高资产拍卖价格，最终该宗资产拍卖到了6091万元，为后续债权的处置带来了便利。

(3) 采取果断措施，最大限度地保全了分行债权。法人代表出逃后，分行立即将企业账户上的存款抵扣贷款，并最早起诉保全，第一时间查封了企业部分机器设备、相关物资及部分结算账户，争取了事后资产处置的主动权。

最终企业资产成功拍卖，分行收回了逾期一年的全部贷款本息。

点评：

(1) 要积极与当地政府部门、法院处理沟通，做好参谋，争取大力支持。尤其是在风险产生后，对企业资产的监管特别重要，防止企业处于无人管理状态下的资产流失；其次在债权人维权的秩序上，也要有一定的合作协商，防止大家查封大家牵制，相互僵持，谁也无法处置。

（2）要加强贷后检查，对风险苗头及时做出补救和反应。在本案例中，第一时间扣除了企业账户存款，第一时间起诉查封资产，扣留企业收汇资金等，这些都强化了贷款处置的主动权。

（3）两点法律问题的思考：① 银行对于企业法人代表出逃且其个人名下没有明显资产的情况，可以暂时放弃对个人的追诉，以省去公告时间，以便加快处置速度，待查找到个人资产信息后再行追诉；② 从处置资产情况看，法院一般只保障抵押合同中的最高额金额，对超过该最高额的债权不予以优先保障。因此，银行在签订抵押合同时对最高抵押额可适度放大，但对实际抵押贷款数额可根据实际情况加以控制，从而增加银行在处置抵押物时的优先权。

九、向担保人清收

银行在向借款人追索债务的同时，也要做好向担保人追索的准备。方式包括：一是要求担保公司出面督促借款人还款；二是要求和迫使担保公司替借款人还款；三是处置担保公司资产收回贷款。

案例 1

迫使担保公司提前代偿风险贷款

X 洁净空调工程有限注册资本 258 万元，年销售收入 2000 多万元，是苏州某分行合作多年的客户，有 500 万元小企业贷款，由江苏 Z 投资担保公司提供担保，以及法定代表人夫妇提供个人连带责任担保。

支行在贷后检查中发现企业当年订单较大，在建安装工程较多，明显超出其经营施工能力，工程履约出现问题，已有客户提出违约索赔，法定代表人已无法控制局面，已有破产苗头。

公司从同业中聘请了一位副总负责生产。但由于法定代表人和外聘职业经理人之间出现了矛盾，直接影响了法定代表人对经营的控制力。法定代表人夫妻于 4 月初办理了离婚手续。4 月 22 日，法定代表人在内外压力下自缢身亡。

支行在汇集各方面预警信号后，冻结了公司账户和法定代表人私人账户共 200 多万元存款，并于 4 月 23 日上午 11 时报告分行信贷管理部。

分行信贷管理部和支行紧急会商后，决定采取先由担保公司提前代偿分行贷款，再由担保公司通过诉讼保全的方式查封分行存款的方式来化解风险贷款。

分行即刻约担保公司老总及其助手来行磋商，并晓之以理。担保公司老总权衡利弊，当即拍板先行代偿，同步诉讼保全。截至4月23日下班前，分行500万元贷款本息提前结清，风险贷款在最短时间内得到了化解。

案例2

迫使担保企业代偿1000万元贷款

义乌市A针织有限公司在杭州某分行有贷款1000万元，其中600万元由义乌市B针织有限公司提供担保，另400万元由法定代表人陈某房产抵押（评估价700万元）。

经办客户经理于2010年3月20日在例行通知借款人支付利息和做贷款回收预案时发现，电话已无法联系负责人陈某夫妇。后向保证人B公司了解到，陈某夫妇已于当日支付完公司员工的工资和遣散费后离开义乌，无法取得联系。

由于事发突然，经办机构马上成立预警处置小组。大家分析后认为，陈某夫妇出走的最大原因是银行借款过大，无法承担目前的所有总计7000多万元负债，故而“撂挑子”走人。讨论分析还认为：一是保证企业代偿能力强，600万元属其可承受范围；二是抵押物足值有效，400万元抵押项下贷款可足额收回。贷款回收总体没有风险。因此，要求此项风险预警处置在3月31日前完成。

在与保证人B公司的洽谈过程中，一开始B公司明确表示，600万元保证贷款马上就代偿。但对于抵押项下的400万元贷款，要等抵押物处置完毕后，不足部分再由其承担。由于抵押物未被查封，分行建议保证单位先全部代偿1000万元，分行将积极配合其落实抵押物的优先受偿权。通过这种方式，B公司能确保700万元抵押债权的优先受偿权，从而能减少300万元的代偿损失。对此方案，B公司表示愿意接受，最终于2010年3月31日代偿了1000万元贷款。

案例3

以“协商为主、诉讼为辅”方案收回贷款

香港上市企业A食品服务控股有限公司的经营实体全部位于内地，主营送餐、方便食品及中餐馆，是中国内地最大的民营食品及送餐服务供应商之一，无

锡B食品科技有限公司是A公司重要的生产加工基地之一。

无锡某分行给予B公司7000万元授信额度，以公司自有房地产抵押担保，并追加上海C联合餐饮有限公司保证担保，利率上浮10%。

后来B公司陷入扩张过度的困境，原计划通过购置大量工业用地、兴建厂房、收购餐厅来获取盈利，却导致项目投资的现金超过经营业务现金流入。因A上市公司涉及两笔近20亿元可转债出现技术性违约，向香港高等法院申请清盘。

分行在获得该食品集团申请临时清盘信息的第一时间，立即成立了预警处理领导小组，由行长亲自挂帅，着手摸底分析与风险化解工作。根据多方面了解到的情况，分行分析食品集团公司已逐步恢复经营，此时企业不希望过多的牵涉诉讼，更不希望分行处置抵押物。分行针对公司此种心态，加上贷款有房地产足额抵押，贷款未逾期未欠息，因此制订了“协商为主，诉讼为辅”、年内全部收回的化解方案。

几个月后，企业在陆续归还部分贷款后尚欠本金1500万元，在几次协商未果后，分行发现企业有放缓还款的苗头，这将直接影响到分行清收进度。在此情况下，分行果断决策，向担保人上海C餐饮有限公司邮寄了催讨函：限期清偿B公司的欠款，否则由此产生的法律后果自行承担，以此达到“敲山震虎”的效果。同时做好两手准备，一旦企业未在期限内还款，立即采取措施依法清收。

在分行不断施压下，企业最终划入分行1500万元，全额结清了不良贷款。

点评：

当借款人风险暴露时，有效担保能起到至关重要的作用，直接决定了授信是否能够安全收回。因此放款前必须把好落实担保条件这一关。这个案例正是因为有房地产抵押，而且银行核保手续规范，法律文书资料准备充分，才为后来成功收回授信创造了有利的谈判地位。

案例4

以刑事报案为抓手清收贷款

A公司系邯郸市一家主营煤炭洗选销售的贸易公司。2012年三季度，石家庄某分行先后向其发放三笔一年期流动资金贷款565万元、700万元、800万元，贷款均由A公司在B公司的应收账款提供质押担保。

上述贷款到期前，分行获悉A公司在他行贷款发生逾期，且在他行贷款应收账款质押回执上的印章存在伪造嫌疑。发现预警信息后，分行法律保全部立即跟进并启动清收程序。

分行首先与A公司法定代表人进行接触，了解到该公司确实存在流动资金紧张而无法按时偿还银行贷款的问题。为降低该项目贷款风险，分行立即追加了借款人动产（煤炭）第二顺位质押担保，在工商局办理了质押登记。追加了某房地产开发公司连带责任保证（后经核实，保证合同上保证人印章系伪造）。

同时，分行到B公司调查了解应收账款质押回执印章的真伪。B公司称从未在应收账款回执上加盖过印章，三份回执上B公司经办人马某某签字也不是其本人签署。

为做到心中有数、为诉讼中鉴定印章真伪做好准备，分行到邯郸当地公安机关及刻章公司调取了B公司印章刻制手续及留存印模。经认真比对，发现回执上的印章与留存印模存在细微差别，确实存在伪造嫌疑。

在向A公司了解应收账款质押回执印章加盖过程中得知，B公司内部人员对伪造印章知情且可能参与伪造。分行以此为要挟与B公司谈判，希望其收购A公司现有全部煤炭，协助银行收回部分贷款。

B公司起初态度强硬，以印章不是该公司所盖为由拒绝协助。分行将该公司内部人员参与伪造印章涉嫌刑事犯罪的信息告知对方，并通过其母公司出面协调斡旋，该公司态度有所转变，表示可收购A公司全部煤炭。但在煤炭出库过程中，因其他银行认为其对煤炭享有质押权从而阻挠出库，最终煤炭未能实现销售。

在通过沟通协商非诉清收未能取得预期效果的情况下，分行果断启动诉讼清收程序，向石家庄中院提起民事诉讼，要求借款人A公司偿还全部贷款本息，分行对A公司在B公司的应收账款享有优先受偿权。

B公司收到诉状后反应强烈，要求分行提供回执原件进行鉴定，遭到拒绝后立即向法院申请对应收账款质押回执上的印章是否该公司所盖及签字是否该公司工作人员所签进行鉴定。

分行一方面配合法院提供回执原件和从公安机关调取的备案印模，积极支持印章鉴定。另一方面通过A公司向B公司传递信息，表明一旦鉴定确定回执上印章确系伪造后银行的态度，即：向公安机关报案，一查到底，决不姑息，坚决追究包括借款人A公司、应收账款质押债务人B公司及银行所有参与人员伪造企业印章、诈骗银行贷款的刑事责任。同时，做好开庭审理的一切准备。

事实上，分行对应收账款回执印章系伪造已有把握，但深知通过公安机关追究有关人员刑事责任可能会困难重重，久拖不决。在分行未掌握A公司任何有效资产的情况下，该项目清收前景极不乐观。

就在清收人员“山重水复疑无路”的时候，忽然出现了“柳暗花明又一村”。有家C公司主动找到分行，称可代A公司偿还所欠贷款。后经分行从侧面了解，原来B公司担心鉴定结果证实印章系伪造后银行向公安机关报案，牵扯出该公司内部人员涉嫌刑事犯罪。为避免影响其声誉，B公司安排C公司出面代A公司偿还贷款。分行抓住时机，最后一次性收回贷款本息2111万元。

点评：

（1）锲而不舍，永不言弃。法律清收人员对项目清收难度要做好充分的思想准备，应以锲而不舍的精神和坚韧不拔的意志开展工作，迎接各种挑战。只要拓宽思路，迎难而上，持续开展工作，奇迹随时都可能发生。

（2）双管齐下，击中要害。如贷款涉及借款人刑事犯罪的，要综合运用刑事、民事手段开展清收。既要按照常规清收思路推进清收进程，又要善于全面掌握借款人、保证人的弱点和软肋，抓住要害，突出重点，重拳出击，一招制敌。

案例5

追究监管公司擅自放货责任追回3500万元损失

2011年4月，青岛某分行给予A钢贸公司最高额度为1.5亿元授信，业务品种为贷款和银行承兑汇票，担保质押货物为A公司在青岛仓库的3.68万吨钢材。该质物由B货运公司监管。分行与A公司、B公司签订了三方《动态质押监管协议》。

由于受钢贸市场行情下跌冲击，A公司未能幸免，涉诉且资信状况恶化，导致资金链迅速断裂，形成分行承兑汇票及流动资金贷款敞口风险1.2亿元。

虽分行迫使A公司变卖钢材清偿现金8900万元。但最终仍然剩下承兑汇票垫款1746万余元，逾期贷款2000万元，合计形成3746万元债务。

不良一发生，分行与支行联动配合，不间断地对货场钢材核查对账。经与监管方勾稽多日，质物一直未发现异常。但11月18日，发现质押监管货物短货1.9万吨，与银行要求B公司控货值少7820万元。随即，分行向借款人A公司和B监管公司提出交涉，并及时盘点清账，签字画押确认各自权利义务。

鉴于当时钢材价格持续下跌，为避免扩大损失，分行同意A公司出货还贷，直至2012年4月无力清偿为止。

2012年4月11日，分行对借款人以及监管方一并提起诉讼，请求法院判令偿还贷款本金及相应利息，判令B公司因监管失责赔偿损失。

在经过市中院三次开庭，分行持续补充大量证据条件下，法院依据无可辩驳的证据，判定银行胜诉，并由B公司在5345万元的范围内承担补充赔偿责任。

B公司对青岛中院的一审判决不服，随后向省高级人民法院提出上诉。上诉大致理由如下：

第一，监管货物自始不足；第二，银行和借款人涉嫌欺诈，银行有过错；第三，已处分质押货物的货款仅有部分偿还贷款，对该部分，其应免责；第四，货物市场价格损失不应由其承担。

由于此类案件在该省内尚无先例，法官在审理此案中因没有可参照案例，故比较重视和谨慎对待。

与B公司这样的对手较量，银行清收人员不敢懈怠。对于其上诉中所谓的事实理由，清收人员给予了有理有据的抗辩：

依法设立的物权项下的质物是易于变现的钢材。B公司监管的质物，是银行实现债权的唯一有效的保障。而正是B公司无银行通知擅自放货的违约、失职行为，使得质物大幅度减少，直接导致库存质物价值远远低于最低控货值，银行的债权无法实现，给银行造成无法逆转的经济损失。对此，B公司应当在其违约擅自放货造成监管质物减少的价值范围内承担赔偿责任。

在积极应诉的同时，鉴于本案复杂性，分行主动向省高院提交了大量证据材料和书面意见。在清收人员的不懈努力下，最终，省高院支持了银行的抗辩意见，驳回上诉，维持原判。为该案后期的解决奠定了有效的法律依据。

案件进入执行后，因B公司系补充责任，这就需要必须处置完毕A公司等被执行人的财产后，才能执行B公司应承担赔偿责任。实践中，必然存在执行难、掌握难及回收周期和回收预期难确定的问题。

为尽快解决该笔不良贷款，并鉴于B公司国有企业性质的特殊性等多方面考虑，分行转变思路，积极与B公司沟通。经过艰难博弈，2013年年末，B公司最终一次性赔偿银行3500万元本金后了结其全部赔偿责任。

案例 6

迅速查封并扣收担保公司 5000 万元存款

2012 年，上海某分行与上海 L 融资担保有限公司开展合作，给予授信担保额度 5 亿元。之后分行陆续对 9 户自然人发放个人经营性贷款合计金额 8000 万元，均为 L 公司连带担保，并缴存 10% 的保证金，合计敞口 7200 万元。

截至 2013 年 2 季度，个人借款人中有李某、刘某、陈某某、何某某、许某某 5 户陆续出现付息困难、拖欠利息的现象，涉及贷款 5000 万元，贷款出现逾期风险的可能性极大。为此，银行迅速采取措施：

（1）及时汇报、共商对策，分支联动抗风险。贷款出现风险后，经办支行对贷款风险情况及时向分行反映。分行进行紧急商议后初步判断，贷款虽然目前级次仍为正常，但贷款出现欠息情况，结合行业整体风险现象，贷款极有可能进一步恶化，故对于贷款需要早决策、早行动、早诉讼、早查封。

（2）及时诉讼、闪电查封，保全有力得资产。经过迅速决策，分行对借款人以及担保人的各方面情况进行了排摸，扣除了相应的开票保证金。同时发现了担保人的关键性资产——其在银行开立的 5000 万元存单，足以覆盖风险贷款本金。而 L 公司对银行的动向尚未察觉，没有转移账户资金的迹象。

在合作律师事务所的大力配合下，分行在一周内便对 5000 万元存单进行了保全，取得了资产，获得了主动，为下一阶段的谈判取得了筹码。

（3）百转千回、攻坚克难，打好谈判持久战。清收的进程依然漫长而艰巨，取得资产后，分行没有停滞不前。因法院对资产的处置需要公告，这样对不良资产的清偿造成了时间拖延。分行在分析形势后，决定主动联系借款人以及担保公司谈判，争取其主动偿还或代偿不良贷款。

在经过一番谈判后，分行主动争取到借款人刘某、李某所筹措的资金，并说服其归还了逾期贷款。同时又主动说服 L 公司，为陈某某的不良债务主动代偿了约 184 万元，由此清收工作取得了阶段性进展。

（4）抓住时机，果断处置，不给风险留后路。经过数次协商，L 公司认可了分行对存单的处置权，但并不积极履行代偿义务。分行积极与法院方面取得联系，赶在 2013 年年底前，以扣款清偿了所有欠息、罚息以及诉讼费、律师费，取得了不良债务清偿的“大满贯”。

点评：

对于风险初露端倪的贷款需要及时反映情况、及时做出对策；同时对借款人以及担保人的资产状况及时排摸，做到心中有数；迅速提起诉讼，保全关键资产，取得主动地位；积极协调谈判，通过协商加快处置节奏；对保全资产积极寻求执行，确保不良贷款的有效清收。

案例7

谋定后动，一击必中

2012年10月，苏州某分行给予A科技有限公司3000万元开票额度，由江苏B塑化有限公司担保。

2013年4月，A公司银票到期前，分行从其他渠道获悉企业经营陷入困难，资金周转发生危机，可能无法按期偿还各银行的到期债务，如一次性抽贷，贷款本金可能产生较大损失。

预警信号发生后，分行清收人员与支行一起数次约谈法定代表人，对其名下的企业进行实地走访，盘点其固定资产及机器设备，咨询其应收账款回收情况。鉴于A公司及其关联企业已经丧失清偿能力，分行做出逐步压缩化解的清收策略。

期间，当地政府多次召集企业涉贷银行开会协调，要求各家银行不得抽贷或压缩授信余额，维护当地的金融秩序稳定。但借款人及其关联企业经营状况持续恶化，而保证人B公司在当地属于大型企业，具有较大影响力，多次声称不会代偿一分钱，代偿意愿极低。因此分行后期压缩及重组工作难度极大。

考虑到保证人B公司可能已将账面资金转移藏匿，分行采取诉讼措施，如果不能一击命中，执行程序必然受到当地政府的强力阻挠。为此清收人员利用各种关系摸排B公司的银行账户、应收账款、房产土地等资产线索，尤其重视其可能存放现金的银行账户，同时针对每个银行的具体位置及资产位置均在地图上预先识别并实地勘察。

2013年11月，分行清收人员在掌握可靠的担保企业财产线索后，认为B公司年底应收款回笼速度加快，决定立即向法院提起诉讼并申请资产保全。清收人员协调法院在一天内完成5家银行、8个账户的查封手续，冻结B公司存款300多万元，查封其名下全部房产及土地资产。

由于B公司名下房产土地基本在各家银行设定了最高额抵押登记，各项贷款需要在年底完成周转。分行的上述措施直击要害，各家贷款银行纷纷督促B公司尽快解除法院查封措施。

11月25日，A公司和B公司实际控制人来分行协商，分行领导顶住压力，有理有据，提出授信余额压缩20%后重组的处置方案。而B公司软硬兼施，不愿压缩授信余额。清收人员在与法院沟通后，明确表示即使后续执行受阻，也会坚决推动诉讼程序。12月6日，经过数天艰苦谈判，B公司终于支付700万元压缩款项，对剩余2300万元予以重组并继续提供连带责任保证，所有欠息及诉讼费用一次性结清。至此，分行成功化解风险。

点评：

（1）及早介入，把握时机。在企业出现预警信号后，分行清收人员应第一时间介入处置，全程参与清收方案的制定及落实。一方面要全面掌握项目信息，为清收决策提供支持，另一方面要有效把握清收节奏，先行压缩部分授信，梯次推进压缩进度，为后来的彻底化解打下坚实基础。

（2）谋定后动，一击必中。银票敞口出现预警信息后，清收人员没有盲目采取诉讼手段，而是周密准备，收集有效财产信息，选定债务人年底资金回笼高峰期及他行贷款周转高峰期的重叠期间，果断采取诉讼保全措施，从起诉到成功化解仅仅用时两周。在风险缓释措施有效的前提下，也兼顾了业务部门后续业务发展的需求。

案例8

历经18年收回已核销不良贷款利息160.9万美元

深圳A公司于1994年12月在深圳某分行借外汇贷款467万美元，期限一年，由重庆B钢铁（集团）有限责任公司担保。

贷款逾期后，分行向深圳中院提起诉讼并胜诉。随后，分行在2002年至2007年分三次收回全部贷款本金467万美元和部分利息187.7万美元。尚欠利息160.9万美元。因没有其他可供执行的财产，深圳中院下达了中止执行裁定书。银行将该笔不良贷款利息予以核销。

该案虽然已中止执行，但深圳分行一直未放弃清收工作，仍继续通过各种途径查找债务人的可执行财产线索。由于借款人在贷款到期后因经营不善已停业多年，资不抵债，无任何财产。分行决定将清收重点放在对担保人B公司的催收。经多年的不懈努力，终于在2011年发现B公司的有效财产线索，分行立即向深圳中院申请恢复执行，要求深圳中院保全查封相应的财产。

案件恢复执行后，深圳中院召开了第一次执行听证会，双方争议的重点在于债权的确认。B公司申辩称2007年以前，其作为股东已经还清分行的贷款，本次恢复执行应由A公司承担。清收人员在庭上提出，2007年只是拍卖了B公司的股权用于偿还贷款本息，但还有部分利息未结清，因此B公司作为担保人仍应承担连带担保责任。深圳中院依据分行提出的有效证据，确定了B公司仍需承担A公司余下的债务。

在法院下达裁定后，B公司仍迟迟未履行还款义务。经多次沟通无果后，分行只好再次借助法律武器——冻结企业的银行账户。分行通过多种途径查找到了B公司在多家银行共计20多个存款账户信息，并递交至法院申请冻结账户，逼迫B公司履行担保义务。因B公司是在上海证券交易市场上市的公司，如其银行账户被冻结，将会对其各方面造成非常不利影响。

但B公司为达到尽量减少债务的目的，通过关系多次找法院领导迫使经办法官无法正常执行案件。案件出现了僵持局面。考虑今后诉讼案件工作仍需法院的支持，分行减免了部分利息。

经过多年的艰苦谈判，分行与债务人斗智斗勇，积极利用法律手段维护银行权益。担保人B公司在2013年10月31日，按照协议约定向银行划来全部应付利息。至此，分行共清收回全部贷款本息高达815.6万美元，A公司清收案件历时18年，取得圆满成功。

点评：

本案成功的经验在于：

（1）细节决定成功。从清收方案的设置到实施，要充分运用好法律法规，周密考虑和运作每个环节。

（2）具有扎实的法律功底和高度责任心的清收人员，是清收工作的重要保障。

（3）在法律案件纠纷中，经办法官的自由裁量执行权相当大。因此，积极向法官阐述对银行有利的事实、理由和判例，特别是加强沟通协调是非常重要的。

附：

最高人民法院关于严格规范终结本次执行程序的规定（试行）

（法〔2016〕373号　2016年10月29日）

为严格规范终结本次执行程序，维护当事人的合法权益，根据《中华人民共和国民事诉讼法》及有关司法解释的规定，结合人民法院执行工作实际，制定本规定。

第一条　人民法院终结本次执行程序，应当同时符合下列条件：

（一）已向被执行人发出执行通知、责令被执行人报告财产；

（二）已向被执行人发出限制消费令，并将符合条件的被执行人纳入失信被执行人名单；

（三）已穷尽财产调查措施，未发现被执行人有可供执行的财产或者发现的财产不能处置；

（四）自执行案件立案之日起已超过三个月；

（五）被执行人下落不明的，已依法予以查找；被执行人或者其他人妨害执行的，已依法采取罚款、拘留等强制措施，构成犯罪的，已依法启动刑事责任追究程序。

第二条　本规定第一条第一项中的“责令被执行人报告财产”，是指应当完成下列事项：

（一）向被执行人发出报告财产令；

（二）对被执行人报告的财产情况予以核查；

（三）对逾期报告、拒绝报告或者虚假报告的被执行人或者相关人员，依法采取罚款、拘留等强制措施，构成犯罪的，依法启动刑事责任追究程序。

人民法院应当将财产报告、核实及处罚的情况记录入卷。

第三条　本规定第一条第三项中的“已穷尽财产调查措施”，是指应当完成下列调查事项：

（一）对申请执行人或者其他人提供的财产线索进行核查；

（二）通过网络执行查控系统对被执行人的存款、车辆及其他交通运输工具、不动产、有价证券等财产情况进行查询；

（三）无法通过网络执行查控系统查询本款第二项规定的财产情况的，在被执行人住所地或者可能隐匿、转移财产所在地进行必要调查；

（四）被执行人隐匿财产、会计账簿等资料且拒不交出的，依法采取搜查措施；

（五）经申请执行人申请，根据案件实际情况，依法采取审计调查、公告悬赏等调查措施；

（六）法律、司法解释规定的其他财产调查措施。

人民法院应当将财产调查情况记录入卷。

第四条　本规定第一条第三项中的“发现的财产不能处置”，包括下列情形：

（一）被执行人的财产经法定程序拍卖、变卖未成交，申请执行人不接受抵债或者依法不能交付其抵债，又不能对该财产采取强制管理等其他执行措施的；

（二）人民法院在登记机关查封的被执行人车辆、船舶等财产，未能实际扣押的。

第五条　终结本次执行程序前，人民法院应当将案件执行情况、采取的财产调查措施、被执行人的财产情况、终结本次执行程序的依据及法律后果等信息告知申请执行人，并听取其对终结本次执行程序的意见。

人民法院应当将申请执行人的意见记录入卷。

第六条　终结本次执行程序应当制作裁定书，载明下列内容：

（一）申请执行的债权情况；

（二）执行经过及采取的执行措施、强制措施；

（三）查明的被执行人财产情况；

（四）实现的债权情况；

（五）申请执行人享有要求被执行人继续履行债务及依法向人民法院申请恢复执行的权利，被执行人负有继续向申请执行人履行债务的义务。

终结本次执行程序裁定书送达申请执行人后，执行案件可以作结案处理。人民法院进行相关统计时，应当对以终结本次执行程序方式结案的案件与其他方式结案的案件予以区分。

终结本次执行程序裁定书应当依法在互联网上公开。

第七条　当事人、利害关系人认为终结本次执行程序违反法律规定的，可以提出执行异议。人民法院应当依照民事诉讼法第二百二十五条的规定进行审查。

第八条　终结本次执行程序后，被执行人应当继续履行生效法律文书确定的义务。被执行人自动履行完毕的，当事人应当及时告知执行法院。

第九条　终结本次执行程序后，申请执行人发现被执行人有可供执行财产的，可以向执行法院申请恢复执行。申请恢复执行不受申请执行时效期间的限制。执行法院核查属实的，应当恢复执行。

终结本次执行程序后的五年内，执行法院应当每六个月通过网络执行查控系统查询一次被执行人的财产，并将查询结果告知申请执行人。符合恢复执行条件的，执行法院应当及时恢复执行。

第十条 终结本次执行程序后，发现被执行人有可供执行财产，不立即采取执行措施可能导致财产被转移、隐匿、出卖或者毁损的，执行法院可以依申请执行人申请或依职权立即采取查封、扣押、冻结等控制性措施。

第十一条 案件符合终结本次执行程序条件，又符合移送破产审查相关规定的，执行法院应当在做出终结本次执行程序裁定的同时，将执行案件相关材料移送被执行人住所地人民法院进行破产审查。

第十二条 终结本次执行程序裁定书送达申请执行人以后，执行法院应当在七日内将相关案件信息录入最高人民法院建立的终结本次执行程序案件信息库，并通过该信息库统一向社会公布。

第十三条 终结本次执行程序案件信息库记载的信息应当包括下列内容：

（一）作为被执行人的法人或者其他组织的名称、住所地、组织机构代码及其法定代表人或者负责人的姓名，作为被执行人的自然人的姓名、性别、年龄、身份证件号码和住址；

（二）生效法律文书的制作单位和文号，执行案号、立案时间、执行法院；

（三）生效法律文书确定的义务和被执行人的履行情况；

（四）人民法院认为应当记载的其他事项。

第十四条 当事人、利害关系人认为公布的终结本次执行程序案件信息错误的，可以向执行法院申请更正。执行法院审查属实的，应当在三日内予以更正。

第十五条 终结本次执行程序后，人民法院已对被执行人依法采取的执行措施和强制措施继续有效。

第十六条 终结本次执行程序后，申请执行人申请延长查封、扣押、冻结期限的，人民法院应当依法办理续行查封、扣押、冻结手续。

终结本次执行程序后，当事人、利害关系人申请变更、追加执行当事人，符合法定情形的，人民法院应予支持。变更、追加被执行人后，申请执行人申请恢复执行的，人民法院应予支持。

第十七条 终结本次执行程序后，被执行人或者其他人妨害执行的，人民法院可以依法予以罚款、拘留；构成犯罪的，依法追究刑事责任。

第十八条 有下列情形之一的，人民法院应当在三日内将案件信息从终结本次执行程序案件信息库中屏蔽：

（一）生效法律文书确定的义务执行完毕的；

（二）依法裁定终结执行的；

（三）依法应予屏蔽的其他情形。

第十九条　本规定自2016年12月1日起施行。

附件一

可查询客户信息的网站

银行人员无论是在办理授信调查、授信审查、授信审批，或者是在办理授信发放、授后管理、授信清收，都可以通过有关网站随时搜集和查询客户的风险信息。

这些网站的特征是：可查询全国范围的借款人（不限地区），基本没有查询门槛（可模糊查询），信息内容向全社会公开（无须注册或简单注册），免费查询或查询费用低廉。

1. 查询企业基础信息

★国家工商总局“全国企业信用信息公示系统”

可查询企业的：①登记信息，包括企业基本信息、投资人信息及企业变更信息；②备案信息，包括企业主要人员信息及分支机构信息；③行政处罚信息，包括企业因违反工商行政法律法规被处罚的记录等。

★国家质检总局全国组织机构代码管理中心“全国组织机构信息核查系统”

可查询各地组织机构的代码标识及机构名称、工商注册码、机构地址、法定代表人姓名、组织机构代码证办理机构名称等多项信息。

2. 查询企业信用信息

★中国人民银行“企业信用信息基础数据库（简称企业征信系统）”

可查询企业的授信余额、发生额信息、担保信息、本息逾期信息、五级和企业信用报告等。

★中国银行业监督管理委员会“客户风险监测预警系统”

可查询客户的基本信息、贷款情况、风险信息、股东情况、其他关联情况、对外持股企业贷款情况和部分担保信息。（注：此系统只有银行才能进行查询）

3. 查询企业动产融资信息

★ 中国人民银行征信中心“中征动产融资统一登记平台（中登网）”

可查询企业以动产融资的有关信息，包括：应收账款质押登记、应收账款转让登记、租赁登记、所有权保留登记、以租代购登记、留置权登记、保证金质押登记、存货/仓单质押登记、动产信托登记、其他动产融资登记等。

4. 查询企业应收账款融资信息

★中国人民银行征信中心“中征应收账款融资服务平台”

可查询企业应收账款融资的有关信息，包括：应收账款信息、有效融资需求、融资意向反馈、成交信息反馈、转让/质押通知、反保理融资计划、代理应收账款质押或转让登记信息等。

5. 查询企业涉诉信息

★最高人民法院“中国裁判文书网”

可查询最高人民法院、全国所有高级人民法院和中级人民法院，以及部分地区基层法院所有上网公布的发生法律效力的判决书、裁定书、决定书等。这些生效裁判文书，覆盖刑事、民事、行政、赔偿、执行等不同案件类型，以及二审、再审、申请再审等不同审判程序。

★最高人民法院“全国法院被执行人信息查询系统”

可查询未执结的被执行人案件信息，包括该案件的执行法院、立案时间、案号、执行标的、案件状态等。针对查询结果，需特别注意授信企业作为被执行人的涉案频率、涉案金额及案件是否办结。

★最高人民法院“全国法院失信被执行人名单信息查询系统”

可以查询到失信被执行人的情况，包括执行法院、执行依据文书、失信被执行人行为具体情形、发布时间等信息。

注：如果被执行人不履行或未全部履行被执行义务，称为“失信被执行人”。

★最高人民法院“人民法院诉讼资产网”

可查询全国司法拍卖信息，包括信息发布、竞买报名、拍卖机构、竞价交易、网络结算等。

6. 查询企业纳税信息

★本地国家税务局网站和地方税务局网站

可查询纳税证明号、纳税人识别号和纳税证明期间申报缴纳的税款等。

对本地企业国税纳税证明，可通过本地国家税务局网站查询其真伪。

对于异地企业国税和地税纳税证明、本地企业地税纳税证明，银行人员应与企业人员一同前往当地税务局打印原件查询。

★国家税务总局网站

可查询企业重大税收违法案件信息，包括：偷税、逃避追缴欠税、骗取出口退税、虚开增值税专用发票、虚开普通发票等。

7. **查询增值税专用发票**

★网址：各地方税务局发票真伪查询系统

增值税专用发票主要用来验证企业的贸易背景真实性。但由于网站查询数据没有显示发票金额，所以存在发票号码为真，但发票为假的情况。如怀疑所查询的发票为假发票，可与当地税务机关联系或拨打举报电话：区号 +12366。

8. **查询企业进出口信息**

★海关中国电子口岸执法系统（简称中国电子口岸）

该系统已与国检、国税、外管等执法部门联网，将各类进出口业务电子底账数据集中存放到公共数据中心，国家各职能管理部门可以进行跨部门、跨行业的联网数据核查，有效堵截假报关单、假贸易加工手册和假三证（营业执照、税务登记证和组织机构代码证）。该系统还向外贸企业提供了网上的海关报关、加工贸易、外汇核销单、出口退税等业务功能。

★全国海关信息中心“海关信息网”

可查询出口企业百强榜、企业黄页、通关业务等。

9. **查询全国土地信息**

★国土资源部网站

可查询全国范围内土地出让、成交、抵押、转让等信息。

★ 国土资源部子网站“中国土地市场网”

可查询全国范围内的供地计划、出让公告、大企业购地情况等。

10. **查询土地抵押状态**

★ 国土资源部信息中心“银行国土信息查询系统”

该系统由国土资源部和银监会共同开发，2010 年 11 月 5 日，两部门联合发文，在全国 105 个重点城市先行推广该系统。各地银行可通过当地银监局，从地方国土资源行政主管部门获得土地抵押的登记信息。

但目前该系统运行尚不完善。银行对抵押物的状态，仍应实地前往政府主管部门查询抵押和登记的信息。

11. **查询上市公司信息**

★ 中国证监会指定信息披露网站“巨潮资讯网”

可查询上交所、深交所上市的公众公司的信息，包括各公司重大事项发布的公告、分红情况、财务指标、公司年报等。

查询时亦可登录上海证券交易所网站和深圳证券交易所网站，该等网站与巨潮资讯网信息有所交叉，但侧重点略有不同。

12. **查询专利信息**

★ 国家知识产权局“专利查询系统”

可查询专利基本信息（如发明/设计人、专利权人、公开日等），还可查询各专利权法律状态、专利证书发文，以及全国大部分省市的专利代理机构名录等内容。

13. **查询商标信息**

★国家工商总局商标局“中国商标网”

可查询商标注册信息及申请商标信息。商标注册信息查询又分为商标相同或近似信息查询、商标综合信息查询和商标审查状态信息查询三类。

需要注意的是，商标局明确该网站查询内容仅供参考，具体的商标注册信息还应以国家工商行政管理总局商标局编辑出版的《商标公告》为准。

14. **查询招标采购信息**

★国家发改委所属国信招标集团“中国采购与招标网”

可查询全国范围的招标公告和国家政府机关采购信息。

附件二

授信操作风险明细

本书操作风险是指，银行员工在授信业务操作过程中应注意防范的风险。归纳分类为以下十三种：

① 借款人风险；② 借款用途风险；③ 还款来源风险；④ 授信条件风险；⑤ 担保人风险；⑥ 抵押风险；⑦ 质押风险；⑧ 虚假资料风险；⑨ 财务风险；⑩ 放款风险；⑪ 他行授信风险；⑫ 本行授信风险；⑬ 专项业务风险。

1. 借款人风险

（1）法定代表人（实际控制人）个人风险。

健康　有重大健康隐患

重病　重病已不能正常工作

死亡　非正常死亡

失联　突然失踪和无法联系

涉案　涉及刑事案件被公安机构传唤、拘留、逮捕、判刑

诉讼　涉及民事纠纷诉讼

双规　被纪检部门约谈、协助调查、双规（国企党员干部）

污点　有刑事犯罪、行政处罚、诉讼未履行等违法违纪记录

吸毒　本人、家人或朋友圈内存在吸毒等违反社会公德的行为

嗜赌　有频繁到澳门等赌场进出境的记录

传闻　媒体披露负面报道或社会传闻有不良行为

投机　存在高风险投机行为

借贷　参与（或曾经）参与民间高息借贷活动

欠债　拖欠民间大额个人债务

不良　个人征信系统中有（或曾有）不良贷款记录

违约　个人信用卡有违约记录

欺诈　对他人发生过欺诈行为

身份　无法确认是否为企业实际控制人

转股　非正常原因向他人转让（或拟转让）股权

离职　非正常原因离开原企业或现企业的重要职务

异常　频繁跳槽、常换手机号、没有座机号等异常情况

诡异　企业情况只有老板一人清楚，其他人都说不清楚

家庭　家庭内存在重大纠纷（婚姻、财产等）

移民　本人或配偶已经（或正在）办理移民

退休　本人已经（或将）办理退休

账户　个人账户频繁出现异常大额进出款项

奢侈　远超本人收入来源的奢侈高消费

（2）管理层风险。

人事异常　高管人员或董事会成员异常变动

高管分裂　管理层出现严重分歧或分裂

股东变化　股东结构发生重大不利变化

股权变化　处于股权重大变化期间

关联企业　主要关联企业或母子公司等发生不利变化

决策混乱　经营理念和决策混乱

偏离主业　经营不熟悉的业务或在不熟悉的地区开展业务

兼并重组　企业将进行兼并或重组

逃避债务　债务人借改制之机逃避银行债务

（3）生产环境差和开工率不足。

营业证照不齐备

厂区环境脏乱差

劳动纪律松散

生产厂区冷清

设备陈旧落后

车间设备开工不足甚至停产

上班工人和职员稀少

工作精神状态不饱满

对企业发展好坏漠不关心

用电量减少（如下降20%）

用水量减少（如下降20%）

内部管理制度混乱

发生重大内部案件

（4）违法违规风险。

触犯国家刑法

违反工商管理规定

违反国家税务规定

违反国家环境保护法规

违反海关监管规定

违反食品药品监管规定

违反国家土地管理规定

违反国家财务法规

非法集资

被司法机关查封银行账户或冻结资产

被新闻媒介披露不良行为

被监管部门或金融机构曝光信誉不良

被吊销营业执照、专营权、许可证、贷款证等

被勒令停产整顿

被发现采取欺诈手段骗取银行贷款

（5）企业经营风险。

①行业风险。

处于国家政策限制的行业

处于整体衰退的行业

处于竞争激烈行业且地位不利

利率和汇率的变化不利于企业发展

②两高一剩行业风险。

高污染

高耗能

产能过剩

③产品质量风险。

产品质量不达标

以假充真

以次充好

④安全生产风险。

发生重大火灾伤亡等安全事故

遭受洪水台风雪灾等自然灾害

停产整顿

⑤账户冻结风险。

企业账户被冻结

账户资金被扣划

⑥生产成本大幅上升（如20%）。

主要原材料消耗量增加

原材料价格大幅上升（超过产品价格涨幅）

重要供货商终止合作关系或大幅减少供货量

用工成本增加

管理费用增加

税收费用增加

⑦产品销售大幅减少（如20%）。

产品销售量与同期相比大幅下降

产品销售价格下降

重要的销售商终止合作关系或大幅减少订货量

销售数据虚假

海关数据显示进出口量下降（进出口企业）

产品竞争力和市场占有率明显下降

⑧库存货物问题。

库存原材料不足

库存产品过剩积压

存货账实不符

⑨企业财务风险。

企业处于长期亏损状态

挪用银行资金发放高利贷

通过民间高息借贷获得大额融资

发现有重大债务纠纷

企业提出逾期贷款重组

资产负债率、销售收入、营业利润发生不利变化

会计师事务所出具保留、否定、拒绝意见的审计报告

连续发生三个月欠费（水费、电费、房租等）

制造型企业资产负债率高于70%

贸易型企业资产负债率高于85%

⑩替人担保风险。

过度担保（如担保余额与净资产比值超过30%）

本行借款人出问题失去担保能力

本行借款人因被担保人违约可能发生代偿赔付

本行借款人因关联方担保出问题受牵连

⑪负面信用信息。

银监会风险信息系统中出现不良记录

人行征信系统中出现不良记录

从其他银行获悉负面信息

从媒体报道获悉负面信息

从社会渠道获悉负面信息

在其他银行贷款的风险级次下调

银行贷款卡有违约记录且未得到纠正

⑫资金紧张风险。

盲目决策过度扩张失误所致

多元化投资失利所致

投资房地产失败所致

涉民间高息融资纠纷所致

应收账款过大且回收困难所致

原定的还款资金来源出现问题所致

⑬员工管理出问题。

存在违反《劳动合同法》情况

熟练技术工种人员不足

员工流失率高于行业平均水平

员工工资水平下降20%以上

多次发生拖欠工资等情况

存在重大劳资纠纷

2. 借款用途风险

用于违反国家法律法规的

用于发放高利贷或民间借贷的

用于向担保、小贷公司投资或资金拆借的
用于注册资本金、注册验资、股本性投资的
用于炒股票、炒房地产等高风险投机的
用于期货等高风险金融衍生产品投资的
用于国家严禁生产经营领域投资的
用于偿还其他银行不良贷款的
表外业务没有真实贸易背景的
短款长用
关联方套取贷款
用途不明且无法证实的
怀疑为造假欺诈骗取银行授信资金的
实际用途与借款合同规定不一致的（放款时审核）

3. 还款来源风险

还款意愿不可靠
还款来源不可信
还款资金不可控

4. 授信条件风险

金额超过或低于企业合理需求
期限超过或少于企业合理需求
利率不符合本行利率政策
担保条件不可接受

5. 担保人风险

担保人的风险，除应比对借款人的风险之外，还应注意以下方面：

(1) 资信风险。

担保人资信不可接受（请比照借款人风险）
超过能力过度担保
属于高风险的“担保圈”行为
担保人经营财务恶化失去担保能力
担保人在社会上有负面消息
担保人在人行征信系统中出现不良记录
担保人内部矛盾严重

（2）合规风险。

违反规定的关联方担保

担保行为不符合公司章程

担保金额超过银行授信额度

担保人与借款人违规互保

企业高管不愿提供个人连带责任保证（企业借款）

配偶不愿提供个人连带责任保证（个人借款）

（3）资料风险。

无效担保决议

无效担保签章

借款合同变更而担保合同未做相应变更

股东结构变化而未及时出具新股东担保决议

（4）担保公司风险。

担保总余额与净资产的比率超出监管规定

套取和挪用银行资金

发生多次赔付

发生赔付纠纷

6. 抵押风险

（1）法律风险。

抵押物违反法律法规不可接受

抵押物存在司法查封拍卖风险

抵押物权属不明

存在法律纠纷

存在其他权利人

（2）抵押物风险。

抵押物已出售

抵押物已出租

抵押房产存在长期租约

抵押物名称不符

抵押物面积有误

抵押物范围不明确

抵押物难以处置变现

抵押土地未缴纳出让金

（3）抵押条件风险。

抵押率不符合本行规定

抵押期限未覆盖授信期限

抵押条款对本行不利

抵押顺位对本行不利

抵押物保险单过期

（4）操作风险。

抵押登记的内容有误

抵押程序不符合本行规定

抵押手续不完备

房产与土地未同时办理抵押

抵押档案缺失或丢失

（5）欺诈风险。

虚假抵押登记

虚假文件资料和签字盖章

重复抵押

（6）保管不善风险。

抵押物状态发生变化

抵押物出现损毁

抵押物遭受哄抢

抵押物价值大幅下降（如超过10%）

抵押物被抵押人擅自处置

（7）评估风险。

评估公司资质不符合本行要求

抵押物价值明显高估

虚假评估报告

评估报告过期

7. 质押风险

（1）存款质押风险。

伪造的质押凭证和资料

变造的质押凭证和资料

虚假的签字盖章
存款人不知存款被人质押
质押资金来源不合规
质押金额不足以覆盖授信本息
质押期限与授信期限不匹配

（2）存货质押风险。

存货的品种规格数量等不符合银行要求
存货的权属不明确
存货品质以假充真
存货品质以次充好
存货价格明显高估
质押价格未按“购买价和市场价孰低”原则确定
存货重复质押
监管方资质不符合本行要求
监管方内部管理混乱，账账不符，账实不符
货物未分堆码放
货物标识不明
存货保险单存在问题

（3）股票质押风险。

股票价格不断下跌
股票质押登记手续存在问题

（4）应收账款质押风险。

未制定专户管理办法
未设立专用收款账户
应收账款权属不明
应收账款被重复质押
应收账款质押手续不全
资金未按时足额入账
资金被擅自挪用
存在司法机构查冻扣风险

（5）保单质押风险。

保险单受益人未指定为银行

保险单金额未覆盖授信本息
保险单期限未覆盖授信期限
保险单内容与借款合同内容不匹配
赔付条款苛刻
保费尚未缴足
保险单尚未生效

8. 虚假资料风险

（1）无效经济合同风险。
疑似伪造的合同
疑似变造的合同
重复使用合同
尚未生效的合同
过期失效的合同
对银行有不当限制条款的合同
合同当事人名称等有问题
合同金额有过大或过小问题
合同价格有问题
合同确定的结算方式有问题
合同签署日期有问题
合同其他条款存在问题
（2）无效借款决议风险。
疑似伪造变造的借款决议
签字人员不符合企业规定
签字人数不符合企业规定
（3）无效担保决议风险。
疑似伪造变造的担保决议
决议未经董事会同意
决议未经股东大会同意
董事会（股东会）的表决无效
表决同意的票数不足
对表决事项的授权书不明确
决议上的签字人未获授权

表决决议过期失效

签字人签错位置

决议公证书表述不明确

（4）无效签字风险。

借款合同等法律文件上缺漏签字人签字

他人假冒签字人签字

无权签字人签字

签字人数未达到规定人数

（5）无效授权书风险。

未获授权的授权书

超出权限的授权书

授权事项不明确的授权书

已经过期失效的授权书

难以核实真假的授权书

（6）无效发票风险。

客户提供不出银行要求的发票

发票的区位码有问题

发票的流水号有问题

重复使用的发票

已经作废的发票

向税务机关查询不到的发票

与常理不符的大金额发票

复印件模糊不清难以辨别的发票

（7）无效印鉴风险。

印鉴未在公安部门备案

印鉴未在工商管理部门备案

在银行预备的印鉴与在公安工商备案的印鉴不符

借款合同等文件上的印鉴与银行预留印鉴不符

发现客户在使用多套公章

发现客户在使用已注销的公章

发现客户在使用已失效的人名章

发现企业更名后仍使用旧公章

发现伪造印鉴
发现变造印鉴

9. **财务风险**

（1）财务管理风险。
财务制度不健全或管理混乱
不能及时或拒绝提供财务报表等资料
对外提供多套报表
提供虚假报表
会计师事务所出具的是保留意见的审计报告
（2）应注意财务报表中反映的下列问题。
①负债率增加。
资产负债率较年初有大幅上升
资产负债比例过高
②流动性下降。
流动资产占总资产比例下降
固定资产以外的非流动性资产增加
流动比率较年初大幅下降
速动比率较年初大幅下降
③应收账款难收。
应收账款周转期延长
应收账款金额或比例增加
应收账款增幅超过销售收入增幅
应收账款占流动资产比重过高
应收账款逾期账户过于集中
④存货过多。
存货激增
存货周转率比上年同期有较大下降
存货账实不符
⑤债务过大。
短期债务异常增加
长期债务大量增加

⑥投资过多。

对外股本权益性投资占净资产比重过高

挤占挪用流动资金搞固定资产投资

固定资产、在建工程比上期明显增加，但无匹配的资金来源

⑦资本不足。

注册资本变更减少

注册资本未按规定到位

⑧销售下降。

销售收入较上年同期下降幅度较大

销售量利润率低于同行业平均水平或比上年同期下降较多

⑨现金流异常。

经营活动产生的净现金流量大幅下降

投资活动产生的净现金流量变化过大

筹资活动产生的净现金流量变化过大

⑩其他问题。

相对于销售额及销售利润而言，总资产增长过快

相对于销售而言，财务费用、管理费用增长过快

银行存款余额和结算量不断下降

未交税金比上期明显增加，无正当理由

10. 放款风险（放款时审核）

借款合同和担保合同中有不利于银行的条款

借款合同等法律文本的制作不符合银行规定

借款合同等法律文本的签字盖章不符合银行规定

核保未按“双人、实地、当面”原则执行

客户只在节假日接受银行上门核保

客户只在单位会议室接待银行核保人员，阻止去领导办公室

客户营业场所与营业执照标注地点不符

借款合同签署地点未在法定代表人办公室，盖公章未在印章管理部门

签字盖章人员提供不出授权书或转授权书

抵（质）押权利登记证书，不是通过登记机关的业务窗口取得

抵（质）押手续未落实

放款条件未达到审批要求

超越授信额度放款
超越工程进度放款
放款操作程序不符合制度要求
档案移交不符合规定

11. **他行授信风险**

在他行授信出现拖欠本息情况
在他行授信被列入关注类以下（含）
在他行授信的申请被拒绝，融资能力明显下降
在他行授信数额大幅变化（如50%）且原因不明
在他行授信发生过被动性重组（包括展期、借新还旧等）
频繁更换开户银行和结算账户
人行征信系统中出现授信降级情况
同时在三家以上银行有借款（中小企业）
异地企业不在当地银行借款而是跨区借款

12. **本行授信风险（授后检查注意）**

在本行的账户未达到银企双方约定的资金结算量
专项收款账户的资金收入大幅减少
还本付息日之前还款账户上资金不足
信用评级较上一年度下降超过两级（含）
信用评级连续两期下降，或降到本行准入标准以下
对本行的态度发生变化，缺乏合作诚意，约见企业领导人困难
不配合贷后检查，采取拖延推诿欺骗手段阻止本行掌握真实情况
阻碍本行人员与其注册会计师等相关人员接触
接到其他行对债务人资信的咨询调查
欲借改制（如分立、租赁、承包、合资等）逃避银行债务

13. **专项业务风险**

（1）政府平台风险。
行政区划发生变更
管理部门和人员变更
借款人的主要股东变更
借款建设的项目规模过大
银行资金使用方向不明

贷款资金用途无法监控
发现资金被挪用
担保条件变差
原定的还款条件无法落实
还款资金来源出现问题
（2）房地产开发贷风险。
开发商过多拿地和开发项目
房地产开发的五证不齐全
建设工程资金紧张
销售进度不理想
销售款回笼不及时
还款资金被挪用
以虚假资料和签章骗取贷款出现司法纠纷
（3）钢铁金融风险。
生产商未将货物发到银行指定的仓库
经销商货管出问题（另见存货质押风险）
经销商未将销售货款按时足额划入监管账户
经销商挪用资金
监管方账账不符，账实不符
监管方未经银行同意擅自放货
质押钢材被司法查封
还款资金不落实
（4）汽车金融风险。
经销商以虚假资料骗取银行授信
汽车合格证未按时提交银行保管
超出授信额度开票
汽车销售出现困难
经销商瞒骗银行私下售车
库存车辆短缺
开票保证金账户存在管理问题
汽车销售回款入账不及时
汽车保险单存在问题

陷入民间高利贷纠纷
为他人担保出现问题
财产被法院查封
经营失败倒闭
(5) 贸易融资风险。
贸易背景的真实性可疑
借款人与贸易不相关
授信品种与银行审批要求不相符
担保条件不落实
销售量比往年下降
商品库存大量积压
商品质量出现问题
发生贸易纠纷
涉及司法纠纷
销售回款困难
因汇率波动发生损失
挪用银行资金
短款长用
投资失败
不能提供银行要求的发票
提供的是虚假发票
(6) 票据开票风险。
开票申请人出现问题
开票担保人出现问题
虚假的贸易背景
虚假的交易合同
关联方联手开票套取银行资金
开票用途不符合银行规定
开票金额有问题
开票日期有问题
开票保证金来源有问题

（7）票据贴现风险。

发票与购销合同不符合

发票重复使用

伪造变造发票

发票印鉴等资料模糊不清

出票行告知接到过多次查询

出票行告知是“以大带小”开票

孙建林编著
《银行信贷客户经理自学丛书》
简　介

《优秀客户经理授信业务指引》

商业银行是国民经济中最重要的行业之一，客户经理如何在防范风险的前提下做好授信业务，既是银行各级领导的希望，也是员工自身的要求。本书主要内容包括：商业银行授信业务概述；公司授信、贸易融资、个人贷款三大类各授信品种介绍；客户经理在授信调查、授信审查、授信审批、授信放款、授后管理、授信回收六阶段工作中的操作注意事项；如何从品德、志向、才能、营销、风险等方面不断提高而成为一名优秀客户经理；借款合同、资金结算、五级分类、档案管理等基础知识。本书具有理论性、实务性、趣味性，多次重印，广受欢迎，是银行从业人员自学和培训的良好教材。

企业管理出版社 2015 年 11 月出版，90 万字，定价 198.00 元。

《怎样识破骗贷迷局：200 起刑事案例的警示》

这里的每个案例，都有贷款资金的损失，少的几万，多的几亿。

这里的每个案例，都有有关人员被判刑，少的几年，多的无期。

你是信贷客户经理，不想经手的贷款被骗吧？

你是贷款审批人员，不想审批的贷款被骗吧？

你是银行主管行长，不想单位发生刑事案件吧？

那么，抽空看看这本书吧。

希望书里所说的案例，今后不在你手上发生，不在你单位发生！

也许你开车从来不会发生事故，但你不能不知道事故是如何发生的。

也许你贷款从来不会遇到骗子，但你不能不知道骗子是如何骗人的。

本书的目的：通过案例，揭示不法分子诈骗贷款的伎俩；通过案例，提高客户经理识破骗贷的能力。

企业管理出版社2014年10月出版，62万字，定价98.00元。

《信贷风险管理智慧：银行员工名言警句读本》

银行经营的是风险。风险无处不在，无时不有。银行作为管理风险的机器，每位员工都是这架机器中的螺丝钉，要做到人人负责、个个把关，才能堵截风险。

银行风险管理成败是由人的行为决定的，人的行为是由思想决定的，思想是由理念决定的，而理念是通过学习得来的。

银行有很多的制度，然而规章太多、制度太厚，员工不容易背下来，贯彻执行就更难了。而本书中提供的管理理念和名言警句，短小精悍，语言生动，寓意深刻，容易让人理解记忆，更有利于转化为行动。

企业管理出版社2014年1月出版，16万字，定价59.80元。